朱季海著作集

初照樓文集

中華書局

圖書在版編目(CIP)數據

初照樓文集/朱季海撰.—北京:中華書局,2011.11
(朱季海著作集)
ISBN 978-7-101-08287-6

Ⅰ.初… Ⅱ.朱… Ⅲ.朱季海-文集 Ⅳ.Z429.7

中國版本圖書館CIP數據核字(2011)第227356號

責任編輯:俞國林　李天飛

朱季海著作集
初照樓文集
朱季海 撰
*
中華書局出版發行
(北京市豐臺區太平橋西里38號 100073)
http://www.zhbc.com.cn
E-mail:zhbc@zhbc.com.cn
北京天來印務有限公司印刷
*
850×1168毫米 1/32 · 18⅛印張 · 427千字
2011年11月第1版　2011年11月北京第1次印刷
印數:1-3000冊　定價:68.00元

ISBN 978-7-101-08287-6

出版説明

朱季海先生，名學浩，以字行，一九一六年生，上海浦東三林塘人。幼承家學，熟習國故。方以弱冠，問學於餘杭章太炎先生，參加「國學講習班」。後侍章氏起居，有「千里駒」之譽。章氏逝世，整理先師遺著，教學於「太炎文學院」，並任《制言》半月刊主筆。抗戰勝利後，入南京國史館，旋辭去。新中國成立後，偶兼教職；「文革」起，隱而不出。

朱季海先生學術領域廣泛，自音韻訓詁之學而治文史，博通精微，著作豐富。我們此次編輯出版先生的著作，除收有《楚辭解故》、《莊子故言》、《説苑校理》、《新序校理》、《南齊書校議》、《石濤畫譜校注》等專著外，另將先生已刊、未刊之論文，輯爲《初照樓文集》出版。

《初照樓文集》收文六十篇，其編次順序，大體以類相從，並於標題下注明出處。所收文章，部分根據朱先生手稿，部分輯自期刊雜誌。不易辨識及原文録排錯誤之處，在編輯過程中，詳爲核實。明顯訛誤者，徑行改正；凡疑誤處，將擬訂正之字以六角括號附其後，務求簡要明白，俾讀者可以疏通前後。書末附朱先生詩若干首，名《初照樓詩稿》。

本書文章涉及内容廣泛，撰寫風格不一，且寫作時間前後跨度逾七十年，編輯整理難度極大，書中錯誤在所難免，敬請讀者批評指正。

中華書局編輯部

二〇一一年八月

目録

王仲任尚書説*

論衡卷第一

《累害篇》：「故三監讒聖人，周公奔楚；後母毁孝子，伯奇放流。當時周世孰有不惑乎？後《鴟鴞》作而《黍離》興，諷咏之者乃悲傷之。故無雷風之變，周公之惡不滅。當夏不隕霜，鄒行之罪不除。」（劉氏《集解》：盼遂案：行爲衍之壞字）

《氣壽篇》：「《堯典》曰：『朕在位七十載。求禪得舜。』舜徵二十歲在位（二原誤三，今正）。堯退而老，八歲而終，至殂落八十八歲。未在位之時，必已成人，今計數百有餘矣。又曰：『舜生三十徵用，二十在位（二原誤三，今正），五十載陟方乃死。』適百歲矣。」

按：此仲任述今文《尚書》説。僞孔書「徵用」作「徵庸」，二十在位作「三十」，并在《舜典》。孔穎達《舜典正義》云：「鄭玄讀此經云：舜生三十，謂生三十年也。登庸二十，謂歷試二十年，在位五十

---

* 本文原刊於《學術集林》卷二，上海遠東出版社，一九九四年。

載，陟方乃死，謂攝位至死爲五十年，舜年一百歲也。《史記》云：『舜年三十，堯舉用之。年五十，攝行天子事。年五十八，堯崩，年六十一而踐天子位，三十九年崩。』皆謬耳。」是康成所注古文經亦作二十在位，但鄭君句絶不同，初不作三十字也。是舜壽百歲，漢儒初無異説。僞孔始改二十爲三十，乃猥云「凡壽百一十二歲」矣。

論衡卷第一

《幸偶篇》：「虞舜聖人也，在世宜蒙全安之福。父頑母嚚弟象敖狂，無過見憎，不惡而得罪，不幸甚矣。」《無形篇》：「傳稱高宗有桑穀之異，悔過反政，享福百年，是虚也。」又：「高宗享國百年，周穆王享國百年，并未享國之時，皆出百三十、四十歲矣。」

按：今《書·無逸》曰「肆高宗之享國五十有九年」，仲任云「高宗享國百年」者，從今文尚書説也。王應麟《漢藝文志考證》于《尚書》「文字異者七百有餘」下引蔡邕所書石經云「肆高宗之饗國百年」，是也。仲任于《異虚篇》亦云「高宗恐駭，側身而行道，……遂享百年之福」也。又《謝短篇》「夏自禹向國幾載，而至于殷」，「向國」字不作「享」，與石經合。仲任故書，正當如是，他篇作「享」，後人依今僞孔書字樣改之耳。盧文弨《尚書注疏拾補》：「案王應麟云：石經作『肆高宗之饗國百年』。漢杜欽亦曰：高宗享百年之壽。」然欽云：享壽百年，則與仲任異撰。

《率性篇》：「召公戒成王（原脱王字，今補）曰：今王初服厥命，于戲；若生子，罔不在厥初生。

生子謂十五。子初生意于善，終以善。初生意于惡，終以惡。」

按：僞孔《書·召誥》云：「惟不敬厥德，乃早墜厥命。今王嗣受厥命。我亦惟兹二國命，嗣若功。王乃初服。嗚呼！若生子，罔不在厥初生。」僞傳：「言王新即政，始服行教化，當如子之初生，習爲善，則善矣。」説既不同，其文亦異。仲任述今文《尚書》義如此爾。

又：「《禹貢》曰：璆琳琅玕者，此則土地所生，真玉珠也。」

按：今《書·禹貢》「雍州」：「厥貢惟球琳琅玕」，僞孔傳：「球琳，皆玉名。琅玕，石而似珠。」是今球爲璆也。孔《疏》曰：「釋地云：西北之美者，有岷崘虚之璆琳琅玕焉。」是《爾雅》同今文作璆也。今書梁州「厥貢璆鐵」，僞孔傳「璆，玉名」，字不作球。

論衡卷第三

《初稟篇》：「文王得赤雀，武王得白魚、赤烏，儒者論之，以爲雀則文王受命，魚烏則武王受命。文武受命于天，天用雀與魚、烏命授之也。天用赤雀命文王，文王不受；天復用魚、烏命武王也。若此者謂本無命于天，修己行善，善行聞天，天乃授以帝王之命也，故雀與魚、烏，天使爲王之命也，王所奉以行誅者也。」

按：此仲任述儒者之論，皆本今文《書》説。仲任不信，故篇末云：「文王當興，赤雀適來，魚躍烏飛，武王偶見，非天使雀至白魚來也，吉物動飛而聖遇也。白魚入于王舟，王陽曰：偶適也。」《後漢書·王充傳》云：「受業太學，師事扶風班彪，好博覽而不守章句。」又云「以爲俗儒守文，多失其真，乃閉門潛思……著《論衡》八十五篇」，本篇所引儒者之論，正可爲「俗儒守文，多失其真」之一例。仲任不守章句，故所見遠出俗儒之上。既師事班彪，故熟諳漢史，遂引王陽，自是名言。本篇所説，陽實啟之。

又：「《康王之誥》曰：『冒聞于上帝。帝休，天乃大命文王。』如無命，史經何爲言天乃大命文王？所謂大命者，非天乃命文王也。聖人動作，天命之意也。與天合同，若天使之矣。《書》方激勸康叔，勉使爲善，故言文王行道，上聞于天，天乃大命之也。」

按：此《康誥》文，王云《康王之誥》，何邪？僞孔《書》以「我西土，惟時怙冒，聞于上帝。帝休，天乃大命文王」句絶，與王異讀。此既命康叔之誥，仲任引或本作「康叔之誥」；又《史記·〔衛康叔〕世家》云：生康伯，則亦可爲《康伯之誥》。校書者不察，謂《尚書》惟有《康王之誥》，故輒改作「王」耳。馬、王以康爲圻内國名。鄭玄以康爲謚號，見《康誥》孔《疏》。

譚宗浚《論衡跋》云：「以冒字屬下爲句，則與趙岐《孟子注》合。」

《本性篇》：「《微子》云：『我舊云孩子，王子不出。』紂爲孩子之時，微子睹其不善之性。性惡不出衆庶，長大爲亂不變，故云也。」

按：僞孔《書·微子》：「孩」作「刻」，「不」作「弗」。譚宗浚《論衡跋》云：「刻子作孩子，則與今文《尚書》合。」

論衡卷第四

《書虚篇》：「《堯典》之篇：舜巡狩東至岱宗，南至霍山，西至太華，北至恒山。以爲四岳者，四方之中，諸侯之來，并會岳下，幽深遠近，無不見者。聖人舉事，求其宜適也。」

按：僞孔書《舜典》「南巡守至于南岳」，僞《傳》：「南岳，衡山。」與王不同。陳輯《大傳》于夏傳《禹貢》云：「五岳謂岱山、霍山、華山、恒山、嵩山也。」(《白虎通·巡守篇》)，是此仲任述《大傳》説也。

又：「會稽衆鳥所居，《禹貢》曰：『彭蠡既潴，陽鳥攸居。』」

按：今《禹貢》作「彭蠡既猪」。陸氏《釋文》于上文「大野既猪」云：「猪，張魚反。馬云：水所停止，深者曰猪。劉東胡反。」

又：「説《尚書》者曰：周公居攝，帶天子之綬，戴天子之冠，負扆南面，而朝諸侯。户牖之間曰扆，南面之坐位也。負扆南面向坐，扆在後也。」

按：此亦仲任述歐陽説歟？居攝之文，或出《大傳》爾。

論衡卷第五

《異虚篇》：「殷高宗之時，桑穀俱生于朝，七日而大拱。高宗召其相而問之。相曰：吾雖知之，弗能言也。問祖己，祖己曰：夫桑穀者，野草也，而生于朝，意朝亡乎？高宗恐駭，側身而行道，思索先王之政，明養老之義，興滅國，繼絶世，舉佚民，桑穀亡。三年之後，諸侯以譯來朝者六國，遂享百年之福。」

按：此述《尚書大傳》之文。陳壽祺輯殷傳《高宗肜日》，「殷高宗」作「武丁」，下仿此。「問之」作「問焉」，「相曰」上有「其」字，「弗」作「不」，上有「吾」字。「問祖己」，「問」下有「諸」字，「祖己」不重。「桑穀」上下無「夫」、「者」二字，「草」作「屮」，「而生于朝」，「而」作「野屮」，「亡乎」上無「意朝」二字，「恐駭」作「懼」，「而行道」作「修行」，「索」作「昔」，「明養老之義」，「義」作「禮」，句在「舉逸民」之下。省「三年之後」句，「諸侯以」作「重」字。陳輯云：「《太平御覽》八十三《皇王部八》引。王書視《御覽》引文，爲尤完具。」陳輯又云：「又《繹史》十七引『重譯』上有『三年之後』四字。」疑即據《論衡》補之，但不著所出耳。今《書・無逸》曰「肆高宗之享國五十有九年」，仲任云「遂享百年之福」者，述今文《尚書》説也。王應麟《漢藝文志考證》于《尚書》「文字異者七百有餘」下引蔡邕所書石經云「肆高宗之饗國百年」，是也。

又：「高宗祭成湯之廟，有蜚雉升鼎而雊。祖己以爲遠人將有來者。説《尚書》家謂雉凶，議駁不同。」

按：此仲任述《尚書大傳》之文。陳輯于《高宗肜日》云：「武丁祭成湯，有飛雉升鼎耳而雊。武丁問諸祖己。祖己曰：雉者，野鳥也，不當升鼎。今升鼎者，欲爲用也。遠方當有來朝者乎？……三年偏髮重譯來朝者六國。」（《藝文類聚·鳥部》、《太平御覽》九百十七《羽族部四》，又《御覽》八十三《皇王部八》，又《論衡·是應篇》「祖己」作「祖乙」。下略）據「三年六國來朝」之文，知雉雊之異，與桑穀生朝，實一年中事也。《異虚篇》仍作「祖己」，知《是應篇》「祖乙」字誤。《書序》：「高宗祭成湯，有飛雉升鼎耳而雊，祖己訓諸王，作《高宗肜日》、《高宗之訓》。」唯今書《高宗肜日》初年（疑有誤）升鼎之文，祖己之言，亦不云「遠人將有來者」，豈並在《高宗之訓》，而今俱亡乎？不然，老耄之伏生，何從知之？古之説《書》者，何從得之？

又：「如以草木者爲凶，朱草、蓂莢出，是不吉也。朱草、蓂莢皆草也，宜生于野，而生于朝，是爲不吉，何故謂之瑞？」又：「朱草、蓂莢，善草故爲吉。」

按：此亦仲任述《大傳》之文云爾。陳輯略書云「帝命周公踐阼，朱草暢生」（《御覽》八百七十三《休徵部二》）又：「周公輔幼主不矜功則蓂莢生。」（《御覽》八百七十三《休徵部二》，又《文選·鮑照詠史詩》注引）是其事。

又：「周時天下太平，越嘗獻雉于周公。」

又：「使暢草生于周之時，天下太平，人來獻暢草。暢草亦草野之物也，與彼桑穀何異？如以夷狄獻之則爲吉，使暢草生于周家，肯謂之善乎？夫暢草可以熾釀，芬香暢達者，將祭，灌暢降神，設自生于周朝，與嘉禾、朱草、蓂莢之類不殊矣。」

按：暢草即鬯草，《儒增篇》云：「周時天下太平，越裳獻白雉，倭人貢鬯草。」然仲任書自作「越嘗」、「暢草」，彼後文人所改耳。「周之時」上此蒙下文誤衍「使暢草生于」五字，「人來」上脱「倭」字，當據《儒增篇》補。陳輯《大傳·金縢》篇：「周公居攝六年，天下和平，越裳以王象重譯而獻白雉，」（《太平御覽》七百八十五《四夷部六》，下略）《儒增》以「獻雉」、「貢鬯」連文，并承「周時天下太平」之下，知此二者，同出《尚書大傳》，而仲任述之也。《超奇篇》：「白雉貢于越，暢草獻于宛，雍州出玉，荆楊生金，珍物産于四遠，幽遼之地，未可言無奇人也。」「倭」又作「宛」。

《感虚篇》：「武王渡孟津時，士衆喜樂，前歌後舞。」

按：此仲任述《大傳》文。陳輯周傳《大誓》：「惟丙午王逮師。前師乃鼓付鼓噪，師乃慆，前歌後舞。注：慆，喜也。衆大喜，前歌後舞也。」（《御覽》四百六十七《人事部一百八》，又《御覽》五百七十四《樂部十二》）「士衆喜樂」，即釋「師乃慆」句，是王説與鄭注相應。然則「丙午王逮師」，謂渡孟津時也。陳輯又云：「又案《藝文類聚》引《樂緯稽耀嘉》曰：武王承命興師，誅于商，萬國咸喜。軍渡孟津，前歌後舞。」是《樂緯》亦從《大傳》説也（孔穎達《堯典正義》「劉歆作《三統曆》，論武王伐紂，引今文《泰誓》云：丙午逮師」，是《大傳》有此今文《泰誓》之文也）。

又：「《鴻範》曰：『星有好風，星有好雨。日月之行，則有冬有夏。月之從星，則有風雨。』夫星與日月同精，日月不從星，星輒復變。明日月行有常度，不得從星之好惡也。」

按：僞孔《書·洪範》作「則以風雨」。

又：「《尚書》曰：『擊石拊石，百獸率舞。』」

按：《堯典》、《皋陶謨》兩見，僞孔《書》上句並云：「于予擊石拊石。」

又：「堯時五十之民，擊壤于涂。觀者曰：『大哉堯之德也。』擊壤者曰：『吾日出而作，日入而息。鑿井而飲，耕田而食，堯何等力？』堯時已有井矣。」

按：此仲任述《大傳》之文也。陳輯卷五未害（審）何篇有：「民擊壤而歌：鑿井而飲，畊田而食，帝力何有？」（《禮記經解正義》引《尚書傳》）是也。

論衡卷第六

《雷虛篇》：「紂至惡也，武王將誅，哀而憐之，故《尚書》曰：『予惟率夷憐爾。』」

按：此仲任述《多士篇》今文說。僞孔《書》作：「予惟率肆矜爾。」仲任引經「矜」多作「憐」，蓋其讀如是。上文云「故《論語》曰：如得其情，則哀憐而勿喜」是也。僞孔《傳》說此云「惟我循殷故事憐愍汝」，則以「率」爲「循」，「肆」爲「故」也。孔穎達《多士正義》謂「此故解經中肆字」，是也。然「肆」、

「夷」語轉，今文「師」讀自作「夷」也。

論衡卷第七

《語增篇》：「舜承堯太平，堯、舜襲德，功假荒服。堯尚有憂，舜安能無事？故經曰：『上帝引逸』，謂虞舜也。」

按：今書《多士》云：「我聞曰：上帝引逸，有夏不適逸，則惟帝降格。」僞孔《傳》云：「言上天欲民長逸樂。有夏桀爲政不之逸樂，故天下至戒，以譴告之。」仲任云「上帝引逸謂虞舜」，是今文説不同僞孔也。仲任説《多士》此文，又見《自然篇》。

又：「經曰：惟湛樂是從，時亦罔有克壽。」

按：今《無逸》云：「不聞小人之勞，惟耽樂之從。自時厥後，亦罔或克壽。」依仲任引經，知今文「耽」爲「湛」，「之」爲「是」，「自時厥後」止云「時」，「或」爲「有」也。

又：「察《武成》之篇，牧野之戰，血流浮杵，赤地千里。」

又：「孟子曰：吾于《武成》，取二三策耳。以至仁伐不仁，如何其血之浮杵也？」

按：仲任引《孟子》，見《盡心下》篇。越氏章句本「耳」作「而已矣」，「不仁」上有「至」字，「如」作「而」，「浮」作「流」。趙注：「《武成》，逸《書》之篇名。言武王誅紂，戰鬥殺人，血流舂杵。孟子言武王以至仁伐至不仁，殷人簞食壺漿，而迎其師，何乃至于血流漂杵乎？」是仲任「漂」讀若「浮」也。僞孔《書・武成》篇，孔穎達《正義》引鄭玄云：「《武成》逸《書》，建武之際亡。」充生建武三年，八歲出于書館。「予書既成，辭師受《論語》、《尚書》，日諷千字」（見《自紀篇》），亦在建武中耳。自云「淫讀古文，甘聞異言，世書俗說，多所不安」（并見《自紀篇》）。則其所見多矣。當篇明引《武成》之篇：「血流漂杵（仲任「漂」作「浮」者，蓋會稽方音，今從趙讀），赤地千里。」其文皆不見《孟子》。蓋是時逸《書》尚在，故仲任能舉其辭也。

又：「案《酒誥》之篇：朝夕曰祀兹酒。此言文王戒慎酒也。朝夕戒慎，則民化之。」

按：今《書・酒誥》：「乃穆考文王肇國在西土，厥誥毖庶邦庶士越少正御事，朝夕曰祀兹酒。」《釋言》：「誥、誓，僅也。」郭注：「皆所以約勤謹戒衆。」又《釋詁》：「毖，慎也」，是其義。僞孔《傳》：「文王其告慎衆國、衆士于少正官、御治事吏，朝夕敕之。惟祭祀而用此酒，不常飲。」

又：「經曰：『弼成五服。』五服，五采服也。服五采之服，又茅茨采椽，何宮室衣服之不相稱也。服五采，畫日月星辰。茅茨采椽，非其實也。」

按：此仲任引經以析《傳》語「堯舜之儉，茅茨不剪，采椽不斫」之云也。尋《皋陶謨》「弼成五服，至于五千」，僞孔《傳》：「五服：侯、甸、綏、要、荒服也。服五百里，四方相距爲方五千里。」陸氏《釋文》：「馬云：面五千里，爲方萬里。鄭云：五服已五千，又弼成爲萬里。」是古文說自馬、鄭并不以爲五采衣。仲任云五采服者，自今文說。《皋陶謨》有云：「以五采彰施于五色作服，汝明。」是堯舜有五采服也。陳輯《大傳·虞夏傳·皋繇謨》「天子服五」(《禮書》卷一，又卷三，又《御覽》六百九十《服章部七》)。又：「注：五采相錯，非一色也。」(《隋書·禮儀志》引鄭玄議已非之云)陳云「《書傳》服五……言其采色，非言其章數」，是也。又云：「永平初定冕服，公卿之下，從大小夏侯説。乘輿服從歐陽説日月星辰十二章。三公諸侯用山龍九章。卿以下用華蟲七章。則是歐陽説冕服章數，仍以十二、九、七爲節，大小夏侯説冕服章數，乃自天子至公侯以九爲節，卿以下以七爲節明矣。」陳説是也。仲任以「畫日月星辰」説五服，是歐陽説可知。陳輯又云：「《尚書·益稷》正義引鄭玄《書》注云：『自日月至黼黻凡十二章，天子以飾祭服。至周而變之，以三辰爲旂旗。』王肅以爲舜時三辰即畫于旌旗，不在衣也。天子山龍華蟲耳。考王肅雖善賈、馬之學，而其父朗師楊賜，則治歐陽《尚書》者。肅解《虞書》作服，與《伏生大傳》相合，蓋亦用今文家説也。」其實肅注徒欲與鄭別異耳。永平所據歐陽説乘輿服日月星辰十二章，與充言「服五采，畫日月星辰」，義自相應，此真今文歐陽説也。肅謂舜時三辰即畫于旌旗，其不合歐陽説明矣。壽祺乃遠引其父朗之師楊賜，亦已迂矣。又謂肅解作服，與《大傳》相合者，當據「天子衣服，其文華蟲、作繢、宗彝、藻火、山龍」(《禮書》卷三又卷一引)言之耳。其實傳文明云「山龍青也，華蟲黄也，作繢黑也，宗彝白也，藻火赤也，天子服五」(《禮書》卷一又卷三，又《御覽》六百九十《服章部七》)。是「華蟲」云云，正以明天子服五采耳，非謂章數止此也。且陳氏書亦云「《書傳》服五，言其采色，非其章數」，而又惑于此文，以合于王肅之章數，何哉？若果如壽祺所説，則歐陽生親受之伏生者，轉不若王肅之合于《大傳》矣。豈歐陽之學，永平時已不得其傳，而以王充之多聞，猶未見《大傳》此文歟？

論衡卷第八

《儒增篇》：「儒書稱堯舜之德至優至大，天下太平，一人不刑。又言文武之隆，遺在成康，刑錯不用，四十餘年。是欲稱堯舜，褒文武也。……言其一人不刑，刑錯不用，增之也。」

按：陳輯《大傳·甫刑》篇：「子張曰：堯舜之王，一人不刑，而天下治。」（《太平御覽》六百三十五《刑法部一》，又《御覽》八十《皇王部五》）仲任所云儒書稱堯舜一人不刑，即述《大傳》此文，蓋本子張之言云爾。然《儒增》此下復云「又言成康刑錯不用，四十餘年」，豈此數語，亦本伏《傳》之文乎？《謝短篇》云：「夫文武之隆，貴在成康。康王未衰，《詩》安得作？」「遺」、「貴」形近相亂，然「貴」豈「遺」之壞字歟？

又：「聞用精者察物不見，存道以亡身，不聞不至門庭，坐思三年，不及窺園也。《尚書·毋佚》曰『君子所其毋佚（今本自通津草堂本以下并誤作逸，今正）。先知稼穡之艱難乃佚者也。』」

按：今《書·無逸篇》「毋」作「無」，「佚」作「逸」。仲任引今文《尚書》自作「毋佚」。通津草堂本作「君子所其毋逸」，則雜糅今古，亂仲任之書矣。熹平石經「無逸」作「毋劮」，「乃逸」作「乃劮」。

《藝增篇》：「《尚書》『協和萬國』，是美堯德，致太平之化，化諸夏，并及夷狄也。言協和方外，可也。言萬國，增之也。夫唐之與周，俱治五千里内。周時諸侯千七百九十三國，荒服、戎服、要服及四海之外不粒食之民，若穿胸、儋耳、焦僥、跋（當爲跂）踵之輩，并合其數，不能三千。……而《尚書》云『萬國』，……以美堯也。欲言堯之德大，所化者衆，諸夏夷狄，莫不雍和，故曰『萬國』。」

按：此仲任説《堯典》「協和萬邦，黎民于變時雍」也。僞孔《傳》：「雍，和也。」與仲任言「莫不雍和」義合。又云「言天下衆民皆變化」，仲任乃云：「化諸夏，并及夷狄也。」當篇言：周時諸侯千七百九十三國，正述《大傳》之文，惟「九十」當爲「七十」爾。陳輯《大傳·洛誥篇》：「天下諸侯之悉來進受命于周，而退見文武之尸者千七百七十三諸侯。」注：「八州，州二百一十國；畿内九十三國，此周所因于殷九州諸侯之數。」（《儀禮經傳通解》續二十九《祭義》引，又見《周禮·大司徒》疏、《禮記·王制》正義，并引作《洛誥》傳）

又：「《尚書》曰：『毋曠庶官。』曠，空；庶，衆也。毋空衆官，寘非其人，與空無異，故言空也。」

按：今《書·皋陶謨》「毋」作「無」。古文「無」，今文例作「毋」。僞孔《傳》：「曠，空也。位非其人爲空官。」僞孔説與仲任述今文説無異。

又：「《尚書》曰：『祖伊諫紂曰：「今我民罔不欲喪。」』罔，無也。我天下民無不欲王亡者。

夫言欲王之亡可也，言『無不』增之也。紂雖惡，民臣蒙恩者非一，而祖伊增語，欲以懼紂也。」

按：今《西伯戡黎》「罔不」作「罔弗」。僞孔《傳》云「民無不欲王之亡」，與仲任説不異。《士昏禮記》「又弗能教」，注：「今文弗爲不。」徐氏《儀禮》古今文異同「俗本作古文，據嚴本校改」，是也。然養原謂「弗」、「不」本同字，則非也。古音「不」在之部，「弗」在脂部，異字異讀，謂之轉語可也。

又：「夫《武成》之篇，言武王伐紂，血流浮杵，助戰者多，故至血流至此，皆欲紂之亡也。土崩瓦解，安肯戰乎？」又：「《武成》言血流浮杵，亦太過焉。死者血流，安能浮杵？案武王伐紂于牧之野，河北地高，壤靡不乾燥。兵頓血流，輒燥入土，安得杵浮？且周殷士卒，皆賫盛糧，無杵臼之事，安得杵而浮之？」

按：此仲任述逸《書》《武成》之文。

論衡卷第九

《問孔篇》：「臯陶陳道帝舜之前，淺略未極。禹問難之，淺言復深，略指復分，蓋起問難。此説激而深切，觸而著明也。」

按：此仲任述今文《臯陶謨》説也。《書序》：「臯陶矢厥謨，禹成厥功，帝舜申之，作《大禹》、《臯陶謨》、《益稷》。」今文無《書序》，而仲任此言，亦以爲皋陶陳道帝舜之前，與《書序》相合。僞孔説此序云「矢，陳也」是也。

又：「《尚書》曰：『毋若丹朱敖，惟慢游是好。』謂帝舜敕禹毋子不肖子也。重天命，恐禹私其子，故引丹朱以敕戒之。禹曰：『予娶若時，辛壬癸甲，開呱呱而泣，予弗子。』陳已行事，以往推來，以見卜隱，效己不敢私不肖子也。不曰『天厭之』者，知俗人誓，好引天也。」

按：此仲任述《皋陶謨》文也。今《書》「毋荒」作「無荒」，「敖」作「傲」，陸氏《釋文》云「字又作奡」。「游」作「遊」。「予娶若時」作「予創若時娶于塗山」，此簡今古文大異。「開」今《書》作「啟」，仲任避漢諱耳。

論衡卷第十

《非韓篇》：「周穆王之世，可謂衰矣。任刑治政，亂而無功。甫侯諫之，穆王存德，享國久長，功傳于世。夫穆王之治，初亂終治，非知昏于前，才妙于後也。前任蚩尤之刑，後用甫侯之言也。」

按：今《書·吕刑》云「惟敬五刑，以成三德」，是穆王存德也。又云：「惟吕命，王享國百年耄荒」，僞孔《傳》：「言吕侯見命爲卿時，穆王以享國百年耄亂荒忽。穆王即位，過四十矣。言百年大期，雖老而能用賢以揚名。」是享國久長也。仲任述《吕刑》而云：甫侯者，今文尚書當云：甫刑，與緇衣表記文同也。陳輯《甫刑》云：「漢藝文志考證一：大傳以吕刑爲甫刑」是也。

《刺孟篇》：「《易》曰：『利見大人，利涉大川，乾元亨利貞。』《尚書》曰：『黎民亦尚有利哉。』皆安吉之利也。」

按：今《書·秦誓》「以保我子孫黎民亦職有利哉」，僞孔《傳》：「用此好技聖之人，安我子孫家人，亦主有利哉，言能興國。」依仲任所引，知今文于「子孫」句絶，「亦職」作「亦尚」。僞孔《傳》「職」爲「主」者，《釋詁》「職，主也」是也。今文作「尚」者，《釋詁》：「職、秩，常也。」職之爲尚，恰爲常耳。

論衡卷第十一

《談天篇》：「《禹貢》『東漸于海，西被于流沙』，此則天地之極際也。」又：「雒陽，九州之中也。從雒陽北顧，極正在北。東海之上，去雒陽三千里，視極亦在北。推此以度，從流沙之地視極，亦必復在北焉。東海流沙，九州東西之際也，相去萬里，視極尤在北者，地小居狹，未能辟離極也。」

按：仲任述《禹貢》今文説如此。孔穎達《禹貢正義》云：「鄭玄云：南北不言所至，容逾之。此言西被于流沙。流沙當是西境最遠者也，而《地理志》以流沙爲張掖，居延是也。計之，在居延之西，太遠矣，《志》言非也。」仲任義亦當同耳。仲任以爲東西萬里者，孔疏又云：「又《地理志》言漢之土境東西九千三百二里，南北萬三千三百六十八里，驗其所言山川，不出《禹貢》之域。山川戴地，古今必同，而得里數異者，堯與周漢，其地一也。《尚書》所言據其虚空鳥路，方直而計之。《漢書》所言，乃謂著地人跡，屈曲而量之，所以數不同也。」王云萬里，亦略如漢《志》所云矣。然既以雒陽爲九州之中，東海、流沙爲九州東西之際，相去萬里，則東海去雒陽，必當五千里可知。今書云「三千里」，「三」當爲「五」，形之誤也。

《説日篇》：「《尚書》曰：『月之從星，則以風雨。』《詩》曰：『月麗于畢，俾滂沲矣。』二經咸言，所謂爲之非天，如何？夫雨從山發，月經星麗畢之時麗畢之時（四字説重）當雨也。時不雨，月不麗，山不雲，天地上下，自相應也。月麗于上，山烝于下，氣體偶合，自然道也。」

按：此引《洪範》，與今《書》同。《感虚篇》引作「則有風雨」。

《答佞篇》：「唯聖賢之人，以九德檢其行，以事效考其言。行不合于九德，言不驗于事效，人非賢則佞矣。」

按：此仲任述《臯陶謨》文也。今《書》云：「禹曰：……知人則哲，……何畏乎巧言令色孔壬（僞孔《傳》：孔，甚也。巧言，靜言庸違。令色，象恭滔天。禹言有苗歡兜之徒，甚佞如此。堯畏其亂政，故遷放之）。臯陶曰：都，亦行有九德（僞孔《傳》：言人性行有九德，以考察其僞則可知）。亦言其人有德，乃言曰：載采采（僞孔《傳》：載，行。采，事也。稱其人有德，必言其所行某事以爲驗）。」是也。尋王説，蓋讀「亦言，其人有德乃言，曰：載采采」句絶。言即其人之言，與「亦行」爲對文，與僞孔説不同。孔傳載行、采事并本《釋詁》。然《釋詁》：「載、謨、食、詐，僞也。」「話、猷、載、行、訛，言也。」郭注：「《周禮》曰：作盟詛之載。」則「言」、「載」亦互文耳。仲任以「事效」釋「采采」，殊勝僞孔。

又：「《書》曰：『知人則哲，惟帝難之。』虞舜大聖，驩兜大佞，大聖難知大佞，大佞不憂大聖，何易之有？」

按：此仲任述《皋陶謨》之文也。今《書》云：「皋陶曰：都，在知人，在安民。禹曰：吁！咸若時，惟帝其難之。知人則哲，能官人。安民則惠，黎民懷之。」然《漢書·武帝紀》：「詔曰：朕聞咎繇對禹曰：在知人，知人則哲，惟帝難之。」又：《後漢書·虞延傳》：「衍在職，不服父喪。帝聞之，乃嘆曰：知人則哲，惟帝難之，信哉斯言。」并與仲任引《書》合，豈今文信爲武帝所引，此三句并屬咎繇對禹之言邪？又《是應篇》引「經曰」與本篇引「《書》曰」同。

論衡卷第十二

《程材篇》：「堯以俊德，致黎民雍。」

按：此仲任述《堯典》之文也。今《書》曰「克明俊德」，又曰「黎民于變時雍」也。

《謝短篇》：「《尚書》曰：『詩言志，歌咏言。』此時已有《詩》也。斷取周以來而謂興于周。古者采詩，詩有文也。今《詩》無書，何知非秦燔五經，《詩》獨無餘禮（當爲體）也。」

按：今《書・堯典》云「詩言志，歌永言」，僞孔《傳》：「謂詩言志以導之，歌咏其義以長其言。」「永」爲「咏」爾。

論衡卷第十三

《效力篇》：「《梓材》曰：『强人有王開賢厥率化民。』此言賢人亦壯强于禮義，故能開賢，其率化民。化民須禮義，禮義須文章，行有餘力，則以學文，能學文，有力之驗也。」

按：此仲任述今文説也。今《書・梓材》曰：「戕敗人宥，王啟監厥亂爲民。」僞孔《傳》云：「察民以過誤殘敗人者，當寬宥之。」「言王者開置監官，其治爲民，不可不勉。」其本與説，與今文絶異。于今觀之，今文經無「敗」字。强、戕，有、宥，化、爲（古音同在歌部），音并相近，師讀異爾。今文「啟」爲「開」者，避漢諱。賢、監，率、亂，并以字形相近，而滋異文。知「率」、「亂」亦爲形誤者，章先生《新出三體石經考》：「五十三、迷亂，亂作𤔲，變亂、亂罰同。《説文》此爲古文䜌字。䜌，亂也。䜌亂聲義同。」此《尚書・無逸》遺字也。賈昌朝《群經音辨・字訓得失》「亂」下引僞孔本《古文尚書》云：「𤔲𤔔𤔲，古文亂字也。」是宋人所見僞孔隸古定本「亂」字有此三體也。其第一體與新出三體石經古文正合，尚存壁中故書之真。「𤔲」、「率」故形近相亂矣。

孔廣森《經學卮言・書・大誥》「王若曰猷大誥爾多邦」條引仲任此文而爲之説曰：「漢以景帝諱，

啟之字曰開。《儀禮》注：『今文啟爲開。』有、宥，賢、監，率、亂并形似，爲、化聲似也。『化民』文理較勝，因『訛』字從『化』，而古讀『爲』如『訛』，遂轉作『爲』，猶《堯典》『南訛』之或作『南爲』矣。」

《别通篇》：「是故大川相間，小川相屬，東流歸海，故海大也。」

按：此仲任述《大傳》之文也。陳輯夏傳《禹貢》「大川相間，小川相屬，東歸于海」（《水經注》序），又「大水小水，東流歸海也」（《文選·海賦》注、《郭有道碑文》注），酈引一、二句，李引三句，全同仲任，知伏《傳》正爾也。

又：「潤下作鹹，水之滋味也。東海水鹹，流廣大也。西州鹽井，源泉深也。」

按：此仲任述《鴻範》之文也。今《洪範》曰「水曰潤下」、「潤下作鹹」，僞孔《傳》：「水鹵所生」，是也。

論衡卷第十四

《狀留篇》：「吕望之徒，白首乃顯；百里奚之知，明于黄髮，深爲國謀，因爲王輔。皆夫沉重難進之人也。」

按：此仲任述《秦誓》今文説爾。今《書》云：「雖則云然，尚猷詢茲黄髮，則罔所愆。」僞孔《傳》：「言前雖有云然之過，今我庶幾以道謀此黄髮賢老，則行事無所過矣。」《史記·秦本紀》謂繆公：「乃誓于軍曰：嗟士卒，聽無嘩。余誓告汝：古之人謀黄髮番番（《正義》：音婆，字當作皤。皤，白頭貌。

言髮白而更黄，故云黄髮番番，以申思，謂蹇叔、百里奚也），則無所過。以申思不用蹇叔、百里傒之謀，故作此誓，今後世以記余過。」仲任之云，與史公言相應。

《寒温篇》：「案前世用刑者，蚩尤、亡秦甚矣。蚩尤之民，湎湎紛紛。亡秦之路，赤衣比肩。當時天下，未必常寒也。」

按：此仲任述《甫刑》之文也。今《吕刑》曰：「蚩尤惟始作亂，延及于平民。」又曰「民興胥漸，泯泯棼棼」，僞孔《傳》云：「三苗之民，瀆于亂政，起相漸化，泯泯爲亂，棼棼同惡。」《漢書・叙傳》：「湎湎紛紛。」師古曰：「言上風既流，下人則化也。湎湎，流移也。紛紛，雜亂也。」孟堅引《甫刑》，與仲任同（清儒錢大昕、顧千里、段玉裁説此甚詳，顧即引仲任此文爲説，義具繆祐孫《漢書引經異文録證》，兹故可得而略也）。

又：「或難曰：《洪範》『庶徵』曰：『急恒寒若，舒恒燠若。』若順；燠温；恒，常也。人君急則常寒順之，舒則常温順之。寒温應急舒，謂之非政如何？夫豈謂急不寒、舒不温哉？人君急舒而寒温遞至，偶適自然，若故相應，猶卜之得兆，筮之得數也。人謂天地應令問，其實適然。」又：「《洪範》曰：『急恒寒若，舒恒燠若。』如《洪範》之言，天氣隨人易徙，當先天而天不違耳，何故復言後天而奉天時乎？後者天已寒温于前，而人賞罰于後也。由此言之，人言與《尚書》不合。」

按：此仲任述今文《洪範》文也。《公羊》成元年經何休解詁：「《尚書》曰：舒恒燠若。」與充引經正同。今《書·洪範》：「曰豫恒燠若，曰急恒寒若。」燠在寒前，與仲任所引，先後不同，又「舒」作「豫」，文字亦異。孔穎達《洪範正義》云：「鄭王本豫作舒。」豈鄭、王并從今文讀邪？然「豫」讀曰「舒」，故是齊讀。

《譴告篇》：「紂爲長夜之飲，文王朝夕曰：祀兹酒。」

按：此仲任述《酒誥》文。

又：「子弟傲慢，父兄教以謹敬；吏民横悖，長吏示以和順。是故康叔、伯禽，失子弟之道，見于周公，拜起驕悖，三見三笞。往見商子，商子令觀橋梓之樹。二子見橋梓，心感覺悟，以知父子之禮。周公可隨爲驕，商子可順爲慢，必須加之捶杖，教觀于物者，冀二人之見異，以奇自覺悟也。」

按：此仲任述《大傳》之文，蓋伏傳説《梓材》義云爾。陳輯《大傳·梓材篇》云：「金履祥《尚書表注》云：『《梓材》伏生今文作周公教伯禽之書。』《通鑑前編·成王七年》載《梓材》云：『按《梓材》之書，伏生《大傳》以爲周公命伯禽之書。』又云『《梓材》之事，伏生誤以爲周公命伯禽之書』，是也。陳輯又引金履祥《尚書表注》：「案《大傳》今文當有『周公曰』，而無『封』字。」陳輯又云：「《大傳》所説喬梓之事，固非《梓材》之本意。然以爲周公命伯禽之書，則篇首當有『周公曰』之語，無『王曰封』之語矣。」觀橋梓之樹，《文選·王文憲集序》注引《尚書大傳》作「橋」，《世説新語·排調篇》注引作「喬」，并見陳輯。然諸書引《大傳》并無「拜起驕悖」語，唯見于此。

又：「周繆王任刑，《甫刑》篇曰：『報虐用威。』威虐皆惡也。用惡報惡，亂莫甚焉。」

按：此仲任述《甫刑》之文也。今《書·吕刑》曰：「皇帝哀矜庶戮之不辜，報虐以威。」僞孔《傳》：「皇帝，帝堯也。哀矜衆被戮者之不辜，乃報爲虐者以威誅。」仲任云「繆王任刑」，則不謂帝堯，又「以」作「用」，皆今文云爾。

又：「舜戒禹曰：『毋若丹朱敖。』周公敕成王曰：『毋若殷王紂。』毋者，禁之也。丹朱、殷紂，至惡，故曰毋以禁之。」

按：今《書·臯陶謨》「毋」作「無」，「敖」作「傲」，陸云：「字又作奡。」仲任以爲舜戒禹之辭。今《書·無逸》云：「無若殷王受之迷亂，酗于酒德哉。」「無」并爲「毋」，「受」爲「紂」，皆今文讀也。

論衡卷第十五

《變動篇》：「《甫刑》曰：庶僇旁告無辜于天帝，此言蚩尤之民被冤，旁告無罪于上天也。」

按：今《書·吕刑》云：「虐威庶戮，方告無辜于上。上帝監民罔有馨香。」僞孔《傳》：「三苗虐政作威，衆被戮者方方各告無罪于天。天視苗民無有馨香之行。」今文「戮」爲「僇」，「方」爲「旁」，上「上」字不重，本自作「天」，讀「帝」字句絶。

《明雩篇》：「《詩》云：『月離于畢，比滂沲矣。』《書》曰：『月之從星，則以風雨。』然則風雨隨月所離從也。房星四表三道，日月之行，出入三道。出北則湛，出南則旱。或言出北則旱，南則湛。」又《順鼓篇》：「月離于畢，出房北道希有不雨。」

按：此仲任述《鴻範》之文。《説日篇》引《詩》「離」爲「麗」。今謂故書當從《説日篇》作「麗」，《明雩》此文，後人依毛詩改之耳。《經籍纂詁》于《説日》外，又舉《國策·燕策》「高漸離」、《論衡·書虚》作「麗」，是也。大抵會稽讀「離」若「麗」矣。《辨祟篇》：「涉患麗禍，不在觸歲犯月。」又：「或有所犯，抵觸縣官，羅離刑法，不曰過所致，而曰家有負。」「離」并爲「麗」，仲任用其俗耳。

《明雩篇》：「夫天之運氣，時當自然，雖雩祭請求，終無補益。而世又稱湯以五過禱于桑林，時立得雨。夫言運氣，則桑林之説絀；稱桑林，則運氣之論消。」

按：此仲任述《大傳》説也。陳輯《湯誓》傳：「湯伐桀之後，大旱七年。史卜曰：當以人爲禱。湯乃剪髮斷爪，自以爲牲，而禱于桑林之社，而雨大至，方數千里。」（《左·哀十年》正義）是也。

又：「周公爲成王陳立政之言曰：時則物有間之。自一話一言，我則末維成德之彦，以乂我受民。周公立政，可謂得矣。知非常之物，不賑不至，故敕成王，自一話一言，政事無非，毋敢變易。然則非常之變，無妄之氣間而至也。水氣間堯，旱氣間湯。周宣以賢，遭遇久旱。」

按：今《書·立政》「物」作「勿」，「維」作「惟」。僞孔《傳》：「如是則勿有義代之，言不可復變。」又云：「言政當用一善，善在一言而已，欲其口無擇言，如此我則終惟有成德之美，以治我所受之民。」仲任之言如此，是今文「勿」讀曰「物」，説與僞孔不同也。

《順鼓篇》：「殷太戊桑穀俱生，或曰：『高宗恐駭，側身行道，思索先王之政，興滅國，繼絶世，舉逸民，明養老之義，桑穀消亡，享國長久。』此説者《春秋》所共聞也。」

按：「高宗恐駭」以下述《尚書大傳》之文，又見《異虚篇》。彼作「舉佚民」，與今文字例正合。此作「逸」，疑寫者亂之。又此「明養老之義」在「舉逸民」句下，與《大傳》序次正合，與《異虚篇》不同。未知王書本爾，抑後人依《大傳》改之。末句「春秋」字當在「説」字下。

又：「周成王之時，天下雷雨。偃禾拔木，爲害大矣。成王開金縢之書，求索行事周公之功，執書以泣。遏雨止風，反禾，大木復起。」

按：此仲任述《金縢》説也。今《書》云「天大雷電以風」，不言「雨」。末又云「天乃雨反風，禾則盡起」，不云「遏雨止風反禾」，未知是今文異讀，抑仲任説有參差也。今書「開」作「啟」，今文經避漢諱作「開」爾。

《漢書·儒林傳》鄭寛中卒，谷永上疏曰：「昔周公薨，成王葬以變禮，而當天心。」師古曰：「周公死，成王欲葬之于成周，天乃雷雨以風，禾盡偃，大木斯拔，國大恐。王乃葬周公于畢，示不敢以也。事見《尚書大傳》，而與《古文尚書》不同。」陳輯又引《漢書·梅福傳》注亦云「周公死，天乃雷雨以風，禾盡偃，大木斯拔，國恐」也。陳氏案曰：當依《漢書·儒林傳》注引作「國人大恐」，其實景祐本止云「國大恐」，無「人」字。疑今文《金縢》本無「人」字，與今《書》作「邦人大恐」不同也。《大傳》明云

「天乃雷雨以風」，與仲任語合。仲任述今文《金縢》說又見《感類篇》。彼引經作「天大雷電以風」及「邦人大恐」而說之云「天大雷雨」，蓋後人强作解事，援僞孔書考之爾。今文師讀例避漢諱，凡「啟」之字曰「開」，「邦」之字曰「國」，此乃云「邦人大恐」，其非充故書明矣。

《史記·魯周公世家》：「周公卒後，秋未獲，暴風雷雨，禾盡偃，大木盡拔，周國大恐，成王與大夫朝服以開金縢書。」是史遷所據今文亦作暴風雷雨，又云：周國大恐，亦無人字，與《大傳》文合。「啟」亦作「開」，避景帝諱。

又：「《尚書大（原作太，今正）傳》曰：『煙氛郊社不修，山川不祝，風雨不時，霜雪不降，責于天公。臣多弑主，孽多殺宗，五品不訓，責于人公。城郭不繕，溝池不修，水泉不隆，水爲民害，責于地公。』」

按：此文仲任明引《大傳》。陳輯在卷五未審何篇中。尋今書《堯典》云：「帝曰：契，百姓不親，五品不遜，汝作司徒。」僞孔《傳》：「遜，順也。」然今文「遜」爲「訓」，訓亦順也。是《大傳》人公謂司徒也。《史記·五帝本紀》作「五品不馴」，《正義》「馴音訓」。《集解》：「鄭玄曰：五品，父母兄弟子也。王肅曰：五品，五常也。」僞孔《傳》同王肅義。

譚宗浚《跋》云「引《尚書大傳》曰」云云，「則與《韓詩外傳》之説合」。然譚引「郊社」作「郊祀」，「臣多」句作「臣殺主」，「溝池」句作「溝渠不修」。

論衡卷第十六

《亂龍篇》：「舜以聖德，入大麓之野。虎狼不犯，蟲蛇不害。」

按：此仲任述《堯典》今文説也。今《書》「納于大麓」，《傳》：「麓，録也。納舜使大録萬機之政。」陸氏《釋文》：「麓，音鹿。王云：録也。馬、鄭云：山足也。」僞孔與王説同。馬、鄭與仲任述今文説同。

《講瑞篇》：「《書》曰：『簫韶九成，鳳皇來儀。』《大傳》曰：『鳳皇在列樹。』不言群鳥從也，豈宣帝所致者異哉？或曰：記事者失之。唐虞之君，鳳皇實有附從。上世久遠，記事遺失，經書之文，未是以實也。」

按：此仲任述《皋陶謨》及《大傳》文也。今《書》「皇」爲「凰」。陳輯《大傳·略説》有云：「成王問周公曰：舜之冠何爲焉？周公曰：古之人有冒皮而勾領者。然鳳皇以來其樹，麒麟聚其域也。」（《北堂書鈔·冠》引）陳氏案曰：「《荀子·哀公》篇：『魯哀公問舜冠于孔子。……孔子對曰：古之王者，有務而拘領者矣，其政好生而惡殺焉。是以鳳凰在列樹，麟居郊野。』……《荀子》作哀公問孔子，《書傳》作成王問周公，傳聞異詞。」如仲任所述，是《大傳》亦作「在列樹」，與《荀子》文正同也。

又：「案周太平，越常獻白雉。白雉生短（當爲雉，形之誤也）而白色耳，非有白雉之種也。」

按：此仲任述《大傳》文也。陳輯《金縢》傳：「周公居攝六年，制禮作樂，天下和平。越裳以三象重譯而獻白雉。」是也。

又：「武王之時，火流爲烏，云『其色赤』。赤非烏之色，故言其色赤。」

按：此仲任述今文《大誓》之文。陳輯《大傳·周傳·大誓》有云：「武王伐紂，觀兵于孟津。有火流于王屋，化爲赤烏。三足。」（《御覽》百八十一《居處部九》引）是也。孔穎達《堯典正義》：「後漢初賈逵《奏〈尚書〉疏》云：流爲烏。」是賈引《泰誓》，與仲任言合也。孔于《泰誓正義》引馬融《書序》曰：「《泰誓》後得，案其文似若淺露。又云：……及火復北〔於〕上，至于王屋，流爲雕」云云，是馬本《泰誓》「烏」爲「雕」也。孔疏又云：「武帝時董仲舒對策云：『《書》曰：白魚入于王舟。有火入于王屋，流爲烏，周公曰：復哉！復哉！』今引其文，是武帝之時，已得之矣。」疑賈奏即依仲舒所引及《大傳》之文定作「烏」，故與馬不同也。《史記索隱》于《周本紀》書〔出〕「流爲烏」云：「按今〔文〕《泰誓》，流爲雕。雕，鷙鳥也。馬融云：明武王能伐紂。鄭玄云：烏是孝鳥，言武王能終父業。亦各隨文而解也。」是鄭亦從賈逵讀也。

論衡卷第十七

《指瑞篇》：「夫鳳麟之來，與白魚赤烏之至，無以異也。魚遭自躍，王舟逢之。火偶爲烏，王仰見之。非魚聞武王之德，而入其舟；烏知周家當起，集于王屋也。」又：「推此以況，白魚赤烏，猶此類也。魚，木精。白者，殷之色也。烏者，孝烏。赤者，周之應氣也。先得白魚，後得赤烏，殷之統絶，色移在周矣。據魚烏之見，以占武王，則知周之必得天下也。世見武王誅紂，出遇魚烏，則謂天用魚烏命使武王誅紂。事相似類，其實非也。」

按：此仲任述《泰誓》之文也。《後漢書・王霸傳》：「霸謝曰：此明云至德神靈之祐，雖武王白魚之應，無以加此。」章懷古子注：「《今文尚書》曰：武王度盟津，白魚躍入王舟。」仲任稱「白魚入王舟」，本此。

又：「《尚書大傳》曰：『高宗祭成湯之廟，有雉升鼎耳而鳴。高宗問祖乙。祖乙曰：「遠方君子，殆有至者。」』祖乙見雉有似君子之行，今從外來，則曰：遠方君子，將有至者矣。」

按：此仲任引《書傳》之文也。陳輯《高宗肜日》傳云：「武丁祭成湯，有飛雉升鼎耳而雊。武丁問諸祖己。祖己曰：『雉者野鳥也，不當升鼎。今升鼎者，欲爲用也。遠方將有來朝者乎？』」（《藝文類聚・鳥部》、《太平御覽》九百十七《羽族部四》、又《御覽》八十三《皇王部八》、又《論衡・是應篇》「祖己」作「祖乙」）然《指瑞篇》作「祖乙」。陳偶誤記爾。《是應篇》初無此文也。

《是應篇》：「聖王莫過堯舜，堯舜之治，最爲平矣。即屈軼已自生于庭之末，佞人來輒指知之，則舜何難于知佞人，而使皋陶陳知人之術。經曰：『知人則哲，惟帝難之。』人含五常，音氣交通，且猶不能相知。屈軼草也，安能知佞？」

按：此仲任述《皋陶謨》文，已見《答佞篇》。

又：「巫知吉凶，占人禍福，無不然者。如以鮭䱱謂之巫類，則巫何奇而以爲善？斯皆人欲神事立化也。師尚父爲周司馬，將師伐紂，到孟津之上，杖鉞把旄，號其衆曰『倉光』。倉光者，水中之獸也，善覆人船，因神以化，欲令急渡。不急渡，倉光害汝，則復觟䚦之類也。河中有此異物，時出浮揚，一身九頭，人畏惡之，未必覆人之舟也。尚父緣河有此異物，因以威衆。夫觟䚦之觸罪人，猶倉光之覆舟也。蓋有虛名，無其實效也。人畏怪奇，故空褒增。」

按：此仲任述今文《泰誓》説也。《史記・齊太公世家》：「武王即位，九年欲修文王業，東伐以觀諸侯集否。師行，師尚父左杖黄鉞，右把白旄，以誓曰：『蒼兕！蒼兕！總爾衆庶，與爾舟楫，後至者斬！』遂至盟津，諸侯不期而會者八百諸侯。」《索隱》于「蒼兕」下云：「亦有本作『蒼雉』。按馬融曰：『蒼兕主舟楫官爾。』又王充曰：『蒼兕者水獸，九頭。』今誓衆令急濟，故言蒼兕以懼之。然此文上下，并今文《泰誓》也。」是也。今本「兕」訛爲「光」，當依唐本正之。《説文》：「廌，解廌獸也，似山牛，一角。古者決訟令觸不直，象形，從豸省。凡廌之屬皆從廌。」宅買切。觟䚦即解廌。

論衡卷第十八

《自然篇》：「周公曰：『上帝引佚。』上帝謂舜、禹也。舜、禹承安繼治，任賢使能，恭己無爲，而天下治。舜、禹承堯之安，堯則天而行，不作功邀名，無爲之化自成，故曰：『蕩蕩乎民無能名焉。』年五十者擊壤于涂，不能知堯之德，蓋自然之化也。」

按：此仲任述《多士》及《大傳》之文也。《語增篇》作「引逸」，必後人改之。「擊壤」見《大傳》。

《感類篇》：「《金縢》曰：『秋大熟，未獲。天大雷電以風，禾盡偃，大木斯拔。邦人大恐。』當此之時，周公死，儒者説之，以爲成王狐疑于周公，欲以天子禮葬公，公，人臣也。欲以人臣禮葬公，公有王功。狐疑于葬周公之間，天大雷雨，動怒示變，以彰聖功。古文家以武王崩，周公居攝，管、蔡流言，王意狐疑周公，周公奔楚。故天雷雨以悟成王。夫一雷一雨之變，或以爲葬疑，或以爲信讒，二家未可審。」

按：此仲任述《金縢》今古文説。

又：「問曰：……經曰：『王乃得周公死自以爲功代武王之説。』今天動威，以彰周公之德也。」

按：此仲任設或人問引今文經也。今《書》云：「王與大夫盡弁，以啟金縢之書，乃得周公所自以爲功代武王之説。」是今文「所」作「死」也。

又：「難之曰：伊尹相湯伐夏，爲民興利除害，致天下太平。湯死復相太甲。太甲佚豫，放之桐宫。攝政三年，乃退復位。周公曰：『伊尹格于皇天。』天所宜彰也，伊尹死時，天何以不爲雷雨？」

按：今《書・君奭》云：「公曰：『君奭，我聞在昔成湯既受命，時則有若伊尹格于皇天。在太甲，時則有若保衡。』」是也。自伊尹相湯迄乃退復位，疑亦《書傳》有其文，而仲任述之爾。《蔡中郎文集・文烈侯楊公碑（楊賜）》云：「惟帝念功，六在九卿之事，勛假皇天，澤充區域。」此用今文《尚書》「格」作「假」也。王書亦當爲「假」，後人改字耳。

又：「秬鬯之所爲到，白雉之所爲來，三王乎，周公（一有乎字）也？周公功德，盛于三王，不加王號，豈天惡人妄稱之哉？」

按：「白雉」見《大傳》，「秬鬯」疑亦《大傳》之文也。

又：「《洪範》稽疑，不悟災變者，人之才不能盡曉，天不以疑責備于人也。成王心疑未決，天以大雷雨責之，殆非皇天之意。《書》家之説，恐失其實也。」

按：今《書》：「天乃錫禹洪範九疇……次七曰：明用稽疑。」僞孔《傳》：「明用卜筮考疑之事。」與仲任説異。

《齊世篇》：「及至秦漢，兵革雲擾。戰力角勢，秦以得天下。既得天下，無嘉瑞之美，若叶和萬國、鳳皇來儀之類，非德劣不及，功薄不若之徵乎？此言妄也。」又：「經言『叶和萬國』，時亦有丹朱；『鳳皇來儀』，時亦有有苗。兵皆動而并用，則知德亦何優劣而小大也？」

按：今《堯典》云「協和萬邦」，《皋陶謨》曰「鳳凰來儀」也。仲任引經「協」爲「叶」，此今文字例如此，它篇仍作「協」者，後人依僞孔《書》改之也。《書》「協時日」，《白虎通》引作「叶」，《洪範》：「次四曰：協用五紀。」《漢書・五行志》「協」作「叶」，師古曰「協讀曰叶」是也。陳輯《大傳》：「《洪範》曰：不叶于極，不麗于咎。毋侮鰥寡，而畏高明。」（《困學紀聞》卷二引《大傳》）今《書・洪範》「叶」作「協」。「麗」作「罹」，三句作「無虐煢獨」。陸氏《洪範釋文》：「罹，馬力馳反，又來多反。」「無虐，馬本作亡侮。」

論衡卷第十九

《宣漢篇》：「周家越常獻白雉，方今匈奴、鄯善、哀牢貢獻牛馬。周時僅治五千里内，漢氏廓土收荒服之外。」

按：此述《大傳》之文。

《恢國篇》：「紂爲至惡，天下叛之。武王舉兵，皆願就戰，八百諸侯，不期俱至。」

按：此述《大誓》之文也。陳輯《周傳・大誓》：「八百諸侯，俱至盟津，白魚入舟。」（《尚書孔序正義》卷一引《書傳》「八百諸侯，俱至盟津，白魚入舟」之事，與《大誓》同）是也。

又：「《武成》之篇，言周伐紂，血流浮杵。」

按：此仲任述《武成》之文。

又：「武王伐紂，庸蜀之夷，佐戰牧野。成王之時，越常獻雉，倭人貢暢。」

按：此述《牧誓》及《大傳》之文也。今《牧誓》曰「及庸蜀羌髳微盧彭濮人」，是也。別篇「常」或爲「裳」，「暢」或爲「鬯」，皆失仲任故書之真。

又：「故夫雨露之施，内則注于骨肉，外則布于他族。唐之晏晏，舜之烝烝，豈能逾此？驩兜之行，靖言庸回，共工私之，稱薦于堯。三苗巧佞之人，或言有罪之國。鯀不能治水，知力極盡，罪皆在身，不加于上。唐虞放流，死于不毛。」

按：此仲任述今文《堯典》説也。今《書》云：「曰若稽古帝堯曰放勛，欽明文思安安。」僞孔《傳》：「而以敬明文思之四德，安天下之當安者。」今文「安安」作「晏晏」，與僞孔説絶異。今《書》又云：「克諧以孝，烝烝乂，不格奸。」僞孔《傳》：「烝，進也。……使進進以善自治，不至于奸惡。」是以「烝烝乂」句絶。觀仲任所述，正以「烝烝」句絶，與僞孔讀異。今《書》又云：「帝曰：疇咨若予采，驩兜曰：都。共工方鳩僝功。帝曰：吁。靜言庸違，象恭滔天。」「靜」今文作「靖」，「違」作「回」。僞孔義作驩兜薦共工，仲任作共工薦驩兜，是與今文説適相反矣。

論衡卷第二十

《須頌篇》：「問説《書》者：『欽明文思』以下，誰所言也？曰：篇家也。篇家誰也？孔子也。然則孔子鴻筆之人也。自衛反魯，然後樂正，雅頌各得其所也。鴻筆之奮，蓋斯時也。」

按：此仲任說《堯典》之文也。如此言，是今文說以《堯典》「欽明文思」以下出孔子之筆也。

又：「或說《尚書》曰：尚者上也。上所爲，下所書也。下者誰也？曰：臣子也。然則臣子書上所爲矣。」

按：此仲任說《尚書》義，亦以意爲之爾。

又：「或年五十，擊壤于涂。或曰：大哉堯之德也。擊壤者曰：吾日出而作，日入而息，鑿井而飲，耕田而食，堯何等力？孔子乃言大哉堯之德者，乃知堯者也。」

按：此述《大傳》之文。

《佚文篇》：「孝武皇帝封弟爲魯恭王。恭王壞孔子宅以爲宮，得佚《尚書》百篇，《禮》三百，《春秋》三十篇，《論語》二十一篇，聞絃歌之聲，懼復封塗，上言武帝。武帝遣吏發取，古經、《論語》，此時皆出。」又：「孝成皇帝讀百篇《尚書》，博士郎吏莫能曉知，徵天下能爲《尚書》者，東海張霸通左氏《春秋》，案百篇序，以左氏訓詁造作百二篇具成，奏上。成帝出秘《尚書》以考校之，無一字相應者。成帝下霸于吏。吏當器（字誤）辜，大不謹敬。成帝奇霸之才，赦其辜，亦不滅（原誤減，今正）其經，故百二《尚書》，傳在民間。」

按：此仲任述百篇佚《書》始末。

論衡卷第二十一

《死僞篇》：「周武王有疾不豫，周公請命，設三壇同一墠，植璧秉圭，乃告于太王、王季、文王。史乃策祝，辭曰：『予仁若考，多才多藝，能事鬼神。乃元孫某不若旦多才多藝，不能事鬼神。』鬼神者，謂三王也。」又：「周公請命，史策告祝。祝畢辭已，不知三王所以與不，乃卜三龜。三龜皆吉，然後乃喜。」

按：此仲任述今文《金縢》之文也。今《書》云「王有疾弗豫」、「爲三壇同墠」，僞孔《傳》：「因大王、王季、文王請命于天，故爲三壇。」「乃告」下無「于」字；「策」作「册」。凡「弗」爲「不」、「珪」爲「圭」、「册」爲「策」，自今文字例如此。今《書》云：「予仁若考，能多才多藝。」今文無「能」字，與下文同。今《書》又云「乃元孫不若旦」，「孫」下無「某」字，則已見于上文「惟爾元孫某」也。今《書》又云：「爾之許我，我其以璧與珪歸俟爾命。爾不許我，我乃屏璧與珪。」此云「所以」，疑本作「所已」即「許己」也。《紀妖篇》「父去里所復還」，里所，里許也。當篇此下云「能知三王有知爲鬼，不能知三王許己與不，須卜三龜，乃知其實」，是也。後人或改故書，遂成駁文爾。仲任弗不、珪圭、册策字，并與《史記·魯周公世家》合。仲任云「然後乃喜」，《史記》亦云「周公喜」也。

論衡卷第二十二

《訂鬼篇》：「《鴻範》五行：二曰火。五事：二曰言。言、火同氣，故童謠詩歌爲妖言。言出文成，故世有文書之怪。世謂童子爲陽，故妖言出于小童。童巫含陽，故大雩之際〔祭〕，舞童暴巫，雩祭之禮，倍陰合陽，故猶日食陰勝，攻社之陰也。」

按：此仲任述《鴻範》義。今《書》作《洪範》，仲任自依今文作「鴻」。別篇或作「洪」者，後人依今《書》改之也。

論衡卷第二十三

《言毒篇》：「諺曰：『衆口爍金。』口者火也。五行二曰火，五事二曰言。言與火直，故云爍金。道口舌之爍，不言『拔木焰火』，必云『爍金』。金制于火，火、口同類也。」又：「口舌之徵，由人感天，故五事二曰言，言之咎徵，『僭恒暘若』。僭者奢麗，故蝮蛇多文。文起于陽，故若致文。暘若則言從，故時有詩妖。」

按：此仲任述《洪範》義也。僞孔《傳》：「君行僭差則常暘順之。」與王説殊。

論衡卷第二十四

《譏日篇》："「人道所重，莫如食急。故八政：一曰食，二曰貨。衣服，貨也。」

按：此仲任述《鴻範》文也。僞孔《傳》于「一曰食」云「勸（勤）農業」，「二曰貨」云「寶用物」也。

《卜筮篇》："「紂至惡之君也。當時災異繁多，七十卜而皆凶，故祖伊曰：『格人元龜，罔敢知吉。』賢者不舉，大龜不兆，災變亟至。」

按：此仲任說《西伯戡黎》也。「七十卜而皆凶」豈《書傳》之文乎？仲任以格人爲賢者，元龜爲大龜，僞孔《傳》以爲至人、大龜矣。

又："「鑽龜揲蓍，有吉凶之兆者，逢吉遭凶之類也。何以明之？周武王不豫，周公卜三龜，公曰：『乃逢是吉。』魯卿莊叔生子穆叔。以周易筮之，遇《明夷》之《謙》。夫卜曰『逢』，筮曰『遇』，實遭遇所得，非善惡所致也。善則逢吉，惡則遇凶，天道自然，非爲人也。」

按：此仲任述今文《金縢》說也。今《書》作「乃卜三龜，一習吉。啟籥見書，乃并是吉」，今文并爲「逢」也。

《難歲篇》："「儒者論天下九州，以爲東西南北，盡地廣長，九州之内五千里竟。三河土中。周公卜宅，經曰：『王來紹上帝，自服于土中。』雒則土之中也。」

按：此仲任述《召誥》文。今《書·召誥》「越三日戊申，太保朝至于洛，卜宅」，是卜宅者召公也。然經云「惟太保先周公相宅」，仲任遂云「周公卜宅」者，終言之爾。引經語今《書》亦以爲召公之言。

論衡卷第二十五

《祭意篇》：「《尚書》曰：『肆類于上帝，禋于六宗，望于山川，徧于群臣。』又：『六宗居六合之間，助天地變化，王者尊而祭之，故曰六宗。』」

按：此仲任述今文《堯典》説也。今《書》「群臣」爲「群神」，「臣」疑當爲「神」，聲之誤也。孔穎達《尚書正義》云：「漢世以來，説六宗者多矣。歐陽及大小夏侯説《尚書》皆云：『所祭者六，上不謂天，下不謂地，旁不謂四方，在六者之間，助陰陽變化，實一而名六宗矣。』」仲任所述，義同三家。僞孔《傳》云：「宗，尊也。所尊祭者其祀有六，謂四時也，寒暑也，日也，月也，星也，水旱也。」陸氏《音義》、孔氏《正義》引王肅説正同，明子雍、僞孔故是一家言耳。

又：「群臣」對「上帝」而言，《禮記·月令》：季冬之月「乃畢山川之祀，及帝之大臣，天之神祇」，鄭注：「四時之功成于冬，孟月祭其宗，至此可以祭其佐也。帝之大臣，句芒之屬。天之神祇，司中、司命、風師、雨師。」今文《堯典》，當作「群臣」，此必伏生所傳，與先秦舊書相應，甲骨亦有「五豐臣」，是證《堯典》舊義。

壁經久亡,三體大〔古〕文,不知定作何字,僞孔作「群神」,未知因古文後師所讀,抑自出胸臆,以更正文。頗謂不如仲任所引伏生舊義,爲存故書之真耳。

論衡卷第二十六

《知實篇》:「武王不豫,周公請命。壇墠既設,策祝已畢,不知天之許己與不,乃卜三龜,三龜皆吉。如聖人先知,周公當知天已許之,無爲頓復卜三龜。知聖人不以獨見立法,則更請命。秘藏不見,天意難知,故卜而合兆。兆決心定,乃以從事。」

按:此仲任述今文《金縢》説也。云「秘藏不見,天意難知,故卜而合兆」者,今《書》云:「啟籥見書,乃并是吉。」孔穎達《正義》曰:「鄭玄云:『籥,開藏之管也。開兆書藏之室以管,乃復見三龜占書,亦合于是吉。』王肅亦云:『籥,開藏占兆書管也。然則占兆别在于藏。』」仲任所云,頗同于鄭,大抵占兆别在于藏,今古文家,同有斯説耳。

論衡卷第二十七

《定賢篇》:「以朝庭選舉,皆歸善爲賢乎? 則夫著見而人所知者舉多,幽隱人所不識者薦少,虞舜是也。堯求則咨于鯀共工,則岳已不得。由此言之,選舉多少,未可以知實。」

按：此仲任述《堯典》之文也。今《書》作「咨四岳」，今文「岳」爲「嶽」。

又：「《書》曰：『知人則哲，惟帝難之。』」

按：此仲任述《皋陶謨》文。

論衡卷第二十八

《正説篇》：「説《尚書》者，或以爲本百兩篇，後遭秦燔《詩》、《書》，遺在者二十九篇。夫言秦燔《詩》、《書》，是也。言本百兩篇者，妄也。蓋《尚書》本百篇，孔子以授也。遭秦用李斯之議，燔燒五經，濟南伏生抱百篇藏于山中。孝景皇帝時始存《尚書》，伏生已出山中，景帝遣晁錯往，從受《尚書》二十餘篇。伏生老死，書殘不竟。晁錯傳于倪寬。至孝宣皇帝之時，河内女子發老屋，得逸《易》、《禮》、《尚書》各一篇，奏之。宣帝下示博士，然後《易》、《禮》、《尚書》各益一篇，而《尚書》二十九篇始定矣。至孝景皇帝時，魯共王壞孔子教授堂，以爲殿，得百篇《尚書》于牆壁中。武帝使使者取視，莫能讀者，遂秘于中，外不得見，至孝成皇帝時，徵爲古文《尚書》學。東海張霸按百篇之序，空造百兩之篇，獻之成帝。帝出秘百篇以校之，皆不相應，于是下霸于吏。吏白霸罪當至死。成帝高其才而不誅，亦惜其文而不滅。故百兩之篇，傳在世間者，傳見之人，則謂《尚書》本有百兩篇矣。」

按：此仲任述《書》二十九篇、百篇本末也。《漢書·晁錯傳》云：「孝文時，天下亡治《尚書》者，獨聞齊有伏生，故秦博士，治《尚書》，年九十餘，老不可徵，乃詔太常使人受之。太常遣錯受《尚書》伏生所，還因上書稱説。詔以爲太子舍人、門大夫，遷博士。」是始存《尚書》，在文帝時，遣錯往受書，亦文帝時事也。仲任以爲景帝，蓋誤。又《兒寬傳》：「兒寬千乘人也，治《尚書》，事歐陽生。以郡國選，詣博士，受業孔安國。」不云錯傳寬也。錯死景帝世，其遷博士，不得與孔安國同時，計寬詣博士，錯死久矣。仲任此言亦誤。然《經典釋文·序録》云：「歐陽、大小夏侯《尚書》，皆出于寬。」充聞錯受《尚書》伏生所，而三家之學，并出于寬，遂錯謂傳于寬耳。《漢書·儒林傳》：「歐陽生，字和伯，千乘人也。事伏生，授倪寬。寬又受業孔安國，至御史大夫。」又云：「歐陽大小夏侯氏傳學，皆出于寬。」《序録》本此。《漢書·儒林傳》云「東萊張霸」，不云「東海」；又云「文意淺陋」，是其才與文，未必如仲任之言也。志又云「以中書校之非是」，是成帝時中秘自有古文本，以爲劉歆所造，謬矣。

又：「傳者或知《尚書》爲秦所燔，而謂二十九篇，其遺脱不燒者也。審若此言，《尚書》二十九篇，火之餘也。七十一篇爲炭灰，二十九篇獨遺邪？夫伏生年老，晁錯往之學時，適得二十餘篇，伏生死矣，故二十九篇獨見，七十一篇遺脱。遺脱者七十一篇，反謂二十九篇遺脱矣。」

按：此仲任明以伏書爲亦本百篇，不及盡傳與錯而伏生死也。

又：「或說《尚書》二十九篇者法曰斗七宿也。四七二十八篇，其一曰斗矣。故二十九。夫《尚書》滅絕于秦，其見在者二十九篇，安得法乎？宣帝之時得佚《尚書》及《易》、《禮》各一篇。《禮》、《易》篇數亦始足，焉得有法？案百篇之序，闕遺者七十一篇，獨爲二十九篇立法如何？或說曰：孔子更選二十九篇，二十九篇獨有法也。蓋俗儒之說也，未必傳記之明也。二十九篇殘而不足，有傳之者，因不足之數，立取法之說，失聖人之意，違古今之實。」

按：此仲任破俗儒說二十九篇有所法之文也。

又：「聖王起，河出圖，洛出書。伏羲王，《河圖》從河水中出，易卦是也。禹之時得《洛書》，書從洛水中出，《洪範》九章是也。故伏羲以卦治天下，禹案《洪範》以治洪水。」

按：此仲任述《河圖》、《洛書》之說，以《洪範》九章爲即禹所得《洛書》也。孔穎達《洪範正義》：「《漢書·五行志》：劉歆以爲伏羲繫天而王，河出圖，則而畫之，八卦是也。禹治洪水，錫《洛書》，法而陳之，《洪範》是也。」

又：「《尚書》者，以爲上古帝王之書；或以爲上所爲，下所書。授事相實而爲名，不依違作意以見奇。說《尚書》者得經之實。」

按：此仲任說《尚書》名義。二說不同，豈能俱是？仲任于此爲兩可之說，非是。按實前說得之。

又：「唐虞夏殷周者，土地之名。堯以唐侯嗣位，舜從虞地得達，禹由夏而起，湯因殷而興，武王階周而伐，皆本所興昌之地，重本不忘始，故以爲號，若人之有姓矣。説《尚書》謂之有天下之代號。唐虞夏殷周者，功德之名，盛隆之意也。故唐之爲言蕩蕩也，虞者樂也，夏者大也，殷者中也，周者至也。堯則蕩蕩，民無能名。舜則天下虞樂。禹承二帝之業，使道尚蕩蕩，民無能名（「蕩蕩民無能名」六字疑蒙上文而譌）。殷則道得中。周武則歷德無不至。其立義美也，其褒五家大矣，然而違其正實，失其初意。唐虞夏殷周，猶秦之爲秦，漢之爲漢。秦起于秦，漢興于漢中，故曰猶秦漢。猶王莽從新都侯起，故曰亡新。使秦漢在經傳之上，説者將復爲秦漢作道德之説矣。」

按：此仲任正説五代名義，破俗儒道德之説。《恢國篇》：「堯以唐侯，入嗣帝位。舜以司徒，因堯授禪。禹以司空，緣功代舜。」亦或《書傳》之文，而仲任述之。

又：「堯老求禪，四岳舉舜。堯曰：『我其試哉。』説《尚書》曰：試者，用也。我其用之爲天子也。文爲天子也。文又曰：『女于時，觀厥刑于二女。』觀者，觀爾虞舜于天下。不謂堯自觀之也。若此者高大堯舜，以爲聖人相見已審，不須觀試，精耀相炤，曠然相信。又曰：『四門穆穆，入于大麓，烈風雷雨不迷。』言大麓，三公之位也。居一公之位，大總録二公之事，衆多并吉，若疾風大雨。夫聖人才高，未必相知也。聖成事，舜難知佞，使皋陶陳知人之法。佞難知，聖亦難別。堯之才，猶舜之知也。舜知佞，堯知聖。堯聞舜賢，四岳舉之，心知其奇，而未必知其能，故言我其試。我試之于職，妻以二女，觀其夫妻之法。職治修而不廢，夫道正而不僻，復令人庶之野，而觀其聖，逢烈風疾雨，終不迷惑。堯乃知其聖，授以天下。夫文言觀試，觀試其才也。說者以爲譬喻增飾，使事失正是，誠而不存，曲折失意，使僞說傳而不絕。造說之傳，失之久矣。」

按：此仲任明說《書》者譬喻增飾之非也，今《書·堯典》云：「納于大麓，烈風雷雨弗迷。」今文「納」爲「入」，「弗」爲「不」也。僞孔《傳》云：「麓，録也。納舜使大録萬機之政。」與陸氏《釋文》引「王云：録也」相應，此正仲任所云「居一公之位，大總録二公之事」之流亞也。陸又引「馬、鄭云：山是也」，與仲任義合。《史記·五帝本紀》云：「舜入于大麓，烈風雷雨不迷。」依今文讀也。

《書解篇》：「世傳《詩》家魯申公，《書》家千乘歐陽、公孫，不遭太史公，世人不聞。」

按：《史記·儒林列傳》云：「伏生教濟南張生及歐陽生。」《集解》：「駰案《漢書》曰：字和伯，千乘人。」又云：「歐陽生教千乘兒寬。」太史公書千乘兒寬，而不書歐陽生，殆屬群之次，偶弗暇致詳耳，非故闕之也。然《史記》但云「歐陽生」，都無名字，《漢書》亦第云「字和伯」，并不云「公孫」。仲任之言云爾者，豈「公孫」故和伯之名歟？

又：「文王日昃不暇食，周公一沐三握髮，何暇優游爲麗美之文于筆札？」又：「答曰：文王日昃不暇食，此謂演易而益卦。周公一沐三握髮，爲周改法而制。」（此下文字似有脱誤）

按：今《書·無逸》謂文王「自朝至于日中昃，不遑暇食，用咸和萬民」，非謂演易也。仲任此言，斷章取義，以答或人之難爾。

又：「使五經從孔門出，到今常令人不缺滅，謂之純壹，信之可也。今五經遭亡秦之奢侈，觸李斯之橫議，燔燒禁防。伏生之休，抱經深藏。漢興收五經，經書缺滅而不明，篇章棄散而不具。晁錯之輩，各以私意分析文字，師徒相因相授，不知何者爲是。亡秦無道，敗亂之也。秦雖無道，不燔諸子，諸子尺書，文篇具在，可觀讀以正說，可采掇以示後人。」

按：此仲任述五經遭秦無道，篇章不具，當采諸子以正說也。

周南召南釋言*

《毛詩》卷第一《周南·漢廣》:「南有喬木,不可休息;漢有游女,不可求思。」《傳》:「興也,南方之木美。喬,上竦也。思,辭也。漢上游女,無求思者。」《箋》云:「不可者,本有可道也。木以高其枝葉之故,故人不得就而止息也。興者,喻賢女雖出游流水之上,人無欲求犯禮者,亦由貞潔使之然。」陸氏《釋文》:「休息,並如字,古本皆爾。本或作休思,此以意改耳。」

季海按:陳奐《詩毛氏傳疏》作「休思」,云:「各本作休息。《釋文》:本或作休思。今訂正。《瞻卬·傳》云:休,息也。思訓辭,辭當作詞。休思、求思、泳思、方思,皆詞也。《傳》爲全詩思字句末語助之發凡也。」今謂所訂非也;以句末語助説思則是也。尋孔穎達《毛詩正義》:「經求思之文,在游女之下。《傳》解喬木之下,先言思辭,然後始言漢上,疑經休息之字,作休思也。何則?詩之大體,韻在辭上,疑休求字爲韻,二字俱作思。但未見如此之本,不敢輒改耳。」(此《疏》陳義新穎,近《序》所云「異其所同」,疑因焯、炫舊文)是隋唐疏本,與江左故書,字並作息矣。馬瑞辰《毛詩傳箋通釋》

---

* 本文原載於《中華文史論叢》增刊《語言文字研究專輯》上册,上海古籍出版社,一九八二年。

云：「據《毛傳》釋下二句云：漢上游女，無求思者。讀求思爲思想之思，不以思爲語詞，則詩本以求思與休息對文。」又云：「至《毛傳》：思，辭也。自解下泳思、方思。孔廣森謂寫者倒之，《正義》以故致疑，遂有意改爲求思者，其説是也。至《韓詩》息作思，正《釋文》所謂以意改者耳。」馬氏釋毛，近得其實，然謂《韓詩》意改則非也。知者，《漢廣》舊文，當同《韓詩》，本無改易，此一事也。請以三驗明之。韓嬰《詩外傳》引此詩作：「不可休思。」（卷第一）休求爲韻，正在辭上。沖遠之言，信而有徵矣。胡承珙《毛詩後箋》云：「《小雅・南有嘉魚》：烝然來思，嘉賓式燕又思，來讀釐，又讀怡爲韻。《大雅・抑》：神之格思，不可度思，矧可射思。皆韻在辭上，與此文法正同。」胡説是也。明以韻考之，古詩正當依韓，此一驗也。《鄘・柏舟》：「母也天只，不諒人只。」只，《唐韻》「諸氏切」，古支部字；《齊・南山》：「既曰歸止，曷又懷止。」止，《唐韻》「諸市切」，古之部字。韻在辭上，與《漢廣》一律。《鄘》曰「只」，《齊》曰「止」，并照三等，聲紐雖同，而古音異部。《漢廣》之辭，出於江漢，編於《周南》，故南音也。思，古之部字，與《齊風》言止者，韻不越《之》，而聲則異。然轉照入心，楚蜀所同（義具拙著《楚辭解故三編・招魂》：「何爲四方些。」）。《漢廣》曰「思」，與南音正合。明以辭考之，《韓詩》可信，此二驗也。尋《淮南・精神訓》：「今夫繇者揭钁臿，負籠土，鹽汗交流，喘息薄喉，當此之時得茠越下，則脱然而喜矣。」高注：「茠，陰也。三輔人謂休華樹下爲茠也。楚人樹上大本小如車蓋狀爲越，言多蔭也。」休讀與茠同，陰讀與蔭同。《爾雅・釋言》：「庥，廕也。」郭注：「今俗語呼樹蔭爲庥。」陸氏《音義》「庥，字又作休」，「廕，字亦作蔭」。是也。虛實共氏，本出一名。《詩》云

「休思」，正謂休於樹下，以就蔭也。凡樹上大本小如車蓋狀，若楚人言越者，乃多蔭耳。喬木上竦少陰，與越適相反，故云「不可休思」矣。使泛言止息，何不可之有？《淮南》屬辭，與《漢廣》合，當承江漢舊俗，信乎南國之遺風矣。明以言考之，但當云休，休下著息，既失詩意，轉同蛇足，此三驗也。以兹三驗，明彼一事，斯無惑矣。惠棟《九經古義・毛詩》於本條云：「案《韓詩外傳》：息作思。《樂記》云：使其文足論而不息。荀卿子息作諰。《説文》云：諰，思之意，從言從思。《禮記》多古文，或思、息通也。」惠引《荀子》見《樂論》，以爲思、息或通，是也；而莫能言其故。今謂思聲古音在之部，息其入也。思或讀如息，此趙魏間語。案《别録》「《樂記》二十三篇」有《魏文侯》，今在《禮記》所録十一篇中，餘篇有《竇公》第二十三，當出趙魏人所記。荀卿趙人（《史記・列傳》、《孫卿書録》），《漢書・儒林傳》：「毛公，趙人也，治詩，爲河間獻王博士。」以是言之，《毛詩》以「休思」爲「休息」，真趙聲也，其出毛公明矣。此二事也。孝文帝時爲博士，《傳》云：「燕趙間言《詩》者由韓生。」（見《儒林傳》）是毛詩晚出。《漢書・藝文志》云：「毛詩者，出自毛公，河間獻王好之。」《傳》稱毛公爲王博士，是毛詩之出，當獻王世矣。嬰既不見毛本，何改之有？此三事也。明此三事，以《毛詩》還毛公，以《漢廣》還《周南》，而南國之詩始有達詁矣。

〇 **附記一**　胡承珙《毛詩後箋》又引段懋堂曰：「《葛生》、《民勞》，《傳》皆曰：息，止也。此若作息，則當有傳。」以證《毛詩》亦本作思，息當爲思之譌字，則弟弗深考，故重蹈段失矣。尋《唐風》云「誰與獨息」，《大雅》云「汔可小息」，並單詞，故出傳。此以休息爲文，乃麗語，其義自明，更不煩作釋也。不然，則《瞻卬》：「休其蠶織。」《傳》：「休，息也。」使如段説，此「休」亦當有傳。

〇 **附記二**　依《淮南》高注，知季漢三輔，亦以休於樹陰爲庥（《淮南》作庥，即休之或字，以休華樹下，加從艸耳，正字止當作休。與《詩》「既庥荼蓼」之爲「薅或從休」者，見《説文》「薅」字解，同形而異實），語與《周南》相應。然《史記・秦始皇本紀》：「二十六年……徙天下豪富於咸陽十二萬户。」又《高祖本紀》：「九年……是歲，徙貴族楚昭、屈、景、懷，齊田氏關中。」正恐朔風變楚，非必宗周所同。姑記於此，以俟知者。

《汝墳》：「遵彼汝墳，伐其條枚。」《傳》：「遵，循也。汝，水名也。墳，大防也。」

季海按：陳氏《傳疏》（以下省稱陳《疏》）：「墳，大防，《釋丘》文。《苕之華傳》：墳，大也。大謂之墳，故防之大者，亦謂之墳。字亦作坋。《説文》：坋，大防也。又作濆，《常武傳》：濆，厓也。《箋》：陳屯其兵於淮水大防之上。……《爾雅》曰：汝有濆。濆者，汝别也。案濆墳字别，而義實通。大防即在水旁，以水作濆，以防作墳，一也。」馬氏《通釋》（以下省稱《馬釋》）：「《説文》：墳，墓也。坋字注：一曰：大防也。是墳乃坋之假借。墳通作濆，《方言》：墳，地大也。青、幽之間凡土而高且大者謂之墳。李巡《爾雅注》：濆謂崖岸狀如墳墓，名大防也。是知水厓之濆，與大防之墳爲一，汝墳猶淮濆也。」雖言各有當，而義實相成，並解頤之論矣。馬引李巡，乃《釋丘》注。孔穎達《毛詩正義》（以下省稱孔《疏》）、邢昺《爾雅疏》引濆並作「墳」。孔《疏》：「江有沱，河有灉，汝有濆。李巡曰：江、河、汝旁有肥美之地名。」是李本《釋水》文乃作「濆」耳。孔《疏》此上稱：「《釋水》云：水自河出爲灉，江爲沱，别爲小水之名。」，不引巡注，疑李本無「汝爲濆」之文。依《釋文》此濆《字林》作「涓」，衆《爾雅》本亦作「涓」，或李與衆本同作「涓」，《説文》亦引作「涓」矣。郭注《釋水》「汝爲濆」，引《詩》曰「遵彼汝濆」者，馬《釋》云：「據《後漢書·周磐傳》注引《韓詩》：濆，水名也。是作濆者，實本《韓詩》。」尋《周磐傳》云：「嘗誦《詩》至《汝濆》之卒章，慨然而歎。」注引《韓詩》曰：「《汝濆》，辭家也。」（百衲本影宋紹興本《注》已改作「墳」，《傳》獨作「濆」字，是也。中華書局校點本作「墳」，出校記云：「按：墳原譌濆，逕據汲本、殿本改正。」是未察二本依《毛詩》改故書之誤，致蹈其覆轍矣）不云「水名」。惟馬以《韓詩》作濆，可謂持之有故，然疑三家或同矣。《釋水》李注，陳義至精。巡，汝南人（《後漢書·宦者列傳》云：「汝陽李巡。」）。其説汝濆，取則不遠，信而有徵矣。周磐亦汝南人（《傳》云：「汝南安成人。」），其所誦《詩》，亦曰《汝濆》矣。

汝墳、淮濆，地旁汝、淮。《哀郢》：「登大墳以遠望兮。」王逸注：「水中高者爲墳，《詩》曰：『遵彼汝墳。』」此夏水之墳。上文云「背夏浦而西思兮」，以是知之。然汝、淮、夏水旁地並謂之墳（或作濆），南國之言，語或通矣。或曰厓岸，或曰水中，隨文作釋，言非一耑，要爲旁水，其義一也。

○**附論《釋地·八陵》「河墳」條兼申李巡《釋水注》**《釋地·八陵》云：「墳莫大於河墳。」郭注：「墳，大防。」此章以陵名者有六，東、南、西、中、北，凡五；又云：「陵莫大於加陵。」則知河墳本不在陵數矣。又云：「梁莫大於溴梁。」郭注：「梁，隄也。」依郭《釋丘》注：「大防，謂隄。」則二隄不能兩大，語自相違，然胡氏《禹貢錐指》以河墳爲金隄者，其誤亦明矣。且加陵莫大，反不在五陵之數，其文晚出，抑又可知。景純博覽，備見舊説，猶曰：「所在未聞。」是與河墳，並於文獻無徵。以是言之，加陵以下三事，後人取雜説附益，非《釋地》本文也。尋《釋水》：「江有沱，河有灉，汝有濆。」郝氏《義疏》既辨郭注以爲水名重見之非，又申成李義，云：「河之有灉，《左傳》所云（僖廿八年）至於衡雍，杜注以爲鄭地，在滎陽卷縣，是其地濱河岸，密邇王宫，雍即灉矣。若乃《詩》之汝濆，樵采所遵，枚條繁茂，其爲地號，更不待言。孔氏《正義》猶以彼墳從土，此濆從水爲疑，非矣。」説並是也。郝君於此，所見突過郭、孔二家矣。獨於江沱，猶以意求之。今謂江水自涪陵以下酆都以西有南沱，忠縣之東有西界沱，雲陽之東有古林沱，並在川東。若成渝地區，則岷江下游，犍爲東南有么姑沱。合江之北有朱家沱，江水自此東北有金剛沱、古家沱，江津東北有貓兒沱，巴縣北有李家沱，重慶東北有唐家沱，又東有魚嘴沱。合川之西有渭沱，東有龍洞沱。是皆四川地圖所具，並足證成李義，郝君偶不見圖經耳。然則《八陵》之「河墳」，不謂之灉，而以爲墳，殆以南國之言，淮汝之名名之者矣。錢坫《釋地注》以河墳爲漢之汾陰脽，謂即清蒲州府滎河縣地，然亦無墳名（郝《疏》主錢説，故及之）。

「未見君子，惄如調饑。」《傳》：「惄，饑意也。調，朝也。」《箋》云：「惄，思也，未見君子之時，如朝饑之思食。」《音義》：」惄如本又作惄，乃歷反（毛飢意，鄭思也）。《韓詩》作「愵」，音同。調，張留反（朝也），又作輖，音同。」

季海按：《方言》第一：「自關而西秦、晉之間，凡志而不得、欲而不獲、高而有墜、得而中亡謂之溼，或謂之惄。」朝饑思食，與未見君子，其事雖異，其情則同，並所謂志而不得，欲而不獲者矣，故《詩》云「惄如」也。孔《疏》申《箋》曰：「《釋詁》云：惄，思也。舍人曰：惄，志而不得之思也。」《釋文·序録》：「犍爲文學《注》三卷，一云：犍爲郡文學卒史臣舍人，漢武帝時待詔，闕中卷。」若此舍人確是漢武帝時待詔，即《方言》爲襲此《注》也。正恐《注》實晚出，不免竊取《方言》耳。又《小雅·節南山之什·小弁》：「我心憂傷，惄焉如擣。」《傳》：「惄，思也。擣，心疾也。」(《毛詩》卷第十二)《音義》：「惄焉，乃歷反，思也。」尋《方言》第一：「惄、溼、桓，憂也。……自關而西，秦、晉之間或曰惄，或曰溼。」是西漢秦、晉間語，惄有憂義，與《小雅》合。《方言》同卷又云「悼、惄、悴、慭，傷也，自關而東，汝、潁、陳、楚之間通語也。汝謂之惄，秦謂之悼，宋謂之悴，楚、潁之間謂之慭。」是西漢汝俗傷謂之惄，與《小雅》合。然《釋詁》又云：「傷、憂，思也。」郭注：「皆感思也。」是傷、憂義亦通思，《周南》以惄爲思，漢語以惄爲傷，源流莫二，並汝俗矣。《説文》：「惄，飢餓也。一曰：憂也。從心，叔聲。《詩》曰：惄如朝飢。」奴歷切。大徐本如是。小徐本「從心，叔聲」在「一曰」上，餘同大徐。段注改朝作「輖」，云：「輖，各本作朝，誤，今依李仁甫本訂。」今謂李本依《毛詩》改字耳，不如二徐本猶存故書之真也。

《説文》引《詩》，頗取三家，其書散亡，故末由深論已。《説文》又云：「愵，憂皃，從心，弱聲，讀與惄同。」奴歷切。叔重，汝南召陵人，足明《韓詩》作「愵」，寔與汝南讀相應。愵讀如惄，是宵或讀如幽也。調、輖幽部字，《傳》曰「朝也」，則在宵部矣，得相借者，其亦南汝之遺聲乎？

《召南・采蘋》：「于以湘之，維錡及釜。」《傳》：「湘，亨也。錡，釜屬，有足曰錡，無足曰釜。」《音義》：「維錡，其綺反，三足釜也。《玉篇》：宜倚反。」

季海按：《方言》第五：「鍑……江淮陳楚之間謂之錡。」郭注鍑云：「釜屬也，音富。」錡云：「或曰：三腳釜也，音技。」是有足曰錡，江淮陳楚所同，真南國之風也。子雲嘗言：「舊書雅記故俗語不失其方。」信矣。

《小星》：「夙夜在公，寔命不同。」《傳》：「寔，是也，命不得同於列位也。」又：「抱衾與裯，寔命不猶。」《傳》：「衾，被也。裯，襌被也。猶，若也。」《箋》云：「裯，床帳也。」《音義》：「寔命，時職反。《韓詩》作實，云有也。」

季海按：《大雅・韓奕》：「實墉實壑，實畝實籍。」《傳》：「實墉實壑，言高其城，深其壑也。」《箋》云：「實當作寔，趙、魏之東，實寔同聲。寔，是也。」《音義》：「實墉，毛如字。鄭作寔，市力反（寔，是也）。下同。」孔氏《韓奕正義》：「凡言實者，已有其事，可後實之，今此方説所爲，不宜爲實，故轉爲寔，訓之爲是也。趙魏之東，實寔同聲，鄭以時事驗之也。」今謂《韓奕》之文，當從鄭讀，《孔疏》義是也。《毛詩》作「實」者，正趙人言實、寔同聲之驗。若《小星》此文，乃《孔疏》所云「已有其事，可後實之」者，《韓詩》作「實」，於義爲長。《毛詩》作「寔」，依違趙聲，故弗能正讀矣。

陸氏《音義》：「裯，直留反。毛云：裯，襌被也。鄭云：裯，床帳也。徐云：鄭音直俱反。」尋《廣韻・十虞》：「廚，直誅切。」五下有：「幮，帳也，似廚形也，出陸該《字林》；裯，襌衣也，又直休切。」幮即裯之晚出字，《廣韻》此音，與徐邈音合。陸音「直留反」者，《廣韻·十八尤》：「幬，直由切。」二十七下有：「幬，《説文》作幬，禪帳也；㡖，上同；裯，襌被。」幬、裯同讀，與陸音合。鄭云「床帳」，是讀與「幬」同。古音幬、裯同在幽部，依徐音即旁轉入侯矣。《釋訓》：「幬謂之帳。」郭注：「今江東亦謂帳爲幬。」陸氏《音義》：「幬，本或作㡖，同直留反。」陸氏備見《爾雅》舊音，除孫炎外，並出江左，其時郭音具在，更無異讀，知南音當爾也。仙民東莞人，所爲反語，頗異時流，或用其土風，或別有所受，故顔介已云「不可依信」也（見《家訓·音辭篇》）。今謂《小星》此文，《箋》義得之。陳喬樅《魯詩遺説考》云：「《爾雅》幬帳之訓，正釋此詩幬字，知《魯詩》作抱衾與幬也。」邢昺《疏》言：幬與裯音義同，然則鄭《箋》『裯，床帳也』之解，與毛《傳》『襌被』義異，蓋用魯訓。又案《鄭志》：張逸問：此《箋》不知何以易《傳》？答曰：今人名帳爲裯，雖古無名被爲裯。是裯帳之訓，三家詩説皆同。」是也。《招魂》云：「羅幬張些。」又云：「翡帷翠幬。」（義具《楚辭解故》）雖楚之辭，亦猶南國之風矣。

《野有死麕》：「野有死麕，白茅包之。」《音義》作「麏」，云：「本亦作麕，又作麇，俱倫反。……麏，獸名也。《草木疏》云：麏，麞也，青州人謂之麏。」

季海按：《楚辭·招隱士》：「白鹿麏麚兮，或騰或倚。」（隆慶辛未夫容館翻宋王氏《章句》本如此，麏從籀作，與《文選》諸本合，義具拙著《楚辭解故》。《四部叢刊》影印明翻宋洪氏《補注》本作「麏麚」）是淮楚之言，與南國同風也。

又：「舒而脱脱兮。」《傳》：「舒，徐也。脱脱，舒遲也。」《箋》云：「貞女欲吉士以禮來，脱脱然舒也。」《音義》：「脱脱，敕外反，舒貌，注同。」

季海按：馬氏《通釋》：「《方言》、《説文》、《廣雅》並曰：娧，好也。《玉篇》云：娧，好貌。脱脱即娧娧之假借。而當作女字解，謂吉士也。脱脱，狀吉士之好貌也。舒，語詞。《説文》：余，詞之舒也。故舒亦爲語詞。此詩『舒而脱脱兮』與《陳風·月出篇》『舒窈糾兮』、『舒優受兮』、『舒夭紹兮』，三舒兮皆語詞，脱脱及窈糾、優受、夭紹皆好貌，非舒貌。此《傳》及彼《箋》均訓爲舒遲，失其義矣。」今謂馬説失之。尋《淮南·精神訓》「今夫繇者揭钁臿，負籠土，鹽汗交流，喘息薄喉，當此之時得休越下，則脱然而喜矣。」高注：「脱，舒也。言繇人之得小休息，則氣得舒，故喜也。」《箋》云「脱脱然」，猶《淮南》云「脱然」，弟重言耳。高注：「脱，舒。」與毛、鄭義合。是西京淮楚，未替南風，季漢大師，猶能具言之耳。

《何彼襛矣》：「其釣維何？維絲伊緡。」《傳》：「伊，維；緡，綸也。」《箋》云：「釣者以此有求於彼，何以爲之乎？以絲之爲綸，則是善釣也。」（阮氏《校勘記》云：「小字本、相臺本『之爲』作『爲之』，《考文》古本同，案：『爲之』是也。」）《音義》：「緡，亡貧反，綸也。」「綸，音倫，繩也。」孔氏《正義》申《傳》「緡綸」云：「《釋言》文。孫炎曰：皆繩名也。故《采緑箋》云：綸，釣繳。《抑》又云：言緡之絲。《傳》曰『緡，被』者，以荏染柔木，宜被之以弦，故云『緡，被』，謂被絲爲絃也。綸，《禮記》云：王言如絲，其出如綸。謂嗇夫所佩，與此别。」

季海按：郭注《釋言》亦引此詩，云：「緡，繩也，江東謂之綸。」是《召南》此言，不行江左。尋《小雅·

采緑》云：「之子于釣，言綸之繩。」《大雅・抑》：「荏染柔木，言緡之絲。」語正相似，知緡之爲言猶綸矣，《釋言》得之。《抑傳》別云：「緡，被。」《箋》又云「人則被之絃」，其實緡即是絃，虛實不嫌同詞，不煩改作也。《風》、《雅》絲緡再見，或者詩人之言絲繩謂之「緡」矣。《史記・平準書》：「異時算軺車，賈人緡錢皆有差。」《集解》：「李斐曰：緡，絲也，以貫錢也，一貫千錢，出二十算也。《詩》云：維絲伊緡。」《索隱》云：「緡者絲繩以貫錢者，千錢出二十算也。」是絲謂之緡，姬漢所同矣。《小雅》繩不言緡，變云「綸」者，其非絲繩歟？郭注《釋言》云江東語繩謂之綸，不曰緡者，是有別於絲繩之緡。《方言》第九：「車紂自關而東，周洛韓鄭汝潁而東謂之緻，或謂之曲綯，或謂之曲綸。」郭注：「今江東通呼索『綸』（原本《玉篇》引郭此注「綸」上有「爲」字），音倫（《玉篇》：「力旬、公頑二反」）。」是漢晉方言並有以繩索爲綸者矣。《莊子・外物》：「任公子爲大鉤巨緇。」《音義》：「巨緇，司馬云：大黑綸也。」彪，河内溫人，是魏晉間河内語亦以釣繳爲綸也。毛公趙人，韓、趙、河内，皆晉壤也，言故相近，然今《采緑》，變緡曰綸，儻亦毛從趙讀乎？《小雅・雨無正》：「淪胥以鋪。」《漢書・叙傳》「淪胥」作「薰胥」，晉灼曰：「齊、韓、魯《詩》作薰。」《後漢書・蔡邕傳》作「勳胥」，李賢注引《詩・小雅》云：「見《韓詩》。」（並詳王引之《經義述聞》第六）是《毛詩》作「淪」，三家或作「薰」、「勳」也。薰、勳或通閽，惠棟《九經古義》卷第五云：「薰與閽通。《易》『艮之九三』曰：厲薰心。荀爽本薰作勳，虞翻本又作閽。胡廣《漢官解詁》曰：光禄勳，勳猶閽也。《易》曰：爲閽寺。是薰與閽通之證。」薰、勳、閽古音同在諄部，並曉母字，音義可通，惠説是也。《説文》：「緍，釣魚繁也，從糸，昏聲。」《唐韻》「武巾切」，是緡、閽同從昏聲，古音同在諄部。綸、淪俱從侖聲，古音亦在諄部。由三家《雨無正》之「薰」，《毛詩》作「淪」，知趙讀薰、淪語自相轉，亦即閽、淪得爲轉語；從知《采緑》之綸，亦即緡之轉語，毛公依趙俗讀曰綸耳。三家書缺不具，或有作緡之本，未可知也。然《釋言》云：「緡，綸也。」以此説《詩》，涣然冰釋矣。

附記二事

一　《大序》不出子夏説

陸氏《音義》於《序》「《關雎》后妃之德也」下出：「舊説云：起此至『用之邦國焉』，名《關雎序》，謂之《小序》，自『風，風也』訖末，名爲《大序》。沈重云：案鄭《詩譜》意，《大序》是子夏作；《小序》是子夏、毛公合作，卜商意有不盡，毛更足成之。或云：《小序》是東海衛敬仲所作。今謂此序止是《關雎》之序，總論《詩》之綱領，無大小之異，解見《詩義》。」沈重所云，當出《詩音義》（見《釋文·序録》），本條曰「解見《詩義》」者，是也。鄭此《譜》今佚，末由覆案。弟如沈説，則康成已分此《序》爲二，縱不必立小大之名，既以《大序》之文，爲子夏一手所作，與《小序》之爲子夏、毛公合作者有間，此故舊説所本也。今謂《序》實漢製，非子夏作也，請以八事明之。

尋《樂記》云：「情動於中，而形於聲，聲成文謂之音。」（此依《説苑・修文》，蓋劉向所見《樂記》如此。今《禮記》而作故，或小戴所改）《記》本論樂，故以聲音成文，《序》全襲其語以明詩，又取《記・子貢問樂》「言之不足……足之蹈之也」儳入其間，乃易「而形於聲」爲於「言」，下文不屬，則沾「情發於聲」以足之。《序》：「治世之音」訖「其民困」，並《樂記》之文，句首删「是故」字耳。劉向《别録》「《樂記》二十三篇」，今《禮記》所取有《師乙》，有《魏文侯》。《子貢問樂》在《師乙》，《大序》所采，即師乙誦其所聞，以答子贛之問者也。今《記》有「魏文侯問於子夏」云云，在《魏文侯》，若《大序》果出子夏，作《記》者何以竟無所知，而必以歸諸師乙？賜在孔門，聞一知二，衛將軍文子問於子貢曰：「吾聞夫子之施教也，先以詩。」（見《大戴禮記・衛將軍文子》）子夏果以此序《詩》，必其素習於夫子之詩教可知；而謂子貢弗習，必待自稱「賤工」之師乙誦其所聞而後知之，安在其聞一知二也？以是言之，直襲《樂記》之文，錯綜其辭，以爲《大序》。作《樂記》者不及見《大序》，作《序》者於《樂記》，並辭與義，既一再取之，是《大序》之作，在《樂記》後。案《别録》：《樂記》，《竇公》第二十三，《漢書・藝文志》：「六國之君魏文侯最爲好古，孝文時得其樂人竇公。」顔注：「桓譚《新論》云：竇公年百八十歲，兩目皆盲。」即其人也。《樂記》成書，或當在文景之際乎？《大序》又在其後，自可毛公作之（此就《樂記》二十三篇成書言之耳，至其作者及諸本異同，余別有説，兹不具論）。此一事也。

《詩》有六義，取之《周官》。《大師》：「教六詩，曰風，曰賦，曰比，曰興，曰雅，曰頌。」本曰「六詩」，不云「六義」。故《周禮》鄭注，不取仲師舊説，而自下己意，然亦不了。《鄭志》答張逸云：「《比》、《賦》、《興》，吴札觀《詩》，已不歌也。孔子録《詩》，已合《風》、《雅》、《頌》中，難復摘別。」是依「六詩」爲説，不全同毛也。《後漢書·衞宏傳》：「中興後，鄭衆、賈逵傳《毛詩》。」衆於《大師》：「六詩」云「興者託事於物」（見鄭玄注引），與《關雎傳》云「興也」者正合，知仲師説《禮》，即用毛義也。然六詩之名，他無所見，必依《毛傳》，爲《風》爲《興》，同此一詩耳。《鹿鳴》、《緜》傳又云「興也」，是興不獨《風》，《小雅》、《大雅》亦有之矣。又《振鷺》傳云「興也」，則《頌》亦有之。是興原在三詩之中，不能別成一詩，安見其詩之六也？康成於此，不從毛鄭，非無故矣。尋《淮南子·泰俗訓》云：「《關雎》興於鳥，而君子美之，爲其雌雄之不乘居也（《四部叢刊》影印影抄北宋本「乘」已誤「乖」，今依胡氏《後箋》説正。《列女傳·魏曲沃負》作「乘居」字，是其證）。《鹿鳴》興於獸，君子大之，取其見食而相呼也。」是《關雎》、《鹿鳴》之興於鳥獸，詩家舊有此説，疑是魯詩，三家或同矣。然取《周官》「六詩」以爲六義，則《大序》創説，前無所聞耳。《漢書·景十三王傳》：「是時淮南王安亦好書，所招致率多浮辯，獻王所得書皆古文先秦舊書，《周官》、《尚書》、《禮》、《禮記》、《孟子》、《老子》之屬，皆經傳説記七十子之徒所論，其學舉六藝，立毛氏詩、左氏春秋博士。」則安與毛公同時，所好與河間異撰，《毛詩》河間所立，猶未能遠被淮南也。又《周官》實獻王所得，毛公是其所立《詩》博士，故具見之，遂演爲六義耳。淮南不睹《周官》，宜其所説，亦無與六詩矣。此二事也。

《序》曰：「是謂四始，詩之至也。」孔《疏》：「四始者，鄭答張逸云：《風》也，《小雅》也，《大雅》也，《頌》也，此四者（阮《校勘記》云：「三字衍。」）人君行之則爲興，廢之則爲衰。」《大序》所謂「四始」如是。韓嬰《詩外傳》卷第五：「子夏問曰：《關雎》何以爲《國風》始也？孔子曰：《關雎》至矣乎……天地之間，生民之屬，王道之原，不外此矣。子夏喟然嘆曰：大哉《關雎》，乃天地之基也。」韓嬰在毛公前，《韓詩》述子夏問不云「國風何以在四始」，而云「《關雎》何以爲《國風》始」，則漢初詩家不聞子夏以《風》、《小雅》、《大雅》、《頌》爲「四始」，如《大序》所云也。《史記·孔子世家》云：「《關雎》之亂，以爲《風》始；《鹿鳴》爲《小雅》始；《文王》爲《大雅》始；《清廟》爲《頌》始。」説者以爲《魯詩》義，是魯、韓所聞略同，雖太史公亦不知子夏有此《序》也。《漢書·儒林傳》云：「燕趙間言詩者由韓生。」毛公趙人，故得見《韓詩》矣。《大序》云「詩之至也」，與「《關雎》至矣乎」相應；孔曰「王道之原」，卜曰「天地之基」，《大序》曰「正始之道，王化之基」，語亦相似，而文益加工，殆欲後來居上矣，此三事也。

毛公之學，自謂子夏所傳（見《漢書・藝文志》）。或曰：子夏五傳至荀卿，毛公是卿再傳弟子（見陸璣《毛詩草木鳥獸蟲魚疏》，《釋文・序録》於徐整下引「一云」者，即出於此）。尋《荀子・儒效篇》曰：「故《風》之所以爲不遂者，取是以節之也。《小雅》之所以爲小者，取是而文之也。《大雅》之所以爲大者，取是而光之也。《頌》之所以爲至者，取是而通之也，天下之道畢是矣。鄉是者臧，倍是者亡。」此正《大序》所謂「四始」，而荀卿無一言及之；卿獨以《頌》爲至，不以四始爲至，與《大序》不合。然《大序》非荀卿之學，荀《詩》果出子夏，《大序》安得爲子夏作也？此四事也。

《荀子・大略篇》：「《國風》之好色也，《傳》曰：盈其欲而不愆其止，其誠可比於金石，其聲可内於宗廟。《小雅》不以於汙上，自引而居下，疾今之政，以思往者，其言有文焉，其聲有哀焉。」荀子先稱《國風》而後引《傳》，此真古之《詩傳》歟？子夏果嘗序《詩》，此足以當之矣。不然，亦七十子後學傳《詩》者之所述也。反觀《大序》，無一言相合，則知作《大序》者必非子夏，毛公亦未必爲荀卿再傳弟子，所謂「孫卿子傳魯人大毛公」者，亦不必然矣。此五事也。

《大序》曰：「至於王道衰，禮義廢，政教失，國異政，家殊俗，而變風、變雅作矣。」又曰：「故變風發乎情，止乎禮義。」發情止義之云，與荀子引《傳》「盈其欲而不愆其止」，語若相應，而實不同者，卿所引《傳》通釋《國風》，可包《關雎》，初不云更有變風，《小雅》亦然。若《小序》云：「《關雎》，后妃之德也，《風》之始也，所以風天下而正夫婦也，故用之鄉人焉，用之邦國焉。」其言「用之邦國」，與荀引《傳》「其聲可内於宗廟」，語亦相近，然《大序》亦云：「《關雎》、《麟趾》之化，王者之風。」是依二序，又未可以《關雎》爲變風也。此六事也。

《文心雕龍·辯騷》云：「昔漢武愛《騷》，而淮南作《傳》，以爲《國風》好色而不淫，《小雅》怨誹（《四部叢刊》影明嘉靖本誤作謗，依唐寫本正）而不亂。」太史公作《屈原列傳》，全取此言，以釋《離騷》。今謂淮南之稱《風》、《雅》，與荀卿引《傳》密合，申公受詩於浮邱伯，伯者孫卿門人，陳喬樅以淮南此語爲述《魯詩》義（見所著《魯詩遺説考》一），雖不中不遠矣。然則《大序》之詮《風》、《雅》，不如《魯詩》此義之片言居安，於古有徵也，此七事也。

《小序》於《關雎》云：「《風》之始也。」若爲「四始」發凡，故《鹿鳴》以下，不復云「始」也。果爾，則《小序》之四始，同於《魯》、《韓》，不同於《大序》，非一家之言矣。鄭《譜》分别《小序》、《大序》，以爲各有作者，是也。孔《疏》混爲一談，蓋失之矣。此八事也。

以是明之，《大序》不得爲子夏所作矣。然其詞閎雅，實炎劉茂製。或曰：誰之作也？

曰：河間之博士（毛公），中興之議郎（衛宏），皆能爲之。然自謝曼卿以逮二鄭（鄭興父子），古文大師，人才輩出，賈馬以前，或更有人，則吾不知也。

二　周南召南説

《水經注》：「江水：又南過江陵縣南。」注：「按韓嬰叙《詩》云：其地在南郡、南陽之間。《吕氏春秋》所謂『禹自塗山巡省南土』者也，是郡取名焉。」陳喬樅《韓詩遺説考》一云：「《唐書·藝文志》『韓嬰《詩序》二卷』，即《水經注》所引也。《楚地記》：漢江之北爲南陽，漢江之南爲南郡。胡徵士虔曰：案漢南郡，今湖北荆州府荆門州，及襄陽、施南、宜昌三府之境；南陽，今河南南陽府汝州之境。周南之《詩》曰《汝墳》者，其東北境至汝也；曰漢廣、江永者，其西至漢，南至江也。召南之《詩》曰江沱者，其西北至蜀，東南至南郡也。大約周南有南郡之東，而東至南陽；召南有南郡之西，而西至巴蜀也。」陳氏所考並是也。王夫之《詩稗疏》曰：「周公、召公分陝而治，各以其詩登其國風，則周南者，周公所治之南國；召南者，召公所治之南國也。北界河雒，南踰楚塞，以陝州爲中綫，而南分之，《史記》謂雒陽爲周南，從可知已。陝東所統之南國爲周南。則今南陽、襄鄧，承天、德安，光黄、汝潁是已。陝西所統之南國爲召南，則今漢中、商雒，興安、鄖夔，順慶、保寧是已。其國之風，或其國人所作，或非其國人所作，而以其俗之音節，被之管絃，今雖無考，而大要可知。故《漢廣》兼言江漢，江北漢南，今之灊沔也。《汝墳》言江汝之間，則今之光州、新蔡也，而皆繫之《周南》。若《召南》之以地紀者，曰『江有沱』，又曰『江有汜』，《禹貢》：岷山導江，東別爲沱。《水經》：江水歷氐道縣，湔水入焉。又東別爲沱，入江，過都安縣。今湔水自龍安府石泉縣入江，都安今成都府灌縣。沱江在今新繁縣。汜者，水決復入之總名，沱即汜也。言沱言汜，皆川北西漢水（今嘉陵江）南之地。」則言之尤詳矣。胡氏《後箋》云：「據此則二陝分治之地，別爲二南。」是也。

馬氏《通釋・周南召南考》引《吕氏春秋・音初篇》：塗山女「歌曰『候人兮猗』，實始作爲南音。周公、召公取風焉，以爲《周南》、《召南》」。高誘注：南音，「南方南國之音」（《四部叢刊》影明本高氏此注「南國」作「國風」，是也）。申之曰：「云周召取風者，蓋二公分治南國之地，因取南國之音以爲風，猶衛之兼有邶鄘，因取邶鄘之音以爲風也。」又按《小雅》以東有、西有、南有、北有對言，惟《周南》獨言『南有樛木』、『南有喬木』者，皆指南國而言。」説皆近是。惟引《逸周書・史記解》「南氏以分」云云，以爲「古二南分國之由」，則不可信（義具拙著《周書疏證》）。《詩》言「南國」者，在《小雅・四月》云：「滔滔江漢，南國之紀。」然江漢之域，寔爲南國，此其明文，故《漢廣・序》云「文王之道，被于南國」也。在《大雅》則《崧高》云：「南國是式。」《傳》：「謝，周之南國也。」《常武》云：「惠此南國。」《箋》云：「以惠淮浦之旁國。」則知南國所該者廣，大抵對中國而言。於樂則《小雅·鼓鐘》云「以雅以南」，中國之樂謂之「雅」，「南」者，南國之音也。《傳》云「舞四夷之樂」，其實見於《詩》者，南音而已，故惟《周南》、《召南》冠於《國風》，何四夷之有？《毛傳》失之。《周南·芣苢》，《列女傳·貞順傳》以爲蔡人之妻作，《召南·行露》，同《傳》以爲申人之女作，申、蔡並周之南國，《魯詩》説二南，爲不失其方矣。

韓詩外傳校箋*

韓詩外傳卷第一

第三章

奐然而棄之。「奐然」字《傳》作「投」。奐然而溢之。此「奐然」《傳》作「滿」。

季海按：周氏校注云「傳」者《列女辯通傳》也。奐讀若渙。《説文·水部》：「渙，流散也，從水奐聲。」是其義。劉必盡去二「奐然」字，而分别以「投」、「滿」代之，知時已無此語也。嬰之書或承舊文，或漢初燕語有之。

抽琴去其軫。

季海按：《文選·蕪城賦》注引此作「抽琴按軫」，胡氏考異：袁本「按」作「去」。案「去」字是也。茶

---

* 《韓詩外傳校箋》卷一至卷六原刊於《學術集林》卷五，卷七至卷十原刊於《學術集林》卷六，上海遠東出版社，一九九五年。今合併一處，並加以必要整理，以便閲讀。

陵本亦誤按。

不悖我語，和暢我心。《傳》云「不拂不寤，私復我心」。

季海按：悖、拂一聲之轉。「我語」疑本作「不寤」，「寤」之壞字形既近「語」，後人遂望下「我心」句并改此言作「我語」耳，「私復」、「私暢」字形亦近，疑《列女傳》得之，今《外傳》之文，蓋後人所改。

子不早去，今竊有狂夫守之者矣。「去」，《傳》作「命」，「守」，《傳》作「名」。

季海按：疑《外傳》此文，本同劉傳，「玄」、「守」字乃後人所改。

第五章

傳曰：在天者莫明乎日月，在地者莫明于水火，在人者莫明乎禮儀。見《荀子・天論篇》。

季海按：《荀子》「乎」皆作「于」，下文「禮義不加乎國家」亦然。是凡荀如此言「于」者韓皆當作「乎」。「水火」句覆元本、影明本亦作「于」者，蓋駁文，亦或韓有意存此古言以避複。趙校語「胡本作乎」，不足據。

《荀子・富國篇》「然後節奏齊于朝，百事齊于官，衆庶齊于下」，《詩外傳》卷六作「然後禮義節奏齊乎朝，法則度量正乎官，忠信愛利平于下」，亦皆以「于」爲「乎」，然《荀子・王制篇》：「百姓曉然皆知夫爲善于家而取賞于朝也，爲不善于幽而蒙刑于顯也。」《詩外傳》卷三仍作于。

水火不積，則光炎不博。「光炎」荀作「煇潤」。

季海按：荀言「煇潤」，分承水火，韓言「光炎」，則偏主火，非荀意。

第六章

君子有辯善之度。《荀子·修身篇》「辯」作「扁」，楊倞注云「扁讀爲辯」。寀按彼「扁」疑當爲「截截善諞言」之「諞」，孔穎達云：「諞猶辯也。」

季海按：「扁」借爲「諞」，周得其意。毛公趙人，其學又出於荀卿，宜其讀同矣。

以治氣養性。「性」，當從《荀子》作「生」；趙校語同。

季海按：《荀子·修身篇》又云：「治氣養心之術，血氣剛强，則柔之以調和；智慮漸深，則一之以易良。」「心」、「性」語近，韓讀似得荀意。

宜于時則達，厄于窮則處。荀作「宜于時通，利以處窮。」

季海按：凡荀言「通」，韓言「達」。下文荀云「由禮則治通」，韓云「理達」，其「治」作「理」，或緣唐人避諱所改，若「通」作「達」，自其字例如是。《荀子·不苟篇》「通則文而明」，又「通則驕而偏」，兩「通」字《詩外傳》卷第四俱作「達」。以是觀之，則《荀子·君道篇》云「達則必有功」，又「明達用天地理萬變而不疑」，字皆作「達」者，殆後之寫書者失之。《詩外傳》卷四兩「達」字并作「通」，蓋偶録《荀子》故書，未及整齊其文耳。

第八章

名之不顯。

季海按：《説苑》「顯」作「著」。

由是觀之，卑賤貧窮，非士之耻也。

季海按：《説苑》「由是」作「因此」。卷第二「魯監門之女嬰」章亦云「由是觀之」。其例甚多，兹不列舉。

第九章

原憲楮冠黎杖。《新序》云：「冠桑葉冠，杖藜杖。」趙校語：楮冠，《莊》作「華冠」，以樺皮爲冠也。「黎」，《莊子》、《新序》皆作「藜」。

季海按：《説文》：「槬，木也，以其皮裹松脂，从木，雩聲，讀若華，乎化切。檴，或从蒦。」《莊子》「華冠」字借爲「槬」，趙校説是，「樺」即「槬」之俗。《新序》卷第七「節士作葉冠」，「葉」即「華」之形訛。《新序》所據周校自衍「桑」字耳。「楮冠」即「穀冠」，亦其方物。《後漢書·周黨傳》：「(周黨)被徵，不得已，乃著短布單衣，穀皮綃頭，待見尚書。」注云：「以穀樹皮爲綃頭也。」

第十六章

及倮介之蟲。

季海按：《文選・洞簫賦》注引《外傳》此文無「及」字，「介」作「价」。

第十七章

賢士欲成其名，二親不待。《説苑・建本》云：「欲養。」趙校語：《説苑》作「賢者欲養」。

季海按：《説苑・建本》、《家語・致思》并以此爲子路語，周、趙兩校已言之。《家語》僞書不足道，劉向所録蓋别有據。知者，《荀子・子道篇》「子路問于孔子」，有曰：「耕耘樹藝，以養其親。」《詩外傳》卷九作「樹藝五穀，以事其親」。《荀子》、《説苑》述子路之言，并于親曰養，其文相應。《詩外傳》于此二「養」字一切改易，蓋其謡俗有别。

第十九章

死不見士之流淚者。趙校語：《御覽》「淚」作「涕」。

季海按：《檀弓》云：「朋友諸臣未有出涕者，而内人皆行哭失聲。」《魯語》：「公父文伯卒其母，戒其妾曰：無洵涕。」《御覽》引作「涕」，與《檀弓》正合。《説文》「洟，鼻液也」，他計切，與涕音義俱别。

「涕，泣也」，他禮切，是其義。又「泣」：「無聲出涕曰泣。」「潸，涕流皃，《詩》曰潸焉出涕。」古言出涕、流涕，其義如是。覆元本、影明本并作「流淚」，蓋後人所改。

第二十章

傳曰：「天地有合則生氣有精矣。」

季海按：《大戴·本命》無此以下數句，别有「釋命性」諸語，自「人生而不具」以下則取捨略同，是其所從出一也。

不能施化。

季海按：《本命》無「施」字。然《本命》下文於男云「二八十六，然後精通，然後其施行」，於女云「二七十四，然後其化成」，是傳文本以施化分承男女，《外傳》此云「施化」是也，《本命》此删「施」字，非是。《外傳》下云：「十六精通，而後能施化。」此以男該女，不别言之，故云「施化」，《本命》作「十有六精通，然後能化」，去施字，非也。然《外傳》下云男「十六而精化小通」、女「二七十四，然後其化成」之爲近故書之真也。惟故書「然後」字當爲《外傳》作「而後」耳。《外傳》下文云「反施亂化」（從周、趙校），亦以施化并言矣。

三月微的。《説苑》作「達眼」，《家語·本命解》「的」作「煦」，王肅注云：「煦，睛轉也。」寀按《玉篇》「的，明見也」，從見爲長。趙校語：《大戴·本命篇》作「徹眴」，《玉篇》音徒賢、徒涓二切，今《大戴》作「徹眴」，《説苑·辯物篇》作「達眼」。

季海按：《大戴禮記·本命篇》：「三月而徹眴。」盧注：「眴，精也。轉視貌。徹或爲微也。」今謂「微」當從《大戴》作「徹」，盧引或本非也。《國語·周語》：「其何事不徹。」《魯語》：「焚煙徹于上。」《晉語》：「果無不徹。」《楚語》：「其聰能聽徹之。」《越語》：「不敢徹聲聞于天王。」注及《小爾雅·廣詁》并云：「徹，達也。」又徹，通也，見《論語·顔淵》：「盍徹乎？」《集解》引鄭注，又《廣雅·釋詁一》，又《國語·楚語》「攝而不徹」，注：「通亦達也。」本章首稱「傳曰」，明非嬰之辭，自「故人生而不具者五」至「十四而精化小通」，與《大戴禮記·本命篇》其言多同，蓋出一源而各有去取。「微的」當依《大戴禮記》作「徹的」。《説苑》「徹」作「達」者，疑子政所據書避武帝諱，亦或子政以今語代古言（或中書本諱作「通」，子政「通」謂之「達」，遂改作「達」耳），「微」即「徹」之形誤，若本是「微」，無緣作「達」也。盧注似本王肅，然「眴」、「的」之爲睛轉，書傳無徵，文當有誤。「的」疑當作「眴」，从目勻聲，疑即「瞏」之或體。《説文》「瞏，兒初生瞥，从目瞏聲」，邦免切。初生瞥與睛轉義近，蓋即一字，《説文》偶失收耳。《説文通訓定聲》坤部：「趨，獨行也，从走勻聲。讀若煢，《詩·杕杜》『獨行睘睘』，《思玄賦》『何獨行之煢煢』，以睘以煢爲之，亦重言形況字。」

而後能見。而後能食。而後能行。而後能言。而後能施化。

季海按：《本命篇》無「而後」字，并作「然後」。「見」上多一「有」字，「食」上無「能」字，「化」上無「施」字。今謂故書當作「而後」。《大戴》作「然後」者，以漢人語代之。《荀子·君道篇》：「莫不修己而後敢安正，誠能而後敢受職。」《詩外傳》卷第六「而後」并作「然後」（正作仕，誠作成）。又《荀子·哀公篇》：「故弓調而後求勁焉，馬服而後求良焉，士信慤而後求知能焉。」《詩外傳》卷第四「而後」并作「然後」（無能字），其以今語代古語與《大戴》正同。惟《詩外傳》卷第六引《荀子·富國篇》「必至于資單國舉然後已」作「必致實單國舉而後已」，與此并云「而後」，皆仍舊文，今《荀子·富國篇》文轉作「然」者，或出漢人，或後人亂之，要之韓嬰所見本作「而後」，與《君道》、《哀公》文并相應，猶存故書之真也。又見卷第二。

陰以陽變，陽以陰變。

季海按：《本命》作：「辰（當讀爲反，上文云「陰窮反陽，陽窮反陰」是也）故陰以陽化，陽以陰變。」故書首句「變」似當爲「化」。《外傳》上云：「陰陽消息，則變化有時矣。」其言相應，疑亦本故書。

第二十三章

岸峭則陂。此「峭」《説苑》作「竦」，「陂」作「阤」，趙校語：《淮南》作「岸崝者必陀」，高注云：「崝，峭也。陀，落也。」

季海按：「峭」謂之「崝」，當是楚語。嬰引傳作「陂」，當是故書如此。《説苑》作「阤」，《淮南》作「陀」，阤、陀字同，蓋漢人語。《説文》「陗，陵也」；「陵，陗高也」。「崝峭」依《説文》正當作「陵峭」（山部又有「㕙，高也，从山陵聲。峻，陵或省」，又「崝，嶸也」，或後出，或别有義）。「阤」、「陀」并

「阤」之隸變，《説文》「阤，小崩也，從𨸏也聲」，丈爾切，是其義。《説文》「陂，阪也；一曰沱也」，沱當作陀，即阤字，以爲一曰，蓋古語古義。

延及四海。

季海按：《淮南·繆稱訓》作「施于四海」。

第二十四章

言語遜，應對給，則民之耳説矣。

季海按：「遜」借爲「愻」。《説文》：「愻，順也，从心孫聲。《唐書》曰：五品不愻。」「遜，遁也」，非其義。嬰稱「傳曰」，當本故書，子政作「順」，漢人語耳。覆元本「説」作「悦」。

故中心存善而日新之。《説苑》「中」作「忠」，「存」作「好」。

季海按：《説苑》「存」作「好」，當是故書如此。尋《荀子·議兵篇》：「而其民之親我，歡若父母，其好我，芬若椒蘭。」《詩外傳》卷第三作：「民之親我也，芬若椒蘭，歡如父子。」又：「豈又肯爲其所惡，賊其所好者哉。」韓作：「豈肯爲其所至惡，賊其所至愛哉！」是《荀子》以親愛爲好，而韓無此言，故改之也。「新」字覆元本作「親」，此文故書當本云「故中心好善而日親之」，「親」、「好」義本相成，韓改此「好」作「存」，猶改《荀子》矣。然「好」改作「存」，則日親之義不顯，明本以下并作「新」字，則其失彌遠矣。

第二十六章

故亡國滅家非無聖智也。

季海按：覆元本、影沈本「滅」并作「殘」。《新序》卷第七《節士》「滅」正作「殘」，當據改。鐵華館校宋本「非」下脱「無」字。

第二十七章

行磏者德不厚，志與天地擬者其爲人不祥。《新序》「磏」作「特」，「擬」作「疑」。

季海按：上「仁道」章引傳「行」作「仁」，「者德」作「則其德」，「人」上無「爲」字。

其節度淺深，適至于是矣。《新序》「于是」作「而止」。

季海按：「仁道」章引「傳曰」亦云：「其所受天命之度，適至是而止（原作亡，從周校）。」與《新序》之文相應，疑韓所引傳，其故書本作「其節度淺深適至是而止矣」。

第二十八章

此非吾先君文王之志也。

季海按：覆元本「非」作「誠」，若元本不誤，則此是反詰語。

于是出而就蒸庶于阡陌隴畝之間而聽斷焉。

季海按：覆元本「出」作「接」，「接」當讀與「捷」同，今本作「出」，明人所改。

耕桑者倍力以勸。

季海按：覆元本「倍」作「陪」，古字止作「陪」。《説文》「陪，重土也」，是其義。又「倍，反也」，非當句所用。

韓詩外傳卷第二

第一章

有七日之糧。又：將去而歸。

季海按：《公羊傳》「有」上有「軍」字，兩句末并有「爾」字。本書下云：「子反曰：吾軍有七日之糧爾。」與《公羊》此文相應。

盡此而不剋。剋、克同，《春秋》宣十五年《公羊傳》作「不勝」。

季海按：影沈本作「克」，覆元本作「剋」。

宋使華元乘闉。趙本作「闉而應之」。

季海按：《公羊傳》作「宋華元亦乘堙而出見之」。然下文云「使肥者應客」，則韓生與《公羊》正同，疑故書本作「應」，《公羊》改此文取易曉爾。

子反曰：「子之國何若矣？」又：莊王曰：「若何？」

季海按：《公羊傳》作「子之國何如」。下句「若何」亦作「何如」。

析骸而爨之。《公羊》「爨」作「炊」。

季海按：然則「爨」謂之炊，齊語也。

今何吾子之情也。又：吾望見吾子似于君子，是以情也。《公羊》云：吾見子之君子也，是以告情于子也。

季海按：情猶誠也，「是以情也」猶「是以以誠相告」也。然則情、誠于漢已爲古今語。嬰于本章之首并云「情」，于卒章云「華元以誠告子反」，又「君子善其以誠相告也」，知其始直録故書，猶依用古言，卒章則用當時語也。嬰書作「是以情也」，《公羊》必作「是以告情于子」者，知嬰之所據，早于《公羊》。《公羊》云云，亦當時語。

吾聞君子見人之困則矜之，小人見人之困則幸之。《公羊》「困」并作「厄」。

季海按：《公羊》作「厄」，猶存古語，豈齊言有此邪？《荀子·宥坐篇》「孔子南適楚，厄于陳蔡之間」，《詩外傳》卷七作「孔子困于陳蔡之間」，《説苑·雜言篇》與《詩外傳》同，知先秦曰「厄」，漢人自謂之「困」也。

吾軍有七日糧爾。揖而去。

季海按：《公羊》曰：「吾軍亦有七日之糧爾，盡此不勝，將去而歸爾，揖而去之。」與上文相應，而語有齊氣，韓書語較徑直，未知後人所改，抑韓生本爾也。《外傳》下子反告莊王語亦云：「曰軍亦有七日之糧爾。」

子反告莊王。

季海按：《公羊傳》作「反于莊王」，何休注：「反報于莊王。」疑韓生故書，此文本同本《公羊》，「子」本作「之」，「告」本作「于」，後人不曉反于所謂，以爲子反，故改之爾。

子曷爲而告之。

季海按：《公羊》無「而」字。

雖然吾子今得此而歸爾。寀按：《公羊》無「子」字，疑此爲衍；趙本無「子」字，校語：下舊有「子」字衍，今删。

季海按：影沈本、覆元本并有「子」字，疑此「吾子」，乃莊王呼子反之辭，嬰之所據，不必與今《公羊》文同也。

今得此而歸爾。

季海按：《公羊傳》曰「吾今取此然後而歸爾」，下文云「雖然，吾猶取此然後歸爾」。是《公羊》曰

「取」，韓曰「得」也。《公羊》曰「然後」，韓曰「而」，《公羊》曰「然後而」者，古今語雜駁，文之未及整齊者爾。

王請處此，臣請歸耳。

季海按：《公羊傳》作：「然則君請處于此，臣請歸耳。」

吾孰與處乎此。

季海按：《公羊傳》作「吾孰與處于此」。韓氏字例，凡于「于」謂之「乎」，已見前。

第三章

「高子問于孟子」章。趙校語：今《孟子外書》爲正篇載之，「嫁娶」無「娶」字，「怠」作「紣」，「挾其變」下無「權」字。

季海按：《孟子外書》不足信，其異文與覆元本、影明本無一合者。

第五章

夫子内切磋以孝。一本作「瑳」，寀按《毛詩·卷阿》箋「王有賢臣，與之以禮義相切磋」。《釋文》磋「或作瑳」；趙本作「瑳」，下同。

季海按：覆元本、影沈本并作「瑳」，下同。

第六章

夫日月之薄蝕。《荀子·天論》「薄」作「有」。

季海按：《荀子》「薄蝕」作「有食」。

是無世而不嘗有也。趙本「嘗」作「常」。

季海按：覆元本、影沈本并作「嘗」，趙本以《荀子》改《外傳》耳。

無用之變，不急之災，棄而不治。「變」荀作「辯」，「災」荀作「察」；趙校語同。

季海按：變、辯字通，「辯」謂之「變」，或燕俗有之。「災」當爲「察」，疑後人見上文有「天地之災」，「萬物之怪」，遂以此「變」爲「災變」字，因并改「察」爲「災」耳。

第八章

降雨興，流潦至。「流」下《説苑》有「行」字，而上無「降雨興」三字。

季海按：《説苑》文疑有脱誤，當是子政本作「行潦」，後人旁注「流」字，或又以旁注字誤入正文耳。亦或「行」本在「流」上，脱「降雨」字。下文「飄雨興」，《説苑》「興」作「起」。大抵子政所習，于風雨不言興，故改作「行」耳。「降雨」字當讀與「洚水」字同。

草木根荄淺，未必橛也。飄風興，暴雨墜，則橛必先矣。荄亦根也。《説苑》云「樹本淺根核不深」，「核」、「荄」字同。「撅」字《説苑》從厥旁木，蓋古通。《説苑》「輿」作「起」，「墜」作「至」，此「撅」作「扳」；趙校語：李善注《文選・陶徵士誄》，「墜」作「隧」，古皆通。

季海按：《陶徵士誄》注引此文正作「荄」（胡刻本），不作「核」。兩「撅」字并作「橛」，與《説苑》合。胡氏《考異》轉從袁本，以此與茶陵本之作「橛」者爲誤，非是。「墜」作「隧」，當是故書如是，惟「輿」誤作「與」，胡氏《考異》已正之。嬰曰「輿」，向曰「起」，其言自別，亦或嬰因用故書之文。《説苑》「扳」當是「拔」字之誤。韓兩言「崩」，兩言「撅」，劉錯綜其辭，即曰崩壞，橛拔矣。

人趨車馳。《説苑》「趨」作「走」。

季海按：《説文》：「趨，走也。走，趨也。」《韓詩外傳》卷第十：「晉平公之時，藏寶之臺燒，士大夫聞者趨車馳馬救火。」是韓生習言「趨馳」也。《文選・褚淵碑文》注引卷十三之文作「趍車馳馬」。《治要》卷第八引「人趨車馳」作「人趍車馳」。

迫然禍至。「迫然」，《説苑》作「指而」。

季海按：「指」疑「迫」之形訛，「而」、「然」古今語，嬰之此文，疑出先秦故書，本作「迫而禍至」，其曰「迫然」，蓋漢人語。

第十二章

其馬將佚矣。佚，奔也。荀并作「失」，楊注：「失讀爲逸。」

季海按：《新序》卷第五「雜事」「佚」作「失」，與《荀子》同。疑韓嬰亦本作「失」，其下韓、劉并云「馬敗」，是讀「失」如字，故此以「敗」爲代語也。《新序》之文當即本《外傳》。

聞君子不譖人，君子亦譖人乎。「譖」，荀作「讒」，《家語》作「誣」。

季海按：《荀子·哀公篇》：「入謂左右曰：君子固讒人乎。」《説文》：「讒，譖也。」《新序》亦作「讒」。

俄而廄人以東野畢馬敗聞矣。「廄」荀作「校」，《家語》作「牧」。

季海按：《荀子》曰：「三日而校來謁曰：東野畢之馬失。」古曰校，漢謂之廄人耳。「敗」，影沈本作「佚」，覆元本作「敗」。《新序》卷第五「雜事」云：「須臾，馬敗聞矣。」《新序》即本《外傳》，覆元本是也。

趣駕。「趣」，《荀子》、《新序》作「趨」，楊注：趨讀爲促，速也。此「趣」當與彼音同，《家語》作「促」。

季海按：《説文》：「趨，走也；趣，疾也。」荀、劉「趨」借爲「趣」，「趨」、「趣」古今字。然《新序》即本韓書，疑嬰傳本亦作「趨」，今本作「趣」，後人以今字代古字耳。覆元本作「輒」，偏旁小誤。下「晉文侯使李離爲大理」章有云「趣出無憂寡人之心」，字亦作趣。

昔者舜工于使人，造父工于使馬。「工」，《荀子》、《家語》并作「巧」。

季海按：荀云：「昔舜巧于使民，而造父巧于使馬。」「人」亦作「民」，與下文一律，韓此作人與馬相對，小變荀語，《新序》此句亦作「使人」，即本韓書。凡荀作「巧」者，韓每作「工」，《荀子·議兵篇》「猶巧拙有幸焉」，影沈本《詩外傳》卷第三作「猶有一拙焉」，覆元本「工」作「功」，「焉」上有「幸」字。

蓋荀、韓字例如此。《新序》即本《外傳》，故「巧」亦并作「工」。

未之有也。

季海按：覆元本「之」作「知」。下章引傳記孔子遭齊程本子事有云：「吾于是而不贈，終身不之見也。」句法與此正同，元本誤。

第十三章

崔杼弑莊公。

季海按：覆元本、影沈本亦并作「弑」。然下文述晏子之言曰「崔杼將爲無道而殺其君」，二本亦并作「殺」。《御覽》四百九十九引《韓詩外傳》「崔杼殺莊公」云云，字亦作「殺」，疑此「弑」是後人所改。《晏子春秋·内篇雜上第五》作「崔杼既弑莊公」，又「崔子爲無道，而弑其君」。

次及晏子捧杯血。趙本重「晏子」二字，校語：舊本不重，今補。

季海按：覆元本、影沈本俱不重，《新序》重，趙校逕補，非也。「捧」，覆元、影沈二本并作「奉」，《新序》同，从手非也。《晏子·内篇雜上》作「晏子奉桮血」。《新序》卷第四《雜事》「桓公飲酒」章「鮑叔奉酒而起」，此「奉」亦齊語耳。《新序》「杯」作「桮」。

仰天而嘆曰：「惡乎！」

季海按：《晏子》無「而」字，「曰」下作「嗚呼」。

吾願子之圖之也。

季海按：《晏子·内篇雜上》作「維子圖之也」。《新序·義勇》作「唯子圖之」。是唯表所願之明徵。然先秦曰「維」、「唯」，漢人曰「願」，子政仍《晏子》之文耳。

嬰其可回矣。

季海按：《晏子》作「今嬰且可以回而求福乎」。蘇輿云：「《後漢書》注作『嬰可回而求福乎』。」劉師培補釋云：「且者，其字之誤也。」其與豈同，「且可以回而求福」，猶言「豈可以回而求福也」。上節「其縊而從之」，猶言豈縊而從之。今《吕氏春秋》亦作「且」，與此同誤。孫星衍云：「《韓詩外傳》作云云，《新序》：嬰可謂不回矣。」

晏子起而出。

季海按：《晏子·内篇雜上第五》「起而出」作「趨出」，《外傳》卷第八「范昭起出門」，《晏子·雜上》作「范昭趨而出」。是韓以今語代古語也。

嬰不之革矣。

季海按：《新序》作「嬰不之回也」。《晏子》作「嬰不革矣」。

晏子撫其手。「撫」，《新序》作「拊」，《吕覽》作「無良」二字，未聞。

季海按：韓作「撫」，劉作「拊」。《説文》「拊，揗也」，「揗，摩也」。此拊手字。又：「撫，安也。一曰揗也。」「循」與「揗」同，許稱「一曰」，則漢人「拊手」字多作「拊」少作「撫」可知。韓之此文，或因故書，未可知也。《晏子春秋》作「撫」。《御覽》四百二十八引《新序》「晏子拊手而笑」，此「拊手」猶今云「拍手」。

命有所懸，安在疾驅。《新序》云：「馳不益生，緩不益死。」

季海按：《韓傳》「驅」與上「廚」韻。《晏子》作：「疾不必生，徐不必死；鹿生于野，命懸于廚。」

安行成節，然後去之。《晏子》、《説苑》作「按之」。

季海按：《晏子》作「按之」，與《説苑》同。「然」作「而」，無「之」字。

捨命不偷。

季海按：《新序》「偷」作「渝」，《晏子》亦作「渝」，疑韓亦本作「渝」，此因上云「恂直且侯」，後人改以趁韻耳。

第十四章

臣之父也。又：臣之所守也。

季海按：《新序·節士篇》兩「臣」字并作「僕」，然下文「臣不能失法」，云「臣不敢失法」，仍作臣。

遂不去斧鑕。

季海按：《新序》「去」作「離」。

第十五章

直己不直人，善廢而不悒悒。《家語》云：「汲汲于仁以善自終。」《大戴禮》云：「以善存亡汲汲。」

季海按：汲汲、悒悒，漢師讀不同，餘文小有訛異。疑故書本作「善廢」，「以善存亡」似是漢師所以釋「善廢」之言。

故爲人父者則願以爲子，爲人子者則願以爲父，爲人君者則願以爲臣，爲人臣者則願以爲君，名昭諸侯，天下願焉。《詩》曰：「彼己之子，邦之彥兮。」此君子之行也。

季海按：此上引蘧伯玉之行而説出如此，以爲邦之彥者，故天下所願也。然則韓意「彥」之爲言猶「願」也。《説文・彣部》：「彥，美士有文，人所言也。」是以「言」釋「彥」，與韓不同。又《説文》：「媛，美女也，人所援（宋小字本作授，誤）也，从女从爰（爰，于也）。《詩》曰：邦之媛兮。」蓋亦本諸《詩》説。

第十六章

子路率爾而對。「率爾」，《説苑》作「屑然」。

季海按：《説苑・尊賢篇》作「屑然」者，以當時語代之，嬰稱「傳曰」，明是故書之辭。

蕩蕩乎其義不可失也。

季海按：覆元本、影沈本「義」并作「易」，「易」如易簡之「易」，上云「易和」、「易懼」，亦包舉其中，作「義」非也。「失」，覆元本作「大」，蓋讀若「泰」，此與下「劇」、「大」、「世」韻，明人不得其讀，始改作「失」，影沈本已改作「失」，非是。

温乎其仁厚之寬大也。趙本「寬」作「光」，校語：「光」一本作「寬」。

季海按：覆元本、影沈本「寬」並作「光」。古人言「光大」猶「廣大」，後人不知，故改字耳。

第二十章

晉文侯使李離爲大理。《新序·節士》以「文侯」爲「文公」，趙本無「大」字，校語：本作爲「大理」，據《御覽》二百三十一引無。

季海按：覆元本、影沈本俱有「大」字，《新序·節士》亦作「大理」，《御覽》殆據下云「故使臣爲理」而删之，然《新序》下云「故任臣以理」，是上云「大理」，下别云「理」，言各有當也。

第二十二章

于是伊尹接履而趨。《新序》作「趣」。

季海按：鐵華館校宋本《新序·刺奢》字仍作「趨」。

乎然事情。趙本作「弊性事情」，校語：本皆作「然事情」，訛，今從《説苑・政理篇》改，《吕氏春秋・察賢篇》作「弊生事情」。

第二十四章

季海按：影沈本「情」作「惟」，覆元本「惟」作「情」，今謂「然」即「弊」之形訛，「乎」即「生」之形訛，後人不得其解，誤認「乎」當屬上句，遂乙故書耳。疑韓詩亦本作「弊生事情」，《説苑》始以「性情」爲對文，亦或《説苑》「性情」字亦後人所改。

第二十五章

曾子褐衣縕緒。縕緒未詳。《説苑・立節》云「布衣縕袍」；趙校語：與著音義同。

季海按：趙説是也。《説文》：「褚，卒也；一曰製衣。」「緒」、「著」、「褐」音義并通。

第二十八章

不暇言而宜人爲人君者。「暇」本或作「假」，「宜人」「人」字疑衍；趙本作「不假言而知宜爲人君者」。

季海按：影沈本作「不假言而知爲人君者」。覆元本與沈同，但「知」作「宜」。二本俱無衍字。元本是也。此本言即容色已爲天下所儀象，故不假言而宜爲人君也，文義自足。趙本衍「知」字。

第二十九章

爾亦可言于詩矣。「可言」，《孔叢》作「何爲」；趙本作「于書」；校語：「可言」毛本作「何大」，《大傳》、《孔叢》皆作「子何爲于書」。

季海按：覆元本、影沈本并作「爾亦何大于詩矣」。

燎燎乎如星辰之錯行。「燎燎」《孔叢》作「離離」；趙校語：「燎燎」兩書皆作「離離」。

季海按：《藝文類聚》六十四《居處部四》引《尚書大傳》作「離離若參辰之錯行」。《大傳》此與上句并言「若」，今《外傳》下句作「如」，未知是嬰故書已如此，抑後人所改。按下章引《傳》云：「日月無光，星辰錯行。」然則此文不當云「星辰」，疑當從《大傳》作「參辰」。《鹽鐵論・相刺篇》：「大夫曰：堅據古文以應當世，猶辰參之錯，膠柱而調瑟，固而難合矣。」

夫子造然變容。「造」，《孔叢》作「愀」。

季海按：《通鑑外紀》卷九引《大傳》作「孔子愀然變容」。覆元、影沈并作「造然」。《詩外傳》卷第七：「衛君問其故，子以父言聞，君造然，召蘧伯玉而貴之，而退彌子瑕。」《淮南・道應訓》記宥巵事云：「孔子造然革容。」

然子以見其表。趙校語：「以」當作「已」。

季海按：覆元本、影沈本并作「以」。然下文「其表已見」、「已入其中」又并作「已」。

後有深谷。

季海按：《外紀》引《大傳》「深谷」作「大谿」。

泠泠然如此既立而已矣。

季海按：《外紀》卷九作「填填正立而已」。

第三十一章

智慮潛深則一之以易諒。「潛」，《荀子·修身》作「漸」。「漸」、「潛」古通。

季海按：「漸」、「潛」于先秦各有所謂，漢人多通用爾。

齊給便捷。荀作「利」。

季海按：《外傳》卷第四：「其應變也齊給便捷而不累。」則荀言便利，韓言便捷，自其文例如此。

卑攝貪利。「貪」趙本作「貧」。

季海按：覆元本、影沈本并「貪」，《荀子》亦作「貪」，趙本非也。

怠慢標棄則慰之以禍災。「慰」，荀作「炤」。

季海按：「慰」當爲「尉」，《說文》「从上按下也，从𡰣又持火，所以申繒也。臣鉉等曰：今俗別作熨，非是」。《外傳》或本從俗作「熨」，因譌作「慰」耳。此謂示以禍災，使知畏懼，亦如从上按下，以尉申繒也。

願婉端慤。「願婉」，荀作「愚款」，「愚」字疑誤。

季海按：婉款語亦相轉。

莫優得師。「優」荀作「要」。

季海按：「優」、「要」聲近。

莫慎一好。「慎」荀作「神」。

季海按：《荀子》云文止此，自作「神」字，韓又以「好一則博」云云益之，至云：「精則神，神則化。」故改「神」作「慎」耳。《爾雅·釋詁》：「毖神溢，慎也。」郭注：「神未詳，餘見《詩》、《書》。」

第三十二章

君子學之則爲國用。

季海按：覆元本、影沈本「學」并作「謀」。此「謀」似與上「良工宰之」之「宰」韻，則故書當作「謀」。

韓詩外傳卷第三

第一章

傳曰：「易簡而天下之理得矣。」趙校語：此下毛本即有「詩曰」云云十一字，係誤衍。

季海按：章首稱「傳曰」，此又云「傳曰」，是傳中引傳。覆元、影沈二本并有十一字，與毛本同。

忠易爲禮。

季海按：此以下四「易」即申「易簡」之理，繼之以「詩曰」云云，是以易釋夷也。

第二章

穀生湯之庭。

季海按：覆元、影沈俱作「廷」。然下「今生天子之庭」，仍作「庭」，趙校語云：「亦當作廷。」卷十二「刎頸而死乎廷」，字亦作「廷」，趙校是也。

則禍不至。趙本「則」作「即」。

季海按：影沈本作「則」，覆元本作「即」，然下云「則福不臻」，二本俱作「則」。「則」、「即」雖通，不應一人之書，同時錯出，當是有改有不改耳。自卷三以下始見則或作即，四卷益多矣。《讀書雜志·漢書武紀》：「然則于鄉里先耆艾奉高年古之道也。念孫案：景祐本然則作然即，古字通以即爲則，今作則者，後人不識古字而改之也。」

湯乃齋戒靜處。

季海按：覆元、影沈「齋」并作「齊」。

第三章

今又專興事動衆。

季海按：覆元本「又」訛作「文」，影沈本作「又」是也。「專」猶「擅」也。卷第四「即大臣以專斷圖私」，《楚策》作「主斷國」云云，其言專略同。

凡洀國五十一年而終。

季海按：覆元、影沈作「涖」。

第六章

魏成子受禄。趙本作「食禄」。

季海按：覆元、影沈并作「食録」。

第九章

無使百姓歌吟誹謗則風不作。

季海按：《吴志・陸凱傳》：「凱上疏曰：今中宫萬數，不備嬪嬙，外多鰥夫，女吟于中。」此所謂「吟」，鄰于誹謗矣。

第十一章

臣子之恩薄，則背死亡生者衆。趙校語：《禮記·經解》、《大戴·禮察篇》皆有此文。

季海按：《經解》不重「臣子之恩薄」，「則」作「而」，「背」作「倍」，「亡」作「忘」。疑韓生稱「傳」，即小戴所本，非即今《經解》之文也。《大戴·禮察》同《小戴》，但「忘生」下作「之禮衆矣」。

第十三章

乃脩武勒兵于甯，更名邢丘曰懷，甯曰脩武。

季海按：覆元本「邢」作「刑」，然上「到于邢丘」，仍作「邢」。《漢書·地理志》：「河内郡有懷，莽曰河内。又有脩武。」注：「應劭曰：晉始啟南陽，今南陽城是也。秦改曰脩武。臣瓚曰：《韓非書》秦昭王越趙長平，西伐脩武。時秦未兼天下，脩武之名久矣。師古曰：瓚説是也。」《水經注》卷九：「清水出河内脩武縣之北里山」，注：「脩武，故甯也，亦曰南陽矣。馬季長曰：晉地自朝歌以北至中山爲東陽，朝歌以南至軹爲南陽。故應劭《地理風俗記》云：『河内，殷國也。周名之爲南陽。』又曰：『晉始啟南陽，今南陽城是也，秦始皇改曰脩武。』徐廣、王隱并言始皇改；瓚注《漢書》云：『案《韓非書》秦昭王越趙長平，西伐脩武，時秦未兼天下，脩武之名久矣。』余案《韓詩外傳》言武王伐紂，勒兵于甯，更名甯曰脩武矣。魏獻子田大陸，還卒于甯是也。」

既反商。

季海按：覆元本自此以下另起，別作一條。

封殷之後于宋。

季海按：《樂記》「封」作「投」。鄭注：「投，舉徙之辭也。」

表商容之閭。

季海按：《樂記》作：「使之行商容而復其位。」鄭注：「行猶視也，使箕子視商禮樂之官賢者所處，皆令反其居也。」是韓、鄭異義。《詩外傳》卷第二：「商容嘗執羽籥，馮于馬徒，欲以化紂而不能，遂去，伏于太行。」夫執羽籥，則亦以爲禮樂之官矣，惟鄭謂凡禮樂之官，而韓主商生一人耳。《通鑑前編》武王十三年引《大傳·大戰篇》云：「表商容之閭。」又曰：「王之于賢人也，亡者表其閭，況于在者乎。」此亡殆謂伏于太行。

馬放華山之陽，示不復乘；牛放桃林之野，示不復服也。車甲衅而藏之于府庫，示不復用也。于是廢軍而郊射……然後天下知武王不復用兵也。

季海按：《樂記》二「放」字并作「散之」，「廢軍」作「散軍」。莊十二年《公羊傳》「散舍諸宮中」，何休解詁：「散，放也。」然則放謂之散，蓋齊語，然則《樂記》其齊人之書歟。二「示不」傳并作「而弗」，然「不復用兵」仍作「不復」，與韓同者，其駁文歟？覆元本「衅」作「衈」，「于府庫」作「放府庫」。

第十五章

劍雖利。

季海按：覆元、影沈二本以此與上章及下「凡學之道」連爲一章。

第十七章

而國家未甯。

季海按：覆元、影沈「甯」作「寧」。

弗時仔肩。「弗」、「佛」通，一本依《毛詩》作「佛」。

季海按：影沈作「佛」，覆元作「弗」，與《詩考》《敬之》引《外傳》合，王氏自注云：「《説苑》同。」

第十八章

于是東野。趙本作「東野鄙人」，校語二字舊脱，今據《説苑・尊賢篇》補。

季海按：《文選・聖主得賢臣頌》注引《外傳》此文，「野」下有「人」字，省「鄙」字耳。下云「鄙人曰」，知韓與劉引正同。

國家安甯。

季海按：覆元、影沈本作「安寧」。

使澤人足乎木。

季海按：影沈本作「水」，覆元本作「木」。

雖遭凶年饑歲。

季海按：「饑」影沈本、覆元本作「飢」。

第二十章

寒暖適乎肌膚。

季海按：影沈、覆元「暖」并作「煖」。覆元本「膚」誤作「慮」。

第二十一章

受魚而免于相，則不能自給魚；無受而不免于相，長自給于魚。《韓非子·外儲説》云：「免于相，雖嗜魚此必不能致我魚，我又不能自給魚。」

季海按：《外傳》上「給」外動詞，上「魚」賓語，下「給」内動詞，「魚」爲補語，故以介詞「于」連之。「致我魚」言「以魚致我」。

第二十二章

獄讞不治。「讞」，《荀子》作「犴」，《説苑》作「訟」。

季海按：「犴」古語，漢人但謂之「獄」而已。宋錦初《韓詩内傳徵》卷三：「宜犴宜獄，《韓詩》曰鄉亭之繫曰犴，朝廷曰獄（《釋文》）。《周禮》注引《詩》曰「宜豻宜獄」，此從《韓詩》也。今《詩》作「岸」，「岸」訓「犴」，無考，當從《韓詩》。」

夫散其本教。趙校語：舊本此下别爲一條，非是，今改與上文連。

季海按：覆元、影沈并别爲一條。

第二十四章

季孫之治魯也。

季海按：覆元、影沈并連上爲一章。

子貢曰：夫奚不若子産之治鄭，……三年而庫無拘人。

季海按：然則庫爲拘人地。

第二十五章

夫水者緣理而行。「緣」，《説苑·雜言》作「循」。

季海按：韓「循」謂之「緣」。

似有智者。

季海按：凡韓言「似」，劉并云「其似」，下放此。

《詩》曰：「思樂泮水，薄采其茆。魯侯戾止，在泮飲酒。」水之謂也。

季海按：「水云」上覆元、影沈有「樂」字。引《詩》二句覆元本作「言采其芹」。

第二十六章

飛鳥集焉。「鳥集」，劉作「禽萃」。

季海按：劉「集」謂之「萃」。《外傳》卷第八：「鳳乃止帝東囿。」《説苑·辨物》作「于是鳳乃遂集東囿」；又「集帝梧桐」，劉作「棲帝梧樹」。

從乎天地之間。「從」本或作「嵸」；趙本作「嵸乎天地之間」，校語：「嵸」本或作「從」。

季海按：覆元、影沈「從」并作「嵸」。覆元本「閒」作「間」。《説苑·雜言》，「夫山下」有云「巃嵸𡾊嵬」，《詩外傳》「山下」無此四字，疑今書「嵸」上蓋脱「𡾊嵬巃」三字，韓移著此者，正以風、從爲韻。

「與爾臨衝」,《韓詩》「隆衝」,知韓故讀侵入東也。

第二十七章

三行賞而不及陶叔狐。

季海按:《説苑·復恩》「三行賞」作「行三賞」。

顔色黯黑。趙校語:《説苑》作「黎黑」。

季海按:然則黎亦黯也。「黎明」其猶「昧爽」歟。《説苑》「黎」作「黧」。

三行賞而我不與焉,君其忘我乎?其有大過乎?

季海按:劉作「行三賞而不及我也(及必有賓語),意者君忘我與,我有大故與(其猶言意者)」。《群書治要》卷第四十三引《説苑》此文並作「三行賞」,今本後人所改(大抵宋本正同今本)。

噫,我豈忘是子哉!

季海按:「噫」,劉作「嘻」。

難在前則處前,難在後則處後。

季海按:劉「處」并作「居」。

免我危難之中者。

季海按:劉「我」下有「于」字,「危」作「患」。

第二十八章

類不悖，雖久同理，故性緣理而不迷也。

季海按：「類不悖雖久同理」本荀語，然此下荀云「故鄉乎邪曲而不迷，觀乎雜物而不惑」，以此度之，韓以一言蔽之，下語自精。「上智者樂水」章云「夫水者緣理而行」，其語通耳。《説苑·雜言》作「夫水者循理而行」，是韓曰「緣」，劉曰「循」也。《釋詁》：「遹遵率循由從，自也；遹遵率，循也。」

第三十章

此謂何器也。「謂」當從《荀子》作「爲」，趙本作「此爲何器也」，校語：「爲」舊本作「謂」，《荀子》作「爲」，《説苑·敬慎篇》亦同，今從之。

季海按：覆元本、影沈本并作「謂」。卷第四：「此比爲劫殺死亡之主者也。」《策》無「比」字，「者」作「言」。趙本「此爲劫殺死亡之主言也」，校語：「舊本此下衍比字，據《楚策》作此爲，《韓非》作此謂。」是《韓非》「爲」亦作「謂」也。卷第四：「今孫子天下之賢人，何謂辭而去。」趙校語：「謂當作爲。」卷第十：「遇人曰：何謂者也。」趙本作「爾何爲者也」。校語：「遇人，《御覽》七百三十六引作見封人，又爾字亦據增。爲舊本作謂，疑《新序·新事四》作爲。」季海按：覆元、影沈并作「何謂者也」。又：王欲用汝，何謂辭之。趙校語：「謂當作爲。」

孔子喟然而歎。

季海按：覆元、影沈「歎」作「嘆」。

孔子曰：持滿之道，抑而損之。趙校語：《淮南》「抑」作「揖」，《説苑》作「挹」。又：「夫是之謂抑而損之」。「抑」荀作「挹」，「挹」、「抑」蓋古通。

季海按：《荀子·宥坐篇》云：「孔子顧謂弟子曰：注水焉。弟子挹水而注之。」《詩外傳》云：「孔子使子路取水試之。」韓變言取水者，明「挹」是古語。《説苑》因《荀子》之文作「挹」，《淮南》「挹」轉作「揖」，亦用其俗耳。《詩外傳》卷第八「孔子曰：持盈之道，抑而損之」。覆元本「抑」作「挹」，與《説苑》正同，元本是也。

第三十一章

然一沐三握髮，一飯三吐哺。

季海按：《文選》卷第四十七王子淵《聖主得賢臣頌》：「昔周公躬吐握之勞。」日本古寫集注殘卷：「李善曰：《韓詩外傳》云：成王封伯禽于魯，周公誡之曰：無以魯國驕士，吾一沐三捉髮，一飯三吐哺，猶恐失天下之士也。吕延濟曰：周公一食三吐飡，一沐三握髮，以禮賢士。」握，捉。今案五家本「捉」爲「握」。是李善所見《外傳》「握」當爲「捉」，韓、王相去未遠，文正相應，疑故書正自如此。《説文》：「握，搤持也。捉，搤也；一曰握也。搤，捉也。」捉之爲握，《説文》以爲一義，則非漢之通語，五臣改王頌作「握」，從習見耳。「吐」李引作「咄」，《説文》：「咄，相謂也。」非其義，或是形誤，然前後「吐」字并不誤，又疑韓生故書本作此字；亦可韓生之言「吐」謂之咄，所未詳也。《説苑·敬慎》稱周公戒伯禽曰：「然嘗一沐而三握髮，一食而三吐哺。」《群書治要》卷第四十三引《説苑·法誡》作「三捉髮」，明子政故書字亦作「捉」。

夫天道虧盈而益謙，地道變盈而流謙，鬼神害盈而福謙，人道惡盈而好謙。《説苑·敬慎篇》「盈」皆爲「滿」。

季海按：《詩外傳》諸「盈」字亦當本作「滿」，爲漢諱耳。後人回改，遂與《説苑》參差。然下章引《傳》云「顏色充滿」，《荀子·子道篇》即作「充盈」，尚未及回改可證。《詩外傳》卷第八亦有此四句，以爲孔子之言，字亦並作「盈」。《淮南·道應訓》記孔子宥卮事有曰「其盈則覆」，「善哉持盈者乎」。及子貢曰「請問持盈」，字并作「盈」。

第三十二章

江于濆。「濆」讀曰「岷」，荀云「江出于嶓山」，「嶓」與「岷」同也；趙校語：《説苑》作「江水出于岷山」，「岷」亦作「汶」，此作「濆」，或亦音近借用。

季海按：覆元、影沈「濆」作「汶」。

子路趨而改服而入，蓋攝如也。「攝如」，本或作「揖」，非。荀云「猶若」。趙校語：毛本、通津本

「攝」作「揖」。《荀子》作「蓋猶若也」,《説苑》作「蓋自如也」,《家語》作「蓋自若也」。《詩外傳》卷第八「齊景公使人於楚」章「於是楚王蓋悒如也」,悒如即揖如,駁文耳。卷第七「齊宣王謂田過」章:「宣王悒然無以應之。」「悒如」即「悒然」,殆齊語。《説苑》作「邑邑」,似未是。

季海按:覆元本、影沈本并作「蓋揖如也」。今謂元本及通津、沈、毛諸本并是也。上章《詩外傳》:「抑而損之。」《淮南·道應訓》「抑」作「揖」。然則揖、挹正抑損之義,觀此文韓言「揖如」,疑上章韓亦本作揖而損之,《荀子》、《説苑》作「挹」,與《淮南》文同,後人習見「抑損」,改故書耳。

行之要也。此「要」諸書作「至」,下文云「行至則仁」。

季海按:影沈本作「要」,覆元本作「至」。覆元本「行至則仁」作「行要則仁」。

第三十三章

君子行不貴苟難。

季海按:覆元本與上「聖敬日躋」連爲一條。

不競不絿,不剛不柔。趙本有「言當之爲貴也」六字。

季海按:影沈本同,覆元本作「求」,「柔」下有「言」字,此下有闕文,與下伯夷章連爲一條。趙校近是。然卷第五再引此詩,覆元本并作「不絿」。

第三十四章

如朝衣朝冠。

季海按：覆元、影沈「如」作「若」。

第三十五章

萬物群來。

季海按：覆元本「萬」上有「通移」字，蓋涉下而衍。

雖幽閑僻陋之國。

季海按：「閑」，覆元、影沈作「間」，覆元本「雖」作「無」。

第三十六章

謀臣之事也。

季海按：覆元本作「謀□□之事也」。

猶有工拙焉。

季海按：覆元本「工」作「功」，「焉」上有「幸」字。《荀子・議兵篇》作「猶巧拙有幸焉」。是「焉」上當有「幸」字，明人不得其解，遂去「幸」字，著「有」字于上耳。「巧」謂之「功」，自是韓生字例。

第三十八章

惡饑寒焉。

季海按：「饑」，覆元、影沈本作「飢」。下「饑渴」字放此。

害不除不可教御也。趙本作「未可」。

季海按：覆元、影沈并作「未可」。

韓詩外傳卷第四

第一章

見過即諫。「即」，《新序・節士》作「則」，下同。又：不用即死。

季海按：此書「則」例作「即」。

昊天大憮。

季海按：《新序·節士》「大」作「太」。

第二章

天殃必降。

季海按：「殃」，《新序》作「禍」。

昊天大憮。

季海按：影沈本「大」作「太」，覆元本仍作「大」。

予慎無辜。句下序又云：「無辜而死，不亦哀乎。」

季海按：鐵華館校宋本《新序》「乎」作「哉」。

第三章

以是諫非而怨之。「是」字據《荀子》補，「怨」荀作「怒」，趙本作「以是諫非而死之」，校語：本作「以諫非君而怨之」，訛，據《御覽》四百十八引改正。

季海按：影沈本作：「以諫非君而怨之。」覆元本無「君」字，今謂元本但脱「是」字耳。沈本不知有脱文，臆補「君」字謬。「怨」當從《荀子》作「怒」，怒之謂使君怒，故不如化之輔之（《荀子》作補，義近而優）之爲忠也。改「怒」作「怨」，直謂怨君，文義短淺，恐非韓書之舊，《御覽》作「死」，則又「怨」之訛壞，不足據。

匪其止恭。趙校語：通津本作「共」，下同。

季海按：影沈本同通津本，覆元本作「恭」，下同。然下「哀公問」章此本及影沈本并云：「《詩》曰：匪其止共，惟王之邛。」言其不恭其職事而病其主也。是韓以恭爲恭職，邛爲病也。《詩考》「巧言」引《外傳》作「匪其止恭」。

第四章

佞，諂也。《荀子·哀公》云：「詌，亂也。」劉云：拑者太給利，不可盡用也。

季海按：韓書凡「諂」謂之道，此文爲後人所亂。

故弓調然後求勁焉，馬服然後求良焉，士信慤而後求知焉。趙校語：三書「知」下皆有「能」字，下同。

季海按：《荀子·哀公篇》首二句「然後」字并作「而後」，大抵先秦曰「而後」，漢人語作「然後」，韓末句仍作「而後」，蓋駁文。

第五章

歡忻樂説。管云：欣然喜樂。

季海按：影沈本作「歡忻愛説」，覆元本作「觀忻衆説」。

君東面而指。趙校語：通津本「東」下有「南」字。

季海按：影沈本與通津本同。覆元本與二本同，但無「而」字。今謂元本「南」即「面」之訛，「面」又「而」之訛，似仍以「東面而指」爲是。

桓公曰：「善。」趙校語：毛本、通津本此下有「詩曰他人有心予忖度之」十字，今案若非衍，則當分兩條。

季海按：覆元、影沈本并有文。似當分作二章。

夫知者之于人也，未嘗求知而後能之也。趙本作「能知」。

季海按：影沈本「能之」作「能知」，與趙本合。覆元本作「能之」，與此文合。今謂元本是也。〔按下文疑有脱誤〕

韓詩外傳卷第六

第二十二章

殖盡于己，而區略于人，故可盡身而事也。

季海按：《説文解字·叙》：「其于所不知，蓋闕如也。」段注：「此用《論語·子路》篇語，蓋、闕疊韻字，《漢書·儒林傳》曰：疑者丘蓋不言。蘇林曰：丘蓋者，不言所不知之意也。如淳曰：齊俗以不言所不知爲丘蓋。丘蓋荀卿書作區蓋，丘、區、闕三字雙聲。」段説是也。是丘區有闕略之意，「區略于人」言不求備于人也。

別田而養之。

季海按：影沈本同，覆元本「養」作「事」。尋《詩外傳·卷第九》録《荀子·子道篇》「以養其親」，「養」作「事」。然則依韓生字例此自當作「事」，元本是也。

第二十三章

事彊暴之國難。

季海按：覆元、影沈「彊」作「强」，下放此。

約契盟誓。

季海按：影沈本同，覆元本「盟」作「明」。

則約定而反無日。「反」荀作「畔」。

季海按：荀謂之「畔」者，韓謂之「反」。

割國之疆垂以賂之。趙本「疆垂」作「强乘」；疆垂猶言邊隅也，「垂」與「陲」通，本皆訛爲「疆乘」，今從楊倞注荀校正，「疆垂」荀作「錙銖」。

季海按：覆元、影沈并同趙本，周校從《富國》楊注引《外傳》作「疆垂」是也。

其侵之愈甚。

季海按：影沈本同，覆元本「之」作「人」，尋《荀子·富國》作「人」，元本是也。

未有能以此道免者也。

季海按：影沈本同，覆元本「以」作「于」。《荀子》作「未有能以此道得免焉者也」。

持以巧敏拜請畏事之。趙校語：「持」當作「特」。

季海按：影沈本同，覆元本「持」作「特」。《荀子》作：「直將巧繁拜請而畏事之。」荀謂之「直」者，韓謂之「特」，趙校是也。

法則度量正乎官。

季海按：影沈本同，覆元本無「正乎官」三字。

故近者競親。

季海按：影沈本同，覆元本「競」作「竸」。

而遠者願至。

季海按：影沈本同，覆元本作「至願」，尋《荀子》作「遠方致願」，元本是也。

仁行義立。趙校本「行」作「形」。

季海按：覆元、影沈「行」并作「形」，趙本是也。

第二十四章

彎弓而射之。「彎」，《新序・雜事》作「彀」。

季海按：韓書疑本同《新序》。此「彎」字後人所改。

没金飲羽。「没金」，《序》作「滅矢」。

季海按：韓「滅」謂之「没」。

下視知其爲石……石爲之開。

季海按：影沈本同，覆元本無「爲石」二字，此處有脱文，趙以《新序》補之，未必全合，沈本作「爲石」，臆補無據。

夫倡而不和。

季海按：影沈本同，覆元本「而不」作「不知」。

先王之所以拱揖指麾。

季海按：影沈本同，覆元本無「以」字。

而四海來賓者。

季海按：影沈本同，覆元本無「來」字，《新序・雜事》云：「而四海賓者。」元本是也。

誠德之至也，色以形于〔於〕外也。趙校語：《新序》作「誠德之至，已形於外」也，此似有衍文。

季海按：覆元、影沈「於」作「于」，今謂趙説近是，此文當是先衍「也」字；《外傳》「已」本作「以」，後旁注「已」字，寫書者或并入正文作「已以」云云。校者嫌「已以」文不成義，遂又謂「已」是「色」之形誤耳。

第二十五章

圍末匝。「匝」《序》作「合」。

季海按：韓「合」謂之「匝」，《道應訓》作「合」。下文云：「然後攻之。」《新序四・雜事》作：「趙襄子率師伐之。」《淮南・道應訓》作「襄子起兵攻圍之」。

而城自壞者十丈。「丈」《序》作「堵」；趙校語：《新序》四作「十堵」。

季海按：劉向所録此文尚依先秦故書作「十堵」，韓改之者，知漢世已無此言矣。《道應訓》作「十丈」。

襄子擊金而退之。

季海按：《新序》作「而退士」，當仍故書之舊。《道應訓》作「退之」。注：「軍法，鼓以進衆，鉦以退之。」

君曷爲而退之。

季海按：《新序四・雜事》：「退」作「去」，無「而」字。《道應訓》作：「何故去之。」

吾聞之于叔向。

季海按：《道應訓》無「于」字。

君子不乘人于危。「危」《序》作「利」，非；趙本作「利」。

季海按：覆元、影沈「危」并作「利」，與《新序》合，趙本是也。《道應訓》亦作「利」。

不厄人于險。厄《序》作「迫」。

季海按：《道應訓》作「迫」。

使其城。趙校語：《新序》作「使之城」，《御覽》下有成字，今不從。又：然後攻之。

季海按：《道應訓》作：「使之治城，城治而後攻之。」疑韓本作「使其治城，城治然後攻之」，《御覽》「成」字即「城」之壞字，但上下脱「治」字耳，故書當作「而後」，韓改作「然後」耳。

中牟聞其義而請降。

季海按：《道應訓》「而」作「乃」。

第二十六章

罰不加而威行。

季海按：影宋本同，覆元本「罰」作「伐」。

闇然如雷擊之。「闇」荀作「黭」，「然」字從荀校補；趙本作「闐如雷擊之」，校語：「闐」舊作「闇」，訛，案《荀子》作「黭然」，與「填然」同，是「闇」當作「闐」，音義同填。

季海按：《荀子·彊國篇》作「黭然而雷擊之」，不作「顛」，顛、闐字音義相近，趙校非是。荀此句與下「如牆壓之」爲對文，則「而」亦「如」也，韓作「如雷」是也，周從荀校補「然」字是也。《荀子》今書作「如」，韓多有作「而」者，然疑荀子故書本亦作「而」，此文「而」、「如」相對者，下「而」字後人讀作「如」耳。《説文》：「黭，果實黭黯，黑也。」「黯，深黑也。」覆元本無「然」字。

怠則傲上。「怠」荀作「嬴」，「傲」作「敖」，傲、敖古通。

季海按：《荀子》楊注：「稍嬴緩之則傲慢，嬴音盈。」今謂楊讀是也。《説文》：「緥，緩也，从系盈聲，讀與聽同，他丁切。」「綎，緥或从呈。」又：「紿，絲勞即紿。」嬴之爲怠，猶緥之于紿，語轉義亦相受也。

遠聞則散。「遠聞」荀作「得閒」。趙校語：荀作「得閒則散」，此似訛。

季海按：覆元、影沈并同。「聞」當從《荀子》作「閒」，「遠」如「遠之則怨」之遠。

百姓讙譁。「譁」荀作「敖」。

季海按：荀作「敖」，楊注：「讙，喧嘩也。敖，喧噪也，亦讀爲嗷，謂叫呼之聲嗷嗷然也。」尋《説文》：「囂，呼也，从㗊莧聲，讀若讙。」「囂，聲也，氣出頭上，从㗊從頁，頁首也，䚩，囂或省。」「讙敖」，其本字正當作「囂囂」。又《説文》：「讙、譁也；譁，讙也。」與韓生語合。

第二十七章

晉平公游于河而樂。

季海按：《文選·盧子諒答魏子悌詩》注引此文，「游」作「遊」，「樂」作「嘆」。《陶徵士誄》注引并同今本。《胡氏考異》云：「袁本無此注，茶陵本有。」案疑茶陵復出，尤所見與之同耳。今謂故書疑當作「嘆」，《誄》注恐是宋人加之，非李善之舊，元、明本并同今本。

船人盍胥。《新序》作「固桑」，《説苑》作「古乘」，趙校語：《文選》注凡四引，皆作「蓋胥」，《説苑》作「舟人古乘」，《新序·雜事》一作「固桑」，《漢書·古今人表》同。

季海按：《文選·鸚鵡賦》注作「蓋乘」，《答魏子悌詩》注作「船人孟胥」，《論盛孝章書》注作「蓋胥」，《與楊德祖書》注同，《陶徵士誄》注作「舡人蓋胥」，覆元本正作「舡人」。《王命論》注作「蓋賁」，是注凡六引，其一或後加。上字惟盧詩注誤作「孟」，其當作「蓋」甚明。下字則作「胥」者四見，其「乘」、「賁」各一見，其作「乘」者與《説苑》合，《新序》作「桑」，亦是「乘」字之誤，《外傳》之文或本作「乘」，未可知也。

夫珠出于江海，玉出于昆山。

季海按：《新序》卷第一《雜事》作「珠産江漢，玉産昆山」，是韓謂之「出」，劉謂之「産」。覆元本「玉出」下無「于」字。

猶主君之好也。「猶」、「由」通；趙本作「由」，校語：「由」本或作「猶」，古通用。

季海按：覆元、影沈并作「猶」。

無患乎無士也。

季海按：《文選·答魏子悌詩》注作「何患無士乎」，《陶徵士誄》注亦作「何患無士乎」。

朝食不足，夕收市賦；暮食不足，朝收市賦。「賦」，《序》作「租」，《説苑》作「征」。

季海按：《新序》「夕」亦作「暮」，「賦」謂之「租」，亦古今語耳。

是用不集。趙本作「就」。

季海按：影沈本作「集」，覆元本作「就」，與《詩考·小旻》引《外傳》合。

吾可謂不好士乎。

季海按：《文選·答魏子悌詩》注作「何謂不好士乎」。

夫鴻鵠一舉千里，所恃者六翮耳。

季海按：本章「耳」字再見，此文乃作「爾」，元本同。《文選·鸚鵡賦》注引「爾」作「耳」。《答魏子悌詩》注、《古詩十九首》注同，惟《與楊德祖書》注引無「夫」字，「耳」作「爾」。《王命論》注并作「耳」。《古詩十九首》注引「鵠」作「鶴」。

韓詩外傳卷第七

第一章

吾聞儒者親喪三年。按《説苑·修文》「吾聞儒者喪親三年，喪君三年」，則「親」字當在「喪」下，疑此文倒兼脱下句。

季海按：影沈本同，覆元本作「喪親三年」，與《説苑》合，元本是也。趙校語引《説苑》略同。

曷爲士去親而君。

季海按：《説苑·修文》作「然則何爲去親而事君」，「何爲」謂之「曷爲」，蓋齊語。

宣王悒然無以應之。《説苑》「悒然」作「邑邑」。

季海按：「無以應之」劉作「而無以應」。「悒然」是，互見卷三。

第二章

大王鼓瑟未嘗若今日之悲也。王曰：「調。」使者曰：「調則可記其柱。」

季海按：是古者鼓瑟上悲聲也。

請借此以喻。

季海按：影沈本同，覆元本「借」作「措」。

第三章

客謂匱生曰。趙校語：匱生即蒯通也，匱音近蒯，事見《漢書·通傳》。

季海按：據此韓生之言，讀溪如群也。《外傳》卷第八：「齊崔杼弑莊公。荆蒯芮使晉而反。」《説苑·立節》作「刑蒯聵」。「蒯」不作「匱」。

恨而告於里母。

季海按：覆元、影沈「於」作「于」。

即束藴請火去婦之家。「藴」《傳》作「緼」。緼，亂麻也。藴聚草以爇火也。義得兩通。「去婦之家」作「亡肉家」。趙校語：「藴」，《漢書》作「緼」，亂麻也，下同。

季海按：《説文》：「緼，紼也。紼，亂枲也。」此言「束緼」，則謂亂麻也，「藴」借爲「緼」，非兩通也。

姑乃直使人追去婦還之。

季海按：影沈本同，覆元本「追」作「逐」。

我心則降。

季海按：影沈本同，覆元本「則」作「即」。

第四章

可謂子矣。

季海按：影沈本同，覆元本「矣」作「乎」。

有之有之。趙本「有」作「右」。

季海按：覆元、影沈并作「右」。

第五章

傳曰：「鳥之美羽句啄者，鳥畏之。」「啄」疑當作「喙」。趙本作「喙」。

季海按：「啄」疑當爲「噣」。

第六章

即三經之席。「即」《説苑·經言》亦作「席」。

季海按：影沈本同，覆元本「即」作「席」，與《説苑》合。「經言」當作「雜言」。

弟子有饑色。

季海按：覆元本、影沈本「饑」作「飢」。

爲善者，天報之以福。爲不善者，天報之以賊。「賊」當從荀、劉作「禍」，趙本作「天報之以禍」。

校語：一作「賊」，非。

季海按：覆元、影沈并作「賊」，「福」與「賊」韻，周、趙校非也。

何爲餓于首陽之山。

季海按：影沈本同，覆元本作「首山之陽」，尋《淮南・繆稱訓》「故伯夷餓死首山之下」，元本是也。無錫許同莘《溯伊嵩洛游記》云：偃師「縣西北十里有首陽山，高峰摩雲，土人指山巔古廟曰：『夷齊餓死處。』《水經注》『山有夷齊廟，廟前二碑，并後漢所立』，則漢時已有此説，余謂山距洛邑百里而近，夷齊不義新朝，宜入山唯恐不深，豈有通隱郊畿，俯視冠蓋日夜往來，而猶能自全高節者？酈氏又云帝堯修壇河洛，率舜等升于首山，即此。然則古名首山，不名首陽也。夷齊所隱當在今山西永濟縣雷首山，山有夷齊廟，亦見酈注，斯爲得之」。《詩》：「采苓采苓，首陽之顛。」此首陽在晉境之證。

傅説負土而版築。

季海按：影沈本同，覆元本「版」作「伏」。

伊尹故有莘氏僮也。

季海按：《説文》：「童，男有罪曰奴，奴曰童，女曰妾，从辛，重省聲。」又：「辛，罪人在屋下執事者，从宀从辛，辛，罪也。」伊尹得意而尊宰舍，是尹故起于罪人之中也。

吕望行年五十，賣食棘津。

季海按：《説苑・尊賢》：「鄒子説梁王曰：太公望故老婦之出夫也，朝歌之屠佐也，棘津迎客之舍人也。」

人莫見之故不芬。荀云：「非以無人而不芳。」趙本作「不以人莫見之故不芬」，校語：「不以」二字舊本脱，案文義補。《荀子・宥坐篇》作：「非以無人而不芳。」《家語・在厄篇》作：「非爲無人而不香。」

季海按：影沈本同，《説苑・雜言》作：「非爲無人而不香。」覆元本「人」上有「不爲」二字是也。《荀子》言「非以」，韓生言「不爲」，字例不同。

爲窮而不憂，困而志不衰。《荀子》「憂」在「困」下，疑倒；趙校語：毛本「憂」與「困」互易。

季海按：覆元、影沈「困」在「憂」上。

不慧乎哉。「不慧」劉作「無惠」。

季海按：影沈本同，覆元本「慧」作「惠」，與《説苑》合，元本是也。

故君子務學修身端行而須其時者也。「務」劉作「疾」。

季海按：「務」劉作「疾」者，以訓故字代之也。

鶴鳴于九皋。

季海按：影沈本同，覆元本無「于」字，覆元本「皋」作「臯」。

第七章

至而不可加者年也。

季海按：影沈本同，覆元本「加」作「用」。

木欲直而時不待也。

季海按：影沈本同，覆元本「而時」作「時而」，「待」作「使」。

不如鷄豚之逮親存也。

季海按：覆元、影沈無「之」字，「親存」作「存親」。

堂高九仞。趙本作「尺」。

季海按：覆元、影沈并作「仞」。

第八章

墨筆操牘。趙校語：「墨」，《御覽》六百三引作「秉」。

季海按：覆元、影沈本同，《新序》卷第一《雜事》同，《御覽》作「秉」，後人臆改。

衆人諾諾。《序》作「唯唯」。趙本作「衆人之諾諾」，校語：「之」字舊無，案當有。

季海按：影沈本同，覆元本「喏喏」作「唯諾」，疑故書本同，《新序》作「唯唯」，後人改下「唯」字作「諾」以趁諾，明本又并改上「唯」字耳。

不若一士之諤諤。

季海按：影沈本同，覆元本「一」作「直」，故書當如元本。

昔者商紂默默而亡。「默默」，《序》作「昏昏」。

季海按：覆元、影沈本同，劉「默默」謂之「昏昏」。

第九章

傳曰：齊景公問晏子：「爲人何患？」趙校語：案《韓非・外儲説右上》、《説苑・政理篇》皆作「桓公問管仲」，惟《晏子・問上篇》與此同，「爲人」作「治國」。

季海按：是嬰之書采《晏子》而不采《韓非》也。其證一。

出則賣君以要利。

季海按：影沈本同，覆元本「要」作「効」，上「趙簡子」章云：「歲有効也。」（《新序》作「月有効也」）其言効略同，元本是也。

君又并覆而育之。

季海按：影沈本同，覆元本「育」作「有」，是也。明人臆改。《説苑・政理》：「誅之則爲人主所察據腹而有之。」劉文典《斠補》：「許駿齋云：察，當作案，形近而誤也。」《群書治要》、王楙《野客叢書》卷四引字并作「案」，《晏子春秋·問上篇》作：「誅之則爲人主所案據腹而有之。」《韓非子·外儲説右上篇》作：「誅之則君不安據而有之。」「不」當爲「又」，「安」與「案」同，「腹」與「覆」通，「有」爲「宥」字之省。《史記·白起傳》：「趙軍長平以案據上黨民。」此「案據」連文之證也。《廣雅·釋言》：「覆，反也。」言誅之則爲人主所堅持不從，或平反其獄，而宥赦其罪也。今謂字當作「有」，「有」實借爲「右」。《説文》：「有，不宜有也。《春秋傳》曰：日月有食之。从月又聲。」非其義。「右：手口相助也，从又从口。」此「有」正謂助之。許説非。

人有市酒而甚美者。韓云：宋之酤酒者莊氏。

季海按：《説苑·政理》：「人有酤酒者。」《説文》：「酤，一宿酒也；一曰買酒也，从酉古聲。」是韓「酤」謂之「市」。

然至酒酸而不售。

季海按：《説苑·政理》作「而酒酸不售」，「而」、「然」古今語。

問里人其故。

季海按：《説苑·政理》作「問之里人其故」。

狗輒迎而嚙之。韓云：迎而齕之。《説苑》「嚙」作「噬」。

季海按：覆元、影沈「輒」作「輙」。《説文》：「嚙，噬也。齕，嚙也。」

是以酒酸不售也。

季海按：《説苑·政理》作「此酒所以酸不售之故也」。

士欲白萬乘之主。

季海按：劉云「有道術之士欲明萬乘之主」，是劉謂白猶明也。

用事者爲惡狗。

季海按：影沈本同，覆元本無「爲」字。

第十章

在君之行。

季海按：影沈本同，覆元本「之行」作「行之」。

居不期年。

季海按：影沈本同，覆元本「期」作「朞」。

第十一章

有臣曰洪演者。「洪」，趙本作「宏」，下同。

季海按：影沈本作「弘演」，覆元本作「弘夤」，下放此。

第十二章

孫叔敖遇狐丘丈人。《荀子・堯問》云「繒邱封人」，《説苑・敬慎》但作「老父」，而不著地名。季海按：《淮南・道應訓》作：「狐丘丈人謂孫叔敖曰：人有三怨，子知之乎？」《列子・説符》作「怨」，用《淮南》之文耳。

夫爵高者人妒之。又：禄厚者怨歸之。

季海按：《道應》無「夫」，「人」作「士」，「歸」作「處」。

吾爵益高，吾志益下；吾官益大，吾心益小；吾禄益厚，吾施益博。

季海按：此文與《道應》同。《説苑・敬慎》：「位已高，而意益下；官益大，而心益小；禄已厚，而慎不敢取。」（《渚宫舊事》引《説苑》，「已高」作「益高」，「禄已」作「禄益」，無「慎」字）劉「志」謂之「意」。

可以免于患乎？

季海按：《道應》作：「是以免三怨，可乎？」

第十三章

昔者越王句踐與吴戰，大敗之，兼有南夷。「南」劉作「九」。

季海按：疑故書本作「九夷」，韓生改作「南夷」耳。

昔者晉文公與楚戰，大勝之，燒其草，火三日不息。草，穀也。劉作「軍」，非。城濮之役言「師三日館穀」，此蓋所傳聞異也。

季海按：草，澤也。周未得其解。《説苑·君道》當本作「草」，今作「軍」者，形之誤。

如臨深淵。此句《小旻》詩文，蓋傳者錯引入《小宛》也。趙校語：林本無此句。

季海按：影沈無此句，覆元本有此句，在「戰戰兢兢」之下，「如履薄冰」之上。

此言文王居人上也。「文」本一作「太」，疑當爲明。趙本作「此言大王居人上也」。

季海按：覆元、影沈與趙本同。

第十四章

後扢冠纓而絶之。「扢」劉作「援」。

季海按：《説文》：「搹，把也。扼，搹或從戹。援，引也。」

有人常爲應行。「應」當爲「前」。劉云：在前也。

季海按：「應」讀如「戎狄是膺」之膺，正謂最在前行，首當其衝也。「胷」謂之「膺」，亦以當前得名。

五合戰五陷陣。

季海按：影沈本「五合戰」作「合戰者」；覆元本與此本同。

當時宜肝膽塗地。

季海按：影沈本同，覆元本「宜」作「立」。

第十六章

紂殺王子比干，箕子被髮佯狂。

季海按：《大戴·保傅》「箕子」上有「而」字，下鄧元、鄒衍句上亦然，「佯」作「陽」。

自此之後。

季海按：影沈本同，覆元本「之」作「以」。《大戴·保傅》作：「自是之後。」

鄒衍、樂毅是以魏、趙興兵而攻齊，棲閔王於莒。《説苑·尊賢》云：「燕昭王得郭隗而鄒衍、樂毅以齊、趙至，蘇子、屈景以周、楚至，于是舉兵而攻齊，棲閔王於莒。」據此則「是」當作「至」，「棲」下脱「閔王」二字，今從劉校補。《説苑》惟齊趙之「齊」字誤，當作「魏」。趙本作：「燕昭王得郭隗，而鄒衍、樂毅以魏齊至之，于是興兵而攻齊，棲閔王於莒。」校語：舊本無「而」字，作「鄒衍、樂毅是以魏趙」，訛誤不可讀，據盧辯注《大戴·保傅篇》引改正，《大戴》及《賈子·胎教篇》皆作「自齊魏至」。上并有「而」字，「于是」及「閔王」，舊本皆脱，據兩書補。

季海按：影沈本無「閔王」字，餘同此本，覆元本「魏趙」下有「至」字，是也。又「棲」下有「閔」字，是元本但脱「王」字耳。《大戴·保傅》作：「而鄒衍、樂毅以齊至。」盧注「《韓詩外傳》云：魏齊至之」，是《説苑》作「趙」者，《外傳》作「魏」也。今作「魏趙」，與盧注、《説苑》并不合，疑誤。

然所以信燕至于此者。趙校語：「燕」兩書作「意」。

季海按：影沈本同，覆元本「燕」作「竟」，「意」、「竟」形近而誤，明本徑作「燕」，臆改無據。《大戴·保傅》作：「然如所以能申意至于此者。」

明鏡者，所以照形也。

季海按：《大戴·保傅》「照」作「察」。疑唐人避則天諱改之。覆元本脱「以」字。

往古者所以知今也。

季海按：影沈本同，覆元本「往」作「修」。

而不務襲蹈其所以安存。

季海按：影沈本同，覆元本「蹈」作「跡」，無「其」字，《説苑·尊賢篇》「蹈」作「跡」。「其」上有「于」字，「存」作「昌」。

則未有以異乎卻走而求逮前人也。

季海按：《説苑》無「以」字。

而況當世之存者乎。

季海按：影沈本「況」作「况」，餘同。覆元本「之」作「而」，元本是也。《説苑》作：「況當世而生存者乎。」

昊天太憮。

季海按：影沈本同，覆元本「昊」誤「是」，「太」作「大」。

第十七章

盡一日而走五百里。「盡」《序》作「蓋」。

季海按：《新序·雜事》：「一旦再見。」此文「一日」正作「一旦」。

使之瞻見指注。「瞻」《序》作「遥」，「注」作「屬」，屬、注古通。

季海按：《新序》「注」作「屬」，疑本故書。

若攝纓而縱紲之。「攝纓」《序》作「躡跡」，「紲」作「緤」。

季海按：此亦韓、劉異本。

《詩》曰：「將安將樂，棄予如遺。」

季海按：覆元、影沈「如遺」作「作遺」。《新序》作：「棄我如遺。」

第十八章

後宮婦人以相提擲。劉云：摭以相擿。

季海按：影沈本同，覆元本「後」作「后」。

是君之三過也。

季海按：影沈本同，覆元本「三過」作「過三」。

第十九章

順陰陽之序。

季海按：影沈本同，覆元本「序」作「行」。

使陰勝陽。趙本「勝」作「乘」。

季海按：覆元、影沈并作「乘」，趙本是也。

第二十章

魏文侯之時，子質仕而獲罪焉，去而北游。「子質」《韓非子》作「陽虎」，《外儲説》云：「陽虎去齊走趙。」《説苑·復恩》云：「陽虎得罪于衛，北見趙簡子。」以《左氏春秋》證之，陽虎囚于齊而逃，奔宋，遂奔晉，適趙氏，則韓説爲近也。趙校語：「《説苑·復恩篇》作：陽虎得罪于衛。」此云「魏文侯之時」，亦不與簡主同時，疑皆誤。

季海按：即此亦足徵韓生不見《外儲説》也，其證二。

第二十一章

不爲安肆志，不爲危激行。

季海按：影沈本同，覆元本「激」作「敫」。尋《説文》「敫，侮也，从攴从易，易亦聲」，即此字，元本是也。

昔者衛大夫史魚。趙校語：舊本提行起，非是，今改連上文。

季海按：覆元、影沈并提行。

子以父言聞，君造然。

季海按：《大戴・保傅》作：「其子以父言聞，靈公造然失容。」盧注：「造焉驚慘之貌。」

第二十二章

請問爲人下之道柰何。

季海按：影沈本「柰」作「奈」，餘同。覆元本無「下」字，「柰」作「奈」。

夫土者，掘之得甘泉焉。「掘」《荀子・堯問》作「扣」。

季海按：《説文》「掘，搰也。搰，掘也」，户骨切。扣同搰耳。

第二十三章

且《詩》不云乎：「高山仰止，景行行止。」吾豈自比君子哉？志慕之而已矣。「慕」劉作「向」。

季海按：《說苑·雜言》作「向」者，即「心向往之」之「向」，疑《外傳》本亦作「向」，流俗不察，改作慕耳。

第二十四章

孔子曰：「産薦也。」又：然則薦賢賢于賢。

季海按：《説苑·臣道篇》：「進管仲，進子産。」有所進并作進，然則韓謂之「進」者劉謂之「薦」也。然下「孔子游于景山」章《外傳》亦云「進賢使能」。

第二十五章

孔子游于景山之上。趙校語：又見卷九中，「景山」作「戎山」，《説苑·指武篇》、《家語·致思篇》俱作「農山」。

季海按：戎、農語轉，「景」字疑誤。覆元本連上「又何加焉」爲一章。陸德明《毛詩音義·齊·鷄鳴第八》：「峱，乃刀反，山名。」《説文》云：「峱山在齊。」崔集注本作「巎」。今謂此必齊人所傳，戎山、農山即謂齊之猛山。

小子願者，何言其願。趙校語：「言」字本多在「小子願」下，今從毛本。

季海按：影沈本同，覆元本「言」在「小子願」下，「其」作「期」。

於是君綏於上。

季海按：影沈本此「於」作「于」，下句「於下」仍作「於」。覆元本作「於上」。

見晛聿消。

季海按：覆元、影沈「聿」并作「曰」，覆元「晛」作「晛」。

第二十六章

丘鼓瑟。

季海按：影沈本同，覆元本「丘」誤作「立」。

狸見于屋。

季海按：影沈本同，覆元本「于」作「屬」。元本是也。

造焉而避。

季海按：影沈本同，「而避」覆元本作「便弊」，今本出明人所改。《説文》：「蹁，足不正也。一曰拖後足馬。」「蹩，蹀也。一曰跛也。」「便弊」借爲「蹁蹩」。

求而不得。

季海按：影沈本同，覆元本此上有「逆色」二字，與「厭目曲脊」一例，二字當有。「求」覆元本作「獲」。

參以丘爲貪狼邪僻。

季海按：覆元、影沈并作「貪狼」，此上亦作「貪狼」。

第二十七章

必懷慈仁之愛。趙本「仁」作「人」。

季海按：覆元、影沈并作「仁」。

撫循飲食。

季海按：影沈本同，覆元本「撫」作「拊」。與引詩「拊」、「畜」字同。《説文》：「拊，揗也。揗，摩也。撫，安也；一曰循也。」

十九見志。

季海按：影沈本同，覆元本「志」作「正」。

韓詩外傳卷第八

第二章

人之所以好富貴安榮。

季海按：影沈本同，覆元本脱「好」字。

第三章

商人欲見于君者。

季海按：影沈本同，覆元本「欲」作「得」，「商」作「啇」。

入於澗中。

季海按：覆元、影沈「於」作「于」。

甘貧苦于下。

季海按：影沈本同，覆元本「甘貧苦」作「習俗」，故書當爾，今本明人所改，以與上句「惡富貴于上」爲對文耳。

我知其富貴于屠羊之利矣。

季海按：影沈本「羊」訛作「年」，覆元本作「羊」。

而懷寶絕跡，以病其國。

季海按：影沈本同，覆元本「而」作「是」，「病」作「面」。

輔相宣王。

季海按：影沈本同，覆元本作「可謂救世矣」。

第四章

乃結轡自刎於車上。

季海按：覆元、影沈「於」作「于」。

第五章

《詩》曰：「柔亦不茹，剛亦不吐。」

季海按：覆元、影沈并無「剛亦不吐」句。

第六章

獲乎莊公。

季海按：此謂見獲于莊公。

反爲大夫于宋。

季海按：《四部叢刊》影宋余仁仲本《公羊傳》「于」作「於」。然下文《外傳》作「遇之於門」。余本《公羊傳》「於」作「于」。

惟魯侯耳。

季海按：《公羊傳》「惟」作「唯」，「耳」作「爾」。

顧曰：「爾虜焉知魯侯之美惡乎？」

季海按：影沈本同，覆元本自「顧」至「魯」作□□□□□□，比沈本少一字。

搏閔公絶脰。《新序·義勇》云「絶吭」。

季海按：韓「吭」謂之「脰」。《公羊傳》作「絶其脰」，何注：「脰，頸也，齊人語。」

趨而至，遇之於門，手劍而叱之。

季海按：影沈本「於」作「于」，「劍」作「劒」。覆元本無「至」、「於」二字，「門」下有「中」字，「叱」作「挑」。

第八章

惟思其像。《説苑·辯物》云：維思影像。

季海按：覆元、影沈并作「惟」。《説文》：「惟，凡思也。」《詩考·維天之命》：「維，念也。」（《釋文》）「惟，念也。」（薛君章句《文選》注）

夙寐晨興。

季海按：影沈本「寐」作「寐〔寐〕」，覆元本作「夜」。

致齋於宫。

季海按：覆元、影沈「於」作「于」，下「降於東階」二本亦作「于」。

凰乃止帝東囿。「囿」本皆訛爲「國」，今從《説苑》校正。趙本作「東（望三益齋本訛作「車」，今正）園」，校語：《説苑》作「囿」。

季海按：影沈本作「東國」，覆元本作「東園」，趙本是也。

第九章

次曰訢。《説苑·奉使》「擊」作「摯」（上文云「魏文侯有子曰擊」）。趙本作「訢」，下同。校語：疑是「訴」，但《文選·四子講德論》注亦引作「訢」，仍之。

季海按：覆元、影沈「訢」并作「訴」，「擊」、「摯」并從手，似《説苑》得之。

君既已賜敝邑。

季海按：影沈、覆元本「敝」作「弊」。

諸侯之朝，則側者皆人臣。

季海按：影沈本同，覆元本「之」作「不」。

忘我實多。趙校語：《文選》注有「此自以忘我者也」，《御覽》同。

季海按：影沈本同，覆元本此下更有「此忘我者」四字，與《文選》及《御覽》同，但有奪字耳。

《詩》曰：「鳳凰于飛。」

季海按：「詩」上覆元本有「中山君稱」四字，則此詩乃擊所稱引，影沈本已脱四字，殊失《嬰傳》之舊。

第十章

所有〔友〕者十有二人。「二」，《説苑·政理》、《家語·辯證》并作「一」。

季海按：覆元、影沈并作「二」。

第十一章

明好惡以正法度。

季海按：影沈本同，覆元本「明」下有「正」字，「正」作「立」。明本疑出臆改。

懲姦絀失。

季海按：覆元、影沈「奸」并作「姦」，與下「禁奸」字同。

第十二章

樸椽不斲者。趙校語：「者」字疑衍。

季海按：影沈本同，覆元本「樸」作「采」，是也。今本作「樸」，明人不曉「采」字所謂，遂妄改耳。

「斲」覆元本作「斵」。

猶以謂爲之者勞，居之者泰。

季海按：覆元、影沈并同，據此知韓「自有以謂」一詞不作「以爲」。

其能專對矣。

季海按：影沈本同，覆元本無「矣」字。

第十三章

傳曰：「予小子使爾繼邵公之後，受命者必以其祖命之。」

季海按：影沈本同，覆元本「予」作「子」，誤。《詩考·江漢》引《外傳》如此。

公曰：「不妄。」

季海按：影沈本同，覆元本「曰」作「問」。

傳曰：「諸侯之有德。」趙本别爲一條，校語：此條舊本連上文，今案當别爲一條。

季海按：覆元、影沈并連上文。

《詩》曰：「釐爾圭瓚。」

季海按：影沈本「釐」作「釐」，餘同，覆元本「圭」作「珪」。《説文》：「圭，瑞玉也；古文圭从玉。」

第十四章

子貢曰：「臣終身戴天，不知天之高也。」此以上《説苑·善説》亦以爲子貢對齊景公之辭，與此略同。「終身踐地，不知地之厚也。」《説苑》無此二句。「若臣之事仲尼，譬猶渴操壺杓，就江海而飲之，腹滿而去，又安知江海之深乎？」此以上《説苑》别以爲子貢答趙簡子之辭，而文亦小異。

季海按：此韓以爲齊景公事者，劉以歸之趙簡子。《外傳》第七「魏文侯之時，子質仕而獲罪焉，去而北游，謂簡主」云云，《説苑・復恩》作「陽虎得罪于衛，北見趙簡子」。《外傳》第六「衛靈公晝寢」章：「子夏曰：來！吾嘗與子從君而西見趙簡子。」曰子貢、子夏之徒著書多稱趙簡子也。《韓詩外傳》稱魏文侯云云，蓋子夏之徒後學者所述。與「衛靈公」章同出一源，而不悟其時之不合也。劉向所録則已加刊正矣。《詩外傳》第九，「魏文侯問于解狐」云云，周校「魏文侯」，《韓子・外儲説》作「簡主」。卷第十《傳》曰：「齊使使獻鴻于楚。」趙校語：《説苑・奉使篇》云「魏文侯使舍人」，所録多取之晉人所記，故多以屬之魏文侯、趙簡子也。《詩外傳》卷第十：「晉平公之時，藏寶之臺燒。」《説苑・反質》所載魏文侯御廩災，與此相類。

譬猶兩手把泰山。趙本「把」作「杷」。

季海按：影沈本作「杷」，覆元本作「把」。

第十五章

此大侵之禮也。趙校語：以上與《穀粱》襄二十四年傳略同。彼「鎌」作「嗛」，「荒」作「康」，「飾」作「塗」，又有「弛侯」二字，下云「廷道不除」，又「補」作「布」，「祠」作「祀」。

季海按：周校語略同，然韓生此言與《穀粱》同取諸古記耶，抑韓取諸《穀粱》也？弟觀「康」、「荒」、

「塗」、「飾」之文則《穀梁》取録，多仍故書。

第十六章

《書》曰：「兹予享于先王。」

季海按：影沈本「享」作「亨」（疑有誤），覆元本「予」作「于」。

第十七章

梁山崩，晉君召大夫伯宗。事在《春秋》成公五年，「宗」《穀梁》作「尊」。

季海按：此事亦見《晉語》，而嬰之所見，與《穀梁》尤近。如下云「伯宗私問之」，「私」《穀梁》作「由忠」，「伯宗其無後」，「後」《穀梁》作「績」，范注「績」或作「續」，謂無繼嗣也，雖言若小異，而文實相應也。韓生與《穀梁》并述孔子之言，則其所從出亦同也。然《詩外傳》言：「道逢輦者以其輦服其道。」與《晉語》五言「遇大車當道而覆」者合，《穀梁》惟言「輦者不避」而已。又韓云「伯宗喜問其居，曰絳人也」，亦《穀梁》所未記。

不知事而行可乎。

季海按：影沈本同，覆元本「事」作「逝」，無「可乎」二字。

伯宗曰：「如之何。」

季海按：《穀梁傳》作「爲之奈何」。下述輦者之言「雖召伯尊如之何」，《外傳》作「將如之何」。

君其率群臣素服而哭。

季海按：「素縞」語疑晚出。《穀梁》云：君親素縞帥群臣而哭之。

詐以自知。

季海按：影沈本同，覆元本「詐以」作「設意」，「設意」亦謂詐耳。然故書當如元本，今作「詐以」，明人臆改。

又曰：「畏天之威。」

季海按：影沈本同，覆元本無「又曰」二字。

第十八章

景公錫之宴。「錫」《序》作「賜」，「宴」作「酒」。趙校語引《新序·雜事一》作「景公賜之酒」。

季海按：韓作「錫」者，劉作「賜」，則以今語代古言也。

願君之倅樽以爲壽。

季海按：《新序》但云「君之樽」，不云「倅」。《説文》無「倅」字，人部新附有之云：「倅，副也，七内切。」

徹去樽。

季海按：《晏子・内篇雜上》第五作「徹鐏更之」。

顧太師曰。

季海按：《晏子》「顧」作「謂」。

盲臣不習。「盲」《序》作「冥」。

季海按：韓謂之「盲」者謂之「冥」。《晏子・内篇雜上》第五作「冥」。覆元本「盲」誤作「肓」。

于是范昭歸報平公。

季海按：《晏子》「報」上有「以」字。

齊未可并也。「并」《序》作「伐」。

季海按：《晏子》作「伐」。

晏子知之。又：太師知之。

季海按：《晏子》二句上并有「而」字，上句「知」作「識」，下句仍作「知」。

晏子不出俎豆之閒。

季海按：《晏子》作「夫不出于尊俎之間」。

《詩》曰：「實右序有周。」

季海按：影沈本同，覆元本脱「詩」字。

第十九章

川谷不流，五穀不植。趙本作「殖」，校語：《續漢書·百官志一》劉昭注「流」作「通」，「殖」作「植」。

季海按：覆元、影沈并同，「流」、「通」文義可通，而字形亦近。疑「流」或「通」之壞字，「殖」諸本作「植」，與劉注合。

言各稱職也。

季海按：影沈本同，覆元本無「也」字。

第二十章

夫賢君之治也。

季海按：影沈本同，覆元本連上爲一條。

衍盈方外。趙校語：「衍盈」二字疑倒。

季海按：覆元、影沈并同。

《小雅》曰：「有渰萋萋，興雲祁祁。」趙本作「有弇凄凄，興雲祁祁」，校語：本皆作「有渰萋萋，興雲祁祁」，今據《詩考》所引改，《御覽》八百七十二引作「有黤凄凄，興雨祁祁」，案作「興雨」是。

季海按：影沈本同，覆元本作「有弇凄凄」，與《詩考》合。蓋宋本如是。《御覽》引作「有黤」，與《荀子・彊國篇》「黭然而雷擊之」字例相應，然卷第六引荀作「闇」字。

以是知太平無飄風暴雨明矣。趙校語：《御覽》「以是知」作「神是以和」，又「明」上有「亦」字。

季海按：疑當從《御覽》引，今本脱「神」字，「以」、「是」字倒，「知」、「和」形訛。

官怠于有成，病加于小愈，禍生于懈惰，孝衰于妻子，察此四者，慎終如始。《説苑・敬慎》以爲曾子語，「有」作「宦」，《鄧子・轉辭》云：「患生于官成。」趙校語：此條皆曾子之言，見《説苑・敬慎篇》，「有成」作「宦成」。鄧云「病始于少瘳」，「始」字疑誤。

季海按：薛據《孔子集語》引《新序》云：「孔子謂曾子曰：君子不以利害義，則耻辱安從生哉！官怠于宦成，病加于少愈，禍生于怠惰，孝衰于妻子，察此四者，慎終如始。」孫星衍《孔子集語》云：「今《新序》缺此文。《鄧析子》云『患生于官成，病始于少瘳，禍生于懈慢，孝衰于妻子，此四者慎終如始也』，與此小異。」（胡玉縉《新序》識語引孫淵如）是《新序》佚文又有此。韓、劉同取之先秦舊書，惟劉「有成」作「宦成」，「小愈」作「少愈」，「懈惰」作「怠惰」而已。

第二十三章

才竭而智罷，振于學問，不能復進。

季海按：影沈本同，覆元本「智」作「短」。此文當有脱誤。振猶奮也，見薛君章句。或此文本作「才竭而短，罔能振于學問」云云。

賜欲休于事君。「欲休」，《荀子・大略》、《家語・困誓》并作「願息」。

季海按：荀謂之「願」者，《韓》謂之「欲」；荀謂之「息」者，《韓》謂之「休」也。

爲之若此其不易也，若之何其休也。

季海按：此并言「若」，此以下兩見「若此」、「如此何」，一見「若此」、「若之何」，此當是荀俱用「若」，《韓》或作「如」，亦可是後人所亂。

賜欲休于事父。「父」荀作「親」。

季海按：覆元、影沈并無「欲」字，然前後并有，此當是脱文。古謂父母曰親戚，漢人大抵已罕爲此言，故韓嬰更之。

和樂且耽。

季海按：影沈本同，覆元本「耽」作「湛」。《詩考・詩異字異義》引《禮記》「和樂且耽」。

賜欲休于耕田。趙本「耕」作「畊」。

季海按：覆元、影沈并作「畊」。

播兮不知其時之易遷兮。趙校語：「播兮」本多作「播耳」，今從楊本。

季海按：覆元、影沈「播兮」并作「播耳」。覆元本此下作「不知與時至易遠兮」。「播遷」、「播遠」疑皆叶。

第二十四章

曰：「何以知其然也。」趙校語：「曰」下似著書者之辭。姚賈與冉有亦不同時，但後云「哀公嘻然而笑」，則「曰」字爲哀公問，此亦當有「曰」字爲冉有答。

季海按：影沈本同，覆元本無「曰」字，元本是也。此問可出于哀公，亦可冉有自爲設問，若自爲設問，本不當有「曰」，若爲與哀公問答之辭，則并有「曰」字，文律正同，趙校云云，未見元本故耳。

昔吳楚燕代，謀爲一舉而欲伐秦。「代」高誘注《戰國策》作「趙」。

季海按：韓以「趙」爲「代」。

太公望少爲人壻。

季海按：影沈本同，覆元本「壻」作「婿」。

賃于棘津。《策》云：太公望棘津之讎不庸。

季海按：《説文》：「賃，庸也」。又：「庸，用也。」

第二十五章

夫子告門人參來。「來」下《家語》六本有「勿内也曾子自以爲無罪……子曰」十八字，《説苑》亦然，疑此文脱。趙本作：「參乘勿内也，曾子自以無罪，使人謝夫子，夫子曰。」校語：以上十七字本皆脱，據《説苑·建本篇》補。

季海按：自以無罪，即自以爲無罪，《家語》有「爲」字，去古差遠，辭氣亦不無異同。依《説苑》脱十七字，適一簡矣。蓋寫書者于「來」下誤接此行第七字，亦可舊本于此適有脱爛，即以此行接補，俾足成一行，遂有此失。覆元、影沈并脱此文，沈本亦出元至正劉貞刊本，每半葉九行，行十七字，大抵此處闕文即自行十七字本始。子政去韓未遠，所録近得其真。

索而使之。又：索而殺之。

季海按：求謂之索，韓生之言如此，《説文》：「挍，衆意也。一曰：求也。」許君之言不謂之索。

第二十六章

蔡人之女。趙本作「蔡人之子」。

季海按：覆元、影沈「女」并作「子」，古女子亦得稱子，趙本是也。

四物者，天下之練材也。「練材」，《傳》作「妙選」。

季海按：練，選也。影沈本同，覆元本「材」誤作「林」。

左手若附枝。《傳》云：左手如拒，右手如附枝，疑此訛脱。

季海按：覆元、影沈「左」作「在」。此當從《傳》，惟韓「如」作「若」耳。

第二十七章

召左右肢解之。趙本「肢」作「支」，下同。

季海按：影沈本同，覆元本「肢」作「枝」，下放此。

第三十一章

謙者，抑事而損者也。持盈之道，抑而損之。

季海按：影沈本同，覆元本「抑事」作「一事」，「抑而」作「挹而」。尋《説苑·敬慎篇》記孔子觀周廟欹器曰「挹而損之」，元本是也。「欹器」章今見《詩外傳》卷第三，自覆元本以下并作「抑而損之」，蓋元以來人所改，此卷元本獨未及遍改，猶足與《説苑》相證。

此謙德之于行也。「此謙」本一作「損」，誤。趙本作「損」。

季海按：影沈本同，覆元本無「之于行也」四字，然于下文「順之者吉，逆之者凶」句後有「其于行也」四字，依元本此四字當下屬「五帝既没」云云爲義，謂自五帝三王而下能行此德者惟周公也。明人不暇尋繹文義，故臆改耳。

所還質而友見者十三人。「質」與「贄」同。「十三人」當從《大傳》及《荀子·堯問》作「三十」，説已見前傳。

季海按：如周説則「質」、「贄」駁文，此上故云「所執贄而師見也」。其實「質」、「贄」有别，弟失弗考耳。卷第三「十三人」作「十二人」。《通鑑前編》引《尚書大傳》作「執質」。

故德行寬容。「寬容」，前傳作「廣大」。

季海按：覆元、影沈同。《詩外傳》卷第三「觀周」章引孔子答子路「容」作「裕」；又「周公」章引周公誡伯禽語同。

土地廣大。「廣大」，前傳作「博裕」。

季海按：卷第三兩見并同此（沈本「周公」章誤「廣太」，元本不誤）。

位尊禄重。

季海按：卷第三兩章并作「禄位尊盛」。

聰明睿智而守之以愚者哲。「哲」，前傳作「善」。

季海按：「周公」章作「善」。

博聞强記而守之以淺者不溢。「不溢」，前傳作「智」。

季海按：「周公」章作「智」。然上文别有「聰明睿智」云云不關守也，疑故書本皆作「不溢」，後人不得其解，故改作「智」耳，「守之以淺」即孱守之義。

第三十三章

御曰：「此是螳螂也。」

季海按：此西漢人用繫詞例。

《詩》曰：「湯降不遲，聖敬日躋。」

季海按：覆元、影沈并無「聖敬」句。

第三十四章

夫貴者則賤者惡之。

季海按：影沈本同，覆元本此及下「則貧者」、「則愚者」三「則」字并作「即」。

第三十五章

有鳥于此，架巢于葭葦之顛，天喟然而風，則葭折而巢壞。寀案：《荀子·勸學》云「南方有鳥焉，名曰蒙鳩，以羽爲巢，而編之以髮，繫之葦苕，風至苕折，卵破子死」，蓋謂此也。

季海按：楊倞《荀子》注：「苕，葦之秀也。」《説文》：「葦，大葭也。」「葭，葦之未秀者。」荀子及孟嘗之客直謂「葦苕」，韓乃云「葭葦」，非苟意，豈嬰無苕之言歟？《詩考》録《文選》注引《韓詩》以爲鷦鴨、鷯鳩，又云「反敷之葦蕳，風至蕳折」，當出薛君。

其所託者弱也。

季海按：覆元、影沈「託」并作「托」，下放此。

韓詩外傳卷第九

第一章

席不正不坐。

季海按：影沈本「正」訛作「止」，覆元本作「正」。

言賢母使子賢也。

季海按：影沈本「賢也」作小字并列，蓋剜補；覆元本無「也」字。

第二章

爲相三年不食乎？

季海按：影沈本同，覆元本「不食乎」作「無食之」。今本乃明人臆改。

爲人子不可不孝也。趙本作「爲人臣不忠，是爲人子不孝也」，校語：舊本無「爲人臣不忠是」六字，又「不孝」上衍「不可」二字，今據《御覽》八百十一增删，《列女傳》同。

季海按：影沈本同，覆元本無「不可」二字，與《御覽》合。元本蓋脱六字，無衍文。明人臆補非是。

第三章

前有賢者，至則皋魚也。皋魚，《説苑·敬慎》作「丘吾子」。

季海按：「皋」影沈、覆元并作「皋」。《韓詩》之「皋」者，劉謂之「丘」；《韓詩》之「魚」者，劉謂之「吾」，并聲之轉。

少而學游諸侯。趙校語：《文選·長笛賦》注引作「吾少好學，周流諸侯」，《御覽》四百八十七同。

季海按：古曰「周流」，後人不習，輒改作「游」耳，故書此文當如《文選》注《御覽》所引。《家語·致思》作「少時好學，周遍天下」，正依旁此文，然易「周流」作「周遍」，則漢魏間人已無此語。覆元、影沈已同今本，則此文殆宋元人所改。

與友厚而小絶之。語云：「平生厚交，今皆離絶。」趙校語：《文選》注作：「少擇交游，寡親友，而老無所托。」

季海按：覆元、影沈同。「子夏章」「曾子曰：久交友而中絶之」，此文「小絶」疑是「中絶」之誤。《家語·致思》多出改作，可置弗論。《長笛賦》注所引亦與今本迥異，則此本殆宋元間人所改也。

于是門人辭歸而養親者十有三人。趙校語：此下各本皆不提行，案此書末不引《詩》者亦多有，下當别爲一條是。

季海按：覆元、影沈下并連「子路曰」爲一章。此二節并言養親，其引《詩》曰「父母孔邇」，于二節皆通，或本作一章，未可知也。

第四章

子路曰：「有人于斯。」

季海按：《荀子·子道篇》「于斯」作「于此」。

樹藝五穀以事其親。

季海按：《荀子》作「耕耘樹藝以養其親」。然則荀言「樹藝」，不煩言「五穀」而其義具，漢人言「樹藝」所該者廣，不局于「五穀」，故《韓》必備言之，此漢人語與先秦有異同爾。荀曰「養親」者，韓謂之「事親」。

古人有言曰：「衣歟食歟，曾不爾即。」趙校語：《荀子》作：「衣與繆與不女聊。」楊倞注引此作「衣予教予」，與今本不同，然「即」字當作「聊」爲是。

季海按：影沈本同，覆元本作「衣與謬與」，與《荀子》合，與楊引《外傳》不合。大抵今本明人所改，元本宋元間人據《荀子》改，「即」當依趙校作「聊」。「與」、「予」字通。上文「身未敬邪」以下三「邪」字，《荀子》并作「與」，是凡「與」之讀爲「歟」者，《韓》并作「邪」。此不作「邪」，明《韓》讀此「與」不如「歟」，楊引《外傳》作「予」，當是故書如此。「繆」讀若「教」，亦語之轉。「繆」即「綢繆」，亦可轉注作「緍」，《説文》所謂「吴人解衣相被謂之緍」者也。言雖推衣相被，猶不如賴者，爲有此三者也。韓生無「綢繆」之言（《説文》：「繆，枲之十絜也。一曰綢繆。」《説文》以此爲一説，知非當時通語或常用義），故讀若教，翏聲字多有讀入見母者，如「樛」、「膠」皆是。韓意：衣予教予，可謂勤矣，然猶曾不爾賴者，徒以有此三者耳，況孝子之事其親乎？是韓生所讀與劉向定本不同。周校引《家語·困誓》云「人與己與不汝欺」，是直不知而作，乃欲以售其欺者，其是非故不足論已。

何爲無孝之名。

季海按：影沈本同，覆元本無「之名」二字。疑舊本衍此四字或互有脱文。

意者所友非仁人邪。

季海按：影沈本同，覆元本此下有「何爲無孝之名」六字，疑故書六字本在此，後人嫌其語緩，故移著此句前耳。

何爲其無孝子之名。

季海按：《荀子》作「何爲而無孝之名也」，然荀言「而」者，韓或謂之「其」也。

第五章

伯牙擗琴絶絃。「擗」，吕、劉皆作「破」。

季海按：《吕覽・孝行》、《説苑・尊賢》自謂之「破」耳，韓生之言故謂之「擗」。《説文》「擘，撝也。撝，裂也」。然則擗琴謂之裂琴也。同卷「齊王厚送女」章《傳》曰「目如擗杏」，其言「擗」同也。

以爲世無足與鼓琴也。

季海按：影沈本同，覆元本「與」作「以」。「以」亦「與」也，故書當作「以」。卷第四：「齊桓公獨以管仲謀伐莒。」以，與也。趙校語：古「以」、「與」通用。《讀書雜志》：「《史記・袁盎晁錯列傳》：妾主豈可與同坐哉。念孫按：與猶以也，故《漢書》作以，《貨殖傳》曰智不足與權變，勇不足以決斷，仁不能以取予，與亦以也，互文耳。以、與一聲之轉，故古或謂以爲與，説見《釋詞》。」今按：韓「與」謂之「以」，太史公「以」謂之「與」。

第六章

有得公子者賜金千斤。「斤」，《列女傳・節義》作「鎰」。

季海按：金以斤計是漢人語。

匿者罪至十族。「十族」，《傳》作「夷」。趙校語：《列女・節義篇》作「罪至夷」。

季海按：卷第十記里凫須對晉文公之言亦曰「罪至十族」，《新序》五亦無此言。

我不知其處。

季海按：影沈本同，覆元本無「不」字是也。

著十二矢，遂不命〔令〕中公子。《傳》以爲「矢著身者數十，與公子俱死」也。趙校語略同。

季海按：影沈本同，覆元本「矢」作「死」，《列女傳》當有「死」字，元本「死」上當脱「矢」字，或更有「與公子俱」之文，明人不悟此處有脱文，遂臆改耳。「中公子」覆元本作「公子中」，當是故書如此。

饗以太牢。「饗」《傳》作「祠」。

季海按：影沈本同，覆元本「饗」下有「祭祀」二字。《列女傳》言「祠」猶「祀」也。若春祭之祠，不用犧牲，用圭璧及皮幣，非此所謂也。

第八章

何爲不樂乎。

季海按：影沈同，覆元本「乎」作「者」。《新序》作：「奚爲獨不樂此也。」然則韓生「奚」謂之「何」也。

左右淫湎寡人以至于此。

季海按：影沈本同，覆元本「淫湎」作「陰陽」，形之誤也，《新序》正作「淫湎」；「寡人」作「過矣」。疑韓生意本謂「左右淫湎過矣」，故下文景公言「請殺左右以補其過」，晏子對曰「左右無過」，文皆相應也。《新序》作「淫湎寡人」，此自劉意耳。

乃更衣而坐。《新序·刺奢》云：請革衣冠，更受命，乃廢酒而更尊，朝服而坐。

季海按：「革以〔衣〕冠」蓋出齊人所記，本齊語也，嬰無此言，故作「更衣」。

第九章

安舉其翼。

季海按：覆元、影沈「安」下有「能」字，是也。

第十一章

子乃寬臣之過也。

季海按：影沈本同，覆元本「寬」作「覔」。

公事已行。

季海按：影沈本同，覆元本「已」作「以」。

第十三章

有何悲焉？

季海按：影沈本同，覆元本「何悲」作「悲何」。

第十四章

其不惟肌膚無益，而于志亦戾矣。

季海按：影沈本同，覆元本「惟」誤「爲」，無「而」字，「志」亦作「是已」。

第十五章

孔子與子貢、子路、顔淵游于戎山之上。《説苑・指武》云：「孔子北游，東上農山。」農、戎聲近。趙本作「孔子與子貢子路顔淵」，校語：子路舊誤在子貢下，今據第七卷移正，彼「戎山」作「景山」，語亦略相似。

季海按：此亦傳聞異辭，弟子先後不妨參差，趙校似拘。卷七「景山」當爲「崇山」，形之誤也。

第十六章

其用不敝。

季海按：王弼本《老子》「敝」作「弊」。覆元、影沈并作「敝」。

大直若詘。「詘」《老子·立戎章》作「屈」。又：其用不屈。《洪德章》無此四字。

季海按：《説文》：「屈，無尾也。」其用不屈，謂屈竭，正由本義引申。「詘，詰詘也，一曰屈襞，詘或从屈」。詘本或作屈，後人不達其用不屈之故，遂删之耳。「不屈」影沈本同，覆元本「屈」作「掘」。

罪莫大于多欲。「多」，《老》作「可」。

季海按：王弼本無此句，河上本有，「多」作「可」也。

禍莫大于不知足。

季海按：影沈本同，覆元本此下更有「咎莫憯于欲得」一句。王弼本《老子》有此句，惟「憯」作「大」爾。

第十八章

孔子出衛之東門。《史記·世家》云「孔子適鄭，與弟子相失，獨立郭東門外」，《家語·困誓》亦云。

季海按：史遷以爲鄭者，韓生以爲衛。

得堯之顙。

季海按：影沈本同，覆元本「顙」作「志」。

從後視之，高肩弱脊，此惟不及四聖者也。

季海按：影沈本同，覆元本「弱脊」下更有「循循固得之轉廣一尺四寸」十一字，「此」作「比」。

葭喙而不藉。

季海按：影沈本同，覆元本此下更有「而慮道」三字。

賜已知之矣。「已」，趙本作「以」。

季海按：覆元、影沈「已」并作「以」，趙本是也。

第十九章

汙辱難湔灑。

季海按：《説文》：「洒，滌也，古文爲灑埽字。灑，汛也。」此文義當爲湔洒，而字作灑。若非後人所亂，則韓生以「灑」爲「洒」也。

後悔何益。

季海按：影沈本同，覆元本「益」作「冀」。卷第四録《荀子・議兵篇》「莫必其命」，作「皆莫冀其命」，顯韓有此言，元本是也。

毁于人者。「毁」劉作「取虐」，下同。又：無毁于一人。劉無「一」字。

季海按：此謂毁人，而曰毁于人，未知韓生之言如此，抑因于故記也。

第二十章

與齊屠地居。

季海按：「地」疑本作「比」，形之誤也。

第二十一章

夫志不得，授履而適秦楚耳。劉云：納履而去。趙本作：夫志不得，則撰履而適秦楚耳，校語：撰，舊本作「授」，訛，今據《御覽》改。

季海按：覆元，影沈并作「授」，于義無取，趙從《御覽》作「撰」，此能知「授」之訛而不悟「撰」不成字也。今謂「授」當作「接」，「授」、「接」并形誤。覆元本「得」下有「則」字。《新序·刺奢》：「于是接履而趨，遂適湯。」

第二十二章

寡人前日。

季海按：覆元、影沈作「前日寡人」。

仰而永歎。

季海按：覆元、影沈「歎」作「嘆」。

五步一噣。

季海按：《説文》：「啄，鳥食也。」韓「啄」作「噣」。「噣」，《説苑・辨物》借爲「味」字。

援置之囷倉中，常噣粱粟，不旦時而飽。

季海按：影沈本同，覆元本「旦」作「誕」。今謂「粱」當爲「粱」，「旦」當爲「誕」，元本是也。《釋詁》：「孔魄哉延虚無之言，間也。」誕從延聲，故有間義，「不誕時」猶言「不間時」。《釋詁》「引」、「延」同訓陳，陳有塵久之義，「不誕時」言不久耳。《詩・邶・旄丘》：「旄丘之葛兮，何誕之節兮。」傳：「誕，闊也。」

第二十三章

楚莊王使使齎金百斤聘北郭先生。《列女傳・賢明》云：楚王聞於陵子終賢，欲以爲相，使使者持金百鎰，往聘迎之。「終」與「仲」古通。

季海按：此亦劉作「鎰」，韓作「斤」，覆元、影沈「齎」作「賫」。

夫子以織屨爲食。

季海按：覆元本「以」作「于」，當是故書如此，影沈本作「以」，明人所改。

食粥毚履。

季海按：「毚」借爲「儳」，《説文》：「儳，儳互不齊也，从人毚聲。」

第二十四章

五帝三王。趙本作「皇」。

季海按：覆元，影沈并作「王」，《外傳》卷第八「孔子曰易」章：「五帝既没，三王既衰。」與此相應，趙本非也。

秦繆公迎拜爲上卿。此「穆公」本皆作「公子」，「爲」作「之」，并從《説苑》校正。趙本作「秦公子迎拜之上卿」，校語：《説苑》作「穆公迎而拜爲上卿」。

季海按：覆元、影沈并作：「秦公子迎拜之上卿。」

第二十五章

鐘磬琴瑟不在其中。

季海按：影沈本同，覆元本「瑟」作「王」。

久交友而中絶之。

季海按：影沈本同，覆元本「交友」作「友交」。

吾嘗菵焉。「菵」與「卤」通。趙校語：「菵」當是鹵莽之意。

季海按：《説文》：「䒷，艸也，可以束。菵，䒷或从卤。」

雖疏必密。

季海按：影沈本同，覆元本「雖」作「子」。

夫實之與實。

季海按：影沈本同，覆元本「實」并作「見」，訛。

第二十六章

何爲者也。

季海按：影沈本同，覆元本「者」作「老」。

家臣也。

季海按：影沈本同，覆元本「家臣」作「臣家」，是也。

何用是人爲畜之。

季海按：影沈本同，覆元本「是」作「三」，訛。

棄老取少謂之瞽。

季海按：影沈本同，覆元本「瞽」作「古」。

貴而忘賤謂之亂。

季海按：影沈本同，覆元本「貴」上衍「不」字，「賤」作「□」。

吾豈以逆亂瞀之道哉。

季海按：影沈本同，覆元本「吾」作「臣」，是也。元本無「亂」字，「瞀」亦作「古」。

第二十七章

超然自知不及遠矣。

季海按：《説文》：「惆，失意也。」韓生「惆」謂之「超」，晚出字作「怊」，《新附》：「怊，悲也。」

第二十八章

子醜故耳，其友後見之，果醜。

季海按：影沈本同，覆元本「耳」、「其」字互易。

傳曰：「目如擗杏。」

季海按：影沈本同，覆元本「傳曰」作「其傳」。

第二十九章

蕩蕩乎道有歸矣。

季海按：影沈本同，覆元本作「信可好嚴乎，塊乎道歸矣」。然則韓生此文當依元本讀爲：「巍巍乎信可好，嚴乎塊乎道歸矣。」今本明人臆改。

瞋目搤腕。

季海按：《説文》：「搤，捉也。」

疾笑嗌嗌。

季海按：《説文》：「嗌，咽也。」伊昔切。非其意。此借爲咥，「咥，大笑也，从口至聲。《詩》曰：咥其笑矣」，許既切。亦可爲啞之轉，「啞，笑也，从口亞聲。《易》曰：笑言啞啞」，於革切。

韓詩外傳卷第十

第一章

野人不知爲君王之壽。趙校語：「『君王』當作『吾君』。」

季海按：覆元、影沈并同。《新序·雜事》凡韓言「吾君」者并作「主君」，疑此「君王」本作「主君」，「王」即「主」之壞字。後人不悟，并改作「君王」耳。

盍以叟之壽祝寡人矣。

季海按：《新序》作「子其以子壽祝寡人」，是韓之「盍」者劉謂之「其」也。下「叟盍優之」，《新序》作「吾子其復之」。

使吾君固壽。

季海按：《新序》作「使主君甚壽」。

人民是寶。

季海按：《新序》作「人爲寶」。

賢者在側。

季海按：《新序》「側」作「傍」。

叟其革之矣。

季海按：《新序》作「子更之」。韓生所據蓋出齊人所記，其方語猶有存焉者矣。劉書「革」謂之「更」也。

邦人潸然而涕下。趙校語：「潸」，《御覽》作「瀾」。

季海按：影沈本「潸」作「潸」，覆元本作「瀾」，與《御覽》合。今謂故書當作「瀾」。瀾然猶漣而也。

臣聞子得罪于父，可因姑姊妹謝也。

季海按：影沈、覆元本「姊」作「娣」。《新序》作：「可以因姑姊叔父而解之。」

使寡人遇叟于此。

季海按：《新序》作「使寡人得吾子于此」。

亦遇之于是。

季海按：《外傳》卷第九：「其所以任賢使能而霸天下者，始遇之于是也。」其言「遇」正同。韓生言「遇」猶「得」也。

第二章

臣所不如管夷吾者五。又：臣弗如也。（下四略）

季海按：《國語・齊語》第六與此章略同，「所不如」作「所不若」，「臣」下有「之」字。五「弗如」并作「弗若」。

決獄折中臣弗如也。

季海按：《齊語》四事略同，此則云：「治國家不失其柄，弗如也。」

第三章

晉文公重耳亡過曹，里鳧須從。《國語》云：「文公之出也，豎頭須守藏者也，不從。」此疑别有所據。

季海按：《新序》卷第五《雜事》云：「里鳧須晉公子重耳之守府者也。」其言「守府者」與《國語》合。《說文》：「鳧，舒鳧，鶩也，從鳥几聲。」房無切。「几，鳥之短羽飛几几也，象形，几几之屬皆从几，讀若殊」，市朱切。古音「鳧」當讀如「殊」，故《國語》作「頭」。周疑别有所據是也。覆元本「鳧」作「鳬」（原文如此）。

里鳧須曰：「臣聞沐者其心倒。」趙本無「里」字，周校語云「沐則心覆」。《新序·雜事》「倒」亦作「覆」。

季海按：覆元、影沈并無「里」字。然前後并有「里」字，《新序》多有作「鳧須」者，則鳧須其名也。以《國語》、《新序》觀之，則韓生之言「覆」謂之「倒」也。

臣之爲賊亦大矣，罪至十族未足塞責。

季海按：「十族」亦漢人語耳。

第四章

授于帝位。趙本作「受」，校語：「受」本作「授」，今從毛本。

季海按：影沈本作「受」，覆元本「受」作「設」。

天難忱斯。趙本作「訦斯」，校語：「訦」舊本作「忱」，今從《詩考》改。

季海按：影沈本作「忱」，覆元本作「訦」，與《詩考》合（《韓詩·大明》引），王又云：「《説文》作諶。」（《詩異字異義》「大明」引）《漢書》亦作「諶」。《説文》：「諶，誠諦也，《詩》曰：天難諶斯。」又「訦，燕代東齊謂信訦」，是《外傳》作「訦」，其燕俗歟？

第五章

太伯去之吴。

季海按：影沈本同，覆元本「太」作「大」。

何以處之。

季海按：影沈本同，覆元本「處」作「隨」。

惟此王季。

季海按：影沈本同，覆元本「惟」上更有「惟」字。

第七章

以勇猛聞于天下。趙校語：《御覽》作「以勇游于天下」。

季海按：影沈本同，覆元本「猛」作「衛」，疑此文故書當如《御覽》作「游于天下」，「衛」即「游」之形訛。校書者或謂當作「以勇聞于天下」故旁注「聞」字，元人并入正文，明人又謂「衛」是「猛」字之誤，遂如今本耳。

拔劍住要離頸。「住」當爲「拄」，趙云：手劍而捽要離頸。趙本作「拄要離頸」。

季海按：影沈本同，覆元本亦然。尋卷第八記仇牧之于宋萬：「手劍而叱之。」疑此文故書，當如趙氏所云也。

辱我以人中。趙校語：「以」疑當作「于」。

季海按：韓「于」謂之「以」。

第八章

傳曰：齊使使獻鴻于楚。趙校語：《説苑·奉使篇》云：「魏文侯使舍人毋擇獻鵠于齊。」

季海按：韓生引傳本諸齊人之書，説見後。劉向所録或魏人取之于齊，以爲魏使事。

鴻渴，使者道飲，鴻玃笞潰失。寀案《説苑·奉使》云：「魏文侯使舍人毋擇獻鵠于齊侯，毋擇行道失之，徒獻空籠。」事與此同，「獲笞」蓋籠名。趙校語：玃笞，《説苑》作「空籠」，此笞當亦謂籠也，「玃」疑是「攫」字。

季海按：趙校近之，今謂「笞」讀若「枱」，「臿也，从木目聲；一曰：徙（《四部叢刊》影宋本誤作「徒」，今正）土蕢，齊人語也」，詳里切，「梩，或从里」。「笞，从竹台聲」，丑之切。「台，説也，从口㠯聲」，與之切。然則「笞」與「梠」聲亦相受耳。「徙土蕢」，蓋即土籠之類。韓生引傳，齊語猶存，知人故齊人之書也（編者按：以上皆引《説文》）。

民之莫矣。

季海按：覆元、影沈上章有此句，本章無。

第九章

扁鵲過虢侯，世子暴病而死。《説苑・辯物》云：「扁鵲過趙，趙王太子暴病而死。」與此文及《史記》并不同。趙本作「扁鵲過虢，虢侯世子暴病而死」，校語：舊本虢字不重，今案文義補，依《史記》「侯」字可省。《説苑・辯物篇》「虢」作「趙」，下云「趙王太子暴疾而死」，案是時虢亡久矣，作「趙」是也。

季海按：韓、馬所據疑出鄭人所述，故以爲虢侯，劉向作「趙」，未知據晉人之書，抑向所刊定也，劉「病」作「疾」。

以莞爲席，以芻爲狗。

季海按：影沈本「芻」作「蒭」，覆元本「莞」作「管」，「芻」作「蒭」。《説苑・辯物》「莞」作「菅」。

諸扶輿而來者。

季海按：《説苑・辯物》作「諸扶而來者，舉而來者」，盧文弨曰：「舉爲轝訛。」《外傳・十》作「諸扶輿而來者」。

子之方豈能若是乎？

季海按：「若是」劉作「如此」。劉無「豈」字。

搦木爲腦，芷草爲軀，吹竅定腦。

季海按：影沈本同，覆元本作「竅腦隨不芷莫吹區九竅定腦」，「定腦」下有脱字。元本當依《説苑》讀爲：「搦腦髓束肓（從盧校）莫吹區九竅定經絡。」元本「腦」字即「經」之形訛，脱「絡」字耳。「吹區」，《説苑》作「炊灼」，吹區或同吹嘘，或爲「炊灼」之誤，未可知也。

苟如子之方，譬如以管窺天。

季海按：《説苑》作「子之方如此譬若」云云。

所窺者大，所見者小，所刺者巨，所中者少。

季海按：此以巨對少，猶以大對小也。

如子之方。

季海按：劉作「鈞若子之方」。

事故有昧投而中蚊頭。「投」，劉作「揥」。

季海按：影沈本同，覆元本「投」作「提」，是也。「提」、「揥」語轉耳。

言未卒。

季海按：「卒」劉作「已」。

扁鵲入砥針礪石。

季海按：影沈本同，覆元本「砥」作「砥」，「礪」作「厲」，是也。《説文》：「厲，旱石也，从厂，蠆省聲。」不從石。「厂，山石之厓巖，人可居」，不煩更從石。

子同擣藥。「同」劉作「容」，「擣」字本脱，亦從《説苑》校補。趙校語略同。

季海按：「同」、「容」形近而訛。覆元本無「擣」字，此下云：「子明灸陽。」

天下聞之，皆以扁鵲能起死人矣。

季海按：「以」今言「以爲」。

直使夫當生者起。

季海按：《説苑》作：「特使夫當生者活耳。」

罷君之治，無可藥而息也。

季海按：《説苑》「罷」作「亂」，「無」作「不」。

第十章

惡君謂我老。

季海按：影沈本同，覆元本「君謂」作「將使」，下句放此。《新序》卷第五《雜事》：「噫，將我而老乎。」

疑故書當如元本，韓曰「惡」，劉曰「噫」。卷第二：「次及晏子，捧杯血，仰天而嘆曰：惡乎！崔杼將爲無道而殺其君。」「噫」謂之「惡」，亦齊人語，本章稱楚丘先生往見孟嘗君，是亦齊人之書。

投石超距乎。

季海按：影沈本同，覆元本「超」作「斤」，蓋即「超」之壞字，《新序》作「超距」。

追車赴馬乎。

季海按：影沈本同，覆元本脱「赴」字，《新序》作「赴馬」。

孟嘗君赧然。

季海按：影沈本同，覆元本「赧」作「赦」。

第十一章

齊景公遊於牛山之上，而北望齊。《列子・力命》云：「北臨其國城而流涕。」

季海按：影沈、覆元「遊」作「游」。《新序・逸篇》「於」作「于」。《力命》襲《晏子・内篇諫上第一》。《晏子》作「游」作「于」。

使古而無死者，則寡人將去此而何之。

季海按：《新序・逸篇》作「使古無死者，則寡人將去，期如之何」，蓋《新序》無「而」字，「此」作「斯」（期則斯之形訛），「而」作「如」，「何之」作「之何也」。

俯而泣沾襟。

季海按：《新序·逸篇》作：「乃泣沾襟。」

國子、高子。《列子·力命》云：「史孔、梁丘據皆從而泣。」疑此誤爲國、高也。趙校語：《後漢書·趙壹傳》注引作「周子高」。

季海按：《新序·逸篇》作「高子」，則「高子」不誤。

駑馬柴車。

季海按：《御覽》四百二十八引《新序》「柴」作「棧」，見盧文弨輯《逸篇》。

況君乎俯泣。趙本作「而況君乎，又俯而泣」，校語：舊本無兩「而」字、「又」字，據《御覽》百六十引補。

季海按：《新序·逸篇》作「而況吾君乎，俯而垂泣」，則兩「而」字當有，垂泣即垂淚，古「淚」字止作「泣」。《外傳》此文疑亦本有「吾」、「垂」字。

則太公至今猶存。

季海按：《新序·逸篇》作「太公丁公」。趙校語：「太公」下《御覽》有「丁公」二（原誤三）字。

吾君方今將被蓑笠而立乎畎畝之中。

季海按：《晏子·内篇諫上第一》作：「君將戴笠衣褐執銚耨以蹲行畎畝之中。」覆元本「笠」作「苙」。

惟事之恤。趙校語：《御覽》「惟」下有「農」字。又：何暇念死乎。

季海按：《新序·逸篇》作「唯事之恤」，「農」字殆後人所加。《晏子》作「孰暇患死」（本章合《晏子·

諫上》十七、十八章爲一)。

第十二章

有鄙夫乃相與食之。「鄙夫」，吕作「野人」。

季海按：韓生「野」謂之「鄙」。

第十三章

今母殁矣。

季海按：覆元、影沈本「殁」作「没」。

請以此塞一北，又獲甲首而獻之。

季海按：影沈本同，覆元本無此十三字。

足不止。

季海按：影沈本同，覆元本「足」、「不」字互倒。

三北以養母也。「三」本作「夫」，誤，今從《新序·義勇》校正，趙本作「夫北以養母也」。

季海按：影沈本作「夫北」，覆元本作「夫背」。

三北已塞責，又滅世斷宗。

季海按：影沈本同，覆元本「北」作「背」，「塞」作「雪」，無「責又」二字，「滅」作「補〔輔〕」，「斷」作「繼」，此下更有「國家義不衰，而神保有所歸，是子道也」云云，此奪。韓意子道當如是，卞莊子未能輔世繼宗，故曰敬孝未終也。《新序·義勇》曰：「今母死請塞責而神有所歸。」又曰：「三北以養母也，是子道也。」又曰：「三北以塞責，滅世斷家，于孝不終也。」是文句或同，而意則異也。

第十四章

時無背無側。趙校語：本一作「以無倍無側」。

季海按：影沈本同，覆元本「時」下有「以」字，「背」作「陪」。

言文王咨嗟。

季海按：覆元、影沈「文」并作「大」，誤。「文王」本作「太王」，誤，趙校語同。

第十五章

是何名。

季海按：影沈本同，覆元本「何名」作「名何」。

來年正月，庶人皆佩。

季海按：「來年」亦齊語，此當出齊人所記，然則正月佩桃殳，故是齊俗。

第十六章

後者飲一經程。

季海按：「經程」，酒器。

第十七章

使有司束人過王。

季海按：《晏子·内篇雜下第六》作：「臣請縛一人過王而行。」

王曰：「何爲者也？」

季海按：《晏子》作：「王曰：縛者曷爲者也？」

王不見江南之樹乎？名橘，樹之江北則化爲枳。

季海按：《晏子》作「橘生淮南則爲橘，生于淮北則爲枳」，韓生言「江」，晏子言「淮」也。

第十八章

吴延陵季子游于齊。

季海按：此以齊之牧者爲高於延陵季子，亦齊人之言耳。下云「而言之野也」，鄙謂之野，疑本齊語。

君疑取金者乎。

季海按：影沈本同，覆元本「疑」作「宜」。

第二十章

夫子何遽乎？得無有急乎？又：然，有急。

季海按：《晏子》作：「夫子何爲遽，國家無有故乎？」又：「不亦急也」。

國人皆以君爲惡民所禽。

季海按：(《晏子》)作：「好獸而惡民。」

魚鱉厭淵而就乾淺。

季海按：覆元、影沈「淵」上并有「深」字，下文亦云「深山」，此脱「深」字。《説文》：「灘，水濡而乾也，从水鶨聲。《詩》曰：灘其乾矣。」呼旰切，又他干切。「灘，俗灘从隹。」

下于都澤。

季海按：《説文》：「汥，水都也。」

爲賓客莫應待邪？則行人子牛在。

季海按：《晏子》作：「爲諸侯賓客莫之應乎？則行人子羽存矣。」覆元本「邪」作「耶」。

爲宗廟而不血食邪？則祝人太宰在。

季海按：《晏子》作「爲社稷宗廟之不正乎，則泰祝子游存矣。」今謂泰祝、泰士、申田皆齊官，《晏子》得之。

爲獄不中邪？則大理子幾在。

季海按：《晏子》作：「吾爲夫婦，獄訟之不正乎？則泰士子牛存矣。」

爲國家有餘不足邪？則巫賢在。

季海按：《晏子》作：「爲國家之有餘不足聘乎？則吾子存矣。」《晏子》又云：「爲田野之不辟，倉庫之不實，則申田存焉。」故下云「有五子」也。

令四肢無心。

季海按：影沈本同，覆元本「令」作「今」。

第二十一章

不知童子挾彈丸在下。趙校語：《北堂書鈔》百三十四引作「在榆下」。

季海按：覆元、影沈并無「子」字，然下文亦云「童子」，則此文脱也。覆元本「不知」上有「而」字。

不知前有深坑，後有窟也。趙本作「後有掘株也」，校語：「掘株」二字。舊本作「窟」，今據《北堂書鈔》引改。

季海按：覆元、影沈并同，「窟」當爲「掘」，元人不曉「掘株」所謂，既改「掘」作「窟」，并删「株」字耳，趙校是也。「掘」讀若「蹶」，《説文》：「僵也。」「僵，僨也。」「株，木根也。」《詩外傳》卷第二：「草木根荄淺，未必撅也。」周校：「荄亦根也。」《説苑》：「樹本淺根核不深。」核、荄字同。「撅」字《説苑》從厥旁木，蓋古通。今按下文「飄風興，暴雨墜，則撅必先矣」，《説苑》「興」作「起」，「墜」作「至」，「撅」作「扳」，「扳」蓋「拔」字之誤。「掘」、「撅」字同，義猶拔耳。

第二十二章

諸侯藏于百姓。趙本有「農夫藏于囷庾」六字，校語：舊本脱此六字，《御覽》凡三引，皆有此句，又一引作「困倉」。

季海按：趙以《御覽》校補六字，是也。《説文》：「庾，水漕倉也。一曰倉無屋者。」韓生所取，其二義也。文一引作「困倉」，後人以今語代古語耳。然覆元、影沈并脱此六字。

虛耗而賦斂無已。趙校語：本或無「耗」字。

季海按：覆元、影沈并無「耗」字。「斂」覆元本作「歛」。

王收大半。「王」當作「君」。

季海按：覆元、影沈并無「王」字，「大」作「太」。

而藏之臺。季海按：然則臺故賦斂珠玉之所藏也。

第二十三章

恣則極。趙本作「恣則極，物疲則怨，怨則極慮」，校語：「物」下八字，舊本無，依《吕氏春秋》增，下云：上下俱極，則本有可知。季海按：趙校是也。影沈本已脱八字，覆元本「極」下有「慮」字，則止脱七字，且足證趙校之不誤也。是韓生此文亦取之《吕氏·適威篇》，然吕作「武侯」，韓作「文侯」，未知韓書本然，抑後人所改也。

乙巳五月朔初稿

一九六五年五月三十一日

夏小正略説*

《史記・夏本紀》「湯封夏之後」,《正義》:「《括地志》云:夏亭故城在汝州郟城縣東北五十四里,蓋夏后所封也。」又云「至周封於杞也」,《正義》:「《括地志》云:汴州雍丘縣,古杞國城也。周武王封禹後,號東樓公也。」

季海按:唐郟城縣,今河南郟縣;雍丘縣,今杞縣。

又云:「太史公曰:孔子正夏時,學者多傳《夏小正》云。」《集解》:「《禮運》稱孔子曰:我欲觀夏道,是故之杞;而不足徵也,吾得夏時焉。鄭玄曰:得夏四時之書,其存者有《小正》。」《索隱》云:「《小正》,《大戴記》篇名,正、征二音。」

季海按:《論語・衛靈公》:「顔淵問爲神,子曰:行夏之時,乘殷之輅,服周之冕。」何晏《集解》注「行夏之時」,謂「據見萬物之生,以爲四時之始,取其易知也」。此答蓋在既得夏時之後,《小正》故夏時

* 本文據作者手稿録入,原稿分若干條,爲作者陸續所記,較爲零亂,並有重複,不便閲讀。今按《夏小正》原文順序,將原稿重新編次。

之遺，太史公、鄭、何說並是也。

孔子當春秋之季世，好古敏求，得夏時於杞，答顏淵問又云「行夏之時」，是知杞郯之問，夏時不廢，推諸齊魯，猶可依用也。又紀。

《國語·周語下第三》：「靈王二十二年……太子晉諫曰：有夏雖衰，杞鄫猶在。」韋昭注：「杞、鄫二國，夏後也。猶在，在靈王之世。」《左·昭四年》經「九月取鄫」，杜注：「鄫，莒邑。《傳例》曰：克邑不用師徒曰取。」《傳》：「九月取鄫，言易也。莒亂，著丘公立而不撫鄫，鄫叛而來，故曰取。凡克邑不用師徒曰取。」鄫先爲魯取，故孔子欲觀夏道，唯杞是從爾。

正月

啟蟄。

○《傳》：「言始發蟄也。」

季海按：《玉燭寶典·正月孟春》引《夏小正》曰：「正月啟蟄，言始發也。」又引《禮·誥（原誤誌，今正）志》曰「夏之曆正，建（原誤達，今正）於孟春，於時冰泮發蟄」，此出《孔子三朝記》，是啟蟄謂之發，故子所雅言也。又引《國語·魯語》曰「古者大寒降，土蟄發」，孔晁注云：「曰大寒下，夏之十二月，蟄蟲發，夏之正月也（也上原衍「之」字，今刪正）。」《魯語》言發，與孔子同。然《小正》曰「啟」，蓋先於春秋，此古言之可徵者已。《寶典》引《傳》無「蟄」字，考之《魯語》，啟蟄正謂之「發」。《寶典》所引，或尚存故書之真乎？《古璽文編》三·一六收[illegible]（2580、2578、2576、2577、2579）並从攴从土，筆跡小異，攴上右筆引作曲勢，乃近从殳，其實仍是坴字，此正古文啟蟄字，魯語所謂土蟄發，故字从土也。

初歲祭耒。

○《傳》：「始用暢也。其曰初云爾也者，暢也者終歲之用祭也，言是月之始用之也。初者始也。或曰祭韭也。」

季海按：程鴻詔《夏小正集説》云：「耒當爲采，讀爲菜，祭采與祭鮪句例同，謂祭而用采，其采用暘〔暢〕，或用韭也。」詒讓案程説甚精，《學記》云「大學始教，皮弁祭菜」可證（此從仲容先生遺書轉録，原本在浙江大學中國文學研究所，孫氏於光緒元年假劉楚楨手録丁小疋、嚴九能、趙雩門校本，别以墨筆補録諸字所遺，今既無原書可覆，所引舊校，不復區别劉孫，惟孫君自下己意，則光緒三十三年補記稱「管窺所及」，則以某案别之，不欲與元校淆混也」，今所引用，一仍舊貫云爾）。今謂程、孫説是也。據此則夏時祭采在正月，入學在二月，與《傳》云「今時大舍采」之在二月者，自有古今之異也。

「其曰初云爾也者」故當接「言是月之始用之也」，「暢也者終歲之用祭也」當承「始用暘也」句，今本誤倒，當乙正。

時有俊風。

○《傳》：「俊者大也。大風，南風也。何大於南風也？曰：合冰必於南風，解冰必於南風。生必於南風，收必於南風，故大之也。」

季海按：《左·昭四年》經：「春王正月，大雨雪。」《傳》：「季武子問於申豐。」申豐對曰：「夫冰以風壯，而以風出。」杜注「冰因風寒而堅」，「順春風而散用」，是也。

寒日滌。

○《傳》：「滌也者，變也，變而煖也。」（明袁氏嘉趣堂翻淳熙本煖从火，玉海堂翻元至正翻宋本字從日作暖）

季海按：《傳》云「滌也者，變也」，滌讀與渝同。滌古音在幽部，渝古音在侯部，幽侯音近，故相轉耳。《爾雅·釋言》「渝，變也」，郭注「謂變易」，是也。《説文》無「暖」字，「煖，温也，從火爰聲」，見火部，況袁切。至正本作暖，失之。

初昏參中，斗柄縣在下。

○《傳》：「言斗柄者，所以著參之中也。」

初昏，斗柄正在上。（又六月）

○《傳》：「斗柄正在上，用此見斗柄之不在當心也。」

斗柄縣在下則旦。（又七月）

季海按：《玉燭寶典·正月孟春》引《夏小正》「斗柄」字並作「枋」，原注：「古柄字也。」引《傳》「以」上無「所」字。其《六月季夏》、《七月孟秋》引《小正》「斗柄」字並作「枋」。今謂故書當爲「枋」。《説文》「柯，斧柄也。从木可聲」，古俄切。「柄，柯也，从木丙聲。棅，或从秉」。陂病切。「杓，科柄也。从木从勺」，甫摇切。「枓，勺也。从木从斗」，之庾切。然斗柄字篆止作柄或棅。《説文》「枋，木可作車，从木方聲」，府良切。「橿，枋也，从木畺聲。一曰鉏柄名」，居良切。是枋即橿木。古文斗柄字即以枋爲之。斧柯謂之枋，猶鉏柄謂之橿，意此木勁直，宜爲斧鉏之柄，故或謂之枋，或謂之橿也。小篆已書作柄，則知《小正》經傳，自是先秦舊書也。然非《寶典》幸存，學者亦末由窺見故書之真爾。《儀禮·士冠禮》「賓受醴于户東，加柶，面枋」，鄭注「今文枋爲柄」，然《小正》經傳之爲古文可知已。

二月

榮堇。

○《傳》：「菜色。」孫仲容迻録劉楚楨校語云：「《玉海》引榮堇菜色，此誤引戴傳，采也，又誤作菜色。」孔氏《補注》：「堇，堇葵也，所以滑甕。《儀禮》曰：夏用堇，冬用荁。采，音菜。宋本堇譌黄，也譌色，從傳本改。」

季海按：孔氏所舉宋本誤字，並與明嘉趣堂翻宋本合，然玉海堂翻元劉貞重刻淳熙本，堇不誤黄，知孔氏所見實即明翻本，未必真見宋本，前已論及，是又添一證也。《玉海》所引與劉貞本合，知王氏所見，與淳熙本正同。孔云「夏用堇」者，孫録丁小疋云「《特牲》、《士虞》並云夏葵，《内則注》云夏堇」。「菜色」當爲「采芑」，形之誤也。洪氏《疏義》云：「《大戴》菜也作采色，《初學記》引經祭鮪下有采芑，注云：芑音杞，蘧也。今本無之，或以采色即采芑字之譌。」洪據「菜也」爲説，而記或説如此，是尚無定見也。尋《玉燭寶典·二月仲春》引《小正》「榮堇、采芑」，自注「今案《毛詩草木疏》：芑，蘧也。葉似苦菜，莖青白。擿其葉，白汁出，甘脆可生食，亦可蒸爲茹。青州謂之芑，西河雁門蘧尤美，胡人戀之，不能出塞」，明徐堅所記，信而有徵，乃自宋以來，學者因循莫能是正，卒至以經爲傳，雖楚楨不免也。

采蘩。

○《傳》：「蘩，由胡。由胡者，蘩母也。蘩，旁勃也。」洪氏《疏義》云：「蘩，由胡。訓亦見《爾雅·釋草》」，「陸璣《草木疏》引繁母作旁勃。《廣雅》云：繁母，蒡葧也。」孔氏《補注》云「宋本采譌菜」，又云：「旁，宋本譌萬，《通解》作方。蓋本旁字，脱去上半，或誤爲万，因轉爲萬耳，從黄本改。」

季海按：陸氏《草木疏》云：「蘩，皤蒿，凡艾白色爲皤蒿。」「一名游胡，北海人謂之旁勃，故《大戴禮·夏小正傳》云：蘩，游胡。游胡，旁勃也。」今謂經云「采蘩」，與《召南》合，《采蘩》云「于以采蘩」，是也。《傳》出旁勃，雜記北海方言矣。七月《經》曰「湟潦生苹」，《傳》曰：「湟，下處也，有湟然後有潦，有潦而後有苹草也。」《采蘋》曰：「于以采藻，于被行潦。」毛《傳》：「藻，聚藻也。行潦，流潦也。」是經言潦，亦合《召南》之言。七月《經》又云「漢案户」，《傳》云：「漢也者，河也。」洪氏《疏義》

云：「河，天河也。賈逵《左傳注》云：天漢水也，或曰天河。《詩》維天有漢，毛《傳》亦云：漢，天河也。」《漢廣》云「漢有游女」，又云「漢之廣矣」，是《經》云漢不云河，近契《周南》。惟《召南・采蘋》云：「于以湘之，維錡及釜。」《傳》：「湘，亨也。」《音義》：「亨，本又作烹，煮也。」五月《經》曰「煮梅」，《傳》曰：「爲豆實也。」六月《經》曰「煮桃」，《傳》：「桃也者，杝桃也。杝桃也者，山桃也。煮以爲豆實也。」並言煮，不言湘。二月《傳》「或曰：夏有煮祭，祭也者用羔」同，是《小正》之文與二南頗近，而不必盡同也。然《詩・蜉蝣》「蜉蝣之羽」，陸璣《毛詩草木蟲魚疏》云：「蜉蝣，方土語也。通謂之渠略。」《爾雅》「蜉蝣，渠略」，舍人曰：「南陽以東曰蜉蝣，梁宋之間曰渠略。」（見臧鏞堂輯《爾雅漢注》）《小正》五月《注》云：「浮游有殷。」「韓嬰叙《詩》，《周南・召南》，其地在南郡南陽之間」（見《水經・江水注》引），則五月經文，尋其方土，故是周南東鄰也。《傳》曰：「浮蝣者，渠略也。」則出梁宋之間矣。

明嘉趣堂翻宋本《大戴禮記》作「繁，萬勃也」，與孔校合。玉海堂翻元劉貞覆宋本《大戴禮記》作「繁，方勃也」，與《通解》合。二者同出宋淳熙本，而有此乖互者，袁氏所據宋本蓋尋後印實有壞字，如孔校所云者，遂誤仞作萬耳。以是推之，則孔實未見宋本，其所謂宋本，殆即袁本，或當時書賈，即以袁刻僞充宋本，孔氏不察，遂爲所欺耳。《玉燭寶典・二月仲春》引《夏小正》「繁，方勃也」，知《通解》及宋淳熙本《大戴禮記》（依玉海堂翻元至正本）尚存故書之真。杜引二《傳》，自注「今案《爾雅》：繁，蒿也。《詩草木疏》云：「凡艾白色爲皤，今蒿也。春始生，及秋香可生食，又可蒸。一名游胡，北海人謂之旁勃。方旁，今古字也。」然古文止作「方」，陸疏作「旁」，是有古今之異。

抵蚳。

○《傳》：「抵，猶推也。蚳，螘卵也，爲祭醢也。取之則必推之，推之不必取之，取必推而不言取。」

季海按：《釋言》：「眕、底，致也。」郭注「皆見《詩傳》」。抵讀若底，致也。《傳》訓作推，於義爲疏。「取必推而不言取」，亦爲迂闊。

來降燕乃睇。

○《傳》：「燕，乙也」，「降者，下也。」

季海按：九月「陟玄鳥蟄」。《傳》「陟，升也」，「玄鳥者，鷰也。」《説文》「燕，玄鳥也。籋口布翄枝尾，象形。凡燕之屬皆从燕」，於甸切。又「乙，玄鳥也，齊魯謂之乙，取其鳴自呼，象形，凡乙之屬皆从乙。鳦，乙或从鳥」，烏轄切。依許則齊魯謂之乙，從孫炎《爾雅注》，則「齊曰燕，梁曰鳦」，郭璞注「燕燕，鳦」云：「《詩》云：燕燕于飛，一名玄鳥，齊人呼鳦。」許郭義合。《小正》來降書燕，來入人家，故書燕親之也。陟升則書玄鳥，神之也。降陟相對爲文。燕九月《傳》作鷰，猶乙作鳦矣。二月《傳》以乙稱燕，其出齊魯學者所傳歟？《詩·邶風·燕燕》「燕燕于飛」，毛傳「燕燕，鳦也」。然則《小正》徑書燕，與邶風合。毛傳云鳦，與齊魯讀合。

時有見稊，始收。

○《傳》：「有見稊而後始收，是《小正》序也。《小正》之序時也，皆若是也。稊者所爲豆實。」

季海按：嘉趣堂翻宋本《大戴禮記》「秭」並作「梯」，玉海堂翻元本惟《傳》「有見秭」作「稊」，餘悉同袁。今從洪氏《疏義》「梯」並作「稊」。洪云：「此稊當讀爲荑。《詩》自牧歸荑，《傳》云：荑，茅之始生也。鄭君《箋》云：可以供祭祀。《周禮·醢人》，朝食之豆有茆菹，鄭大夫讀茆爲茅，云：茅菹，茅初生。《鄉師》大祭祀供茅菹，杜子春云以茅爲菹，若葵菹也。此皆《傳》所謂豆實之義也。」洪説是也。尋《玉燭寶典·仲春》引《夏小正》作「時有見荑」，自注：「今案《詩·邶風》曰自牧歸荑。《毛傳》云牧，田官。荑，茅之始生」。又引《草木疏》「正月始生，其心似麥欲秀，其中正白，長數寸，食之甘美，幽州人謂之甘滋，或謂之茹子。比其秀出，謂之白茗也」。引《傳》又云「始收荑也者，取以爲豆實也」，字並作「荑」，足證洪讀之確。然《夏小正》謂茅始生爲荑，與邶詩同風也。

八月「栗零」，《傳》「零也者，降也。零而後取之，故不言剥也」。尋《詩·鄘風·定之方中》云「靈雨既零」，《傳》「零，落也」，栗零正謂栗之落，傳云「降」者，降亦落也。是《小正》之文，亦或與鄘同風也。其二月《經》云「來降燕乃睇」，《傳》「燕，乙也。降者，下也。言來者何也？莫能見其始出也，故曰來降」。九月「陟玄鳥蟄」，《傳》「陟，升也。玄鳥者，鷰也。先言陟而後言蟄，何也？陟而後蟄也」。尋《商頌·玄鳥》「天命玄鳥，降而生商」，《毛傳》「玄鳥，鳦也。春分玄鳥降」，《鄭箋》云「降，下也」。《小正》二月書來降，九月書玄鳥，與《商頌》亦合也。豈郟杞所傳，亦雜商人之言，抑殷因於夏，語或通乎？

三月

頒冰。

〇《傳》：「頒冰者，分冰以授大夫也。」

季海按：《左・昭四年》傳季武子問於申豐，對曰：「古者日在北陸而藏冰，陸，道也。謂夏十二月，日在虚危，冰堅而藏之。西陸朝覿而出之。謂夏三月，日在昴畢，蟄蟲出而用冰。春分之中，奎星朝見東方。其藏冰也，深山窮谷因陰沍寒，於是乎取之。其出之也，朝之禄位賓食喪祭，於是乎用之。其藏之也，黑牡秬黍，以享司寒。其出之也，桃弧棘矢以除其災。其出入也時，食肉之禄，冰皆與焉。大夫命婦，喪浴用冰，祭寒而藏之，獻羔而啟之。謂二月春分，獻羔祭酒，始開冰室。公始用之，火出而畢賦。火星昏見東方謂三月四月中。自命夫命婦，至於老疾，無不受冰。」又曰「七月之卒章，藏冰之道也」，杜注「《七月》，《詩・豳風》，卒章曰：二之日鑿冰沖沖，謂十二月鑿而取之。三之日納於淩陰，淩陰，冰室也。四之日其蚤，獻羔祭韭，謂二月春分，蚤開冰室，以薦宗廟」。今謂《小正》三月頒冰，與申豐「西陸朝覿而出之」，時序正合。《傳》言以授大夫，與申豐「朝之禄位賓食喪祭，於是乎用之」及「火出而畢賦，自命夫命婦，至於老疾，無不受冰」語亦合。是昭公之世，魯之大夫，猶有能識夏時者矣。《豳風》獻羔祭韭在二月，《小正》「囿有韭」，在正月。《傳》「或曰：祭韭也」，則或説早於《豳風》一月，且《經》、《傳》並無蚤開冰室之文，知夏時不必同豳爾。《小正》二月《經》「初俊羔，助厥母粥」，

《傳》「或曰：夏有煮祭，祭也者用羔」，依或説《小正》亦二月獻羔，然《經》但云俊羔，「助厥母粥」疑亦傳小正者所加。二月可以獻羔，則云「初俊羔」，義自可通。《傳》或云善養，或云善羔，似未得《經》意。

越有小旱。

○《傳》：「越，于也，記是時恒有小旱。」

季海按：《傳》云「越，于也」者，越讀若粤，《釋詁》「爰粤，于也」，是其義。然《釋詁》於此文前故云「粤、于、爰，曰也」，今謂經文正當訓「曰」，發端鄭重之詞，何重爾？重農事也。若但記時則「時有養日」、「時有霖雨」、「時有養夜」，並不言越，以是推之，則經義自見矣。

越有大旱。（又四月）

○《傳》：「記時爾。」

田鼠化爲鴽。

○明嘉趣堂本「鴽」並作「駕」，玉海堂翻至正本作「鴽」，從之。《傳》「鴽，鵪也」。

季海按：《玉燭寶典·三月季春》引《禮·夏小正》「田鼠化爲鴽，鵪也」，自注：「古鵪字。今案《爾雅》：鴽，牟母……《蒼頡篇》曰：鵪，鶉屬也。」尋《説文》「雗，雒屬，从隹𦎫聲」，常倫切。又「雒，雗屬，从隹酓聲。鵪，籀文雒从鳥」，恩含切。許君《説文序》云：「秦始皇帝初兼天下，丞相李斯乃奏同之，罷其不與秦文合者。斯作《倉頡篇》，中車府令趙高作《爰歷篇》，太史令胡毋敬作《博學篇》，皆取史籀大篆，或頗省改，所謂小篆者也。」杜氏所引《蒼頡篇》既出於李斯，而此文全同史籀大篆，是許君雖云「或頗省改」，故有不盡省改者矣。然《説文》篆但作「雒」，从隹畬聲，變鳥从隹，以趨約易，正合謂「或頗省改」云云，又疑倉頡正字本从隹，閭里書師或變舊文也。《小正》傳「鴽」謂之「鵪」，既不同《史籀》，亦異於《倉頡》，正古文之不與秦文合者，杜氏以爲古鴿字，是也。奄聲古音在談部，畬聲則在侵部，是秦文从侵聲者，《小正》傳旁轉談也。

拂桐芭。

〇《傳》：「拂也者，拂也，桐芭之時也。或曰：言桐芭始生，貌拂拂然也。」（以上明嘉趣堂翻宋淳熙本《大戴禮記》）玉海堂翻元至正本「貌」作「額」。洪氏《疏義》云：「關本無者字，舊注一本拂也者桐芭之時也。今從關本舊注一本作。」又云：「拂拂猶茀茀，《廣雅·釋訓》：茀茀，茂也。」季海按：洪氏《疏義》從關舊注一本是也，洪謂拂拂猶茀茀，引《廣雅·釋訓》以明其義，亦是也。尋《左·昭十七年》經「冬有星孛于大辰」，杜注「大辰，房心尾也」。《傳》「冬有星孛于大辰西，及漢」，杜注「夏之八月，辰星見在漢西，今孛星出辰西，光芒東及天漢」。《玉燭寶典·四月孟夏》云「春秋昭十七年有星茀（原誤第，形之譌也，今正，下放此）於大辰。服注：有星，彗星也。其形茀茀，故曰茀」。是春秋古文本作「茀」，茀孛，古今字，服本尚存故書之真。服注「其形茀茀」，猶《小正傳》或曰「額拂拂然」也。

四月

昴則見，初昏，南門正。

○《傳》：「南門者，星也。歲再見，壹正，蓋大正所取法也。」孔廣森《大戴禮記補注》：「《天官書》曰亢爲疏廟。其南北兩大星曰南門。《月令》：仲夏昏乃亢中，《小正》躔度，與《月令》恒差一氣。」

季海按：《傳》言「大正」，對「小正」言之。正月《傳》：「記鴻鴈之遰也，如不記其鄉，何也？曰：鴻不必當小正之遰者也。」又「先言緹而後言縞者，何也？緹先見者也。何以謂之？小正以著名也。」又二月「榮芸」《傳》云：「有見稊而後始收，是小正序也。小正之序時也，皆若是也。」並以小正名，然則大小正何以名？曰：以官名。《左・昭十五年》傳：「十二月晉荀躒如周葬穆后，籍談爲介。既葬除喪，以文伯宴，樽以魯壺。」王求彝器，文伯揖籍談，籍談失對。王曰：「且昔而高祖孫伯黶司晉之典籍，以爲大政，故曰籍氏。及辛有之二子董之，晉於是乎有董史。女司典之後也，何故忘之？」今謂「大政」古文舊書當作「大正」，即此傳之「大正」，寔司典籍，《傳》有明文。周王數典，云「及辛有之二子董之，晉於是乎有董史」，其曰「董之」者，《釋詁》：「董，督，正也。」二子及大正而董之，其小正乎？於注以大政爲晉正卿，又謂二子適晉爲大史，籍黶與之共董督晉典，既失其讀，因失本事，非達詁矣。尋《太史公自序》：「昔在顓頊命南正重以司天，火正黎以司地。唐虞之際，紹重黎之後，使復典之，至于夏商，故重黎氏世序天地。」《小正》序夏時，《傳》云大正，寔當南正司天之任，故云「南門歲再見壹正，蓋大正所取法也」。今以春秋古文、太史公書考之《小正》經傳，則知當夏之時，重黎之官，即在大小二正矣。籍屬司晉典籍而爲大正，猶司馬氏先周室之太史，自上世顯功名於虞夏，典天官事矣。洪引今《周書·嘗麥》之文，以大正爲古刑官見洪震煊《夏小正疏義》。不可信。今之《周書》，多後來掇拾依託之文，不惟非西京著録之舊，抑且異許鄭所見之真，今作周書解者，出於孔晁，蓋王學之徒，其有惑亂，毋亦《家語》之故智乎？余别有《疏證》，姑記其疑於此云爾。

五月

初昏，大火中。

○《傳》：「大火者，心也。心中，種黍菽糜時也。」又八月「辰則伏」，至正本《傳》「辰也，謂心也」。孔氏《補注》：「《小正》五月心中，合於《堯典》日永星火，以正仲夏，此虞夏時曆也。《月令》六月心中，合於《左傳》（按見昭三年傳）。火中，寒暑乃退，此周秦時曆也。恒星東行，故古今差焉。」季海按：一九六五年張汝舟作《小正校釋》自序（時在貴州大學，年六十七），謂《小正》先於《堯典》，其以《堯典》爲西周初作，則依竺可楨據歲差以推中星定之也。以《小正》爲「殷周之際頒行之舊典」，以《小正·傳》「當出春秋戰國之際，與《月令》先後不甚相遠」，語多有見。然「正月啟蟄」《校釋》云：「《月令》之星象幾乎全符《小正》。」則轉疏於孔氏，即以四月、五月考之，並有一月之差，謂之全符，可乎？

孔氏《補注》本《傳》作「辰也者，星也」，引《説文》：「農，房星，爲民田時者也。」孔又云「《小正》謂房曰辰，謂心曰火」，是也。丁小疋云：「《説文》農在晶部，與辰爲二字，皆訓房星。」孔又以盧本改「星」爲「心」爲非，甚是。王謂「星」上脱「房」字，當依《初學記》「歲時部上」引補。然《小正》之於星，但有辰火而已，不言房心尾者，在《釋天》大辰房心尾之前。

《詩・小雅・四月》：「四月維夏，六月徂暑。」毛傳：「徂，往也。六月火星中，暑盛而往矣。」鄭箋：「徂，猶始也。四月立夏矣，至六月乃始盛暑。」今謂毛傳與《左・昭三年》傳合，此古義也。鄭箋破毛，未得詩意。《詩序》：「四月，大夫刺幽王也。」則六月火星中，西周已然，不特春秋也。

六月

煮桃。

○《傳》：「桃也者，杝桃也。杝桃也者，山桃也，煮以爲豆實也。」「杝」傅崧卿本《夏小正》作「梔」，傳注云：「《大戴禮》梔作杝，案《爾雅》：椵，梔，郭璞注云：白椵也，樹似白楊，而古今字書有杝而無梔，釋云木名，亦無有訓。山桃者，《爾雅》：褫桃，山桃，音斯，《唐韻》亦云。此書云梔桃也者，山桃也。梔當爲褫，蓋傳寫之譌。」

季海按：《大戴禮》作「杝桃」，假杝落字爲之，《唐韻》「杝」音池爾切。宋監本《爾雅》「椵，梔」，注「白椵也，樹似白楊」。又云「褫桃，山桃」，不以杝梔爲山桃，如傳所云。尋也聲古音在歌部，虒聲古音在支部。《爾雅》从虒，讀若支部字。小正《傳》从也，作者或讀歌如支耳。《説文》不收「榹」，許君所見蓋不同郭本。

七月

寒蟬鳴。

○《傳》：「蟬也者，蝭蠑也。」

季海按：《禮記·月令》「孟秋之月……寒蟬鳴」，鄭注：「寒蟬，寒蜩，謂蜺也。」《釋蟲》「蜺，寒蜩」，郭注：「寒螿也。似蟬而小，青赤，《月令》曰：寒蟬鳴。」鄭郭説寒蟬，並從《爾雅》。《釋蟲》又云「蜓蚞螇螰」，郭注「即蝭蟧也，一名蟪蛄，齊人呼螇螰」，然郭不云蜓蚞即寒蜩者，是不從《夏小正傳》，與司馬彪《莊子注》異撰也。《方言》第十一「楚謂之蟪蛄」，「自關而東謂之虭蟧，或謂之蝭蟧。或謂之蜓蚞，西楚與秦通名也」。揚雄説蟪蛄、蝭蟧未嘗以爲寒蟬，具《莊子》故云「蟪蛄不知春秋」，其不及孟秋而鳴明矣。《方言》又云：「蟪謂之寒蜩，寒蜩，瘖蜩也。」郭注：「按《爾雅》以蜺爲寒蜩，《月令》亦曰寒蜩鳴，知寒蜩非瘖者也。」又云「寒蜩，螿也，似小蟬而色青」，郭説寒蜩與《爾雅》合。子雲義或同也。惟《方言》云「黑而赤者謂之蜺」，不云是寒蜩，或當子雲時，《釋蟲》尚無「蜺，寒蜩」之文，子雲當別有據耳。洪氏《疏義》頗失之疏。

八月

辰則伏。

○《傳》：「辰也者，謂星也。」

季海按：《四部叢刊》影明袁氏嘉趣堂翻宋淳熙本《大戴禮記》《小正》傳無「者」字。劉氏玉海堂景元至正本《大戴禮記》《小正》傳作「辰也謂心也」，無「者」字，與袁本同。元明二本同出淳熙本，是所據宋本已無「者」字。元本「星」誤作「心」。孔氏《補注》云「辰，曟也。《説文解字》曰：曟，房星，爲民田時者也」，又曰「《小正》謂房曰辰，謂心曰火」，並星也。又出校語云：「者，宋本譌謂，傅本於謂上增者字，盧本改星爲心，並非。」尋《玉燭寶典·仲秋第八》：「《夏小正》曰：辰則伏。辰也者，謂星也。」是宋本「謂」字不誤，劉表諸家翻宋本並是也，傅本「謂」上有「者」字，與故書正合，非增字也，巽軒未見《寶典》耳。盧本作「心」，或偶見至正本，輒爲所惑耳。《小正傳》稱「辰也者，謂星也」者，孔引《説文》「曟」字解作注，可謂眇達神恉。「曟」字從晶。「晶」即古文「星」字。《春秋考異郵》曰：「日冬至，辰星升。」（《寶典·仲冬》引），則直謂之辰星矣。洪氏《疏義》出《小正》經傳如此，得之。

十月

玄雉入于淮爲蜃。

○《傳》：「蜄者，蒲蘆也。」

季海按：元至正覆淳熙本《大戴禮記》作「玄雉」，孔氏《補注》曰：「云，宋本譌玄，或屬下雉爲讀，非也。從傳本改。《小正》文句，有用也云者，《正月傳》：蓋記時也云，與此同。」今謂宋本不誤，傳本改字非也。尋「八月」《經》云「玄校」，《傳》「玄也者，黑也」。玄雉者，《爾雅》云：「秩秩，海雉。」郭注：「如雉而黑，在海中山上。」故或以爲入于淮爲蜄也。

十有一月

隕麋角。

○《傳》：「隕，墜也。日冬至，陽氣至，始動，諸向生皆蒙蒙符矣。故麋角隕，記時焉爾。」孔氏《補注》：「廣森謂蒙蒙萌生之貌，鄭君《易注》曰：齊人謂萌爲蒙。符，驗也。」洪氏《疏義》：「鄭君《易注》云蒙者蒙蒙，物初生形，是其未開著之名也，與此蒙蒙義同也。《律書》云：萬物剖符甲而出，符音孚，與此符字義同也。」

○季海按：二字説蒙蒙義並是也。符字音義，洪説得之。依孔引鄭《易注》知此《傳》云「蒙蒙」，與齊言相應。二月《傳》「燕，乙也」，《説文》云「乙，玄鳥也，齊魯謂之乙」，是此《傳》齊語，不止一例也。《寶典・十一月仲冬》引《傳》云「隕，墮也」。尋《説文》無墜字，自部有「隊，從高隊也，從自㒸聲」，徒對切。後來加土耳。自部又有「隤，下隊也，从自貴聲」，杜回切。許云「下隊」，字止作隊。《寶典》引作「墮」，《説文・自部》「隓，敗城自曰陸，从自𡍮聲。𡐦，篆文」。徐鉉等曰「今俗作隳，非是」。許規切。隸變作墮，《廣韻・三十四果》「墮，落也，徒果切，又他果切」，杜書所引，音義並合。《廣韻・三十四果》「妥，他果切九」有「隋，裂肉也，又徒果切」。《說文》「隋，裂肉也。从肉从陸省」，徒果切。《廣韻》又音，與《唐韻》合。《廣韻・五支》「撝，《說文》曰裂也」在「麾，許爲切六」下。然墮隋並有喉舌兩音也。

段玉裁注《說文》「陸」字云：「小篆陸作𡐦，隸變作墮，俗作隳。用墮爲崩落之義，用隳爲傾壞之義，習非成是，積習難反也。《虞書》曰：萬事墮哉。墮本敗城自之稱，故其字從自，引申爲凡阤壞之稱，許規切，古音在十七部。」《說文》「陊，落也，从自多聲」，徒果切，十七部，與墮同部。段注「艸部曰：艸曰苓，木曰落。引申之凡自上而下皆曰落。……按今字假墮爲陊，而假陊爲阤，義雖略相近，而實本不同。《召南》毛傳：盛極則隋落者梅也，又假隋爲陊。」然依杜氏所引，則《夏小正》傳陊謂之墮，與毛傳讀同矣。《夏小正》曰「栗零」，木也，而曰「零」，古言又或不別也。

十有二月

鳴弋。

○《傳》：「弋也者，禽也。先言鳴而後言弋者，何也？鳴而後知其弋也。」洪氏《疏義》：「金履祥云弋當爲鳶。今雪霽霜風之晨則鳶鳴。」

季海按：唐卷子本新修本草卷第十五《禽下》「鵄頭」注「即俗人呼爲老鵄者，一名鳶。鳶作緣（原作緑，形之誤也，今正）者。又有鷳鶚，並相似而大。」尋《説文》「鳶，鷙鳥也，从鳥屰聲」，與專切。臣鉉等曰：「屰非聲。一本从屮，疑从蘿省，今俗别作鳶，非是。」顯慶《本草》鳶作緣音即《説文》「鳶」字。《説文》「鷳，鴟也，从鳥閒聲」，户閒切。即與鳶相次。《説文》無「鵶」字，「鵶」即「鴟」之或字。《説文》「雎，䧳也。从隹氐聲。鴟，籀文雎从鳥」，處脂切。「䧳，雎也，从隹垂聲」，是僞切。即鴟又名䧳、鷳，一物三名也。《夏小正》自作「弋」，俗作「鳶」，則有四名矣。弋古音在之部，屰古音在魚部，氐、至聲並在脂部，今作緣或與專切，則入寒部矣。垂聲在歌部，弋作緣音，之寒音轉，小篆从屰，之魚旁轉爾。唐寫本《新修本草》鳶作緣音者蓋从𢦏聲，與弋聲古音同在之部也。「鳶」作緣音，蓋「鷳」之轉。「鷳」古音在寒部，户閒切。與在喻紐，户屬匣紐。鷳鳶同出，離作二名，爰有古今方國之殊，學者遂承流莫辨耳。

《説文》「鷻，雕也。从鳥敦聲。《詩》曰匪鷻匪鳶」，度官切。又云「雕，鷻也。从隹周聲。鵰，籀文雕从鳥」，都僚切。據唐修《本草》，鵰鶚並大於鳶，然《説文》有鵰無鶚。段注《説文》「鳶」字云「此今之鶚字也，……《詩》：匪鷻匪鳶，《正義》鳶作鶚，引孟康曰：鶚，大雕也。又引《説文》：鳶，鷙鳥也。是孔沖遠固知鳶即鶚字。陸德明本乃作鳶，云以專反，今毛詩本因之。又以與專反改《説文》鳶字之音，誤之甚矣。鳶《夏小正》作弋，與職切。俗作鳶，與專切；猶鷕切以水，譌爲以沼耳。弋者雎也，非鶚也。」段注「鷳」字又云：「今之鷂鷹也。」《廣雅》曰鷳、鴟。《夏小正》謂之鳶，十有二月鳴弋，弋即雎也。弋之字變爲鳶，讀與專切，鳶行而弋廢矣。鳶讀與專切者，與鷳疊韻，而又雙聲。《毛詩正義》引《倉頡解詁》鳶即鴟也。然則《倉頡》有鳶字，从鳥弋聲，許無者，謂鷳爲正字，鳶爲俗字也。《毛詩四月》匪鶚，《説文》作匪鳶，陸《釋文》作匪鳶，不獨改其字，且非其物矣。《大雅》：鳶飛戾天，魚躍于淵。語與《四月》相類，鳶亦當爲鳶。《箋》云鳶，鴟之類，云類則别於鴟，經文字本爲鳶，明矣。《正義》又引《説文》云：鳶，鷙鳥也。此亦引《説文》鳶鷙鳥，而從俗寫爲鳶耳。蓋唐初已認鳶爲鳶，二字不分，故《正義》不能質言。」段説甚辯，其以鷳鳶爲一語，弋鴟爲同物，並是也；以鳶爲鶚，並是也。然鳶鶚雖小大或殊，而並皆相似。屰弋古音亦或旁轉，故師讀或相出入矣。《蒼頡》既有鳶，則知秦書从弋聲，是在之部，蘇敬《本草》作鳶，則从戈聲，同在之部，與《倉頡》讀相應矣，而亦作緣音。許書並不録者，良以東京已作緣音，故獨取鷳字，以其音義可説也。鳶从弋聲，鳶从戈聲，則在之部，若如段讀若弋（與職切），形聲可知，許無不録之理。其寧收鷳，而不取《倉頡》正篆者，以此，段偶不省耳。《説文》「鷂，鷙鳥也」，段注「《釋鳥》鷣，負雀。郭曰鷣，鷂也。江東呼之爲鷣。按鷣，古音淫，見《釋文》。今音燿，見《唐韻》，語之轉也。」今謂段以鴟名鷂鷹，此正江東之鷣，郭注之鷂也。今以紙鳶爲鷂子，猶古之遺語矣。

鄭作新《中國鳥類分布目録》（科學出版社一九五五年版）VII 隼形目（鷹形目）FALCONIFORMES：15. 鷹科 Accipitridae：鳶屬 MILVUS Lacépède，1799：Milvus korschun lineatus (Gray) 鳶 Haliaetus lineatus J. E. Gray，1830—32(＝1831)，in Hardwicke，Ⅲ. Ind Zool. 1(8)：1 圖版 18（中國）。繁殖幾遍我國大陸及海南島；冬時除極北地帶及臺灣外，亦遍佈全國。

東觀漢記拾遺*

東觀漢記序

《文選集注》：孫子荆《爲石仲容與孫皓書》「昔炎精幽昧，曆數將終」，李善曰《東觀漢記·序》曰「漢以炎精布耀，或幽而光」，胡刻脱「序」字，「耀」作「燿」。

季海按：此光武紀序耳，庫本紀末諸文，並序。

卷一　帝紀一

世祖光武皇帝

年九歲……隨其叔父在蕭，入小學。

---

* 本文據作者手稿録入。

季海按：《説文解字序》「周禮：八歲入小學」。光武九歲入小學，是西漢末學制，去周未遠也。

後之長安，受《尚書》於中大夫廬江許子威，資用乏，與同舍生韓子合錢買驢，令從者僦以給諸公費，大義略舉。因學世事，朝政每下，必先聞知，具爲同舍解説。

○《四庫全書》本（以下省稱庫本）：案《太平御覽》「每下」作「美惡」。

季海按：西京太學生或學世事，觀此可見。朝政每下，太學生輒先聞知，亦相論説也。「每下」是故書，《御覽》作「美惡」，宋人改字耳。

及聞帝至，絳衣大冠，服將軍服。乃驚曰：「以爲獨伯升如此也，仲謹厚，亦如之。」皆合會。

季海按：《車服記》（庫本作志，非是，今正）「武冠，俗謂之大冠」，此云大冠，正謂武冠，記從俗名書之。《漢官儀》：「謁者皆著緗績（當爲幘）大冠，白絹單衣。」（《北堂書鈔·衣冠部》、《太平御覽·服章部》，見孫星衍校集本）

帝奉糗一斛，脯三十朐。

季海按：朐，脯挺也。从肉句聲，見《説文》。《唐韻》其俱切。許義與東觀記合，蓋漢語如此。然《曲禮》曰「左朐右末」，《士虞禮》曰「設俎於薦東，朐在南」，並以屈中爲義（鄭《曲禮》注）；鄭《士虞禮》注又云「脯及乾肉之屈」者是也。《鄉飲酒記》「薦脯五挺」，《鄉射記》「薦脯五膱」注：「膱猶挺也。」是禮家不以朐爲脯挺也。

帝至邯鄲，趙王庶兄胡子進狗牒馬醢。

季海按：《説文》：「牒，薄切肉也。从肉枼聲。」《唐韻》直葉切。段注：「《少儀》曰：牛與羊魚之腥，聶而切之爲膾。注：聶之言牒也。先藿葉切之，復報切之，則爲膾，醢人注引《少儀》聶皆作牒。臘人注云：膴亦牒肉大臠，如許鄭説，牒者大片肉也。鄭云：凡醯醬所和，細切爲齏，全物若牒爲菹。」是也。然《少儀》自作聶，不作牒，小篆作牒，是秦文，關東不行。鄭注作牒，是季漢禮家亦用此字，與《東觀記》合。依鄭注若以醢和狗牒則爲菹也。《説文》：「菹，酢菜也，从艸沮聲。薀，或从皿。蘁，或从缶。」側魚切。依鄭注，則醬菜亦爲菹也。

帝會諸將燒之，曰：「令反側者自安也。」

○庫本案：《反側者》歐陽詢《藝文類聚》作「反側子」，與范書同。

季海按：故書當從《類聚》作「反側子」，范書承用東觀舊文耳。「反側子」當時語，後人不知，改字文之耳。《列傳七・馬援》稱援「與兄子嚴、敦書曰……效杜季良而不成，陷爲天下輕薄子」。反側子、輕薄子，語正相類。

光武即位，爲壇於鄗之陽，祭告天地，采用元始故事。（建武）二年正月於洛陽城南依鄗爲圓壇，天地位其上，皆南向西上。

季海按：劉昫《唐書・志・禮儀一》賈曾上表引《東觀漢記》之文如此，庫本失收。曾表又云：「按兩漢時自有后土及北郊祀，而此已於圓丘設地位，明是禘祭之儀。」則賈引《漢記》以證「禘郊則地祇群望俱合於圓丘」之義云爾。

四年……至二年秋，天下野穀旅生，麻菽尤盛，或生苽菜果實，野蠶成繭被山，民收爲絮，采穫穀果以爲蓄積。至是歲，野穀生者稀少，而南畝亦益闢矣。

季海按：《列傳四·寇恂》：「建武二年爲潁川太守，便道之官。郡大生旅豆，收得一萬餘斛，以給諸營。」

七年春正月……又舊制上書，以青布囊素裹封，書不中式不得上。既上，詣北軍待報，前後相塵，連歲月乃決。

○庫本案：「塵」，《太平御覽》作「屬」。

季海按：《御覽》改字非也。《釋詁》：「曩、塵、佇、淹、留，久也」，注：「塵垢、佇企、淹滯，皆稽久。」相塵正謂淹留耳。郭注以塵垢爲言，非是。

十二年……，副將劉禹曰：「城降，嬰兒老母，口以萬數。」

○庫本案：《文選》李善注：「嬰作孩。」

季海按：故書當從李注作「孩」，今作嬰，後人改字以文之耳。

仰視天，俯視地，觀於放麑啜羹之義，二者孰仁矣，失斬將吊民之義。

○庫本案：「矣」，《太平御覽》作「且」。

季海按：「矣」作疑問語氣詞，後人不知，臆改作「且」，非是。

述伏誅之後，而事少閒。官曹文書減舊過半。下縣吏無百里之繇，民無出門之役。

季海按：《光武紀》以繇役分屬吏民，足徵漢語。又《顯宗孝明皇帝》永平十年「是時天下安平，人無徭役」，字又作「徭」。《説文》無繇，字當作䌛，隨從也。段玉裁云：「䌛之譌體作繇，亦用爲傜役字。傜役者，隨從而爲之者也。」（見「䌛」字注）是也。又《説文》「傜，喜也」，段注：「凡傜役字即此字之隸變。」亦是也。字又作「徭」，蓋因「役」字偏旁而譌。

十七年：鳳凰五高八尺九寸，毛羽五采，集潁川，群鳥從之，蓋地數頃，留十七日乃去。

○庫本案：范書《帝紀》，鳳凰見，在冬十月。

季海按：范書《帝紀》云「有五鳳凰見於潁川之郟縣」。注：今汝州郟城縣也。《東觀記》曰：「鳳高八尺，五綵，群鳥並從，行列蓋地數頃，停一十七日。」「群鳥」以下當是故書如此。庫本脱「行列」字，「停」改「留」。

二十六年：四月始營陵地於臨平亭南，詔曰：「無爲山陵陂池，裁令流水而已，迭興之後，亦無丘壟，使合古法。」下又曰：「初作壽陵，將作大匠竇融上言園陵廣袤無慮所用。帝曰：……今所制地不過二三頃，無爲陵池。」

○庫本案：「初作壽陵」以下至此，見《太平御覽》，與前段互有異同，故並纂入。

季海按：《匡謬正俗》卷五「陂池」條：「《東觀漢記》述光武初作壽陵云：今所制地不過二三頃，爲山陵陂池，裁令流水而已。按陂池讀如《吊二世賦》登陂陁之長阪，凡陂陁者猶言靡陁耳，光武言不須如前世諸帝高作山陵，但令小隆起陂陁然，裁得流泄水潦，不墊壞耳。今之讀者謂爲陂池令得流水，此讀非也。」如師古之言，知今書詔曰「無爲山陵」云云，「爲」上衍「無」字；下云「無爲陵池」亦然，又脱「山」、「陂」字。

三十年：有司奏封禪，詔曰：「災異連仍，日月薄食，百姓怨嘆而欲有事於太山，污七十二代編録，以羊皮雜貂裘，何强顔耶？」

季海按：《紀》：「二十五年烏桓獻貂、豹皮，詣闕朝賀。」是貂出烏桓，非中國所産，故漢有此語，光武以爲喻耳。《説文》：「貂，鼠屬，大而黄黑，出胡丁零國。从豸，召聲。」都僚切。

卷二　帝紀二

顯宗孝明皇帝

十九年以東海王立爲皇太子，治《尚書》，備師法，兼通九經，略舉大義。博觀群書，以助術學，無所不照。

季海按：兩漢帝王之學，大率如是。是時始具九經之目。《穆宗孝和皇帝紀》云：「初治《尚書》，遂兼覽書傳。好古樂道，無所不照。」下語雷同。又《肅宗孝章皇帝紀》云：「始治《尚書》，遂兼五經。周覽古今，無所不觀。」亦大同小異。足見當時東觀諸臣，秉筆記注，遞相仿效，陳陳相因，徒飾空言，具文而已。又《列傳十二・薛漢》云「兼通書傳，無不照覽」，用語亦相似矣。

（永平）二年……是時學者尤盛，冠帶搢紳，游辟雍而觀化者，以億萬計。

季海按：十萬曰億。《列傳二宗室》東平憲王蒼傳：「復賜乘輿服御珍寶鞍馬錢布，以億萬計。」知凡言多，輒云「以億萬計」，故東京習語爾。

三年……甲夜讀衆書，乙更盡乃寐。先五鼓起，率常如此。

季海按：甲夜謂初夜耳，乙更盡則二時辰矣。史炤《資治通鑑釋文卷第八・通鑑卷七十五・魏紀七》：「嘉平元年」出「甲夜」云：「謂初更也。」

十年……以日北至，復祠於舊宅。禮畢，召校官子弟作雅樂，奏《鹿鳴》。上自御塤篪和之，以娛嘉賓。

季海按：東京雅樂猶能奏《鹿鳴》，而鳴塤篪以和之。《列傳十一・桓榮》：「車駕幸太學，會諸博士論難於前。……又詔諸生，雅吹擊磬，盡日乃罷。」

十四年帝作壽陵，制令流水而已。陵東北作廡，長三丈。五步外爲小廚，財足祠祀。帝自置石椁，廣丈二尺，長二丈五尺。

季海按：《説文》「廡，堂下周屋」；「廚，庖屋也」。《四部叢刊》影元本《三輔黄圖・陵墓》：「昭帝平陵在長安西北七十里，去茂陵十里。帝初作壽陵，令流水而已。石椁廣一丈二尺，長二丈五尺，無得起墳。陵東北作廡，長三丈。五步外爲小廚，裁足祠祝。萬年之後，掃地而祭。」何西京之昭，與東京之明，其作壽陵，相似如一乃爾邪？昭在明前，果爾，何明制不云「一遵平陵故事」邪？自「帝初」訖「起墳」，具見范書《孝明帝紀》，范删「制」字而已。「陵東」訖「祠祀」，見章懷注引《東觀記》，《黄圖》作「祠祝」，僅一字之差。「萬年」以下八字，蓋亦東觀舊文，而范書《明紀》有取焉爾。晉世諱昭曰「明」，爲《黄圖》者又援明入昭，故有此誤耳。然東觀記明帝作壽陵本末，賴此得窺全豹，庶補庫本闕文。若「五步外」紹興本范書注引《東觀記》作「五步出外」，或當時語如此，或「出」乃「之」字形誤，姑記其疑，以俟論定。

肅宗孝章皇帝

帝賜尚書劍各一，手署姓名。韓稜楚龍泉，郅壽蜀漢文，陳寵濟南鍛成，一室納兩刃，其餘皆平劍。其時論者以爲稜淵深有謀，故得龍泉。壽明達有文章，故得漢文劍，寵敦樸有善於内，不見於外，故得鍛成劍，皆因名而表意。

○庫本案：此條見范書《韓稜傳》，其頒賜年月無考。

季海按：論者以龍淵表淵深耳。唐人諱淵，改龍泉，遂成駮文，而淵深意晦。

明德太后姊子夏壽等私呼虎賁張鳴與敖戲爭鬬。帝特詔曰：「爾虎賁將軍蒙國厚恩，位在中臣，宿衛禁門。……今者反於殿中，交通輕薄，虎賁闌内所使，至欲相殺於殿下。

○庫本案：范書不載此事，故下詔之年月無考。

季海按：《臯陶謨》：「無若丹朱傲，惟慢游是好。傲虐是作，罔晝夜頟頟」僞孔傳：「傲戲而爲虐，無晝夜常頟頟肆惡無休息。」陸德明《音義》於「丹朱傲」云：「傲，五報反，字又作奡。」於「傲虐」云：「傲，五羔反，徐五報反，注同。」阮氏《校勘記》於「丹朱傲」云：「《説文·夰部》：奡，嫚也，讀若傲，則奡傲古字通。徐鍇曰：今文《尚書》作傲，則作奡者古文也。」又於「傲虐是作」云：「岳本傲作敖。按傲，倨也，五報反。敖，游也，五羔反。傳釋傲虐云：傲戲而爲虐，《釋文》音五羔反，則當作敖明矣。《釋文》又云：徐五報反，則與上文傲字無別。唐石經及近刻皆沿其誤。薛氏古文訓兩句俱作奡，亦非也，惟岳本得之。」今謂陸音阮説並是也。《東觀記》自作敖戲，明漢語有此，或今文《尚書》即「作敖虐是作」，而漢今文《書》説即以「敖戲」爲釋，僞孔襲用其語耳。然「敖」當讀若「勢」。《説文·力部》：「勢，健也。从力敖聲。讀若豪。」五牢切，古語於戲有勢戲，猶舞有健舞矣。勢戲鬬力，故云爲虐，虎賁敖戲爭鬬，至欲相殺於殿下，是其事也。《列傳三·耿恭》「飛鷹走狗，游戲道上」，敖戲故不同於游戲矣。

穆宗孝和皇帝

（永元）十二年……秭歸山高四百餘丈，崩填谿水，壓殺百餘人。

季海按：秭歸山崩此言楚故者所當知也。《水經注·江水》云：「故《宜都記》曰：秭歸蓋楚子熊繹之始國。」又云：「江水又東逕一城北，其城憑嶺作固，二百一十步，夾溪臨谷，據山枕江，北對丹陽城。

城據山跨阜，周八里二百八十步，東北兩面悉臨絶澗，西帶亭下溪，南枕大江，險峭壁立，信天固也。楚子熊繹始封丹陽之所都也，……又楚之先王陵墓在其間。」《括地志》云：「歸州巴東縣東南四里歸故城，楚子熊繹之封也。」《輿地志》云：秭歸縣東有丹陽城，周回八里，熊繹之始封也。」《元和郡縣志》謂丹陽「在秭歸東七里，楚之舊都也，周成王封熊繹于荆丹陽之地，即此也」（以上並見劉引，引酈注文多譌奪，今略爲刊正）。又熊繹墓在歸州秭歸縣。劉彬徽云：「中國科學院考古研究所長江隊曾對此地區作過兩次調查，發現有四類文化遺存，……第二類遺存似相當於中原西周或稍早，這類遺存也在秭歸縣發現一處——鰱魚山遺址，並進行了試掘，此地西距秭歸縣城7.5里，位於長江北岸，與《水經注》所記的丹陽城位置大體相符（距縣城七里）。」（見劉氏《試論楚丹陽和郢都的地望與年代》，《江漢考古》一九八〇年一期。）

「朝無寵族，政如砥矢」訖「故靡得而紀」。

季海按：此亦帝紀之序，庫本失檢。考《殤紀》末有案語，此下當補。

卷三　帝紀三

恭宗孝安皇帝

永初元年……永昌獻象牙、熊子。

季海按：列傳十一《班超傳》：「超悉會其吏士三十六人，酒酣，激怒曰：『不探虎穴，不得虎子！』」是漢語於猛獸之幼小者通謂之子。二年「夏六月雨雹，大如芋魁雞子」，則謂雞卵。《穆宗孝和皇帝》：永元五年，「六月，郡國大雨雹，大如雁子」，謂雁卵矣。

敬宗孝順皇帝

陽嘉元年望都蒲陰狼殺子女九十七人，爲不祠此嶽所致。詔曰：「政失厥中，狼災爲應，至乃踐食孤幼，博訪其故。」

季海按：「踐食」、「博訪」並漢人語。

二年，……疏勒國王盤遣使文時詣闕獻師子、封牛。

季海按：記云「師子」，亦當時語。

孝靈皇帝

光和元年有白衣人入德陽殿門，言梁伯夏教我上殿與中黄門桓賢語，因忽不見。有黑氣墮所御温明殿庭中，如車蓋，隆起奮迅，五色有頭，體長十餘丈，形貌似龍。

季海按：此二事俱見《蔡中郎文集·答詔問災異八事》中，光和元年七月十日詔書尺一召邕等問，「詔曰：問去月二十九日有黑氣墮（《四部叢刊》影明蘭雪堂活字本原誤「隨」，今據《東觀記》改）温明（活字本脱「明」字，據記文補）殿東庭中，黑如車蓋，隆起（原訛降氣，據記文改）奮迅（迅原訛勢，據記文正），五（原訛王，據記文正）色有頭（脱此字，據記文補），體長十丈餘，形狀似龍，似虹蜺。對：虹著於天，而降施於庭，以臣所聞，則所謂天投虹者也。不見尾足者，不得勝龍，……《演孔圖》曰：蜺者，斗之亂（活字本作氣，據《通鑑》卷五十七《漢記》四十九史炤《釋文》：「投蜺」下引《演孔圖》改）精也。失度投蜺見（失原誤天，據史炤引正，「投」上史引有「則」字，此下復釋云「投，應也」），主惑於毀譽。」又「詔問曰：五月三日何白（活字本誤曰，據記文正）衣人（原脱，據記文補）入德陽殿門（原誤問，據記文正）言（原誤辭，據記文正）我梁（原誤良，今正）伯夏教我上殿與（原誤與，今正）中黄門桓賢晤言，相往來，不不（下不字活字本原作匕，疑衍）得入，遂亡去，不知姓名」，是白衣人與投蜺非一時事，記文殘缺，失載日月耳。又白衣人以不得入，遂亡去，東觀諸臣乃云「因忽不見」。語近神怪，亦失辭。

卷五　志

律曆志

凡律所革以變，律吕相生至六十。

季海按：《漢書·天文志》：「冬至短極縣土炭。」晉灼曰：「蔡邕《律曆記》：候鍾律，權土炭。冬至陽氣應，黄鐘通，土炭輕而衡仰。夏至陰氣應，蕤賓通，土炭重而衡低。進退先後五日之中。」又《律曆志》「參分損一，下生林鐘」晉灼曰：「蔡邕《律曆記》：凡陽生陰曰下，陰生陽曰上也。」皆本書佚文，而庫本不能據補，是並《漢書注》亦不暇檢及，何其草率。「劉昭補注司馬書引袁山松書云：劉洪與蔡邕共述《律曆記》（見《四庫全書總目提要》）」，與晉灼引文合。《史通·書志》云：「原夫司馬遷曰書，班固曰志，東觀曰記。」是東觀諸志並曰記也。又《題目》云：「子長《史記》，别創八書，孟堅既以漢爲書，不可更標書號，改書爲志，義反文，而何氏《中興》，易志爲記，此則貴於革舊，未見其能取新。」是何法盛《晉中興書》作記也。劉氏譏何，而不譏東觀書者，則以漢諱當避，非關革舊故也。然范書《蔡邕傳》：「邕在東觀，與盧植、韓説等撰補《後漢記》所作《靈紀》及十意，又補諸列傳四十二篇。因李傕之亂，多不存。」（亦見庫本《提要》）范書本傳李賢注載十意之目，僅存其六，以律曆、禮、樂、郊祀、天文、車服爲次，《史通》稱邕於熹平中作《朝會》、《車服》二志（並見庫本《蔡邕傳》案），則今書《地理志》非邕十意之舊矣。劉引《朝會》出李賢注外者，蓋於諸家漢書得之，非及見其原書也。范作十意亦據東觀故書或諸家漢書舊文，避桓帝諱作「意」耳。晉灼西晉人，與袁山松書並作「記」，是後來傳世諸本並定作「記」也。

朝會志　天文志

庫本案：此二篇全闕，今存其目。

季海按：《朝會志》當亡於李傕之亂，雖子玄亦不及見。若《天文志》則尚有佚文，非全闕也。尋《漢書・律曆志》「蓋聞古者黄帝合而不死，名察發斂，定清濁，起五部，建氣物分數」注：「晉灼曰：蔡邕《天文志》：渾天名察發斂，以行日月，以步五緯。」館臣失檢耳。

卷六　列傳一　外戚

明德馬皇后

永平三年有司奏立長秋宫，以率八妾。

季海按：《初學記・中宫部・皇后》引作：「永平三年有司奏請明德馬皇后立長楸宫，以率八妾。」秋作楸。

不喜出入游觀，希嘗臨御牕望。

季海按：《初學記・中宫部・皇后第一》引《東觀漢記》：「不喜出入游觀，希常臨御窻望。」

俗語曰：「時無赭，澆黄土。」

季海按：「赭，赤土也。从赤者聲。」之也切。如馬后之言，漢人之貴赭可知也。尋陸璣《毛詩草木鳥獸蟲魚疏》：「楛，其形似荆……上黨人……又揉以爲釵。故上黨人調問婦人：欲買赭否？曰：

竈下自黄土，問：買釵否？曰：山中自有楛。」是黄土代赭，季漢上黨婦女猶存其俗，故元恪引諺云爾。

因詔曰：「吾萬乘之主，身衣大練縑裙，食不求所甘，左右旁人，皆無薰香之飾。」

季海按：《初學記·中宫部·皇后第一》引作「左右傍人皆無薰香之飾」，尋《説文》：「傍，近也，从人旁聲。」步光切。《漢記》故書當本作傍，正用本字本義。《説文》：「旁，溥也。从二闕，方聲。」步光切。庫本作旁，字借爲傍。

和熹鄧皇后

太后賜馮貴人步摇一具。

○庫本案：范書后記和帝葬後宫人並歸園，故后有是賜。

季海按：鮮卑婦人首飾貴步摇，豈東京之餘風歟？

永初二年三月，京師旱，至五月朔，太后幸洛陽寺省庶獄，舉寃囚。……行未還宫，澍雨大降。

季海按：《列傳二宗室·北海靖王興》：「時年旱，分遣文學循行屬縣，理寃獄，宥小過，應時甘雨澍降。」然澍謂時雨大降也。《説文》：「澍，時雨澍生萬物。从水尌聲。」常句切。澍生言澍之所由得名，《説文》：「樹，生植之總名，从木尌聲。𣃔，籀文。」常句切。然則澍之爲言猶樹也。《説文》：

「注，灌也。从水主聲。」之戍切。澍降，猶注降耳。《世祖光武皇帝紀》：「會天大雷風，暴雨下如注，水潦成川，滍水盛溢。」注亦澍也，而用於暴雨；澍亦注也，而用於甘雨。斯其異耳。

卷七　列傳二　宗室

北海敬王睦

睦善草書，臨病，明帝驛馬令作草書尺牘十首焉。

季海按：《光武紀》建武二十六年：「帝常自細書，一札十行，報郡縣。」

東平憲王蒼

章帝建初三年賜蒼書曰：「惟王孝友之德，今以光烈皇后假髻、帛巾各一、衣一篋遺王，可時瞻視，以慰凱風寒泉之思。」

季海按：《天官·追師》：「掌王后之首服，爲副、編、次、追衡、笄。」鄭注：「玄謂副之言覆，所以覆首爲之飾，其遺象若今步繇矣。服之以從王祭祀。編，編列髮爲之，其遺象若今假紒矣，服之以桑也。次，次弟髮長短爲之，所謂髲髢，服之以見王。王后之燕居，亦纚笄總而已。」又云：「唯祭服有衡，垂於副之兩旁，當耳，其下以紞縣瑱。」又云「笄，卷髮者」，是也。然則漢之步繇，服之以從祭祀，假髻服之以桑也。《後漢書·志·輿服下·后夫人服》：「皇后謁廟服，紺上皁下，蠶，青上縹下，皆深衣制，隱領袖緣以絛。假結，步摇，簪珥。步摇以黄金爲山題，貫白珠爲桂枝相繆，一爵九華，熊、虎、赤羆、天鹿、辟邪、南山豐大特六獸，《詩》所謂副笄六珈者。諸爵獸皆以翡翠爲毛羽。金題，白珠璫繞，以翡翠爲華云。」注：《毛詩傳》曰：「副者，后夫人之首飾，編髮爲之。笄，衡笄也，珈，笄飾之最盛者，所以别尊卑。」鄭玄曰：「珈之言加也。副既笄而加飾，如今步摇上飾，古之制所未聞。」今按：毛以副亦編髮爲之，則與編無異，鄭意不爲然，故以步摇當之。

卷八　列傳三

鄧陟

以延平九年拜爲車騎將軍，儀同三司。儀同三司，始自陟也。

○庫本案：陟，訓之子，范書作騭。

季海按：《説郛》卷第十引《續事始》「開府儀同三司」：《東觀漢記》「殤（原誤煬，今正）帝延平元年鄧騭爲車騎將軍，使儀同三司」。庫本「九」當爲「元」，「陟」當爲「騭」。知者，延平止一年。范書字亦从馬，與東觀故書正合。《説郛》同卷引《事始》「開府儀同三司」：《東觀漢記》曰：「劉隱延平元年拜儀同三司，號自隱始也。」「劉隱」當爲「鄧騭」，並形誤。

鄧豹

遷大匠，工無虚張之繕，徒無饑寒之色。

季海按：然大匠虚張之繕，由來舊矣。

卷九　列傳四

寇恂

以恂爲河内太守，行大將軍事。恂移書屬縣，講兵肄射，伐淇園之竹，治矢百餘萬。

季海按：費金深《冰川的故事·地球史上的冰川》「冰後期的冰川變化」云：「但到三千年前的西周初年，氣候有一二百年時間變得比較寒冷。根據我國古書《竹書紀年》的記載，西周初年，長江支流漢水曾經兩度結冰。這次寒冷氣候使得我國高山冰川一度前進。絨布冰川一直前進到現在的絨布德寺，長於目前絨布冰川 2.2 公里。最近在西藏東南部發現相當於這次冰進的冰磧物，經 C14 年代鑒定爲 2980±150 年。這證明了《竹書紀年》的記載完全可靠。這次冰進之後，一直到三國，有過一千多年的温暖時期。這時候被寒冷氣候南移的梅樹和竹子，又重返黄河流域的家園。《詩經·衛風》裏，有『瞻彼淇奥，緑竹猗猗』的詩句，是我們古人在河南北部淇水灣頭，看到這裏的竹林在微風中婆娑起舞時的即興之作。西漢大文學家和大史學家司馬遷所寫的《史記》裏，曾經提到『蜀漢江陵千樹橘；……陳夏千畝漆，齊魯千畝桑麻；渭川千畝竹』。又根據《史記》的記載，公元前110年，黄河決口，曾砍伐河南淇園的竹子編成竹簍盛放石頭，來堵塞黄河缺口。這次温暖氣候，一度使我國高山冰川退縮。」是建武元年淇園之竹甚盛，即河内之温暖可知也。費書又云：「東漢末年到南北朝，氣候又一度偏冷，高山冰川再次前進。曹操在銅雀臺上種橘子，年年開花，年年不結實。他的兒子曹丕在淮陰閱兵，因河道封凍，不歡而散。北魏農學家賈思勰所寫的《齊民要術》裏，也叙述過山東的石榴樹，『十月中以蒲藁裹而纏之（不裹則凍死也）』。」是漢末氣候又轉寒冷也。隋唐始又轉暖耳。

卷十　列傳五

王霸

南至下曲陽滹沱河，導吏言河水流澌，無船不可渡。

季海按：《説文》：「凘，流仌也。从仌斯聲。」息移切。流澌，流仌也，借爲凘。《説文》：「澌，水索也。

从水斯聲。」息移切。下云：「即白曰：冰堅可渡。」又曰：「比至，冰合可渡。」又：「渡未畢數車而冰陷。」又：「謂官屬曰：王霸從我勞苦，前遇冰變，權時以安吏士，是天瑞也。」滹沱之於渡，其關繫於冰如此。

卓茂

茂問失馬幾日，對曰：「月餘矣。」茂曰：「然，此馬已畜數年。」遂解馬與之，曰：「即非所失，幸至丞相府還我。」

季海按：「即」猶「若」矣。

卷十一　列傳六

樊重

世善農稼，好貨殖，治家產業，起廬舍，高樓連閣，陂池灌注，竹木成林，閉門成市。

季海按：《説文》：「閣，所以止扉也。从門各聲。」古洛切。然「閣」乃假借字。《説文》：「客，寄也。从宀各聲。」苦格切。「寓，寄也。从宀禺聲。庽，寓或从广。」牛具切。「廬，寄也。秋冬去，春夏居，从广盧聲。」力居切。

樊梵

樊梵，字文高，爲尚書郎，每當直事，常晨駐馬待漏。雖在閒署，冠劍不解於身。每齋祠，恐失時，乃張燈俯伏。爲郎二十三歲，未嘗被奏，三署服其慎也。

季海按：「閒署」，「三署」並當時語。

樊準

爲別駕從事，臨職公正，不發私書，世稱冰清。

季海按：觀此知「冰清」亦漢人語。

乃疏曰：「孝明皇帝尤垂情古典，游意經藝，删定乖疑，稽合圖讖。封師太常桓榮爲關内侯，親自制作五行章句，每享射禮畢，正坐自講，諸儒並聽，四方欣欣，是時學者大盛，冠帶搢紳游辟雍觀化者億萬計。」

季海按：《帝紀二・顯宗孝明皇帝》作：「垂意經學，删定擬議，學者尤盛，而觀化者以億萬計。」此必東觀舊書有之，而準引之，傳稱準明習漢家舊事，信然。但以今書觀之，又似即據準疏，而略加翦裁耳，如以「垂情」、「游意」二句爲「垂意」句，以「乖疑」爲「擬議」，以「大盛」爲「尤盛」，並是也。

張禹

禹巡行守，舍止大樹下，食糒乾飯屑，飲水而已。

季海按：陸德明《儀禮音義·燕禮第六》出「糗」云「去久反，乾飯屑也。劉香久反。《孟子》曰：舜飯糗茹草。」是東觀諸臣記事，直依漢語書之，不謂之糗也。《説文》：「糒，乾也，从米葡聲。」平秘切。與此記文義相應。又曰：「糗熬米麥也。从米臭聲。」去九切，漢語熬米麥與乾飯屑或當小異。

卷十二　列傳七

馬援

援據鞍顧盼，以示可用。上笑曰：「矐哉是翁也。」

○庫本案：「矐」字，范書本傳作「矍鑠」。

季海按：《通鑑卷四十四·漢記三十六》史炤《釋文》「矍鑠」條云：「《東觀記》作矐哉是翁。矐，許縛切，大視也。」尋《説文》：「矐，大視也。从目蒦聲。」許傳切。《説文》：「蒦，規蒦也。从又持隹，一曰：視遽貌。一曰：蒦，度也。」乙虢切。今謂「視遽貌」，即矆矣。光武此言，正爲「據鞍顧盼」而發耳。蔚宗改舊史之文，頗失其真。又《説文》：「奪，手持隹，失之也，从又从奞。」徒活切。今字作脱，又設〔説〕，或謂之脱，亦此字。與蒦爲商度同意。又：「奞，鳥張毛羽自奮也，从大从隹，凡奞之屬皆从奞。讀若睢。」息遺切。《説文》：「睢，仰目也。从目隹聲。」許惟切。今謂睢當从目隹，隹亦聲，與奪、矆同意。

馬防

章帝建初三年，防爲車騎將軍城門校尉，置掾史，位在九卿上，絶席。

季海按：《説郛》卷第十引《續事始》「開府儀同三司」：《東觀漢記》：「章帝建初三年以馬防爲車騎將軍，使班同三司。」庫本脱「使班同三司」之文。

馬嚴

顯宗詔嚴留仁壽闥，與校書郎杜撫、班固定建武注記。

季海按：《通鑑卷五十四·漢紀四十六》史炤《釋文》延熹五年出：「承善闥，他達切。《爾雅》曰：宫中門謂之闈，《廣雅》曰：闈謂之闥。」

梁商

少持《韓詩》。

季海按：「持」當本作「治」，唐人避高宗諱，改故書耳。《列傳十一·甄宇》云：「治嚴氏春秋，持學精微。」「持」亦當爲「治」。

商上書猥復，超超宿德。

季海按：超超玄箸（王夷甫答樂令云：「我與王安豐説延陵子房，亦超超玄箸。」見《世説新語·言語》），語襲東京。

帝作誄曰：「孰云忠侯，不聞其音。背去國家，都兹玄陰。出居冥冥，靡所且窮。」

季海按：此以「音」、「陰」葉「窮」。

卷十三　列傳八

馮石

爲安帝所寵。帝嘗幸其府，留飲十許日，賜駮犀具劍、佩刀、紫艾綬、玉玦各一。

季海按：《列傳十六・陳導》「光武賜陳導駭犀劍」，駭字誤，當爲駮。駮犀劍即駮犀具劍，寶劍以犀玉爲具，以犀曰犀具，以玉曰玉具耳。《載記》又有「陳遵使匈奴，詔賜駮犀劍」，庫本案：「班書《游俠傳》：遵字孟公，杜陵人。」非是。《漢書・游俠傳》：「陳遵，字孟公，杜陵人也。」又曰：「更始至長安，大臣薦遵爲大司馬護軍，與歸德侯劉颯俱使匈奴。單于欲脅詘遵，遵陳利害，爲言曲直，單于大奇之，遣還。會更始敗，遵留朔方，爲賊所敗，時醉見殺。」《後漢書・光武帝紀》：建武元年，「九月，赤眉入長安，更始奔高陵」，十二月，「赤眉殺更始」，然則孟公見殺，當在建武元年九月赤眉入長安以後也。據班書所記，知孟公初無光武賜劍之事，此陳遵當即陳導。導於光武時嘗使匈奴，導、遵形近而誤，猶駭、駮形近而誤也。《列傳三・鄧遵》：「元初中爲度遼將軍，討擊羌虜，……破匈奴……詔賜駮犀劍。」亦謂駮犀具劍矣。遵當安帝世，與石同時。

《後漢書・南匈奴列傳》：「呼蘭若尸逐就單于兜樓儲先在京師，漢安二年立之。天子臨軒，大鴻臚持節拜授璽綬，引上殿。賜青蓋駕駟、鼓車、安車、駙馬騎、玉具刀劍、什物，給綵布二千匹。」注：「玉具，標首鐔衛盡用玉爲之。」

《後漢書・南匈奴列傳》：建武二十六年，「秋，南單于遣子入侍，奉奏詣闕。詔賜單于冠帶、衣裳、黄金璽、盭緺綬。」注：「盭音戾，草名，以戾草染綬，因以爲名，則漢諸侯王制，戾，緑色。緺，古蛙反。又《説文》曰紫青色也。」

《列傳十六·段熲》：「熲上言掠得羌侯君長金印四十三、銅印三十一、錫印一枚，長史、司馬、涉頭長、燕烏校、棚水塞尉印五枚，紫綬三十八（庫本案：《太平御覽》作紫綬十七、艾綬二十八）、黄綬二枚，皆簿入也。」知此紫艾綬謂紫綬、艾綬、玦各一也。

卷十四　列傳九

鮑永

後孔子闕里，無故荆棘自闢，從講室掃除至孔里。永異之，召郡府丞謂曰：「方今阨急而闕里無故自滌，豈夫子欲令太守大行饗誅無狀也。」

季海按：此「滌」與「滌狼氏」讀同。《説文》：「蓧，艸旱盡也。从艸俶聲。《詩》曰：蓧蓧山川。」徒歷切。此滌亦謂荆棘自闢與草盡同意。

鮑昱

司徒例訟久者至數十年，比例輕重，非其事類，錯雜難知。昱奏定詞訟七卷，决事都目八卷，以齊同法令，息遏人訟也。

○庫本案：范書本傳：昱以永平十七年爲司徒。

季海按：《説文》：「辭，訟也。从𤔔，𤔔，猶理辜也。𤔔，理也。𤕎，籀文辭从司。」似兹切。昱傳詞借爲辭。《列傳三·吴漢》：「漢爲人質厚少文，造次不能以辭語自達。」辭又借爲詞。《説文》：「詞，意内而言外也。从司从言。」似兹切。

田邑

田邑，字伯玉，馮翊蓮芍人也。

季海按：《史記·高祖本紀·索隱》出「如嗥呼之嗥」云：「按《東觀漢記·田邑傳》云：邑年三十，歷卿大夫，號歸罷，厭事，少所嗜欲。尋號與嗥同，古者當有此語，故服氏云：如號呼之號，音豪。」今書無此文。

馮衍

建武初，爲揚化大將軍掾，辟鄧禹府，數奏記於禹，陳政言事，曰：「衍聞明君不惡切慤之言，以測幽冥之論。忠臣不顧爭引之患，以達萬幾之變。……然而諸將擄掠，逆倫絶理，殺人父子，妻人婦女，燔其室屋，略其財産。饑者毛食，寒者裸跣。寃結失望，無所歸命。今大將軍以明淑之德，秉大使之權，統三軍之政，存撫并州之人。惠愛之誠，加乎百姓。

高世之心，聞乎群士，故其延頸企踵而望者，非特一人也。且大將軍之事，豈特圭璧其行，束脩其身而已哉，將定國家之大業，成天地之元功也。」

○庫本案：范書本傳以此奏記爲衍勸鮑永之詞，與此異。

季海按：觀奏記則光武諸將之殺掠燔燒，逆倫絕理，可見一斑，此仲華之所以絕群歟？《後漢書·馮衍傳》高世「之心」作「之聲」，束脩「其身」作「其心」，「毛食」注云：「毛，草也。臣賢案：《衍集》毛字作無，今俗語猶然者，或古亦通乎？」「以達萬機之變」，下注云：「《東觀記》：衍更始時爲偏將軍，與鮑永相善。更始既敗，因守不以時下。建武初，爲揚化大將軍掾，辟鄧禹府，數奏記於禹，陳政言事。自明君以下，皆是諫鄧禹之詞，非勸鮑永之説，不知何據，有此乖違。」今謂此當定從《東觀記》，范書雜采鮑氏門生故吏所書或家乘之類引敬通之文以爲永重者入史，遂有此失耳。然則整齊之功，誠未易言也。

《吐魯番出土文書》第一册（一九八一，文物出版社）「哈拉和卓八八號墓文書」五高昌延昌二十二年（公元五八二年）康長受從道人孟忠邊歲出券云：「延昌廿二年壬寅歲二月廿二日康長受，從道人孟忠邊歲出，到十一月卅日還入正作。歲出價……若過其（期）不償，聽拙家財，平爲麥直。若長受身東西毛，仰婦兒上（償）。」「東西毛」正謂無家財也。是六世紀時高昌猶有此語，足徵漢俗矣。記稱「馮衍，字敬通，其先上黨潞人。曾祖父奉世，徙杜陵」，然則此殆秦晉間語。此卷末出「倩書道人法慈」，未知道人亦秦晉徙來否？

卷十五　列傳十

丁鴻

乃還就國，兼射聲校尉庫本案：范書本傳明帝永平十三年鴻以侍中兼此職。肅宗詔鴻與太常樓望、少府成封、屯騎校尉桓郁、衛士令賈逵等集議五經同異於白虎觀，使五官中郎將魏應主承制問難，侍中淳于恭奏上，上親稱制臨決。上嗟歎鴻才，號之曰「殿中無雙丁孝公」。

季海按：此白虎觀議五經同異實録。《帝紀二·肅宗孝章皇帝》「（建初）四年冬十一月，詔諸王諸儒會白虎觀，講五經同異」，是其事。然《顯宗孝明皇帝》永平元年：「長水校尉樊儵奏言，先帝大業當以時施行。欲使諸儒共正經義，頗令學者得以自助。于是下太常、將軍、大夫、博士、議郎、郎官及諸王、諸儒會白虎觀，講議五經同異。」此白虎觀講議五經同異之由來。

元和二年，車駕東巡狩，鴻以少府從，上奏曰：「陛下……祀五帝於明堂，配以光武，二祖四宗，咸有告祀。瞻望太山，嘉澤降澍。柴祭之日，白氣上升，與燎煙合，黄鵠群翔，所謂神人以和，答響之休符也。」

季海按：燎煙謂柴燎之煙，黄鵠群翔，豈人爲之，抑太山自有此鵠群耶？《帝紀二·肅宗孝章皇帝》：「（元和）二年春二月，帝東巡狩泰山，至於岱宗柴，望秩山川群神畢，白鶴三十從西南來，經祀壇上。孔子後褒成侯等咸來助祭，大赦天下，祀五帝於汶上明堂。」《紀》云：「白鶴三十」即鴻奏「黄鵠群翔」耳。疑孝公之言，近得其實。

王丹　王良

丹曰：「俱遭時反覆，惟我二人，爲天地所遺。」友人不肯見，曰：「不有忠言奇謀而取大位，何其往來屑屑，不憚煩也？」遂拒之。

季海按：《説文》：「屑，動作切切也。从尸肖聲。」私列切。康熙庚寅覆宋乾道己丑麻沙本王令《十七史蒙求》卷第十「王丹不拜」注引《東觀漢記》作「丹謂遵曰：俱遭世反覆」，今書作「時」，唐人爲太宗諱耳。東觀舊文，當如逢原所引。「惟」字王注作「唯」。

郅惲

子張病將終，惲往候之，子張視惲歔欷不能言。曰：「吾知子不悲天命長短而痛二父讎不復也。」子張目擊而已。惲即將各遮讎人，取其頭以示子張，子張見而氣絶。

季海按：「目擊」漢語有之，其義如是。然目擊道存，非謂注視也。陸德明《莊子・田子方音義》出「目擊而道存矣」，引司馬彪注云「擊，動也」得之。「各遮」疑格遮。

汝南太守歐陽歙召惲爲功曹，汝南舊俗十月饗會，百里内皆齎牛酒到府飲讌。

季海按：孟元老《東京夢華録》卷之九：「十月一日宰臣已下受衣着錦襖，三日，士庶皆出城饗墳。禁中車馬，出道者院及西京朝陵。宗室車馬，亦如寒食節。有司進暖爐炭。民間皆置酒作暖爐會也。」是汴京暖爐置酒，亦猶汝南舊俗十月饗會乎？漢宋代遠，民俗故未遠也。

郭伋

事訖，諸兒送出郭外，問：「使君何日當還？」伋使别駕計日告之。既還，先期一日，伋謂違信，止於野亭，須期乃入。

季海按：《史通·暗惑篇》引「送出」作「送至」，「使君」作「使者」，「伋謂」作「伋爲」，似皆校書者改之，本書近得其真（范本作「送至」、「使君」、「伋爲違信於諸兒」，「止」上有「遂」字）。

茨充

字子河，宛人也。初舉孝廉，之京師，同侶馬死，充到前亭，輒舍車持馬還相迎。鄉里號之曰「一馬兩車茨子河」，

○庫本案：酈道元《水經注》作「字子何」。

季海按：《説文》無「侶」字，《新附》：「侶，徒侶也。从人吕聲。」力舉切。讀此知漢語有之。西京已

有此字矣。《戰國策·趙一》：「蘇秦爲趙王使於秦，反，三日不得見。謂趙王曰：秦乃者過柱山，有兩木焉。一蓋呼侶，一蓋哭。」則車、河相叶則車已入歌，宛讀如此，是楚音也。《説文》：「旅，軍之五百人爲旅。从㫃从从。从，俱也。□，古文旅，古文以爲魯衛之魯。」力舉切。旅字从从，从，俱也。是旅有俱義。侶即旅之晚出字。同侶，謂俱行之人。《説文》：「扶，並行也，从二夫，輦字从此，讀若伴侶之伴。」薄旱切。扶旅即伴侶，同謂並行之人。許出「讀若」，即作侶字矣。《説文》：「伴，大貌。从人半聲。」薄滿切。伴借爲扶。《説文》：「麗，旅行也。鹿之性見食急則必旅行。从鹿丽聲。禮麗皮納聘，蓋鹿皮也。□，古文。□，篆字麗字。」郎計切。旅行即侶行。麗即旅之轉語。自魚入歌，與車叶何同理。

楊政、祁聖元「俱名善説經書，京師號曰：説經鏗鏗楊子行，論難僠僠祁聖元」（見列傳十二《楊政》，政，字子行）。鏗、行，僠、元，相叶，是其比。《列傳十五·周舉》：「而博學洽聞，爲儒者所宗，京師語曰：五經縱横周宣光。」以横光相叶。《説文》無「僠」字，《白部》：「皤，老人白也。从白番聲。《易》曰：賁如皤如。額或从頁。」薄波切。然僠謂明白、昭晰歟？又「釆，辨別也，象獸指爪分別也。凡釆之屬皆从釆，讀若辨」蒲莧切。「□古文釆」，「番，獸足謂之番，从釆，田象其掌。蹞，番或从足从煩，□古文番」，附袁切。古文「番」正象指爪分，即釆之古文，知釆番古本一字。僠僠正謂分別明審也。

充爲桂陽太守，俗不種桑，無蠶織絲麻之利，類皆以麻枲頭緼著衣。民惰窳，少麤履，盛冬皆以火燎，足多剖裂。

季海按：《説文》：「蘼，草履也。从艸䴡聲。」倉胡切。又「苞，艸也，南陽以爲䴡履。从艸包聲。」布交切。剖裂今言破裂，然《説文》：「破，石碎也。从石皮聲。」普過切，非其義。《説文》：「剖，判也。从刀咅聲。」浦后切。「判，分也。从刀半聲。」普半切。此剖正謂分裂。

元和中荆州刺史上言：「臣行部入長沙界，觀者皆徒跣。臣問御佐曰：人無履，亦苦之否？御佐對曰：十二月盛寒時，並多剖裂血出，然火燎之，春温或膿潰。建武中桂陽太守茨充教人種桑蠶，人得其利。至今江南頗知桑蠶織履，皆充之化也。」

季海按：《王良傳》：「東海人，少清高，爲大司徒司直，在位恭儉，妻子不之官舍，布被瓦器。時司徒吏鮑恢以事到東海，過候其家，而良妻布裙徒跣曳柴從田中歸。恢曰：我司徒吏，故來受書，欲見夫人。妻曰：妾是也。恢乃下拜歎息而還。」是東海俗亦徒跣，不但長沙。

卷十六 列傳十一

陳元

光武興立左氏，而桓譚、衛宏，並共毁訾，故中道而廢。

季海按：桓譚通人，宏傳古文，而亦有此毁，何邪？ 桓譚《新論》「左氏云經與傳猶衣表裏相待而成」（《意林》卷三、劉知幾《史通》卷十四《外篇》、《太平御覽》卷六百十一《學部》）。又「左氏傳遭戰國寢藏，後百餘年魯人穀梁赤作《春秋》殘略多有遺文。 又有齊人公羊高緣經文作傳，彌失本事矣。」（陸德明《經典序録》）「左氏傳於經，猶衣之表裏。」（劉知幾《史通卷十四・外篇》）「相持而成。經而無傳，使聖人閉門思之十年，不能知也。」（《太平御覽卷六百一十・學部》）信斯言也，左氏安可不立，又何毁訾之有？ 《新論》又云：「劉子政、子駿、子駿兄弟子伯玉，俱是通人，尤重左氏。 教授子孫，下至婦女，無不讀誦，此亦蔽也。」（《意林》卷三、《北堂書鈔》卷九十八《藝文部》、《太平御覽》卷六百一十、卷六百一十六《學部》）此云蔽者，謂子孫婦女，無不誦讀耳；非謂劉氏重左也。 然今書已佚，遺文僅存，殘蠹不具，不知君山毁訾，爲在其人，抑在其學，漢記佚文，亦無可考，則甚可惜也。

周黨

太原人，鄉佐發黨徭道，於人中辱之。

季海按：《淮南・精神》：「今夫繇者揭钁臿。」注：「繇，役也。今河東謂治道爲繇道。」繇讀曰徭，見《漢書注》（詳《經籍籑詁・二蕭》「繇」字下）。 此正謂治道，記直書河東方言入史。

卷十七　列傳十二

鍾離意

初到縣，市無屋。意出奉錢，帥人作屋。人齎茅竹，或持材木，爭赴趨作，决日而成，功作既畢，爲解土祝曰：「興功役者令，百姓無事。如有禍祟，令自當之。」人皆大悦。

○庫本案：「解土」，《太平御覽》作「民上」。

季海按：《論衡·解除篇》云：「世間繕治宅舍，鑿地掘土，功成作畢，解謝土神，名曰解土。」功作既畢，政謂功成作畢也。《御覽》臆改，非是。

觟陽鴻

字孟孫，中山人，爲世名儒，永平中，拜少府。

季海按：傳文與《經典釋文·序録》合，《序録》云：「傳《孟氏易》。」

楊政

字子行，京兆人，治《梁丘易》。政師事博士范升。

季海按：《經典釋文·序録》云：「後漢范升（代郡人，博士）傳《梁丘易》（一本作傳《孟氏易》，今以《漢記》考之，則一本非也），以授京兆楊政（字子行，左中郎將。《序録》子行原誤七行，今依《漢記》改正）。」

趙孝

嘗從長安來過，直上郵亭。但稱書生，寄止於亭門塾。亭長難之，告有貴客過，灑掃不欲穢污地，良久乃聽止。

季海按：「書生」亦漢語。

建武初，天下新定，穀食尚少。孝得穀，炊將熟，令弟禮夫妻俱出外，孝夫妻共蔬食，比禮夫妻歸，即曰：「我已食訖。」以穀飯獨與之。積久，禮心怪疑，後掩伺見之，亦不肯食，遂共蔬食，兄弟怡怡。

○庫本案：虞世南《北堂書鈔》作：「孝得穀，炊將熟，時弟他出，至暮始回，孝待之同飯，雖蔬食茹菜，兄弟怡怡。」與此異。

季海按：據此傳「疏食」是不穀食也。「蔬」義同「疏」。《吕覽·仲冬》：「有能取疏食。」注：「草實曰疏食。」《禮記·月令》「有能取蔬食田獵禽獸者」，注：「草木之實爲蔬食。」是也。庫本案所引《書鈔》後人所改，非東觀舊文矣。

卷十八　列傳十三

宋揚

扶風平陵人，永寧二年遣大鴻臚持節至墓，追封當陽侯。

〇庫本案：范書《清河王慶傳》揚女爲章帝貴人，生清河王慶，慶長子祜嗣立，是爲安帝，追謚宋貴人曰敬隱后，追封謚揚爲當陽侯。

季海按：汲古閣校刊北宋秘省大字單行本《史記索隱·孝文本紀》出「宋昌」，云：「《東觀漢記·宋楊（字作楊，與范書《清河王慶傳》合，與庫本記文及案引范書不合）傳》：宋義後有宋昌。又《會稽典録》：昌，宋義孫也。」庫本失收。據司馬貞所引則楊殆宋義之後。「楊」、「揚」形近，姑兩存之，以竢論定。

趙勤

虞下車，葉令雍霸及新野令皆不遵法，乃署勤督郵。到葉見霸，不問縣事，但高譚清論，以激勵之。霸即解印綬去。勤還入新野界，令聞霸已去，遣吏奏記陳罪，復還印綬去，虞乃歎曰：「善吏如良鷹矣，下韛即中。」

季海按：此上云：「爲南陽太守桓虞功曹，委以郡事。」督郵事在虞下車之初，蓋倒叙。《分門集注杜工部詩》卷第二十三：《白黑二鷹詩・白鷹詩》云：「百中爭能恥下韝。」注：「洙曰：《史・滑稽傳・注》：韝，臂捍也。《東觀記》：太守桓虞署趙勤（原誤勒，今正）爲督郵，貪令自去，虞歎曰：善吏如使良鷹，下韝命中。」庫本「下韛」字誤，當从洙注引作「韝」，杜句正用此事。《説文》：「韝，射臂決也。从韋冓聲。」古侯切。庫本从韋，與《説文》合，但冓聲誤从菁耳。

卷十八　列傳十三

王阜

補重泉令，政治肅清，舉縣畏憚，吏民向化，鸞鳥集於學宮。阜使五官掾長沙疊爲張雅樂，擊磬，烏舉足垂翼，應聲而舞，翾翔復上縣庭屋，十餘日乃去。○庫本案：「阜」，范書作「追」，附見《南蠻西南夷傳》。

季海按：《列傳十六・巴异》：「巴异爲重泉令，吏民向化，鸞鳥止學宫。」然則重泉學宫，東京之世，頻集鸞鳥也。《續漢書・郡國志》左馮翊十三城有重泉。

卷二十　列傳十五

任尚

任尚編草爲船，置於簰上，以渡河，掩擊羌胡。

季海按：《列傳三・鄧訓》：「發湟中秦胡羌兵四千人出塞掩擊迷唐於雁谷（庫本案：范書本傳「雁」作「鴈」），迷唐乃去。既復欲歸故地，乃發湟中六千人，令長史任尚將之，縫革爲船，置箄上，渡河掩擊，多所斬獲。」編草當從《訓傳》作「縫革」，今本當緣革誤作草，校書者謂草不可縫，并改作編耳。

卷二十一　列傳十六

雍僑

雍僑，字長魚，事母至孝。母嘗病癰，僑晝夜匍伏，不離左右，至爲吮癰。

○庫本案：蔣疊以下二十八人，未審係何時代，他書亦無可考，編附于此。

季海按：僑在疊下二十八人中，尋《列傳六·樊僑》：「字長魚，事後母至孝。母嘗病癰，僑晝夜匍伏，不離左右，至爲吮癰。」庫本案：「僑，宏長子。」以校此傳，除母上脱「後」外，一字不異。知雍僑當爲樊僑，樊字形誤作雍，故四庫館臣不覺耳。然其人其事具見本書，何云無考也。

羊融

羊融，字子優，爲大司農，性明達，稱爲名卿。

季海按：此文全見《列傳十二·牟融》，但「爲大司農」作「遷大司農」，「明達」下有「居職修治，又善論議」，「稱爲」上有「朝廷」二字，當是故書有之，此傳文有删節，「牟」又形誤作「羊」，遂不覺耳。然名字相應，非無跡可尋，輒云無考，過矣。

卷二十三　載記

銅馬等群盜

銅馬賊帥東山荒秃、上淮況等。

○又《附范書異同》：范書光武紀建武元年光武北擊尤來、大搶、五幡于元氏，追至右北平，連破之。李賢注：案《東觀記》、《續漢書》並無右字，此加右，誤也。

季海按：東山荒秃、大搶、五幡，此等名號，來自民間，農民義軍，往往有之，不獨中國也。《雨果夫人回憶録》記西班牙人民反抗國人壓迫，謂斗爭之所以特別激烈，乃因完全出於民衆自動之故。直等農民群衆起來，王室貴族方有恢復西班牙之企圖。游擊隊諸首領除個別例外，都只有一個綽號，如粘膏的、看羊的、神父、醫生、祖父、一只手、坎肩、褲衩，諸如此類名稱（見鮑文蔚譯《回憶録》十五恩貝西奈陀，頁七十）。

卷二十四　佚文

和帝初令伏閉晝日。

季海按：此《和帝紀》佚文，見《史記・封禪書》「作伏祠」《索隱》引《東觀漢記》，庫本失收。司馬貞又引《漢舊儀》云：「伏者萬鬼行日，故閉不干求也。」與記文正可互相印證。

附東觀漢記范書異同

范書《和帝紀》：「永元十六年十一月，行幸緱山，登百岯山。」

○李賢注：「即柏岯山也，在洛州緱氏縣南。《爾雅》云：山一成曰岯，《東觀記》作坯。」季海按：《説文》無「岯」字，《東觀記》作「坏」，是也。《説文》：「坏，丘再成者也；一曰瓦未燒，从土不聲。」芳桮切。山丘同類，山一成曰坏，丘再成曰坏，於語故同源而異流矣，要其名言之氐一也（大徐《説文》「瓦未」作「女牢」，此涉隔行「垍」下「一曰女牢」之文而譌，今據小徐本正）。

范書《段熲傳》：熲追羌出橋門，至走馬水上，尋聞虜在奢延澤，乃將輕兵兼行及賊，擊破之。

○李賢注：《東觀記・熲傳》云：「出橋門谷。」季海按：《通鑑卷六十七・漢記五十九》：（獻帝）建安十九年，史炤《通鑑釋文》出「斜谷，音耶育，在武都西南入谷百里而至」。又《通鑑卷七十・魏紀二》：（文帝）太和元年《釋文》出「斜谷，上以遮切，下于蜀切。漢中谷名。南谷名褒，北谷名斜，首尾七百里」。橋門谷，亦此類耳。

晉書帝紀誤字牒*

帝紀卷第二

景帝　文帝

帝會公卿，謀征討計。

宋小字本云「計謀征許」，今按「許」字是也。下云：「召三方兵大會於陳許之郊。」繹尋地望，故在許矣。

六月改元景元，天子進帝爲相國。

汲古閣本「景元」爲「景辰」，宋小字本同。今按史書改元之法，若所改之元，即繫年之號，則但出改元，不云改元謂何，省複緟也，宜讀「改元」句絶。「景元」當爲「景辰」。陳壽《魏書・三少帝紀》曰

* 本文原刊於《考文學會雜報》第二本（一九三七年），原題下有「依金陵書局仿汲古閣本」小注。

「丙辰，進大將軍司馬文王位爲相國」是也。「丙」爲「景」者，唐爲世祖諱爾。盧召弓作《群書拾補》，大書改元景元，轉以「辰」字爲誤，書局諸君，又因其謬，可謂辨瑜得瑕矣。局本題仿汲古閣本，其輕改故書猶如此。

帝紀卷第三

武帝

彤爲梁王。

宋小字本「彤」爲「肜」，與本傳相應，當從。

是歲，西北雜虜及鮮卑、匈奴、五溪蠻夷、東夷三國前後千餘輩各帥種人部落内附。

宋小字本云「十餘輩」，今按小字本是。十餘輩者，總凡西北雜虜、鮮卑、匈奴輩言之，其數未遽盈千，今本十字已誤，乃近虛語矣。

是歲，河内及荆州揚州大水。

宋小字本「河内」爲「河南」。今按志第十七《五行上》：「河南及荆揚六州大水。」《通鑑》亦書「河南」。今本字誤。

帝紀卷第四

惠帝

給事張泓。

宋小字本「給事」爲「給使」。今按《列傳第一·后妃上·惠賈皇后傳》是「給使」，給使之名，不少概見，《列傳第二十四·陸機弟雲傳》，有「給使徐泰」。泓實泰流，雲所謂「定泰士卒廝賤」者也。今本字誤。

帝紀卷第八

穆帝　哀帝　海西公

三月，慕容儁陷冀州諸郡。

宋小字本「三月」爲「二月」。今按下又有三月，此故是二月。

夏四月甲申。

宋小字本「甲申」爲「甲辰」，今按《通鑑》書「甲辰」，「申」字誤。

帝紀卷第九

簡文帝　孝武帝

秋七月乙卯。

宋小字本乙卯爲己卯。今按八月書「壬辰」，又書「景辰」，則乙卯在六月，此是己卯。

帝紀卷第十

安帝　恭帝

屯中皇堂。一本作堂皇，非。

宋小字本云「中堂皇」，本與一本合。汲古閣本「屯中皇堂」，注：一本作堂皇，不言非。《群書拾補》曰：「堂皇非，案前有南皇堂，下同。」今按「堂皇」字是。晉曰堂皇，古曰榭也。《爾雅·釋宮》：「無室曰榭。」郭璞注「榭即今堂埠」，「埠」、「皇」字同。《漢書·胡建傳》：「列坐堂皇上。」止作「皇」。古有宣榭，以講武事，晉之堂皇，是其遺象。書局未爲無人，而校刻《晉紀》，多蹈盧過，憑肊亂書，令人不台。

斬青裨將阿薄于。

宋小字本「于」爲「干」。吴士鑑、劉承幹《晉書斠注》引《廣韻·七歌》曰：「阿，虜三字姓。《後魏書》云：阿伏于氏。後改爲阿氏。」今按「干」字是也，《通鑑》書「阿薄干」。《後魏書·官氏志》、《廣韻·七歌》，並是「干」字，《斠注》未審。

校《晉書·帝紀》一周，簡其文字謬亂，虧覆實事者十許件，箸於牒。標章皆依宋本，擿句乃從局刻。唯欲彈正局刻之誤，凡宋本轉失，及是非難定者，棄而不存。其局刻誤字，有與志傳同異，若前人已嘗下鐵，取證宋本，然否輒了，無竢考尋，亦弗録矣。盧召弓校此，往往依《通志》加字。自謂漁仲所載，尚係宋時之本，故所據獨多。不悟塗坿無謂也。纂録之書，損益在己，宋本既出，足相證明，其誣可知，不煩條駁。

風俗通義校箋*

皇霸第一

三皇：含弘履中，開陰布綱，上含皇極，其施光明，指天畫地，神化潛通，煌煌盛美，不可勝量。

按：此文以中、綱（從盧氏《群書拾補》，依《太平御覽》改）、明、通、量爲韻。

《含文嘉》記：「虙戲、燧人、神農。伏者，别也，變也。戲者，獻也，法也。」

按：此引禮緯《含文嘉》説，伏羲字作「虙戲」，與《禮號謚記》、《春秋運斗樞》作「伏羲」字者不同。然則「伏者，别也，變也」，伏當爲虙。《説文》：「虙，虎皃，從虍必聲。」《唐韻》房六切，古音與「伏」異部。依《含文嘉》讀虙與别、變近，戲與法、獻近也。「法」非母字，「獻」、「戲」曉母字，得以同讀者，知哀平之世，已有讀非入曉，如今晉中語者矣（山西文水話沒有 f，所有的 f 都歸入 x。故發、髮、法普

---

* 本文原刊於《學術集林》卷八，上海遠東出版社，一九九七年。

通話讀 f，文水話讀 xuaʔ 也，并見《方言與普通話集刊》第七本胡雙寶《山西文水話和普通話語音語彙的比較》）。

神農，神者信也。

按：信讀若申，故可以訓神也。《釋名·釋言語》：「信，申也，言以相申來使不相違也。」《詩·擊鼓》：「不我信兮。」《釋文》：「信即古伸字也。」《荀子·不苟篇》「剛强猛毅，靡所不信」注、《臣道篇》「諫争輔拂之人信，則君過不遠。」注并云：「信讀爲伸，古字通用。」《穀梁傳》隱元年「信道而不信邪」注：「信申字，古今所共用。」是也。然此下「始作耒耜」云云，凡所以釋神農之號者，都不及信，豈書闕有間歟？

蓋天非人不因，人非天不成也。

按：此以因、成爲韻。

通其變，使民不倦。神而化之，使民宜之。

按：變、倦韻，化、宜韻。此四句今《繫辭》在「神農氏没，黄帝、堯舜氏作」下，應氏以屬神農。《白虎通德論·號篇》「治下伏而化之，故謂之伏羲也」，「神而化之，使民宜之，故謂之神農也」，以神化二句屬神農，與應説合。

五帝：四時施生，法度明察，春夏慶賞，秋冬刑罰。

按：生、賞韻，察、罰韻（祭部）。《左傳》襄二十六年蔡太師子朝之子聲子對楚令尹子木之言有云：

「古之治民者……賞以春夏，刑以秋冬。」

上棟下宇，以避風雨，禮文法度，興事創業。

按：宇、雨韻。「度」讀若「宅」，與業韻，度與業韻，猶戲與法韻。

黄者光也，厚也。

按：此「黄」讀若「厚」。

顓者專也，頊者信也。

○盧氏《拾補》此下出「慤也」，云：「二字脱，《御覽》有。」

按：下云「使天下蒙化，皆貴貞慤也」者，貞其信，慤其專也，二字不當有。「頊」讀若「信」者，曉審（心）古聲相出入也。

舜者，推也，循也，言其推行道德（元本四字誤在「舜者」上，《拾補》依《御覽》乙正，甚是，今從之。），循堯緒也。

○盧氏《拾補》云：「推」，《御覽》「准」，乃「准」之誤，准音近舜。

按：《説文》舜「從舛，舛亦聲」，鬊「從髟，春聲」，大徐引《唐韻》并「舒閏切」，是在審紐。大徐引《唐韻》：「舛，昌兖切」，「春，昌純切」，是在穿紐；「推，他回切」，是在透紐。然《説文》云：「春，推也，從艸、從日，艸春時生也，屯聲。」是「春」、「推」古聲同也。黄侃《論聲韻條例·古今同異》曰「由透而變者，曰徹，曰穿，曰審」，近得其實。盧謂「推」乃「准」誤，此由不明古音，故爲此臆説爾（依《切韻》，昌穿三，舒審三爾)。《白虎通德論・號篇》「謂之舜者何？舜猶僢僢也，言能推信堯道而行之」，亦依推立説，古讀可見矣。《意林》卷四《風俗通》三十一卷引此云「舜推也，循也，言推德行，循堯之緒」，舜、循亦以聲訓，武英殿聚珍版改循作修，非也。循，《唐韻》詳遵切，邪母字。然循從盾聲，盾《唐韻》食閏切，則床三字，與舜爲旁紐雙聲。

三王：《詩》云：「亮彼武王，襲伐大商。」「勝殷遏劉，耆定武功。」由是言之，武王審矣。

按：應氏引《詩》，「諒」作「亮」，「耆」作「耆」，并與《韓詩》合，然「肆」作「襲」，「爾」作「武」，則未知其果《韓詩》與，抑《魯詩》也？

禹者，輔也。

按：《唐韻》禹，王矩切，《切韻》在匣母(爲)，輔，扶雨切，《切韻》在並母(奉)。王在喻三，古讀入匣。黃君《反切解釋》入爲紐，古聲類入影，似可商。以輔訓禹，當是汝南讀已失 ɓ 入 ɦ，輔聲古讀蓋近 ɓɦ 乎？

湯者，攘也，昌也。

按：《唐韻》攘，汝羊切；昌，尺良切；湯，土郎切。湯，透母字，攘，日母字，昌，穿三字。

夫擅國之謂王，能制割之謂王，制殺生之威之謂王。

○盧氏《拾補》：能制割當作能專利害，此三句本范雎語，見《秦策》。

按：制割、利害，字形相亂，故書當爲制割，應氏所見尚存其真，不當據今《秦策》改字，盧校非也。

今《秦策》或爲後人所改，亦可范睢此語更有所出，書闕有間，存疑可也。

五伯：《春秋左氏傳》夏后太康，娱于耽樂，不循民事，諸侯僭差。

○《拾補》：「循」作「修」，云「循」非。

按：《國語·周語下》：「昔共工棄此道也，虞于湛樂。」韋注：「虞，安也。湛，淫也。」

蓋三統者，天地人之始，道之大綱也；五行者，品物之宗也；道以三興，德以五成。故三皇五帝，三王五伯，至德不遠。三五復反，譬若循連鐶，順鼎耳，窮則反本，終則復始也。

按：此以綱、宗、興、成、遠、反、耳、始爲韻。

六國：其六曰季連，是爲芈，其後有鬻熊子，爲文王師。

按：《史記·楚世家》索隱引《世本》云：「六曰季連，是爲芈姓。」太史公云：「周文王之時，季連之苗裔曰鬻熊，鬻熊子事文王，蚤卒。其子曰熊麗，熊麗生熊狂，熊狂生熊繹，熊繹當周成王之時，舉文武勤勞之後嗣，而封熊繹于楚蠻，封以子男之田，姓芈氏，居丹陽。」（見《楚世家》）是鬻熊事文王而蚤卒，應云爲文王師，已不足據。《漢書·藝文志》道家有《鬻子》二十二篇，劉向《别録》以爲「鬻子名熊，封于楚」（見《史記·周本紀》集解）。《藝文志》班固自注「名熊，爲周師，自文王以下問焉，周封爲楚祖」，并失之。以太史公書考之，封于楚者，其曾孫熊繹耳。然則鬻子不當成王時。賈誼《新書·脩政》語有文王、武王、成王問鬻子語，蓋出後人依托，《别録》所具，正謂是矣。然考其世次，具違實録，宜爲史遷所不取也。

懷王佞臣上官、子簡斥遠忠臣，屈原作《離騷》之賦，自投汨羅水。

○《拾補》「簡」作「蘭」，云：「簡譌。案蘭與椒明見《離騷》，不合有異名，今從程本。」

按：「簡」當爲「蕳」，「蕳」、「蘭」字通，盧校非也。

自顓頊至負芻六十四世，凡千六百一十六載。

按：應氏此文未詳所出。

燕召公……成王時入據三公，出爲二伯，自陝以西，召公主之。當農桑之時，重爲所煩勞，不舍鄉亭，止于棠樹之下聽訟決獄，百姓各得其所，壽百九十餘乃卒。後人思其德美，愛其樹而不敢伐，《詩·甘棠》之所作也。

按：《史記·燕世家》與應氏所稱略同，蓋出三家《詩》說。《毛詩》序云：「甘棠，美召伯也。」箋云：「召伯……食采于召，作上公爲二伯，後封于燕。此美其爲伯之功，故言伯云。」箋又云：「召伯聽男女之訟，不重煩勞百姓，止舍小棠之下，而聽斷焉。」箋義與應，并據三家《詩》說，故語相出入矣。以應書校之，疑今鄭箋衍「不」字。後人不省「重」字文義，輒加之爾。王仁俊以光緒崇文書局本《風俗通》贈許克勤，許有墨筆識語云：「勤按百九十餘，當作百十九歲。十九二字，傳寫誤倒，因改歲字作餘。《論衡·氣壽篇》：傳稱「邵公百八十」，「八十」二字，亦誤倒。古人至生日爲一歲，否則不數。百十八，即此百十九歲也。《孟子》殀壽不貳，趙岐注云：壽若召公。古人以百二十歲爲上壽，邠卿以召公年臻上壽，故引以爲證，亦召公百十九歲之明據。」

及汝子之壯也，以賜之。又：及汝子之長，以賜之。

按：《史記・趙世家》二「汝」字并作「而」字。《齊悼公世家》：「顧而父知田耳，若生」，索隱：「顧猶念也。而及若皆訓女。」是若爲主格，而是領格也。

吾有欲謁于主君。又：曰：「嘻！吾有所見子晰也。」又：「屏左右，願有以謁。」

按：《趙世家》「有欲謁」作「欲有謁」。《拾補》出「欲有」，云「舊倒」，與今《史記》文合；然此三句言「有」者，其序正同，此句故書正當云「吾有欲謁于主君」耳。嘻，《趙世家》作譆，「願有以謁」，《趙世家》作「願有謁」。

以爲不信，視地上生毛。

按：《趙世家》「上」作「之」，其語彌文矣。

陳完……辭曰：「羈旅之臣，幸若獲宥，及于寬政，赦其不閑教訓，而免諸罪戾，弛于負檐，君之惠也。」

按：《左傳》莊二十二年傳「羈」作「羇」，「閑」下有「于」字，「諸」作「于」，「檐」作「擔」。

君子曰：「酒以成禮，弗繼以淫，義也。」

按：《左傳》「弗繼」作「不繼」。

秦兵平步入臨菑。

○《拾補》：「平步」二字《史記》作「卒」。

按：疑《史記》故書當爲「平步」，或奪「步」字，後之校書者遂誤認「平」乃「卒」之形訛耳。

正失第二

丁氏家穿井：傳之，聞于宋君。

按：《吕氏春秋》作「國人道之，聞之于宋君」。

封泰山：莫不爲郡縣。

○《拾補》：《續志》同。《意林》作「莫不帥服」，與韻叶，是也。

按：從《意林》則從此句以下以服、職、極、息、得爲韻。

三王禪于梁父者，信父者子，言父子相信與也。

按：《白虎通德論·封禪篇》云：「梁者，信也。」《釋詁》：「亮，信也。」此讀「梁」如「亮」，故云「信父者子」，《拾補》以爲疑，蓋未得其讀耳。

兕牛犀象之屬。

按：以《漢書·郊祀志》考之，此下當脱「不用」二字。

柘桑之林，枝條暢茂，烏登其上，下垂著地，烏適飛去，後從撥殺，取以爲弓，因名烏號耳。

按：「撥」借爲「癹」，《説文》癶部：「癹，以足蹋夷艸，從癶從殳。《春秋傳》曰：癹夷蘊崇之。」《唐韻》普活切，是也。《説文》：「撥，治也，從手發聲。」《唐韻》北末切。《説文》：「發，射發也，從弓癹聲。」，《唐韻》方伐切，是「撥」、「癹」聲同耳。《文選》揚子雲《羽獵賦》「斬叢棘，夷野草」注：「杜預《左氏傳注》曰：夷，殺也。」然則癹夷、撥殺，古今語耳。

葉令祠：使尚方識視，四年中所賜尚書官屬履也。

○《拾補》云：「識」，《寰宇記》「診」。「視」下《類聚》有「乃」字。又：「使」上《拾補》出「詔」字，云：脱，《太平寰宇記》引有。

按：《説文》：「診，視也，從言㐱聲。」《唐韻》「直刃切，又之忍切」，「識」當爲「診」。《後漢書・方術傳》云「乃詔上方診視，則四年中」云云，注：「《説文》曰：診亦視也，音真吝反。」《水經注・穀水》引《漢官儀》：「琅琊開陽縣上言縣南城門一柱飛去，光武皇帝使來識視良是，遂堅傳〔縛〕之。」（《後漢書・循吏傳》注以下諸書引，具見孫輯）選注作「光武使視之」，文有删剟耳。《怪神第九》汝南汝陽西門亭：「亭長擊鼓，會稽廬吏共（元本誤其，今正）集𧥺之。」應書𧥺字，唯此處尚存其真。逸文據《後漢書・南蠻傳》文輯槃瓠條云：「槃瓠遂銜人頭造闕下，群臣怪而診之，乃吴將軍首也。」鈕樹玉校定皇象本《急就章》第廿七「游徼亭長共雜診」，云：「顔本作亭長游徼共雜𧥺，𧥺當作診。」《方言》第三：「萃，雜，集也。」應云：「共集𧥺」，猶《急就篇》云「共雜𧥺」矣。云「所賜尚書官屬履」者，上云王喬以尚書郎遷爲葉令，尚書郎「天子五時賜服」，見《漢官儀》（孫星衍輯本引《北堂書鈔・設官部》、《初學記・職官部》、《太平御覽・職官部》)，《汝水注》作「乃詔」、「診視」，盧校是也。

太史候望在上西門上，遂以占星辰，省察氣祥。　又：國家畏天之威，思求譴告，故于上西門城上候望，近太史寺，令丞躬親，靈臺位國之陽，之安（《拾補》云：二字譌，似當作「又」）別在宮中，懼有得失，故參之也。

按：上言「在」，下言「于」，此古今語，亦文質之異宜矣。　應氏《漢官儀》云：「洛陽十二門，東面三門，最北名上東門，次南曰中東門。」（《後漢書・張湛傳》注、《張奮傳》注引，見孫星衍輯本）然則上西門者，西面三門之最北者也。太史寺蓋近此門，故令于此上候望耳。《文選》潘安仁《閑居賦》：「浮梁黝以徑度，靈臺傑其高峙。」注：「陸機《洛陽記》曰：靈臺在洛陽南，去城三里。」此魏武所徙。　潘賦又云：「其東則有明堂辟廱，清穆敞閑。」注：「陸機《洛陽記》曰：辟廱在靈臺東，相去一里，俱魏武所徙。」是也。《文選》張平子《東京賦》：「于南則前殿、靈臺，龢驩、安福。」薛綜注：「前殿，露寢也。靈臺，臺名也。龢驩、安福，二殿名，并在德陽殿之南。」其德陽則賦云：「逮至顯宗，六合殷昌，乃新崇德，遂作德陽。」注：「崇德、德陽，皆殿名也。崇德在東，德陽在西，相去五十步。」是也。　明帝時靈臺在德陽殿之南，故應氏云「位國之陽」，又「別在宮中」也。若魏武所徙，則在城外，不在宮中矣。楊衒之《洛陽伽藍記・序》：「西面有四門。南頭第一門曰西明門，漢曰廣陽門。……次北曰西陽門，漢曰雍門。……次北曰閶闔門，漢曰上西門。上（如隱〈堂本〉、照曠〈閣本〉無上字）有銅璇玉衡，以齊七政。魏晉曰閶闔門，高祖因而不改。次北曰承明門，承明者，高祖所立。」（依張宗祥校本）是漢洛陽西面亦三門，其最北者曰上西門也。上有銅璇璣玉衡，則漢太史候望，以占星辰之具也。《伽藍記·城南》：「東有秦太上公二寺，在景明南一里。……寺東有靈臺一所，基址雖頹，猶高五丈餘，即是漢光武所立者（如隱、照曠作漢武帝）。靈臺東辟雍是魏武所立（漢魏〔叢書本〕有「作」字）者。」下又云：「宅在靈臺南，近洛河。」是此靈臺在城外近洛，正魏武所徙，一本「漢武帝」，「漢」或「魏」字之誤；然下文云辟雍是魏武所立，何不云俱魏武所立邪？諸本同誤，無文可正，又疑衒之果誤認此靈臺頹址是光武遺構也。然「基址雖頹，猶高五丈餘」，足徵潘賦之「靈臺傑其高峙」者，非虚言矣。惜乎李注未能引此記爲證也。

燕太子丹：原其所以有兹語者，丹實好士，無所愛悋也。

按：《正失》序云：「是故樂正后夔，有一足之論；晉師己亥渡河，有三豕之文；非夫大聖至明，孰能原析之乎？」蓋東漢人言「原」如此。韓愈雜著有《原道》、《原性》、《原毁》、《原人》、《原鬼》，正用此義。《漢書·東方朔傳》録朔進諫語有曰：「異類之物，不可勝原。」師古曰：「原，本也，言説不能盡其根本。」《荀子·儒效篇》：「俄而原仁義，分是非，圖回天下于掌上，而辨白黑。」楊注：「原，本也，謂知仁義之本。」然則秦漢以來有此語。

孝文帝：文帝雖節儉，未央前殿至奢，雕文五采畫，華榱壁璫，軒檻皆飾以黄金，其勢不可以書囊爲帷，奢儉好醜，不相副侔。又：通私家之富，侔于王者封君。

○《拾補》：壁改璧。

按：《説文》：「侔，齊等也，從人牟聲。」《三輔黄圖》：「營未央宫，因龍首山以制前殿，至孝武以木蘭爲棼橑，文香（杏）爲梁柱，金鋪玉户，華榱璧璫，雕楹玉碣，重軒鏤檻，青瑣丹墀，左城右平，黄金爲璧帶（按璧當爲壁），間以和氏珍氏（玉），風至，其聲玲瓏然也。」若此言可信，則未央前殿，雖故壯麗，而華榱璧璫，黄金飾檻云云，恐皆孝武之制也。

推此事類，以不及太宗之世，不可以爲升平。

○《拾補》：「以」作「似」，「太」作「中」，云：錢、孫皆云「當作中」。

按：此當脱「中宗」二字，「似不及中宗」句絶。「太宗之世不可以爲升平」下屬爲句。

從侍中近臣常侍、期門武騎獵漸臺下，馳射狐兔，果雉、刺彘。

按：果當爲彙。《説文》希部：「彙，蟲似豪豬者，從希，胃省聲。蝟或從虫。」

及渡湘水，投弔（原作「吊」，俗「弔」字）書曰：「闒茸尊顯，佞諛得意。」

按：賈生文「意」本作「志」，應書作「意」，爲桓帝諱也。

東方朔：劉向少時，數問長老賢通于事及朔。

按：《封泰山》章亦云：「予以空偈承乏東岳，忝素六載，數聘祈祠，咨問長老賢通上泰山者，云謂璽處刻石，文昧難知也。」長老賢通，蓋當時語，通猶達也。

王陽：語曰：「金不可作，世不可度。」

按：作、度韻。

雖爲鮮明車馬衣服，亦能幾所，何足怪之？

○《拾補》云：「所」、「許」通。《御覽》作「何」。

按：盧説是也，此汝南讀，《御覽》改故書，不足據。《東觀漢記·任光傳》：「初爲鄉嗇夫，漢兵攻宛，軍人見光衣冠鮮明，令解衣，將斬而奪之。」《怪神》第九：「謹按：北部督郵西平到（《拾補》云「到訛」，作郅）伯夷，年三十所，大有才決。」又：「謹按：太尉梁國橋玄公祖爲司徒長史，五月末所，于中門外卧。」并以「所」爲「許」。

宋均令虎渡江：俚語：「狐欲渡河，無奈尾何。」

按：河、何韻。

袁元服：爲光禄卿。　又：因以服爲字。　又：爲侍中。又：因名曰賀。　又：而名之賀者乎？

按：此三「爲」字，一「曰」字，一「之」字，《意林》卷四引并作「作」字。

如亡者有知，往來不難；如其無知，祇爲煩耳。

按：《意林》引二「如」字并作「若」，無「其」字，「祇」作「只」。

予爲蕭令，周旋謁辭故司空宣伯應，賢相把臂言。

按：《東觀漢記·楊政傳》「政入户前排武，徑上床坐武帳，言語不擇，因把臂責之」云云，「把臂」自漢人語。

愆禮第三

況于忍能矯情，直意而已也哉？

按：「忍能」，即忍耐。

武陵威：今此之事，豈不是似？

按：豈不似是，倒其文也。此否定句之賓語提前者。

薛恭祖：俚語：「婦死腹悲，唯身知之。」

按：悲、之韻。

羊嗣祖（嗣，元本誤翩，今從錢校）：而首倡導犯禮違制，使東岳一郡朦朦焉，豈不愍哉？

按：《說苑・雜言篇》：「若誠與子東説諸侯王，見一國之主，子之蒙蒙無異夫未視之狗耳。」（《文選・陳孔璋答東阿王》牋注：「誠」引作「試」，「蒙蒙」下有「然」字，「夫」作「于」，「視」下無「之」字，「狗」作「猗」，「耳」作「也」）朦朦焉猶蒙蒙然，亦漢人語。

郝子廉：謹按《易》稱：「天地交，萬物生；人道交，功勛成。」

按：生、成韻。

張伯大：俱去鄉里，居緱氏城中，亦教授，坐養聲價。

按：聲價，漢人語。

而棄聖絶知，遁世保真，當竄深山，樂天知命。今居緱氏息偃城郭，往來帝都，招延賓客，無益誨人，拱默而已，飾虚矜僞，誑世耀名，辭細即巨，終爲利動。　又：今二子屑屑，遠大失矣。

按：《東觀漢記·王良傳》：「良以疾歸，一歲復徵，至滎陽，疾篤，不任進道，乃過其友人，友人不肯見，曰：不有忠言奇謀，而取大位，何其往來屑屑，不憚煩也。」應氏云「二子屑屑」，亦譏其往來帝都云云耳。

徐孺子：醊哭于墳前。　又：哭醊墳前。

按：《方言》第十二：「餟，餟、餽也。」郭注：「餟，祭醊。」《説文》：「餽，吴人謂祭曰餽。從食從鬼，鬼亦聲。」俱位切，又音饋。又：「餟，祭醊也，從食叕聲。」陟衛切。又：「餟，小餟也。從食兑聲。」輸芮切。觀應、許之言，知汝南語有此矣。

過譽第四

故覆其違理，曰過譽也。

按：《匡謬正俗》卷第六「坼」下云：「或問曰：俗呼檢察探試，謂之覆坼，坼者，何也？答曰：當爲覆逴，音敕角反。俗語音訛，故變爲坼耳。按《晉令》：成帝元年四月十七日甲寅詔書云：火節度七條云：火發之日詣火所赴救，御史、蘭臺令史覆逴有不以法，隨事録坐；又云：交互逴覆，有犯禁者，依制罰之。」此云「覆其逴理」，正是「覆逴」之「覆」。《釋詁》：「覆、察、副，審也。」郭注：「覆校、察視、副長，皆所爲審諦」，是也。

郅惲：臨饗禮訖。

按：《東觀漢記·郅惲傳》「訖」作「畢」。《怪神》第九「西門亭：誦《六甲》、《孝經》、《易本》訖，卧」，「訖」，當時語。

而明府以惡爲善，股肱莫争，此既無君，又復無臣。

按：《東觀漢記》「股肱」句作「以直從曲」，疑史臣所改。應氏所據，近得其真。當君章世，諱避尚疎，「股肱」之稱，通于上下也。

汝南楚之界也，其俗急疾，有氣決。

按：《東觀漢記·朱暉傳》：「暉早孤，有氣決。」蓋漢人語。

韓稜：章帝即位，一切原除也。又：稜宜禁固終身，中原非是。

按：「原除」，漢人語。《史記·周本紀》：「已而命召公釋箕子之囚。」集解：「徐廣曰：釋一作原。」今謂一本是也。此史公用當時語耳。

周黨：聞報仇之義。

按：《東觀漢記》「報」作「復」。

皇甫規：而徒闒茸何所堪施？

○《拾補》：「而」、「如」同。

按：「如」謂之「而」，與汝南讀相應。《戰國策·齊策》：「頃之間候者復言章子以齊兵降秦，威王不應而此者三。」高誘注：「而，如也。如此者三。」「如」謂之「而」，蓋齊楚間通語。

去病外戚末屬，一切武夫，尚能抗節洪毅。

按：「弘」作「洪」，避宋諱未及回改爾。下五世公章「有主簿柳對曰：明府謹終追遠」云云，「慎」作「謹」，亦宋諱之未及回改者，與此同矣。其「謹按」云：「《禮記》曰：大夫三月葬，同位畢至。此言謹終悼亡，不說子弟當見寵拔也。」「慎」亦作「謹」。

趙仲讓：凡張官置吏，爲之律度，故能攝固其位，天下無覬覦也。

按：後人言「張置」，或訛作「張致」、「張智」，鮮有知其本出漢語者矣。

十反第五

是故伯夷讓國以采薇，展禽不去于所生；孔丘周流以應聘，長沮隱居而耦耕；墨翟摩頂以放踵，楊朱一毛而不爲；干木息偃以藩魏，包胥重璽而存郢；夷吾朱絃以三歸，平仲辭邑而濯纓；惠施從車以百乘，桑扈徒步而裸形；寧戚商歌以干禄，顔闔逾牆而遁榮；高柴趣門以避難，季路求入而隕零；端木結駟以貨殖，顔回屢空而弗營；孟獻高宇以美室，原憲蓬門而株楹。

按：此以生、耕、爲（字誤，盧云：「或是應字，協韻。」未知其審。）、郢、纓、形、榮、零、營、楹爲韻。

范滂父叔矩：前漢詔曰云云。

按：此云「前漢」，疑非應語。

但望：《傳》曰：「于厚者薄，則無所不薄矣。」

按：要言不煩乃爾，故書雅記之所以可貴也。

周乘：謹按：而乘嚻然，要勒同儕，去喪即寵。

按：今言「勒索」、「勒逼」皆要勒之義，而莫知此語遠出漢人。

劉祖：今國家大駕，大僕親御；他出奉車都尉。

按：此可補《漢官儀》。

舊時長吏質樸，子皆駕御，故曰從兒。君臣、父子，其揆一也。

按：此可徵漢俗。

劉勝：劉勝位故大夫，見禮上賓，俯伏甚于鱉蝟，冷澁比如寒蜓。

○《拾補》：「蜓」，范書作「蟬」。

按：《爾雅·釋蟲》：「螼蚓，蜸蚕。」郭注：「即蛩蟺也。江東呼爲寒蚓。」蚓、蜒一聲之轉，楚音讀真如寒，江東語寒蚓，讀與寒蜒同耳。螼蚓今謂之蚯蚓，蛩蟺今語轉作曲蟮，今江陰人謂蚯蚓曰寒蠊，斯寒蚓之轉語矣。《廣韻》十九隱：「蠊，蚯蚓也，吴楚呼爲寒蠊，休謹切，又虚偃切。」又二十阮：「蠊，虚偃切」下有蠊云：「寒蠊。」北大研究所國學門第一卷第五號「江蘇歌謡選」靖江陳德圻録有「螃蟹無頭八隻腳，寒蝖無頭會唱歌。」注：「寒蝖即蚯蚓。」寒蝖、寒蠊、寒蚓、寒蜒，蓋語相轉注，其源一矣。今吴語謂「鉞」曰「引綫」，上海讀引入真，蘇州讀引如衍，則入寒部。楚音真寒相協，讀蚓爲蜒，亦猶是矣。

聲音第六

塤：《世本》：「暴辛公作塤。」　又：篪：《世本》：「蘇成公作篪。」管樂，十孔，長尺一寸。

按：邢昺等《爾雅》釋樂疏引《世本》云云與應氏同。又云：「譙周《古史》云：古有塤篪尚矣。周幽王時暴辛公善塤，蘇成公善篪，記者因以爲作，謬矣。《世本》之謬，信如周言。其云蘇公、暴公所善，亦未知所出。蓋以《詩·小雅》云：伯氏吹壎，仲氏吹篪，蘇刺暴公也，故致是謬。」邢疏此言，足正《世本》以來承訛之失。郭云：「篪長尺四寸，小者尺二寸。」邢疏：「《廣雅》云：八孔。鄭司農注《周禮》云：篪七孔，蓋不數其上出者，故七也。」應書十孔，十疑當爲七，形之誤也。

管：《尚書大傳》：「舜之時西王母來獻其白玉琯。」

按：《文選・丘希範與陳伯之書》「白環西獻」注：「《世本》曰：舜時西王母獻白環及佩。」《大戴禮記・少間篇》「西王母來獻其白琯」，注：「西王母，神也。其狀如人。琯所以候氣，漢明帝時，于舜廟下得玉琯一枚也。」應劭以爲章帝，盧辨以爲明帝，蓋一事傳聞異辭耳。《漢書・律曆志》「竹曰管」注：「孟康曰：《禮樂器記》管漆竹，長一尺，六孔。《尚書大傳》西王母來獻白玉琯。漢章帝時零陵文學奚景于泠道舜祠下得白玉琯。古以玉作，不但竹也。」全本應説，而作「禮樂器」者，《禮・樂記》正義：「故劉向所校二十三篇，著于《別録》。今《樂記》所斷取十一篇，餘有十二篇……《樂器》第十三也。」

瑟：《世本》：「宓羲作，長八尺一寸，四十五絃。」《黄帝書》：「泰帝使素女鼓瑟而悲，帝禁不止，故破其瑟爲二十五絃。」

按：邢昺《爾雅疏》云：「《世本》曰庖犧作五十絃。黄帝使素女鼓瑟，哀不自勝，乃破爲二十五絃，具二均聲。《禮圖》舊云：雅瑟長八尺一寸，廣一尺八寸，二十三絃，其常用者十九絃，其餘四絃謂之番，番，嬴也。頌瑟長七尺二寸，廣尺八寸，二十五絃盡用之。」是宋人所見《世本》已不作「宓羲」字。其云五十絃，亦與應氏所云四十五絃不合。然破四十五絃，正得二十三絃，與《禮圖》所云「雅瑟長八尺一寸，二十三絃」者相合，疑應書所具，本是此瑟，今書云二十五絃者，五當爲三，後人習用破五十絃爲二十五絃，輒改故書；不悟二十五絃者，本是頌瑟，又其制歉于雅瑟，不得長八尺一寸也（此據《禮圖》言之。若《莊子・徐無鬼篇》稱爲之調瑟，鼓之二十五絃皆動。《尸子》云「夫瑟二十五絃」，是戰國有此瑟。以近世所出楚瑟考之，則二十五絃之瑟率長于二十三絃者矣。大氏絃多身長，其出彌晚矣）。猶幸應氏「四十五絃」之文具在，兼以所記短長之數，考之《禮圖》，審知仲遠故書必當云破其瑟爲二十三絃」耳。《玉燭寶典》十一月仲冬：「冬至……瑟用槐，長八尺一寸，間音以竽（原誤作竿，今正，下仿此）補，竽長四尺二（二），以上杜引《易通卦驗》曰云云，又引注鄭玄曰：「上下代作謂之間，間則音聲有定時，定時則補之以吹竽也。」（此竽字原本獨不誤）是八尺一寸之瑟，自哀平之世有之。《吕氏春秋·古樂》：「昔古朱襄氏之治天下也，多風而陽氣畜積，萬物散解，果實不成，故士達作爲五絃瑟，以采陰氣，以定群生。」高注「朱襄氏，古天子炎帝之別號。士（原誤上）達，朱襄氏之臣。」又云：「瞽叟乃拌五絃之瑟，以爲十五絃之瑟，命之曰大章，以祭上帝。舜立，仰延乃拌瞽叟之所爲瑟，益之八絃，以爲二十三絃之瑟，帝舜乃令質修九招、六列、六英，以明帝德。」高注「質當爲夔」，「招、列、英皆樂名也。帝謂舜。」是朱襄氏（炎帝）瑟五絃，堯時瑟十五絃，舜時瑟二十三絃，《易緯》并應氏《風俗通》所出雅瑟，實先秦所傳舜瑟。是《世本》之書，故不韋諸客未見，更無論應氏所云《黄帝書》矣。

大雨澧沛。

按：《韓非·十過篇》作「大雨隨之」。

身遂疾痛。

〇《拾補》：「疾痛」韓作「癃病」。

按：盧校是也。今書「癃病」作「疾痛」者，唐人避玄宗諱改之。《論衡・感虛篇》亦云「平公癃病」。又《紀妖篇》云：「平公之身遂癃病。」《山澤》第十：「阜者茂也，言平地隆踴，不屬于山陵也。」是應書自有「癃」字。

琴：伯子牙方鼓琴，鍾子期聽之，而意在高山。又：頃之間，而意在流水。

按：應氏此文取之《呂覽・本味篇》，呂氏二「意」字并爲「志」，仲遠避漢諱耳。「頃」呂作「少選」，高注「少選，須臾之間也」。高注「伯姓，牙名」，故應云「伯子牙」也。高注又云「鍾氏期名，子皆通稱，悉楚人也」，云皆通稱，則呂本文亦當云「伯子牙」可知。今《呂覽》不云「伯子牙」者，後人改之，獨應氏所引，猶存故書之真耳。應書多用「須臾」、「有頃」字。《怪神》第九「須臾便上」、「須臾便與俱還」是也。

今琴長四尺五寸，法四時五行也。七絃者，法七星也。

按：《意林》卷三引桓譚《新論》：「昔神農繼伏羲王天下，梧桐作琴，三尺六寸有六分，象期之數，厚寸有八，象三六數，廣六分，象六律。」邢昺《釋樂》疏：「《琴操》曰：伏犧作琴。《世本》云：神農作琴。」又云：「《廣雅》曰『琴長三尺六寸六分，五絃』者，此常用之琴也。象三百六十六日，五絃象五行，大絃爲君，小絃爲臣。文王、武王加二絃以合君臣之恩也。又五絃第一絃爲宫，其次商、角、徵、羽，文武二絃爲少宫、少商。」

筑：《太史公記》：「漸離變名易姓，爲人庸保，匿作於宋子。久之作苦，聞其家堂上客擊筑，伎癢不能出言，曰：彼有善不善。」

○《拾補》：「癢」下云：《文選·射雉賦》注作養，乃正體。「能」下補「毋」，云：脱，《選》注有。《顔氏家訓》作「無」。

按：《顔氏·書證篇》引應劭《風俗通》云「堂上有客」，「出」上有「無」字，盧補其一爾。顔氏又云：「案伎癢者，懷其伎而腹癢也。是以潘岳《射雉賦》亦云：徒心煩而伎癢。今《史記》并作徘徊，或作徬徨，不能無出言，是爲俗傳誤爾。」是齊梁間太史公書已寖失其真矣。

竽：《禮記》：「管三十六簧也，長四尺二寸，今二十三管。」

○《拾補》：「禮」下有「樂」字，「管」作「竽」。

按：盧校「禮」下有「樂」字，近是；然元本已脱此字，未詳盧氏所據。管三十六簧則三十六管也，疑《禮》文本爾。下云「今二十三管」者，記漢制，視《禮記》減十三簧矣。必云管三十六簧者，明一管一簧也。盧校「管」作「竽」，疑未確。應云「長四尺二寸」，與《易通卦驗》合，是哀平之世竽制如是。其云「今二十三管」者，適與八尺一寸瑟二十三絃相配，則「間音以竽」，宜其和也。《吕氏春秋·仲夏紀》「仲夏之月，……調竽笙壎篪」，注：「竽笙之大，古皆以瓠爲之。竽，三十六簧；笙，十七簧。」

簫：像鳳之翼，十管，長一尺。

按：邢昺等《爾雅疏》引《風俗通》云：「以象鳳翼，十管，長二尺。」又引《博雅》曰：「簫大者二十三管，無底；小者十六管，有底。」是郭注《釋樂》説簫、筊管數出《廣雅》矣。仲遠乃云「十管」，是又小于笑，當别有據。

窮通第七

孔子：困于陳、蔡之間，七日不嘗粒。

按：應氏此文全取《吕氏春秋·愼人篇》，小有出入耳。「困」吕作「窮」，「粒」作「食」。今謂《吕覽》「食」當本作「皀」，《説文》：「皀，穀之馨香也，象嘉穀在裹中之形，匕所以扱之，或説：皀，一粒也。凡皀之屬皆從皀，又讀若香。」《唐韻》皮及切。又：「食，一米也，從皀亼聲，或説：亼皀也，凡食之屬皆從食。」皀訓一粒，故應云粒也。食訓一米，蓋即皀之晚出字，《唐韻》作乘力切，則今音耳。段氏《説文注》改作「食，亼米也」，非是。又云：「鍇本此下有讀若粒三字，衍文。」亦非也。應書以粒爲食，足徵漢讀矣，段偶失考耳。

孔子恬然推琴。

按：吕「恬」作「憰」。

如此可謂窮矣。

按：吕此下有「者」字。

君子通于道之謂通。

按：吕「通」并作「達」。

以遭亂性之患，其何窮之爲？

按：吕「性」作「世」，是也。其下有「所也」字，「爲」作「謂」。

孟軻：識其不可，然且至，則是干禄也。

按：《孟子・公孫丑下》「禄」作「澤」，趙岐注「澤，禄也」。然「禄」謂之「澤」，鄒之言然歟？趙岐《題辭》以爲：「鄒本春秋邾子之國，至孟子時，改曰鄒矣。」

夫尹士烏知予哉？

按：《孟子》「烏」作「惡」，「惡」謂之「烏」，漢人語。

行止非人之所能也，吾不遇于魯侯，天也。

按：《孟子》「人」下無「之」字，「吾」下有「之」字，無「于」字。

虞卿：一見趙孝成王，賜黄金百鎰，白璧一雙。又：侯嬴在傍曰：「夫虞卿一見趙王，賜白璧一雙，黄金百斤。」

按：《史記・李斯列傳》：「布帛尋常，庸人弗釋；鑠金百鎰，盗跖弗搏。」語本韓子，是黄金百鎰，故當時語也。下文百斤，疑寫者亂之。《史記・平準書》：「漢興，接秦之弊，……于是爲秦錢重難用，更令民鑄錢，一黄金一斤」，索隱：「按如淳云：時以錢爲貨，黄金一斤直萬錢，非也。又臣瓚下注云：秦以一鎰爲一金，漢以一斤爲一金，是其義也。」又「米至百萬錢，馬一匹則百金」，集解：「瓚曰：秦以一鎰爲一金，漢以一斤爲一金。」

孟嘗君：「逐于齊，見反。」

按：《戰國策·齊四》「見反」作「而復反」，「見反」，漢人語。

譚子曰：「如意則殺之乎？」

按：《齊策》作「君滿意殺之乎？」「如意」，漢人語。

朝而盈焉。

按：《策》云「市朝則滿」，此避惠帝諱。

求在故往。

按：《策》「在」作「存」。

祝恬：至汲，積六七日，止客舍中。

按：《意林》引作「至汲郡，止客舍，舍六七日」，此馬氏改故書耳。「積六七日」，故當時語，馬氏嫌其質改之耳。

諸生曰：「今君所苦沈結，困無醫師，聞汲令好事，欲往語之。」恬曰：「謝著，我舊友也，尚不相見視，汲令初不相知，語之何益？」

按：《意林》引此，多所更易，此云「所苦沈結」，《意林》第云「轉劇」而已。「尚不相見視」作「尚不相容」，「語之」并作「告之」，「相知」作「相識」，皆以常語改當時語。前「虞卿章」云「夫虞卿一見趙王，賜白璧一雙，黄金百斤，再見拜爲上卿，三見平受相印萬户侯，當是之時，天下争知之」，「識」謂之「知」，蓋季漢汝南語如是。

陳蕃：去光禄勳，還到臨潁巨陵亭。從者擊亭卒數下，亭長閑門，收其諸生人客，皆厭毒痛，欲復收蕃。

按：《左傳·莊十四年》「自櫟侵鄭及大陵」，京相璠《春秋土地名》：「潁川東北臨潁縣東北二十五里，有故巨陵亭，古大陵也。」是漢之巨陵亭，晉世已廢也。錢、孫所輯逸文有云：「謹案：《春秋國語》：『畺有寓望』，謂今亭也，民所安定也。亭有樓，從高省，丁聲也。漢家因秦，大率十里一亭，亭，留也，今語有亭待，蓋行旅宿食之所館也。亭亦平也，訟諍吏留辨處，勿失其正也。亭吏舊名負弩，改爲亭(原注：脱當有)長，或謂亭父。」(《御覽》百九十四《續漢書·百官志》注引)亭有樓者，《怪神第九》：「汝南汝陽西門亭有鬼魅，賓客宿止……其後郡待奉掾宜禄鄭奇來，……入亭，趨至樓下。吏卒檄白樓不可上，云：我不惡也。時亦昏冥，遂上樓，與婦人棲宿。」是亭有樓，爲賓客所宿止也。

時令范伯弟。　又：時令劉子興。

按：范臨潁令，劉召陵令，前「祝恬」章有「時令汝南應融」，汲令也。《西岳華山廟碑》有時令朱頡，字宣得，甘陵鄃人，蓋華陰令。其曰「時令」，亦漢人語。

孔子曰：「假我數年乎？」

按：蕃謂賓客，而爲斯言，所以明其深忿，足見引經斷章，東京于以成俗。《窮通》叙云：「《論語》『固天縱之』，莫盛于聖。」又無足怪已。

祀典第八

□□：《春秋左氏傳》：「有烈山氏之子曰柱，能殖□□疏果，故立以爲稷正也，周棄亦以爲稷。」

○《拾補》云：下衍八字。

按：□□當爲「謹按」，此仲遠從許君《異義》出《古左氏説》駁今《孝經》説。尋《禮記·郊特牲》正義引許《五經異義》，出《古左氏説》，「正也」上當脱「稷田」二字。以彼引《古左氏説》云：「稷是田正。」（見陳壽祺《疏證》）知之。「稷，田正也」，見《左·昭二十九年傳》。《國語·魯語》：「昔烈山氏之有天下也，其子曰柱，能殖百穀百蔬。」

《詩》云：「吉日庚午，既伯既禱。」豈復殺馬以祭馬乎？

按：許氏識語云：「桂氏《説文義證》引此作既禡既禱，按禱《説文》作禂。示部禂下，《繫傳》引《詩》曰：既禡既禱，大徐本又入正文。是知吉日既伯之伯，三家自有作禡者，此當作禡爲是。《漢書·叙傳》『類禡厥宗』注：應劭曰：禡者，馬也。馬者兵之首，故祭其先神也。應氏解禡爲馬。與此文義正合。許克勤勉甫記。」

桃梗、葦茭、畫虎：□□□□天霖雨，濇水至。

○《拾補》「濇」作「澅」，云：即「淄」字，作「濇」訛。

又：隆雨下，濇水至，泆子而泛泛，將何如矣。

○《拾補》：「隆」，《策》作「降」，「泆」，《策》作「流」，「而」下補「去」，云：「脱，《策》有。」按：《齊策》云「至歲八月降雨下」，下文亦作「降雨下」，應書當并作「隆雨」。上云「天霖雨」者，唐人爲玄宗諱，改故書爾。前後參差者，蓋駁文。「泛泛」，《齊策》作「漂漂」，云：「流子而去，則子漂漂者將何如耳。」《後漢書·陳蕃傳》：乃先上疏曰「方今一朝群臣，如河中木耳。泛泛東西，耽禄畏害」，仲舉汝南平輿人，此文亦用《齊策》，而云「泛泛」，與仲瑗同，蓋汝南讀故爾耶？

《吕氏春秋》：「湯始得伊尹，祓之于廟，熏以萑葦。」

《吕覽·本味篇》：「湯得伊尹，祓之于廟，爝以爟火，釁以犧豭。」高注：「《周禮·司爟》：掌行火之政令。大者所以祓除其不祥，置火于桔皋，燭以照之。釁以牲血，塗之曰釁。爟讀曰權衡之權。」應氏所引，蓋出于此。然仲遠所見，爝以爟火，當作爝以萑火，故云「熏以萑葦」，初不讀權衡之權也。尋《周官·夏官·司爟》鄭注：「故書爟爲燋。杜子春云：燋當爲爟，書亦或爲爟。爟爲私火，玄謂爟讀如予若觀火之觀，今燕俗名湯熱爲觀（阮氏《校勘記》謂此觀當作爟），則爟火謂熱火與？」陸氏《釋文》：「爲燋：哉約反，李又名灼」，司燋之燋，讀與爝同，不煩改字爾。《説文·火部》「爝，苣火祓也，從火爵聲，吕不韋曰：湯得伊尹，爝以爟火，釁以犧豭。」《唐韻》：「子肖切。」許云苣火，應云萑葦，義正相應。《説文·艸部》「苣，束葦燒，從艸巨聲」，是也。「臣鉉等曰：今俗別作炬，非是」，苣，炬，古今字。《説文·火部》：「爟，取火于日官名，舉火曰爟。《周禮》曰：司爟掌行火之政令，從火雚聲。烜，或從亘。」呂氏所云，既無取私火、熱火，亦不閱（關）取火于日也。許云舉火，殆同于高所謂置火于桔皋者，是讀爟如權火字矣。然此非祓釁所用也。于《周官》司爟初不掌祓事，其《春官·女巫》云：「掌歲時祓除釁浴。」鄭注：「歲時祓除，如今三月上巳如水上之類。釁浴謂以香薰草藥沐浴。」

雄雞：太史丞鄧平説：「臘者，所以迎刑送德也，大寒至常恐陰勝，故以戌日臘。戌者温氣也，用其氣日殺鷄以謝刑德，雄著門，雌著户，以和陰陽，調寒配水，節風雨也。」

○《拾補》：「迎刑送德」似誤。下云謝刑德，此當是送刑德。《御覽》十三引《獨斷》云「臘但送不迎」，況春氣將至，何反言迎刑乎？其誤明矣。

按：《玉燭寶典·正月孟春》説歲始雜事云「《荆楚記》云：帖畫鷄或斲鏤五采及土鷄于户上。《莊子》云：斲鷄于户，懸葦炭于其上，插桃（原誤挑）其旁，連灰其下，而鬼畏之」，此引逸《莊子》「斲鷄于户」，當即鄧平所云殺鷄以著門户，平武帝時人，此所引《莊子》，亦出秦漢人手耳。

刑德云者，王氏《漢藝文志考證》卷第九「天文」云：「《星傳》（不著録）：《天文志》引《星傳》曰：日者，德也，月者，刑也。」是天文家有此言，一也。第八「兵陰陽」云「推刑德」，王氏云：「《淮南子·兵略訓》注：刑，十二辰；德，十日也（又《天文訓》云：及用太陰，左前刑，右背德，擊鉤陳之衝辰以戰必勝，以攻必尅）。」，是兵家有此言，二也。又卷九「五行」云：「《翼氏風角》（不著録）：《翼奉傳》注：《翼氏風角》曰：木落歸本，水流歸末，故木刑在亥，水刑在辰（二刑字原誤作利，錢竹汀云：今本《漢書·翼奉傳》注兩刑字皆作利，傳寫之訛也。是也，説見《十駕齋養新録》卷第十七『刑德』條，今從之），金剛火彊，各歸其鄉。故火刑于午，金刑于酉。」又云「《郊祀志》注：《翼氏風角》：五德：東方甲，南方丙，西方庚，北方壬，中央戊」，是五行家有此言，三也。尋《管子·四時篇》：「日掌陽，月掌陰，星掌和。陽爲德，陰爲刑，和爲事。是故日食則失德之國惡之；月食則失刑之國惡之；彗星見則失和之國惡之。風與日争明則失生之國惡之。」又云：「是以聖王治天下，窮則反，終則始。德始于春，長于夏。刑始于秋，流于冬。刑德不失，四時如一。刑德離鄉，時乃逆行。」今尋鄧平之言，迎刑送德，疑當爲送刑迎德。夫臘者，秋冬向盡，春夏方來，刑流于冬，德始于春，故言迎德送刑也。《逸周書·小開武解》「維王二祀一月既生魄王召周公旦」云云；又曰：「周公拜手稽手曰：在我文考，……順道九紀（孔晁注：皆文王所行之）。……九紀：一辰以紀日，二宿以紀月，三日以紀德，四月以紀刑（注：日爲禮，月爲法也），五春以紀生，六夏以紀長，七秋以紀殺，八冬以紀藏，九歲以紀終。」《周書》此文與《星傳》及《淮南兵略訓》注合。

今人卒得鬼刺痱悟，殺雄鷄以傳其心上，病賊風者作鷄散，東門鷄頭可以治蠱。

○《拾補》：「傳」改「傅」，「散」下有「治之」，云：二字脱，《御覽》有。

按：《札迻》：「《論衡·訂鬼篇》：中人微者即爲痱，病者不即時死。何則？痱者，毒氣所加也。又

《言毒篇》云：人行無所觸犯，體無故痛，痛處若箠杖之迹，人腓腓謂鬼毆之。」孫云：「案腓當爲疿之叚字，《説文·疒部》云：疿，風病也。《風俗通義·怪神篇》云：今人卒得鬼刺疿悟（與忤同），殺雄鷄以傅其心上。巢元方《諸病源候總論》云：鬼擊一名爲鬼排（亦與疿通），皆與王説鬼毆同。」今謂孫説是也。又《論衡·言毒篇》云：「天地之間，毒氣流行，人當其衝，則面腫疾，世人謂之火流所刺也。」應云「鬼刺」，其謂是歟？崔寔《四民月令》云：「東門磔白鷄頭。」注「可以合注藥」（見《玉燭寶典·十二月季冬》引）。但東門鷄頭，應云「治蠱」，崔書注云「以合注藥也」。《周官·天官》：「瘍醫掌腫瘍、潰瘍、金瘍、折瘍之祝藥劀殺之齊。」鄭注「祝當爲注，讀如注病之注，聲之誤也。注謂附著藥」，是其義。下「殺狗磔邑四門」章云：「犬者金畜，禳者卻也，抑金使不害春之時所生，令萬物遂成其性，火當受而長之，故曰：以畢春氣，功成而退，木行終也。」又云：「《太史公記》：秦德公始殺狗磔邑四門以禦蠱菑。今人殺白犬，以血題門户，正月白犬血辟除不祥，取法于此也。」如應説，是可治蠱，狗可禦蠱，但鷄于東門，狗于九門，唯秦獨磔邑四門耳。然崔云「白鷄頭」，應云「白犬血」，同用白者，豈白是金色，抑金使不害春之時所生歟？

臘：《禮傳》：夏曰嘉平，殷曰清祀，周曰大蜡，漢改爲臘。臘者，獵也，言田獵取獸，以祭祀其先祖也。或曰，臘者，接也。新故交接，故大祭以報功也。

○《拾補》于「清祀」下云：「此與今所傳《獨斷》合。《初學記》引作『夏曰清祀，殷曰嘉平』，與《禮記·月令》正義引蔡邕説同，《御覽》亦同。」又「爲臘」下云：《正義》引「秦曰臘」，《御覽》作「漢曰臘」。又：「言田」，「田」作「因」，云：《正義》、《初學記》、《御覽》皆作「因」。又「交接」下「故」字作「狎獵」，云：二字舊作故，今從《御覽》。

按：《玉燭寶典·十二月季冬》引《風俗通》與今本正同，但「交接」下有「押獵」字，與《御覽》合，盧校是也。《初學記》引作「夏曰清祀，殷曰嘉平」，當是《廣雅》文。《寶典》引蔡邕《章句》亦云：「臘祭名夏曰嘉平，殷曰清祀，」又云「《風俗通》則云：漢改曰臘，餘同」也。《文選·西京賦》「披紅葩之狎獵」，薛綜注「狎獵，重接貌」，是也。「押」與「狎」通。《漢書·息夫躬傳》「羽檄重迹而押至」注：「押至，言相因而至也。」《月令正義》所引，亦是誤以《廣雅》爲蔡邕。

怪神第九

見怪驚怖：《管子》書：「齊公出于澤，見衣紫衣，大如轂，長如轅，拱手而立。」

按：《海内經》「有神焉，人首蛇身，長如轅（郭注：大如車轂，澤神也），左右有首（郭注：歧頭）。」是「拱手」古文有作「共首」者，手首聲近，時相通用，故《海内經》以爲左右有首耳。《説文》：「廾，竦手也。從𠂇從又，凡廾之屬皆從廾。𢪏，揚雄説廾從兩手。」「拱」故書當爲廾，《海内經》曰左右，故書當爲𠂇又，合之則爲廾，離之則爲𠂇又，以爲拱手則讀爲手，以爲左右則讀爲首，必探其本，故不相遠耳。《説文·手部》「拱，斂手也，從手共聲。」即廾之晚出字。

城陽景王祠：予爲營陵令，以爲章本封朱虛，并食此縣。

按：景祐本《漢書》末出先儒注解名姓可見者二十有五人，云：「應劭，字仲瑗（一作仲援，又作仲遠），汝南南頓人，後漢蕭令、御史、營令、泰山太守。」今謂營令當爲營陵令，本書可證。國子監所印《漢書》文字舛訛，故無足論。余靖、王洙嘗偕赴崇文院讎書，豈未見《風俗通》邪？

若私遺脱，彌彌不絶。

按：《後漢書・楊震列傳》：震復上疏曰：「臣伏念方今災害發起，彌彌滋甚。」章懷注：「彌彌猶稍稍也。韋孟詩曰：彌彌其失也。」

亡人魄：古事既察，且復以今驗之。人相啖食，甚于畜生。凡菜肝鱉瘕，尚能病人，人用物精，多有生之最靈者也，何不芥蔕于其胸腹，而割裂哉？猶死者無知審者矣。

按：《金匱要略方論》「禽獸魚蟲禁忌并治」第二十四有云：「凡肝臟自不可輕噉，自死者彌甚。」又：「凡肉及肝落地不着塵土者，不可食之。」又：「馬肝及尾不可妄食，中毒害人。」又：「黿鱉肉不可合莧菜食之。」又：「食膾飲乳酪，令人腹中生蟲爲瘕。」又有「鱠食之在心胸間不化，吐復不出，速下除之，久成癥病治之方」，「食鱠多不消，結爲癥病治之方」。「鱉瘕」，猶「食鱠（原誤膾，今正）飲乳酪，令人腹中生蟲爲瘕」之類，「菜肝」不知所謂，恐文有訛錯耳。

世間亡者多有見神語言飲食：家人大哀剥斷絶。

按：「哀剥」，漢人語。

推問里頭沽酒家狗。

按：《史記·留侯世家》索隱出「曲郵」云：「按司馬彪《漢書·郡國志》長安有曲郵聚。今在新豐西，俗謂之郵頭。《漢書舊儀》云：五里一郵，郵人居間，相去二里半。按郵乃今之候也。」里頭猶郵頭，今金壇鄉里地名有社頭，蓋猶古語之遺。

盧氏《拾補》附見錢曉徵、孫詒穀所輯逸文有云「漢改郵爲置。置者，度其遠近之間置之也」（《後漢書·郭太傳》注）；又：「今吏郵書掾、府督郵職掌此。」（《續漢書·輿服志》注）是衛宏《舊儀》所記西京故事，雖有「五里一郵」之條，其實已成具文，如仲遠所説，則漢代設施，實謂之置。其謂之郵，僅見于地名如曲郵，官名如郵書掾及督郵之屬是也。

《後漢書·傅燮傳》：因上疏曰：「若不詳察真僞，忠臣將復有杜郵之戮矣。」注：「白起與應侯有隙，構之。秦昭王免起爲士伍，遷之陰密，行出咸陽西門十里，至杜郵，使賜劍自裁，見《史記》，案杜郵今咸陽城是其地。酈道元注《水經》云：渭水北有杜郵亭也。」《史記·白起王翦列傳》索隱：「杜郵：按故咸陽城在渭北，杜郵今在咸陽城中。」《史記·白起王翦列傳》：「武安君既行，出咸陽西門十里，至杜郵。」正義：「《説文》云：郵，境上行舍，道路所經過。今咸陽縣城，本秦之郵也，在雍州西北三十五里。」

《後漢書·方術列傳上·高獲傳》：「時郡境大旱（謂汝南郡），……獲曰：急罷三部督郵」，注：「《續漢書》曰：監屬縣有三部，每部督郵書掾一人。」然督郵即督郵書掾省稱。《漢書·劉屈氂傳》：「是時上避暑在甘泉宮，丞相長史乘疾置以聞。」師古曰：「置，謂所置驛也。」今謂應云「漢改郵爲置」，此置正謂郵也。師古注但隨文解之，于漢制猶未遑疏通證明也。《史記·孝文本紀》索隱出「傳置」云：「按《廣雅》云：置驛也。《續漢書》云：驛馬三十里一置，故樂産亦云：傳置一也。言乘傳者以傳次受，名乘置者以馬取匹。傳音丁戀反。如淳云：律四馬高足爲傳置，四馬中足爲馳置，下足爲乘置，一馬二馬爲軺置，如置急者乘一馬曰乘也。」《漢書·文帝紀》：「餘皆以給傳置。」師古曰：「傳音張戀反，置者置傳驛之所，因名置也。」

狗作變怪：狗于竈前蓄火，家益怔忪。

按：「忪」當讀若「憧」，《説文·心部》：「憧，意不定也，從心童聲。」尺容切。

文人亦不證察，與俱悼懾，邪氣承虚，故速咎證。

按：《説文·心部》：「悼，懼也，陳楚謂懼曰悼，從心卓聲。」又「懾，失氣也，從心聶聲。」「咎證」當本作「咎徵」，宋人諱「徵」，元刻未及回改耳。

妖怪百端：魯相右扶風臧仲英爲侍御史，家人作食設桉，欻有不清塵土投污之。

按：《漢書·石奮傳》：「對案不食。」《後漢書·梁鴻傳》：「舉案齊眉。」《檢論》云周時俎豆具食，漢始有案。考《御覽》七百十引燕丹太子常與荆軻同案而食，則戰國末已有之，至漢則上下飲食均用案（無原書，從段拭《漢畫》轉引）。段書圖版六十一遼陽棒臺子屯漢墓壁畫庖廚象之一繪方圓案甚具。《史通·敘事篇·妄飾》云：「按裴景仁《秦紀》稱：苻堅方食，撫盤而詬；王邵《齊志》述受父紇洛干，感恩，脱帽而謝。及彦鸞撰以新史，重規删其舊録，乃易撫盤以推案，變脱帽爲免冠。夫近世通無案食，胡俗不施冠冕，直以事不類古，改從雅言，欲學者何以考時俗之不同，察古今之有異？」是東晉時已無案食矣。

亭長擊鼓，會諸廬吏，共（元刻誤其，今正）集診之。

按：是亭長所屬，有廬吏也。《文選・西都賦》「周廬千列」，注：「《史記》衛令曰：周廬設卒甚謹。《漢書音義》：張晏曰：直宿曰廬。」此廬吏亦當謂直宿之吏。《周禮・地官・遺人》：「凡國野之道，十里有廬，廬有飲食。三十里有宿，宿有路室，路室有委。五十里有市，市有候館，候館有積。」鄭注：「廬若今野候，徒（原誤徙，從阮校改）有房也。宿可止宿，若今亭有室矣。候館樓可以觀望者也。一市之間，有三廬一宿。」賈疏：「云『廬若今野候，徒有房也』者，此舉漢法以況義。漢時野路候迎賓客之處，皆有房舍，與廬相似。云宿可止宿，若今亭有室矣者，案漢法十里有亭，亭有三老，人皆有宮室，故引以爲況也。」今謂廬吏直宿之廬，即鄭所謂野候。漢亭不但有室，亦或有樓，其有樓者，則不但比于古之宿，亦且望于古之候館矣。是則踵事增華，後來居上矣。賈疏亭有室義未諦。

《楚辭》云：「鱉令（元刻誤今，今正）尸亡，泝江而上，到峄山下蘇起。蜀人神之，尊立爲王。」

按：此引《楚辭》説也。《祀典第八・風伯》云：「《楚辭》説：後飛廉使奔屬，飛廉，風伯也。」與《離騷》王注合。此所引當説《離騷》「恐鵜鴂之先鳴兮」，今王注但云：「鵜鴂一名買䳸，常以春分鳴也。」都不云杜魄化鵑之事，則應氏所引非王義也。《拾補》附逸文：「荊鱉令死，尸隨水上，荊人求之，不得也。鱉令至岷山下，已復生，起見蜀望帝。帝使鱉令鑿巫山，然後蜀得陸處。望帝自以德不如，以國禪與鱉令，爲蜀王，號曰開明。」（《御覽》五十六）原注：「案《怪神篇》雖有鱉令事，而語不詳，當别爲一條。」此注未知爲錢爲盧，然謂别是一條，近是。《水經注》卷三十三江水注引來敏本蜀論云：「荊人鱉令死，其尸隨水上，荊人求之不得。」

伐木血出：因自嚴，行復斫之，血大流灑，叔高使先斫其枝。

按：同卷《李君神》：「一歲餘，張助遠出來還，見之驚云：此有何神？乃我所種耳，因就斮也。」《説文・斤部》「斫，擊也，從斤石聲」，云若切；又「斮，斬也，從斤昔聲」，側略切。應書用此二字，自有區别。

見赤白光：夜半後，見東壁正白如開門明，呼問左右，左右莫見，因起自往手收莫之，壁自如故，還牀復見之，心大悸動。

按：《拾補》「手扱（收）摸（莫）之」，今謂盧校「收」作「扱」，是也。「摸」自可作「莫」，盧校不知何據。尋《方言》第十三：「膜，撫也。」郭注：「謂撫順也，音莫。」「莫」、「膜」同讀。觀子雲所記，則西京故有此言，弟字作「膜」，今又作「摸」耳。「扱」今字作「捫」。「悸」或作「痵」，《説文・疒部》：「痵，氣不定也，從疒季聲。」其季切。《説文・心部》「悸，心動也，從心季聲」，其季切。

公祖曰：「怪異如此，救族不暇，何能致望于所不圖，此相饒耳。」

按：「饒」謂姑爲吉語以寬之耳，此自當時語。

山澤第十

五岳：岱宗廟在博縣西北三十里，山虞長守之。十月日合凍，臘月日涸凍，正月日解凍，皆太守自侍祠。　又：南方衡山，一名霍。……廟在廬江灊縣。西方華山……廟在弘農華陰縣。北方恒山……廟在中山上曲陽縣。　中央曰嵩高。……廟在潁川陽城縣。

按：《西岳華山廟碑》云：「建武之元，事舉其中，禮從其省，但使二千石以歲時往祠。」是東漢以還但使二千石以歲時祠五岳也。碑又云：「延熹四年七月甲子弘農太守安國亭侯汝南袁逢掌華岳之主」，是以二千石主祠事也。應書《正失第二・封泰山篇》云「予以空僞，承乏東岳，忝素六載，數聘祈祠」，則仲遠自記方爲泰山太守時事也。《東觀漢記・朱遂傳》云：「中山相朱遂到官，不出奉祠北岳」，「詔曰：……山岳尊靈，國所望秩，而遂比不奉祠，怠慢廢典」，（此陽嘉元年詔）此以北岳奉祠責中山相者，《東觀漢記・百官表》「郡太守、國傅相，皆秩二千石」也。北岳廟在中山，故以責中山相。

四瀆：江出蜀郡湔流互徼外㟭山入海。

按：《漢書・地理志・蜀郡》：「湔氐道：《禹貢》㟭山在西徼外，江水所出，東南至江都入海。」湔流當謂湔水，「互」當爲「西」，形之誤也。

所以通中國垢濁，民陵居，殖五穀也。

按：陵居謂陸居，「陸」謂之「陵」，故是楚語。

陵：殽在弘農澠池縣，其語曰：「東殽西殽，澠池所高。」

按：此仲瑗引諺以證二陵所在，而陵爲地險，已可知也。

阜：阜者，茂也。言平地隆踴不屬于山陵也。今曲阜在魯城中，委曲長七八里，雒北芒板即爲阜也。

按：此不避「隆」字。如應説即周謂之坂者，魯謂之阜也。

澤：《韓詩内傳》：「舜漁雷澤。」雷澤在濟陰城陽縣。

按：此引《韓詩·周南》傳文也。周南之妻者，周南大夫之妻也。大夫受命平治水土，逾時不來，妻恐其懈于王事，蓋與其鄰人陳素所與大夫言「國家多難，惟勉强之，無有譴怒，遺父母憂。昔舜耕于歷山，漁于雷澤，陶于河濱，非舜之事，而舜爲之者，爲養父母也」云云，見《列女傳·賢明傳》。

沛：沛者，草木之蔽茂，禽獸之所蔽匿也。

按：此應氏以「蔽」釋「沛」也。蔽謂之沛，大抵齊楚間語。

陂：《傳》曰：「陂者，繁也。」言因下鍾水，以繁利萬物也。今陂皆以溉灌，今汝南富陂縣是也。

按：汝南語「繁」讀若「陂」。《後漢書·方術列傳·許楊傳》云：「汝南舊有鴻郤陂（注：陂在今豫州汝陽縣東），成帝時丞相翟方進奏毁敗之。建武中太守鄧晨欲修復其功，聞楊曉水脈，召與議之。……因署楊爲都水掾，使典其事。楊因高下形埶，起塘四百餘里，數年乃立（注：塘堤堰水也），百姓得其便，累歲大稔。」是汝南自成帝以前即饒有陂塘之利也。

渠：《傳》曰：「渠者，水所居也。」

按：渠、居雙聲。

故其語曰：「田于何所，池陽谷口，鄭國在前，白渠起後。舉鍤爲雲，决渠爲雨。涇水一石，其埿數斗。且溉且糞，長我禝黍，衣食京師，數百萬口。」

按：《漢書·溝洫志》稱「民得其饒，歌之曰」云云。惟「鍤」爲「臿」，「埿」爲「泥」，作字小異。若「禝」作「禾」，「數百萬口」作「億萬之口」，則應語質而班語文，蓋史家潤色，仲遠所引，近得其真也。此歌所以口、後、雨、斗、黍、口爲韻者，西京魚、侯已不相别異也。尋《朱文公校昌黎先生集》（考異音釋附）卷之四《古詩·燕河南郡秀才》「芳荼出蜀門」下云：「諸本荼多作茶，方從潮館本，云：《爾雅》曰：檟，苦荼。音徒。郭璞注：荼似梔子。早取者爲荼，晚取者爲茗。《唐韻》荼，宅加反。俗作茶。大抵荼與茶古音相近，如今言搽與塗亦通用也。今按荼與茶，今人語不相近，而方言之相近者，莆田語音然也。雖出俚俗，亦由音本相近，故與古暗合耳。今建人謂口爲苦，走爲祖，亦此類，方言多如此云。」晦庵説是也，所舉宋時建音與漢武時趙音正合。

逸文

汝南周霸字翁仲，爲太尉掾。婦于乳舍生女，自毒無男，時屠婦比卧得男，因相與私貨易，裨錢數萬。（《意林》、《御覽》三百六十一，又八百八十三）

潁川有富室，兄弟同居，兩婦皆懷任（一作孕）。數月，長婦胎傷，因閉匿之。産期至，同到乳舍。弟婦生男，夜因盜取之。争訟三年，州郡（一作縣）不能决。丞相黄霸出坐殿前，令卒抱兒，去兩婦各十餘步，叱婦曰（一無曰字）：「自往取之」。長婦抱持甚急，兒大啼叫。弟婦恐傷害之，因乃放與，而心甚自悽愴；長婦甚喜。霸曰：「此弟婦子也。」責問大婦，乃伏。（《意林》、《御覽》三百六十一，又六百三十九）

按：如應書所記，是漢汝潁間俗：婦人産子，同到乳舍也。觀掾婦與屠婦比卧，則知漢時有專設乳舍，人人可往，故不問掾婦抑屠婦也。弟未知霸婦時在汝南抑隨宦在雒耳。尋《論衡·四諱篇》：「三曰諱婦人乳子，以爲不吉。將舉吉事，入山林，遠行度川澤者，皆不與之交通。乳子之家亦忌惡之，丘墓廬道畔，逾月乃入，惡之甚也。」又云：「今婦人乳子，自在其身，齋戒之人，何故忌之？江北乳子不出房室，知其無惡也。至于犬乳，置之宅外，此復惑也。江北諱犬不諱人，江南諱人不諱犬，謡俗防惡，各不同也。」是汝潁諱人，與江南謡俗同矣。然仲任謂江北「不諱人」，「江北乳子不出房室」，未知謂婦人乳子房室之中，抑謂既乳之後，夫不爲出居宅外邪？若即乳子房室，則江北無專設乳舍可知。王云「丘墓廬道畔」（文或小有脱誤）者，《過譽第四》：「汝南戴幼起三年服竟，讓財于兄，將妻子出客舍中住，官池田以耕種。」又「謹按：既出之日，可居冢下，冢無屋，宗家猶有羸（《拾補》改贏）田廬，田可首（《拾補》改身），粥力者耳（《拾補》云：又見下卷，乃勤力之意），何必官池客舍？」是漢時冢下往往有屋可居，其云丘墓廬道畔者，謂冢下屋之比，即廬于丘墓道畔，不比常居，故不嫌也。應書《窮通第七·陳蕃章》「蕃本召陵，父梁父令，别仕平輿。其祖河東太守，冢在召陵，歲時往祠。以先人所出，重難解亭，止諸冢舍」，亦其比也。

《左·昭二十九年傳》：「公衍、公爲之生也，其母偕出（杜注：出之産舍）。公衍先生，公爲之母曰：相與偕出，請相與偕告（杜注：留公衍母，使待己共白公）。三日公爲生，其母先以告，公爲爲兄。公私喜于陽穀，而思于魯，曰：務人爲此禍也（注：務人，公爲也。始與公若謀逐季氏）。且後生而爲兄，其誣也久矣，乃黜之，而以公衍爲大子。」是婦人産子，同到乳舍，自春秋時然矣。

南郡讞女子何侍爲許遠妻，侍父何陽，素酗酒，從遠假求，不悉如意，陽數駡詈，遠謂侍：「汝公復駡者，吾必揣之。」侍曰：「共作夫妻，奈何相辱，揣我公者，搏若母矣。」其後陽復駡，遠遂揣之，侍因上堂，搏姑耳三下。（《御覽》六百四十）

按：「河南平陰（一作南陽，無平陰字）龐儉」條（《類聚》三十五，《御覽》百八十九，又四百七十二，又五百）云：「時人爲之語曰：廬里諸龐，鑿井得銅，買奴得公。」謂得失亡之父也（上文云「遭倉卒之世，失亡其父」也），是謂父曰公，自當時語，一自翁者，非也。《説文》：「揣，量也，從手耑聲，度高曰揣；一曰捶之。」初委切。又「捶，以杖擊也，從手垂聲，」之壘切。

光武車駕徙都洛陽，載素簡紙經凡二千兩。董卓盪覆王室，天子西移，中外倉卒，所載書七十車，于道遇雨，分半投棄。卓又燒燔觀閣，經籍盡作灰燼（《御覽》云：即于處燒燔，糜爲灰穢），所有餘者，或作囊帳。先王之道，幾烟滅矣。（《意林》、《御覽》六百十九）

按：《後漢書·王允傳》：「及董卓遷都關中，允悉收斂蘭臺石室圖書秘緯要者以從。既至長安，皆分別條上，又集漢朝舊事所當施用者，一皆奏之。經籍具存，允有力焉。」觀應氏所云，則《允傳》云云，史家于此，不無溢美矣。

不舉并生三子，俗説：生子至于三，似六畜，言其妨父母，故不舉之也。謹案：《春秋國語》：「越王句踐令民生二子者與之餼，生三子者與之乳母。」三子力不能獨養，故與乳母。所以人民繁息，卒滅强吴，雪會稽之耻，行霸于中國也。古陸終氏娶于鬼方，謂之女嬇，是生六子，皆爲諸侯。今人多生三子，子悉成長，父母完安，豈有天所孕育，而害其父母兄弟者哉？（《意林》、《御覽》三百六十一）

按：《玉燭寶典·二月仲春第二》引蔡邕《仲春章句》：「漢令民生子復父母勿筭二歲，有産兩子給乳母，一産三子給乳母二。」是「一産三子給乳母二」（按：一疑屬上讀）漢令故有明文，不知仲遠何以近捨漢事，遠引越故。豈漢氏雖有此令，至劭時陵夷，已成具文，故仲遠不復稱引；抑董卓亂後，舊典散亡，邕所疏記，非劭所逮聞邪？范書記康成于伯喈之死，歎云：「漢世之事，誰與正之？」中郎于漢事，故多異聞，高密之言，豈不信然。

菟髕，俗説：臘正旦（一作祖）食得菟髕者，名之曰幸，賞以寒酒。幸者善祥，令人吉利也。或説：食菟髕者，令人面免生髕，露見醜惡，今覺得之，嘉不爲己疾也。謹案《尚書》：夏禹始作肉刑，則天象而慎其過，故穿逾盜竊者髕。髕者，去膝蓋骨也。（髕者去膝蓋五字，舊脱，依《漢書·武帝紀》注補之，語方完。）逮至暴秦，亂獄紛紛，烹俎車裂，（車裂下一有抽脅二字）黔首窮愁，飲泣永嘆。凡人食得菟髕，以爲佳瑞，物類相感，冀全己之髕也。（《類聚》五，《初學記》二十九，《御覽》三十三，又六百四十八，又九百七）

按：或説「面免生髕」，髕讀若顰，《説文》：「顰，涉水顰蹙，從頻卑聲。」《文選·魯靈光殿賦》：「憯嚬蹙而含悴。」注「嚬蹙，憂貌」是其義。《尚書大傳》：「唐虞象刑……犯臏者以墨幪其臏處而畫之。」（《北堂書鈔·象刑》，見陳壽祺輯本《唐傳》）又云：「決關梁，逾城郭而略盜者，其刑髕。」（《周禮·司刑》注。又《太平御覽》百四十八「刑法部」十四，見陳輯《周傳》，陳案曰：「其刑髕諸書引作臏，惟《華嚴經》第七十三音義卷下引傳首三句作髕，音義云：字從骨。今依改。」）是《尚書大傳》有髕刑，又《尚書》「堯典第一」，孔穎達正義云：「賈逵馬融之學，題曰古文尚書，篇與夏侯等同，而經字多異。夏侯等書宅嵎夷爲宅嵎鐵（阮元《校勘記》：宋本鐵作峓。按段玉裁云：嵎鐵即禺銕……夷銕峓三字通用），昧谷曰柳谷，心腹腎腸曰憂腎陽（孫志祖云：三字乃優賢揚之訛，見阮氏校記），劓刵劓刵，云：臏宫劓割頭庶剠。是夏侯等書《甫刑》有臏刑也。應引《尚書》蓋今文説。

《周禮》：「五黨爲州。」州，疇也。州有長，使之相周足（一作是）也。（《類聚》六，《御覽》百五十七）

按：應説字義，多舉所從，如獄、皋、囚諸字皆然。今書《山澤第十》「丘」下云：「故丘之字：二人立一上，一者，地也。四方高，中央下，像形也。」是其例。《説文》川部：「州，水中可居曰州；一曰：州，疇也，各疇其土而生之。」應氏所説，與許君合。

門户鋪首，謹案：《百家書》云：「公輸般見水上蠡（音螺）謂之曰：開汝匣，（一作頭）見汝形。蠡適出頭，般以足畫圖之。蠡引閉其户，終不可得開。般遂施（一作設）之門户，欲使閉藏當如此周密也。（《類聚》七十四，《御覽》百八十八，又七百五十）

按：《歷代名畫記》卷第四「後漢張衡」條注：彦遠「又按應劭《風俗通》云：公輸班見水上蠡形，以足畫之。」《玉燭寶典·十一月仲冬第十一》：《尚書考靈曜》曰：「求昏中者取六頃，加三旁蠡，順除之。求明中者取六頃，加三旁蠡，卻除之。」鄭玄曰：「蠡，猶羅。」《干禄字書》上聲出「蠡、蠡」，云：「上俗下正，又力奚反。」蠡，蠡字同，并唐人别字，故顔云俗耳。

南陽酈縣有甘谷，谷中水甘美，云其山上大有菊華，水從山上流下，得其滋液。谷中三十餘家，不復穿井，仰飲此水。上壽者百二三十，中者百餘歲。七八十者，名之爲夭。菊花輕身益氣，令人堅强故也。司空王暢、太尉劉寬、太傅袁隗爲南陽太守，聞有此事，令酈縣月送水三十斛，用之飲食。諸公多患風眩，皆得瘳。（一作用飲食澡浴，終然無益。《類聚》八十一，《初學記》二十七，《御覽》五十四，又九百九十六）

按：自「云其山上」迄「皆得瘳」，此應述傳聞之辭，所謂俗説也。一作云云，當本有「謹按」字，應氏據實以破俗説之謬如此，初非異文也。劉寛卒年六十六，是尚不得名夭，是其終然無益明矣。尋《漢書・地理志》「弘農郡」：「析，黄水出黄谷，鞠水出析谷，俱東至酈，入湍水。」師古曰：「析，音先歷反。鞠水即今所謂菊潭也。酈音持益反。湍音專。」析縣《續漢志》屬南陽。《水經》：「湍水出酈縣北芬山，南流過其縣東。」注：「湍水出弘農界翼望山，水甚清澈。東南流逕南陽酈縣故城東，《史記》所謂下酈析也。漢武帝元朔元年封左將黄同爲侯國。湍水又南，菊水注之。水出西北石澗山芳菊溪，亦言出析谷，蓋溪澗之異名也。源旁悉生菊草，潭澗滋液，極成甘美。云此谷之水土，餐挹長年。司空王暢、太傅袁隗、太尉胡廣并汲飲此水，以自綏養，是以君子留心，甘其臭尚矣。」道元不云劉寛，而云胡廣，其云此水長年則同。《漢志》不云鞠水之異，然自道元以還并有菊水之名，則以「鞠」、「菊」爲古今字矣。漢有甘谷，唐有菊潭，故是一地。然漢時尚未以菊名谷，則未知鞠水果以菊得名否也。李兆洛《歷代地理志韻編今釋》：「析，西漢縣弘農郡、東漢縣荆州南陽郡，今河南南陽府内鄉縣西北一百二十。酈，西漢縣南陽郡，東漢侯國荆州南陽郡，今河南南陽府内鄉縣東北十。」湍水今名湍河，在河南内鄉縣東，是菊潭、甘谷當在今内鄉縣境、湍河之西也。

俗説：……寧相六，不守熟。案：蒸飯覂泥（疑當從《説文》作氣流）謂之餾，音與六（孫補）相似

也。(《御覽》四百八十六，又八百五十)

按：陸氏《毛詩・大雅・洞酌音義》出「餾」云：「力又反，又音留。《爾雅》：饋、餾，飪也。孫炎云：蒸之曰餴，均之曰餾。郭云：餴熟爲餾。」應、郭義正相應。孫云均之者，均之則氣流，與飯更泥義亦相成耳。

尚書御史臺皆以官倉頭爲史，主賦舍，凡守其門户。(《續漢書・百官志》注)

按：《漢書・食貨志》：「春將出民，里胥平旦坐于右塾，鄰長坐于左塾。」注：「孟康曰：里胥，如今里吏也。師古曰：門側之堂曰塾。坐于門側者，督促勸之，知其早晏，防怠惰也。」又云：「畢出然後歸，夕亦如之」，「師古曰：言里胥鄰長亦待入畢，然後歸也。」杜氏《玉燭寶典・正月孟春第一》引《漢書》此文并注云：「孟康曰：里胥，今里史也。韋昭曰：胥，《周官》里宰也，音諝也。」蓋出《漢書音義》。孟康注當從杜引作「史」。胥史職事相比，古謂之胥者，漢但謂之史。公休魏人，去漢未遠，其稱「今里史」云者，知魏世猶因漢制。應云「尚書御史臺皆以官倉頭爲史，主賦舍，凡守其門户」，以《食貨志》考之，則古里胥之旦夕坐于門側，亦可謂守其門户者矣。里胥于漢、魏爲里史，則知尚書、御史二臺之以史守門户，所從來遠矣。

錢大昕《三史拾遺》卷四：《後漢書・蔡邕傳》：「補侍御史，又轉侍書御史，遷尚書，三日之間，周歷三臺。」云：「侍書當作持書(原注：汲古閣本作持書)，范史本是治書，章懷避諱，改治爲持也。《百官志》：御史中丞爲御史臺率。應劭《風俗通》云：尚書御史臺皆以官倉頭爲史(原誤吏，今正。原

注：見《百官志》注，今《風俗通》無此文）。是尚書、御史皆稱臺也。又《百官志》：謁者僕射爲謁者臺率；符節令爲符節臺率，專制朝政，注引《晉書》云：漢官：尚書爲中臺，御史爲憲臺，謁者爲外臺，是謂三臺，然伯喈未受謁者，何以便有三臺之稱？豈侍御史與治書御史，亦分二署邪？」

室中姓。（《史記・高祖功臣表》索隱）

按：涵芬樓影印《十鐘山房印舉》之一（三十五葉）古鉩八有白文印，當釋「室中鹿」，即此姓。六國文字至或作[illegible]，或頗省改，以趨約易也。

《孫子》云：「金城湯池而無粟者，太公、墨翟，不能守之。」（《意林》）又：《孫子》有金城湯池之說，後人因此開地爲池，以養魚鼈。（《初學記》七）

按：錢輯逸文有云：「《百家書》：宋城門失火，因汲取池中水以沃灌之，池中定竭。」此《百家書》所云「宋城門失火，因汲取池中水」者，亦謂城池耳。仲遠引《孫子》以明古義，是也。《説文・水部》：「淨，魯北城門池也，從水爭聲。」小徐《繫傳》：「臣鍇曰：古獨謂城溝爲池。《春秋公羊傳》曰：齊桓公使高子將南陽之甲立僖公，或曰自鹿門至爭門是也。按：臧孫奔齊自鹿門、爭門，則淨門，皆北門也。從性反。」鍇説是也。

《詩・陳風・東門之池》云「東門之池，可以漚麻」，傳：「池，城池也。」二章、三章又云：「可以漚紵」、「可以漚管」也。《孟子・公孫丑下篇》：「孟子曰……城非不高也，池非不深也，兵革非不堅利也，米粟非不多也，委而去之，是地利不如人和也。」池，亦謂城池。《文選・范蔚宗後漢書光武紀贊》

注：「《氾勝之書》曰：神農之教，雖石城湯池，無粟者不能守也。」是西漢人以此爲神農之言矣。然范文本云「金湯失險」，正用《孫子》；李注乃引《鹽鐵論》曰「秦金城千里」，及《氾勝之書》注之，何也？仲遠引《孫子》，今十三篇無此文，尋《漢書·藝文志》兵權謀十三家有吴《孫子兵法》八十二篇（圖九卷，師古曰：孫武也，臣于闔廬），齊《孫子》八十九篇（圖四卷，師古曰：孫臏），此稱墨翟之守，必孫臏之書也。唐時已亡，故李善所未及見耳。

罾者，樹四木而張網于水，車輓之上下。（《初學記》卷第二十二《武部·漁》第十一叙事引此文云「見《風俗通》」。錢輯失引）

按：錢輯逸文有璫、尉、毾㲪、踘，原注「以上四條疑出服虔《通俗文》」。然錢輯又有「刻葦傷盜爲槍」（《御覽》三百五十四）；「笈，學士所以負書箱，如冠籍箱也」（《御覽》七百十一，題云《風俗記》。），與此釋罾之文正相類。其實此三條，與以上四條亦可同出《通俗文》，宋以後人不知有服書，故臆改舊題爾。錢君于槍、笈都不致疑者，蓋見其所釋差詳，容于原書有所附惡，故慎言之也。今并輯罾事，附見于此，亦猶錢君之志云。

汝南周霸字翁仲。……後翁仲爲北海相，吏周光能見鬼，署爲主簿，使還致敬于本郡縣。因告光曰：「臘日可與小兒俱上冢，去家經十三年，不躬烝嘗，主簿微察知相先君寧息，會同飲食忻娱否？」（《意林》、《御覽》三百六十一，又八百八十三）

按：本條見錢輯。《水滸全傳》卷五第三十一回：「時當臘月初旬，山東人年例臘日上墳。只見小嘍囉山下報上來，説道：大路上有一乘轎子，七八個人跟着，挑着兩個盒子，去墳頭化紙。」是元世山東年例猶存東漢汝南舊俗也。

坐不移鐏，俗説：凡宴飲者移轉鐏酒，令人鬥爭。（一作訟諍。《御覽》四百九十六，又七百六十一）

按：陸德明《爾雅音義》釋器第六出「尊」云：「本又作鐏，酒器也，又作樽，同。案曹憲（通志堂本原誤獻，今正）《文字指歸》：《檢字》無此從缶、從木者。《説文》云：字從酋寸，酒官法度也。今之尊卑，從此得名，故尊亦爲君父之稱。」尋曹之《檢字》無此從缶者，謂《説文》正篆不從缶耳。《御覽》引應書逸文作鐏，疑漢隸有之。陸引《爾雅》本又作「鐏」，雖不合古文，亦出江左舊書。自陸、曹以尊爲正宗，「樽」字猶見于他説（陸氏《莊子音義逍遥游第一》出「不慮以爲大樽」云：「本亦作尊。司馬云：樽爲酒器，縛之身，浮于江湖，可以自渡。」），而「鐏」字寖絶矣。

---

* 朱氏刊於《學術集林》之原文體例不够統一，《風俗通義》行文，每節先列正文，叙具體人事；後加「謹按」，領起按語。朱氏校箋，凡引《風俗通義》原文，每於文句前擷本段起首數字或具體人事名稱，以爲標識。惟於「謹按」之文句，或加標「謹按」，或未標，致按語失其所從，甲處按語，徑接於乙後，不便閲讀。今稍加修改，每節首句仍朱氏例，以本節起首字或所涉人事名稱領起正文，以次文句，低一格接排，其偶有錯亂者，亦據《風俗通義》原文，正其編次。

楚辭長語*

《楚辭解故》三編既付印，淮陰師專《活頁文史叢刊》索《楚辭》義，爲撰《長語》與之。謬藉微辭，舉例而已。淮陰舊楚，地實多才，大山、小山之遺學，有足述者，亦冀二三子轉以益我也。庚申上巳日記。

離騷第一

啟九辯與九歌兮，夏康娱以自縱。

〇注：啟，禹子也。《九辯》、《九歌》，禹樂也。洪氏《補注》：《山海經》云：「夏后上三嬪於天，得《九辯》與《九歌》以下。」注云：皆天帝樂名，啟登天而竊以下用之。《天問》亦云「啟棘賓商，九辯九歌」，王逸不見《山海經》，故以爲禹樂。游國恩《居學偶記》云：王逸注以《九辯》、《九歌》爲禹樂，蓋以啟爲禹子，而《左傳》文公七年又引《夏書》，有勸以《九歌》之文（《九歌》又見昭公二十年及二十五

* 本文原刊於《蘇州科技學院學報》（社會科學版）二〇一〇年第一期。

年），故臆度言之，已非屈子本意。考之本書，有以《九辯》（宋玉作）、《九歌》（舊題屈原作）題篇者；又本篇及《天問》，《九辯》凡兩見，《九歌》凡三見；而《大招》又有「伏羲駕辯」，「駕辯」是否即《九辯》，雖不可知，然即以本書證之，歌與辯之爲古樂殆無疑矣。且屈子兩言《九辯》、《九歌》，皆屬之啟，而不屬之禹，證以《山海經》啟得是樂於天上之説，若合符節。則屈子當日必別有異聞，而非定據儒家經傳爲言可知也。朱熹《楚辭辯證》乃據晚出古文，强定《九辯》、《九歌》爲禹樂，遽斷屈子爲謬誤，一何鹵莽至此耶？洪興祖《楚辭補注》引《山海經》以補正王逸《章句》所未及，深得騷人本旨。朱乃目爲妖妄，此真拘墟之見也。

季海按：游謂「歌與辯之爲古樂」，甚是。然尚未知「辯」何以爲古樂，是能知其然，不能知其所以然也。尋《吕氏春秋・古樂》：「帝嚳命咸黑作爲聲（一作唐），歌九招、六列、六英（季海按《風俗通義・聲音》云「顓頊作六莖，嚳作五英」。《白虎通德論・禮樂》引《禮記》曰「顓頊樂曰六莖，帝嚳樂曰五英」）。有倕作爲鼙鼓鐘磬（季海按《風俗通義・聲音》云「謹按《世本》垂作鐘」，與《吕覽》合，又云「謹按《世本》暴辛公作塤，毋句作磬，與吕並不合」）。「吹苓管壎篪、鞀椎鐘，帝嚳乃令人抃（兩手相擊曰抃）。或鼓鼙，擊鐘磬，吹苓展管篪，因令鳳鳥天翟舞之。帝嚳大喜，乃以康帝德。」（引文據《四部叢刊》影明宋邦乂等稿本，「吹苓」云云再見，其下或有「管」，或云「展管」，文有奪誤，今仍之）「辯」讀若「抃」，正謂兩手相擊爾。《堯典》：「克明俊德，以親九族。九族既睦，平章百姓。百姓昭明，協和萬邦，黎民於變時雍。」「變」亦讀若抃。九歌即九招，九辯即九抃耳。然而堯民「于抃時雍」，猶承帝嚳「乃令人抃」之舊，堯之「克明俊德」，猶嚳之「帝德是康」矣。古者神道設教，每托之天帝，上世人王，亦多配天神。帝嚳令人抃，乃令鳳鳥天翟舞之，其消息可知已。游君徒執其一，未觀其通，亦失之膠柱也。章先生《古文尚書拾遺》據《孔宙碑》讀「於變」字曰「弁」。以《詩·小雅》「弁彼鸒斯」、《傳》「弁亦樂也」説之，謂《説文》正作「昪」，云「喜樂貌」。其實正當讀若抃，《説文》作「拚」，云「拊手也，從手弁聲」，皮變切，是也。《小雅》之「弁」讀亦同耳。本謂雅烏兩翼相擊。《傳》訓樂者，探詩意言之，非直訓也。

九歌第三

《湘君》：吹參差兮誰思？

○注：參差，洞簫也。一作篸差。洪氏補注：《風俗通》云：舜作簫，其形參差，象鳳翼參差不齊之貌。初簪、義宜二切。此言因吹簫而思舜也。《洞簫賦》云「吹參差而入道德」，洞簫，簫之無底者，篸差，竹貌。

季海按：《風俗通·聲音》：「謹按《尚書》：舜作簫韶九成，鳳凰來儀。其形參差，像鳳之翼，十管，長一尺。」洪注所引出此，文有省略耳。《説文》：「簫，參差，管樂，象鳳之翼，從竹肅聲。」與應説同，蓋許應同取《尚書》説耳。「簫韶九成」即九招，「招」讀與「韶」同，《呂覽》以爲嚳樂，《尚書》以爲舜作者，嚳但有管篪（見《古樂》），舜乃益之以簫之十管，參差以象鳳翼，其聲益備，而樂章有循嚳之舊者，故猶以九爲節，而固招爲名也。 隨縣楚地，一九七八年夏，湖北省發掘擂鼓墩一號戰國早期諸侯墓（《文物》一九七八年第七期《發掘簡報》作「曾侯乙墓」）出土樂器有曰「彩繪漆竹排簫」者，據省博物館編印《出土文物簡介》（一九七八年十一月）云：「排簫是首次發現，至今尚能吹出清脆的聲音，其音階已超出五聲音階範圍。」《圖十七》凡十三管，齊其末而參差其端，最長最短之管居最外側，中間十一管長短相次旁行斜上，橫三管以編之，近末二管等長，近端一管短三管之徑，其形正參差如鳳翼，名從主人，當正名曰「參差」，《九歌》所詠，正謂是矣。 視仲遠所記，已益三管，古制蓋簡，戰國新制，踵事增華耳（《文物》一九七九年第七期黄翔鵬《先秦音樂文化的光輝創造——曾侯乙墓的古樂器》：「魏晉南北朝以前的壁畫、石雕中所見排簫係裝長管裝在一邊而依次漸短的形制；清代雅樂排簫卻作長管在兩端的對稱形，而且是按律編管。」[P31-33]曾侯乙墓所出正同前代，不作對稱形，知古制如是。 黄文又云：「曾侯簫在未脱水的情況下，其中一件有七八個簫管能够發音，可以聽出它們不是按律編管而至少已是六聲音階的結構。 可以説，這種形制的排簫和古壁畫、石雕中所見形象一致，並與今天仍在東歐舞臺上演奏的排簫相同。」黄説詳實，據《簡介》並記於此）。

《河伯》：乘水車兮荷蓋，駕兩龍兮驂螭。

○ 注：言河伯以水爲車，驂駕螭龍而游戲也。 一本「螭」上有「白」字。

季海按：河伯水車，僅見《楚辭》。 蓋洞庭、雲夢，大澤之鄉，其民狎習波濤，弄潮如驅車，故發爲想像，形諸名言，曼妙如此，詩人有取焉爾。 此北方之神，浸淫楚祠，流被歌詠，便宛然南風矣。 沈復

《浮生六記·浪游記快》:「甲辰之春,余隨侍吾父于吴江何明府幕中……一日,天將晚矣,忽動歸興。有辦差小快船,雙櫓兩槳,於太湖飛棹疾馳,吴俗呼爲出水轡頭。轉瞬已至吴門橋,即跨鶴騰空,無此神爽,抵家晚餐未熟也。」甲辰乾隆四十九年,公元一七八四年,時三白二十一歲耳。今吴語猶謂絶塵而馳曰「出轡頭」,然不聞「出水轡頭」。斯言亦以車馬爲隱喻,雖地有吴楚,時有古今,其爲口俏(吴俗謂語雋爲「口俏」)一也。

輯佚書議*

諸夏學術，莫隆晚周。粤稽周季，王官失守。上學下達，道術在民。文勝之極，百家蜂駭，靡不成其瑰麗，攄其陸離。雖品會群因，難可歷説，而書籍流布，邁越古昔。爲推進文明之主轂，則不待繇言而辨也。仲尼觀成周，墨翟紬百國，則寶書之讀不難；惠施書五車，蘇秦篋數十，則簡策之得彌易。莊生偁其數散於天下，而設於中國者，百家之學，時或偁而道之。是以駕説者尋聲，騰辭者襲景，聞風而悦者，又靡記矣。連抃紛紜，六通四辟，皆書籍流布，文獻足徵之效也。《書》曰：「予欲觀古人之象。」言必遵修舊文，而不穿鑿。莊生曰：「舊法世傳之史，尚多有之。」蓋謂此也。但以道有盈喪，書有彰闇。故仲尼有不足之嗟，揚雄興俄空之嘆。自秦迄隋，書已五危；降隋迄今，厄豈勝紀。其閒割裂譌脱，散亡衆矣。後人考古，百不獲一。先士茂製，冷汰如也。然則輯佚之作，所以扶微起絶，飾閒補亡，誠有不得已者也。溯其濫觴，蓋起有宋。夫其成晦庵之宿志，蒐魏晉之亡詩，榛

* 本文原刊於《國學論衡》第三期(一九三四年)。

途乍辟，衢術未廣，則王應麟之爲也。元明墨墨，無傳焉爾。清儒閒起，斐然成章。黄馬兩家，彙爲巨囿。顧考古之業，率前修未密，後出轉精。清儒遺緒，有待理董亦多矣。若夫樸學諸師，多出乾嘉，其後書來東土，簡發西陲，或故家所臧，越世而出，亦多有焉。前世諸君，要不及睹，則時爲之也。亦有見聞雖廣，綜核難周，采比群書，時滋疏漏，是遺逸之待補，其事一也。

輯佚之道，以類書爲大宗。類書作非一手，取非一書，粹駁錯衡，然否同概。若稽集者衆，瑕瑜互見矣。其閒譌脱删易，或造語未周，或援書失據，引非完辭，則輯非善本。故當甄考異文，廣通舊説，輯家於此，或不加意。任情摭拾，緯繣蓋多。是異文之待詳，其事二也。

劉氏述何，休晏不辨；陳君詩疏，朱伏無分。皆由討覈不審，故貽孫氏之譏，是違失之待糾，其事三也。

佚書棼緐，輯非一家，但校黄馬，雷同已夥。其或詳略有殊，得失互注，便當剌取衆長，刊爲定本。庶幾同條共貫，綱領悉張；枝葉扶疏，無嫌滋蔓。是别本之待齊，其事四也。

仁知不同，所見易轍；好惡靡一，識解懸異；風尚既殊，取舍有擇。今考文史星曆方志之書，鴻寶待發，乃佚而未輯，見遺者多，甚可惜也。今當就其可徵，彌此闕典。是前文之待廣，其事五也。

綜厥五因，用中今議。至其從事之條，輯存之序，宜選通人，詳計始末。庶無華離之患，且免横決之虞。不然謏騃無任，甯異書簏；玉屑盈車，不以爲寶，是宜慎已。惟兹事體大，非淺學所敢具論。聊疏小引，竊附執鞭。揚其遠徽，是在弘達。大方之家，倘下教焉。

徵求陸王學書籍啟*

聖可爲也，生乎百世之上，百世之下，聞者莫不興起也。秦漢以還，聖學榛蕪。子輿氏先立乎大之旨，至象山而始光，至姚江而始大。流派所及，漸被東亞。惟是書籍浩繁，尚無彙集之部。昔張清恪公刊行《正誼堂叢書》，於洛閩學派之著述搜羅頗備，獨金華、姚江諸書無人理董，誠憾事也。本會同人以丁兹學絶道喪之秋，非闡明心性，發揚理學，末由拯浩劫而樹國基。爲特仿《正誼堂叢書》之例，發起刊印陸王學叢書，以餉學者。普請海内藏書家，其有陸王學書籍爲下列目録所開，或下列目録所未者，先行函達本會（書名、部數、卷數），以便接洽訂印。有志斯文者，諒必樂於觀成也。

---

* 本文原刊於《國學論衡》第三期（一九三四年）。其編次接於《輯佚書議》之後，而未署作者姓名，今附於此，以供參考。

太炎先生著述目録後編初稿序*

公箸書綦繁，稱類甚博。六籍弗能具，方州不可限，布寫非一時。或終閟藏于家，世竟無覩。學者好尚且異，誦記即不齊，公怛化，乃有陵訛之懼。浩將有言於撰目，憚爲物絯，不得發。延國與喪來蘇州，承弼暨復僉在。延國唱言之，衆議同，事乃起。遂揖群箸，聚目如前編，詭惟速成，慮臭厥載，故勿能致密，失記亦多焉。終哀集益勤，暨四方友朋所贚，咸注別紙，緟爲今録，視前雖少半猶歉焉。頗龍鱗成帙，足縫其閒，條理則未皇。整部居，譔本末，明作意，探高深，出廣麗，以發起其趣。而觀夫後世，當竢畜德君子，大雅之材，共贊襄而舉之，未易急理也。前編初營，疏迻寫事灑分之，三君勞足相蓋，浩惟逸。是役延國暨復最劭，承弼與浩，拾補無慮數事。若前録未刊諸篇，自延國暨王牛外，餘人咸弗窺。聚寫其目，亦惟二君。前録成，王君不列名，綴是亦足以稽，坿録所具，本非公作，倫制不宜有，又哤雜不類妄庸人時時奮臆亂公説，宜刊剟，以保完粹。延國愛多故留。若

* 本文原載于《太炎先生著述目録後編初稿》，一九三七年潘承弼等輯。

曰。庶幾遺澤存焉。夜光之麗，亦不以瓦礫掩也。予所聞《華國月刊發刊辭》，汪東爲之，前録載焉，將疑後人。昔曹子建有手作目録，故元首假託，賴相證驫。目録苟不得保任，滋惑大矣。兹從事雖慎哉恐猶有隙，世有知者，庶相質云。

考文學會雜報發刊辭*

考文學會俶事踰歲，既目興復民志，修起舊史，偏求友於中國。四方積學之彦，含章之儒，稍稍有集者。誠擬以中國之博大，或猶發稊米於太倉，尚不得與息耗數，然不闚非其人，終亦不易。夫老農之勤，獲不逾歲，考文學會之所易治，則異於是矣。雖胼胝之勞，無以相覆，顧其獲大遠，又非一夫八口所能底功。雜報者，豈謂所獲在是，焉播殖矣。我諸夏昆弟，庶幾同其閔閔之心，助之除穢行水，而昏相作勞乎。近世中國已衰，抎其故物，其自異於剽忽無化之民者，獨有舊史存矣，而其途又茀。二十四史之章焯著明，且隱庰弗能知，中國之不淪爲虛厲，猶白刃貫胸，而不夷其體也，非狂惑失心，則怵然危之矣。孟軻有言：「豪傑之士，無文王猶興。」若鴻水復涣揚於九有，豈待禹而抑邪。《詩》曰：「轂已破碎，乃大其輻。」言謀事之晚也。吾黨即微，若因循終古，既從容矣，在淵之謂何。夫括囊無咎無譽，荀卿鄙之。事且急，顧覆愊邪。乃敢以此無腆敝册，播越遠邇，以自遂其靖獻

* 本文原刊於《考文學會雜報》第一本（一九三七年）。

之懷。若曰博論前載，周覽近事，求索上下而得其歸，殆多闕焉。圖之已驟，其陋不亦宜乎。其崇論呟議，高文大册，學報將舉之，斯無譏矣。唐孫可之讀開元雜報，遜言於遠而傷且邇，隱莫懷矣，此雜報之名所曲起。吾黨雖不逮事，竊有慕乎達於事變，而懷其舊俗者已。反衰世之陵夷，紹先民之景命，以望邦人君子。

曼言*

學浩曰：如謂中國無學可也，苟若有之，則章公之爲，亦猶崇禹任土而九州秩，周旦作雒而天保定。公之教弗修，則中國衰矣。今去公之殂未遐也，而寇深矣。永思厥敗，罔弗如公言。公告我于難，若射之有志。公言有倫，若網在綱。惟謀國亦建其有極，惟公載立其極；惟攘夷亦峻其有防，惟公載大其防。惟時弗省，乃奉其恫。惟昔先民，開物成務，冒天下之至道，無非學也。舊法世傳之史，有在于是者，公紹而修之，粲如也。是以甚異族而《訄書》作，更憂思而《昌言》興。人不知遠，則述《尚書》；夏不變夷，乃序《春秋》。興感慕則愛土風，故據雅訓以定《方言》；哀亡國則思印度，故紬三藏以輔微學。民德媮薄，則修《喪服》而論《孝經》；文教柔弱，則先《儒行》而退《中庸》。校官失而姦言興，則明《大學》；世運訛而景行衰，則崇《論語》。衷博愛則善救人，故無棄人；閔陸沉則急人材，故務講習。至于危疾在躬而弗自知也，猶欲攝衣升堂，以臨函杖。烏虖，其勤至矣！今也則

* 本文原刊於《制言》第五十三期，一九三九年。

亡。予惟公之學，博矣溥矣，遠無極矣。其示人也，則務爲簡易。故晚而講學，揭以四經，謂《論語》、《孝經》、《大學》、《儒行》也。於《儒行》則曰體其一節足以興行，於《論語》則曰蹈其片言足以爲善人君子。其言可謂簡易矣。先民亦有言：「善言天者，必有徵於人；善言遠者，必有驗于邇。」其公之謂邪！故公之智雖彌夫宇宙，而言猶影響之應也。憶公嘗詔予：「中國之學，無弗麗于人事者。惟我先哲，則弗舍人以言天。莊生之言性與天道，亦未嘗遠人事也。印度之學，于玄言自臻其極，獨與人事相遠，所以亡也。」噫，公言亦信矣！浩嘗讀《昌言》而得六度之説焉，以其私謁于公。公悦，詔予曰：「爲其有裨夫行已也。中人以上，可以庶幾焉；中人以下，亦有以勸也。」烏虖！六度之説，豈玄之極邪！而公論在經言，非有取於周浹人事者邪。夫子循循然善誘人，非謂是邪，今也則亡。自公之没，微言既絶，其遺學則布在方策，尚可尋也。使公《尚書》之教明，則堯舜之衣裳，伯禹之宫室，不得與奇蟲神物等夷也。使公《春秋》之教明，則夏宗弗墜，禹甸弗變也。使公《世本》之教明，則知吹律定姓之陋也。吹律定姓尚猶不可，況以戎狄之名自名而顔色不怍乎。使公《正名》之教明，則無羨乎旁行邪上之書也。使公《方言》之教明，亦不怵夫鮮卑語也。先民有正聲，何必聞《韶》樂而後厭琵琶也？穩〔隱〕微之耑，故已弗論；數其切近，乃彰彰矣。夫如是，何甚乎獸心，何患乎介族，我疆我圉，孰能窺閃乎？然而公之學微矣，中國危矣！是何姦民之多而道之嚨也。若使中國而終不復也，則公之學息矣。中國猶當興也，公之學固其赤幟也。舉大事，動大衆，焉可一朝而無其幟也。雖然，誰能舉之？縱有其書而無其人，則亦不得而舉也。然則文學院之作，非所以俟豪傑之士邪！人誰在矣，我之望矣；國有俊民，皆吾友也。人之不遠，其在吾友，我猶及識之，吾友勉矣。庶幾底先民之命，而定其功也。

博望樓文鈔序*

神州無象，不守於東藩，遂令生民在馬蹄間，苟有英雄，投筆咸起。仲琦奔西南一歲，閲天下名將多矣，既重過其家，雖暫留不少廢學，獨治文章如初未嘗能爲。仲琦之不輕牧其筆，將使人自以爲不及，又疑其不自枹鼓間來。或曰：仲琦最後居蜀，豈有感于司馬相如、王褒、楊雄、陳子昂之爲邪？曰：先民之烈，所在感人，何必深山大澤如西蜀、卓犖奇偉如數子？今日誦漢唐之事，道路聞之，可爲流涕，而謂仲琦曾不感激，人之無情，豈有是哉！且華陽黑水，非禹迹乎？石紐尤存，樵蘇不入。論其世視漢唐爲遐遠，其深中于人心者，歷久而不磨。蜀人之思夏，猶夏民之思夏也，謳歌如一日。仲琦雖逋播之餘，聽其風聲，緬然東望，其感慨憤激有不能已於言者矣。始著書何暇爲優遊之辭，其旨將在於廢興之際、存亡之間，所謂間不容髮者也。仲琦雅好史學，其於鑒戒成敗則近矣，使其學復進，亦將自爲異同。物情是非，當時或隱，後來逾明者，亦物之情也，執中者必不願執一

* 本文係作者爲貝仲琦《博望樓文鈔》（約一九四〇年出版）所作的序言。編者未見原書，承蘇州郭正中先生過録。

而已。且國之大事，實賢哲所難，夫誰敢論定？雖不敢定，終不可已，則其情急已有以通天下之情而爲之言，吾意其言之必遠，其利病自可與天下共之。古之説《詩》者或曰：周之衰自懿王也，仁義雖陵夷，而怨刺猶行，是不防民之口。及至厲王，以惡聞其過，公卿懼誅而禍作，厲王遂奔於彘，亂自京師始，良史書之以懼後人，然猶未有犬戎之禍。今日又當以犬戎爲癬疥也，則不知何以固我京師？忽而不圖，雖岷峨之巆巆，吾未見其高於鍾山；江流浩蕩，猶秦淮之聲也。執競維人，人之不競，山川有時而不靈。故觀國者不於所守，於其所以守之，幽厲之敗，則不可以不存。仲琦之志，是亦良史之志也。凡所論列，又多在耳目之前，人人得以其聞見證之，是於距年之書、治古之稱爲尤切。世不幽厲，宜見討論，厲且幽也，焚之惟恐不速，知微之彦因以量當世矣。身在憂患之中，何暇爲仲琦序，且祇見其目，未見其書，殊不能舉其辭。仲琦索序甚急，因論其著書之故，非以告後人，將以告並世之人。

上海朱學浩

馬君武傳*

馬君武，其先湖北蒲圻人。曾祖麗文，少微，苦學，清道光進士，由主事歷福建道監察御史。鴉片之戰，專摺劾苔善誤國，以敢言爲滿洲權貴所惡。出爲廣東高州知府，有善政。忌者猶不厭，調知廣西思恩府，卒官無餘貲。仲子光昊，隨宦不得歸，遂居桂林，即君武祖也。君武原名道凝，略字厚山，略博記一名同，博記游學日本，改名和，字君武。游學德國。以字行。博初就傳。父即命讀史。略六七歲屬對甚敏，爲父師所異。略述九歲遭父憂，恃母女紅佐家用。十二歲從師受《尚書》、《唐詩》，夜諷之母前。略述母業鍼黹，且課讀，一字誤，爲之操箠。嘗曰「鐵不打不剛。子不打不良」也。述旋依舅氏陽朔讀經外，兼習刑名，以荒嬉遺歸。母痛責，始發憤，略述行路不釋卷。科舉廢，廣西有體用學堂，唐景崧以臺灣抗倭得民，主其事。君武入學肄英文算學，兼受經史，唐氏稱高第。庚子詣廣州，習法文，日以壞巴且實爲糧，夜就路燈下讀。略博往新加坡，見康有爲、徐勤等，謀國是。返廣

---

* 本文原刊於《國史館館刊》第一卷第三號，一九四八年八月。

西舉義，事敗，奉母抵上海。入震旦學院，於法文益深，譯法蘭西革命史。銘辛丑，博名赴橫濱，識梁啟超、湯叡，及日本宮崎民藏、寅藏兄弟。博民藏紹介謁孫公，略博退輒揚公於廣坐曰：「康梁過去人物。孫公則未來人物也。」壬寅從章炳麟諸名士發起支那亡國二百四十二年紀念會，銘日本留學生愛國集會始此。弔民國紀元前九年元旦，以孫公命，偕劉成禺往留學生會館演説排滿，涕淚陳辭，感動四坐。先是東京學生盛言革命，而諱排滿，民族革命大義，蓋自是彰聞天下也。當時通電皆指名成禺，孫公著書亦然，故君武之功獨隱。錄癸卯入京都帝國大學習工藝化學，時爲《新民叢報》譯書撰文，得錢遺母兼自給也。乙巳孫公自歐洲抵東京，創立同盟會，命與陳天華、汪精衛共草章程，博任秘書長，兼廣西支部長，又主《民報》。銘丙午畢業帝國大學，文部省取締中國留學生事起，偕諸生歸，創中國公學於上海，略銘任教務長，成材甚衆。博記以革命故，兩江總督端方將名捕，岑春煊爲電請廣西公費派赴德國柏林工業大學，略習冶金，宣統庚戌受工學士位。博辛亥歸國，略博武漢首義，以滬軍都督府代表出席各省代表會，與雷奮、王正廷起草《臨時政府組織大綱》。略博開民國元年元旦，任實業部次長，代理部務，略博二日，以廣西代表與安徽等四省提出《臨時政府組織大綱修改案》，謂前者修正，卜夜行之，成於造次，應無效。君武持之甚激，舊案遂得再修正。自是大總統制定官制官規，須得參議院同意。開二月，特派專使蔡元培等北上歡迎臨時大總統袁公就職南京，初無宋教仁，其使自請也。君武故惡袁，謂宋之請行，將以媚袁也，怒而批其頰總統府中。但南北統一，任全國鐵路公司秘書長。國會成立，爲參議院議員。略二次革命，歸廣西謀舉事，不成，名要走上海。會德國請君武講學，欣然往。雖袁氏亦以爲國光，資之行。君武於祖席笑謂人曰：「吾奉旨出洋也。」馮道日本往，名要入柏林大學研究院四年，受工學博士位。國人受此位於德國，自君武始。博袁氏死，返國。略國會既復，政府主對德宣戰，國民黨持論相反。君武以參議員爲黨人爭之，有撓之者攴以杖，雖犯衆怒不恤。銘旋游丹麥、美利堅、日本，偕黃興歸。名要六年與非常國會。廣州大本營成立，任交通部長。七年任石井兵工廠無煙火藥總工程師，博主張兵工原料獨立，謂所以供軍實，必當自給，始足言戰。兵工材料首硫酸若銅鐵，八年，擬議建硫酸廠於廣東，遭時靡定，竟無成。然自是十四年蒼梧有兩廣硫酸廠，君武啟之也。講二九年。任大元帥府秘書長。略要名十年，任非常大總統府秘書長。博桂系既潰，難在鎮撫，以才望出爲廣西省長。憶蒞任不能行其意，憶講四外然所規劃猶爲來者法。明年謀移治蒼梧，就孫公，以衛士五百人行。抵貴縣，駐軍縱掠，鎗殺十數人，匿艙下不死，猶被禁三晝夜。得脫，受命。初或告以雜軍犬猖而鴟張，桂系殘蘖日蠢蠢，終不可使聽命一書生前，則曰：「革命黨人，死且不避。世固有知其不可而爲之者。」其果毅如此。憶十二年，任大夏大學校長。博十三年，任國立北京工業大學校長。博要是年曹錕敗，孫、段合作。記奉孫公命，有事於北京。記要十四年，任司法總長。十五年，調教育總長，未就任。博名要十六年，廣西省政府籌設廣西大學，爲籌備委員。十七年大學成立。任校長。博以爲將建設中國進於現代國家，則廣西當務之急，無過築鐵路、造森林二事。自言不辭勞怨以全力辦大學者，凡爲此也。謠詠遂指廣西大學爲國家主義大本營矣。講三十九年，任中國公學校長。二十年五月，廣西大學停辦已再期，廣西省政府始電君武促恢復，已而中撓。八月，省政府決議停辦。九月，君武赴省政府談話會，曉諭百端，乃定計。君武仍爲校長，倡生産教育、勞工教育。期盡少分生産責任，以對民族國家。又揭未停辦前學風，期諸師弟子，其要在共同生活，務以學行相扶持。使親如家人子弟焉。講五自胡漢民居湯山，西南五省始有西南政務委員會。漢二十一年，君武爲常務委員，略要又爲廣西省政府委員，要兼廣西省修志局總纂。博是年重遊歐洲，考察教育實業而歸。舉菲希特精神，勉廣西大學師弟子，欲樹中國復興之基，如菲希特之創柏林大學於耶納敗後也。講一二十五年，任廣西省政府高等顧問，入京親與當局規劃湘桂鐵路。二十六年，任最高國防會議參議。博略二十七年，任國民參政員，與李四光等創設桂林科學實驗館。博二十八年，任國立廣西大學校長。博略明年卒。博君武通英、法、德、日諸國語文，凡自然科學、社會科學，及文學諸部，自達爾文、密爾、斯賓塞、赫克

爾、盧騷以下諸名著，咸有譯本，每著書舟車間。博生平論撰多亡於貴縣，恒自惜也。憶今行世猶數十種。博

附徵引略例

凡所徵引，擿其一字，以相區別，例如左方。

略、馬君武先生的家世及其事略　諸子方

博、記馬君武博士　林半覺

記、馬先生少年苦學記　龍潛

述、一個苦學生的自述　馬君武

銘、國立廣西大學校長馬君武先生碑銘　居正

名、黨國名人傳本傳

弔、弔章太炎先生　馮自由

録、先總理舊德録　劉成禺

開、中華民國開國史　谷鍾秀

要、最新支那要人傳　東亞問題調查會編　朝日新聞社刊

講、馬君武先生演講集　第一集　二十三年七月廣西大學出版部發行

一、柏林大學立校的真精神

二、從婦女武裝説到迎頭趕上

三、怎樣建設一個現代家國

四、談辛亥本省光復史略有感

五、廣西是不是需要高等教育

憶、馬君武先生長桂時之回憶　吕一夔

外、現代中國名人外史　海若著　二十四年出版

別有民國人物志　三十二年六月出版　建國編譯社發行　全襲外史而有删節　無足稱述

漢、胡漢民傳　冒鶴亭

其親聞諸但副館長燾、馮協修平者，各以姓表之。

附考異

諸子方撰事略稱：國會成立爲參議院議員，公推起草憲法。尋憲法起草會委員題名，

無君武，今不取。

凡傳聞異辭，撮舉其要。其諸細意，故可得而略也。

中國抗戰和泰戈爾*

去年十二月四日看到季羡林的《泰戈爾與中國》（見《社會科學戰綫》一九七九年第二期，提起四十年前印度詩人泰戈爾對中國抗戰的關懷和同情。季氏引了詩人一九三九年寫給一位朋友的信：「但是最使我痛苦的是中國；帝國的建造者們（指的是英法——羡林）有着巨大的力量和財富，是能够用來幫助她的，可是中國單槍匹馬在作戰，幾乎是赤手空拳，只有不屈不撓的勇敢是她的同盟軍。」還引了他的一些詩句，説他這樣大聲疾呼，發出獅子吼，支援中國人民的抗戰，我們中國人民是永遠不會忘記的。是的，泰戈爾的這些話，就像大海潮音，直到現在，還是那麽動人。這使我想起了詩人當年爲支援中國抗戰打來的一個有名的電報。原電我未見，是現在山東大學的王仲犖教授告訴我的。手頭無報可查，到底是一九三九年還是一九四〇年，我已記不清，反正不出這兩年。當時我和一些朋友們都在上海，我們都很年輕，縱然不免像泰戈爾説的幾乎是赤手空拳，可是都有不

* 本文據作者提供的複印件録入。

屈不撓的勇敢。我們經常見面，每天從戰局談到國際風雲，從民族文化談到人類文明，都懷着焦急的心情，要想用所有的力量來保衛自己的國土，維護人類的文明。仲舉便是最常見的一位朋友。一天，他聲情激越地把泰戈爾發來電報的事告訴我了。

他的話很簡短，像電報：「泰戈爾來電説中國的抗戰是一篇血史。」當時我聽成「一篇血詩」。既然心情萬分激動，就不在乎這一字之差了。當時的滿腔義憤，已如即將爆發的火山，那裏經得起這樣的震動呢？於是就一口氣地賦了一首七律，這就是《血染文章淚洗詩》。第二天仲舉又來了，我給他看，他爲之引吭高歌。可是一會兒又説我弄錯了，泰戈爾説的是「一篇血史」，於是又賦其二，幾乎是脱口而出，不假思索。我的朋友仲舉、仲琪，和遠在海外的小弟子抗都看了，都很歡喜。老詩人金松岑也看了，爲之擊節。這就是《答泰戈爾二首》的來由。

自己留下的一份清稿，前些時遇上意外的不愉快，痛心之餘，已拉雜摧燒，化爲雲煙了。想不到當年信手涂抹在一大一小，兩個用過的中式舊信封反面的原詩初稿（這一時期充詩箋之用的還有撕下的日曆、香皂的包裝紙等等），卻由仲舉的有力護持，金甌無缺地保存了四十年。這回知道我所有的詩稿已盪然無存，就特地從山東掛號寄來了。開緘見詩，有得亡之喜，只兩個信封的前半和沒有寫字的空白處被修剪了一下，這就顯得小了一圈,有點像薛濤箋了。仲犖本是詩人,抗戰後期就在四川,看來到過成都,取來唐樣,這就爲這段可歌可泣的回憶,又添上一段引人入勝的佳話了。抗戰早已勝利,中日人民又和往常般地友好無間了。現在把我的《答泰戈爾二首》給《〈群衆〉論叢》發表,泰戈爾雖然不及見了,但印度人民是看得見的。他們如果知道這詩是和泰戈爾的電報幾乎是同時,相差頂多不過幾天的,作爲對這位受到中國人民尊敬的詩人的驚雷閃電般的電訊的詩的回答,想來他們也會高興地收下這份薄禮,珍重這段四十年前正當烽火漫天,硝煙匝地之際,我們中印兩大民族之間的痛癢相關的友好之情的。

下面直抄原作,一字不易,以存其真。

答泰戈爾二首

血染文章泪洗詩,生靈道盡更無疑。西來狂焰焚天網,東下長江絶地維。滿眼悲辛驚骨肉,百年怨毒入心脾。知君最有遺民恨,敵愾臨風繫我思!

血戰彌天動鬼神,百年積怒萬年新。豈堪兵甲銷狂戾,好任絃歌接比鄰。鹿苑漫教傳哭史,龍宫遥望是遺民。同君一遣修羅雨,未信中原付劫塵。*

---

* 編者按:此兩首詩已收入本書《初照樓詩稿》乙二十三、二十四。

湯定宇先生紀念文集題辭*

遠惟前代之載，季漢之世，國亂無象，豺虎遘患，是以王粲棄中國而適荆蠻；程秉逮事鄭玄，後避亂交州，與劉熙考論大義，遂博通五經；薛綜少依族人，避地交州，從劉熙學，是則然矣。若湯定宇爰宅上海，不讓世界名都，日本之横光利一，乃謂西方惟有一倫敦，足與儀比，彼非蹤跡不越户庭，漫爲此言者也。定宇身自華東師範大學歷史系教授，居華屋，擁圖書，不乏問學之友，講論之樂，何所見而翩然圖南，樂此羈旅哉！洎「文革」事起，禍亂相尋，據國爭權，還爲豺虎者，何可勝道？詩書禮樂，掃地無餘，中國文化，不絶如縷。顧定宇獨處香港，主樹仁書院，廣育英才，德日盛，業日精，其隱然以存亡繼絶自任，又可知也。比其弟子有黎廣基者來問《尚書》，頗得要領，時定宇猶健在，有以知君之善教也。其來也，偕南京師範大學同人俱來，是必早發金陵，抵蘇匆匆一飯，便來叩門，忙遽如此，毋乃勞乎？然而學如不及，猶恐失之，非君之善教，使諸生能繼其志，胡爲其然哉！

---

* 本文原載於《席散，新月在天——湯定宇老師紀念文集》，湯定宇老師紀念文集編輯委員會編，二〇〇一年，香港。

新亞書院學子黄樹志過吴語我，曾見定宇，亦可比於弟子之列。予問：「及見之乎？」答曰：「然。」予曰：「斯可矣，所謂目擊而道存者，非歟？」樹仁諸生若趙之璣之一再來書，樂得吾片言以表章其師，鄭重如此，知定宇之居香港，亦庶幾成國之在交州；繼是有作，南州諸彦，殆將有若程德樞者爲我論五經大義，若薛敬文者爲我説平子二京乎？異日者，華夏文明必將蒸蒸日上；然則諸君之所學，行且與世界爲有無，豈但文章華國而已哉！臨穎遹然，企予望之。

二〇〇一年二月二十七日書於初照樓

二泉品學*

予嘗一再游東山，二泉瀹茗，尚論古今，以爲湖山如此，作息其間者，凡風聲、雨聲、讀書聲，自然聲聲入耳；志士處之，宜其家事、國事、天下事無不關心也，古人豈欺我哉。太倉唐蔚芝先生有德有言，愛國愛民，經師人師，晚居無錫，已雙目失明，猶創立無錫國學專修館，時民國九年。後八年國民政府大學院使柳詒徵、薛光錡來校視察，以爲辦理完善，乃準予立案，於是民國十七年矣。後以教育部令改名私立無錫專修學校，修業期三年，錢基博任教育股董事長。辦學宗旨在研究本國歷代文化，期於世界文化有所貢獻。首屆招生報名近千人，所取正額二十四，附額六名而已。所期遠大，焉能不別擇精嚴，以視今之開學店，誇創收，淪爲眼鏡蛇（南京民間有三蛇之説：白蛇、黑蛇、眼鏡蛇——指教師，見近年《揚子晚報》）而不能自拔者，何其相去之懸絶邪？民國二十年國際聯盟教育科之唐克爾·培根來校參觀後慨然曰：「吾等來中國看過學校不少，大抵讀洋裝書，用洋筆，充滿洋

* 本文據作者手稿録入。

氣；到此方見綫裝書與毛筆，希望這所繼承中國文化之學校能發揚光大。」七十五年前來華之外賓，已能爲此言，則知當時之國聯教育科未嘗無人也。至於今日聯合國汲汲於所謂世界遺産之亟需保存、亟待發揚者，無錫國專故已早著先鞭矣。民國二十年九一八事起，東北淪陷，舉國震驚。吴中諸老，謀所以匡濟時艱，以紓國難者，莫急於昌明國學，以維國本。於是商請餘杭章先生自滬來蘇州講學，假律師公會會所以爲講堂，爲時不過二週，下午開講，每講二小時，聽講無過二三十人，然自是吴中俊彦多有著籍餘杭之門者矣。予之執贄師門，亦在是時。予本乘興而來，既而諸老盛情相邀，委之筆受。猶憶章先生講《尚書略説》，吾以鉛筆作記，先生講訖，予亦擱筆；退而以毛筆迻寫，少加潤色，便自成章，不煩檢書，無庸速記也。羅常培嘗自喜能速記，故能記劉申叔所講。西方速記諸書，插架舊多有之；吾以文言筆受，言訖自然成文，故不煩轉寫，已收事半功倍之效也。餘杭初講，筆受原有多人，記成呈閲，多不愜意。事後見推，遂及於我。逮我記入覽，而餘杭之言乃云：「惟某所記，一字不錯耳。」民國二十二年蘇州國學會正式成立，蓋肇端於是矣，予固始終其事也。會址定在大公園吴縣圖書館二樓，蔚芝先生即曾應邀來蘇講學，雖雙目無視，而神情開朗；發揮經義，如話家常；背誦經文，自成雅奏；世傳唐調，語不虚矣。或記亢倉子之對魯侯有云「心合於氣，氣合於神」者（見《列子·仲尼篇》），吾於先生之講學見之矣。

以其稟賦之厚，涵養之純，偶一攝衣升堂，居然神游八表。區區公園暫講，竟使亢倉之言，非復道家之空談，頓成當前之實踐，故曰「人能弘道」，不其然乎？世變方亟，弘道在人，是所望於唐門高第爾。

二〇〇五年乙酉夏至書於初照樓

甲骨别録之一*

一 四祖丁

王國維《殷卜辭中所見先公先王考》「祖某」條：「然則商人自大父以上，皆稱曰『祖』。其不須區别而自明者，不必舉其本號，但云『祖某』足矣。即須加區别時。亦有不舉其本號。而但以數别之者。如云『□□於三祖庚』（《前編》卷一第十九頁）。按商諸帝以庚名者，大庚弟一，南庚弟二，盤庚弟三，祖庚弟四，則三祖庚，即盤庚也。又有稱『四祖丁』者（《後編》卷上第三頁，凡三見），按商諸帝以丁名者，大丁弟一，沃丁弟二，中丁弟三，祖丁弟四，則四祖丁，即《史記》之祖丁也。以名庚者，皆可稱祖庚，名丁者皆可稱祖丁。故加三四等字以别之，否則贅矣。」（見《觀堂集林·史林一》）

季海按：王引「三祖庚」之文，出於誤仞，學者不信，今不論。其數殷王諸祖世次，則人

---

* 本文原載於《民俗典籍文字研究》第四輯，商務印書館，二〇〇七年。

皆信之。然實顛倒，以至失其妃匹，而弗之省，故具論之。

郭沫若《殷契粹編》第三〇三片：「丙戌卜其又四祖丁。叙𠩺。」《考釋》云：「四祖丁，王國維謂即祖丁，以其在殷先王號丁者中居第四位也。」又第三四一片「辛亥卜其又歲於三祖辛」，《考釋》云：「準『四祖丁』爲祖丁之例，此『三祖辛』當是廩辛，其前有祖辛、小辛，此居第三位也。」此並從王而誤。

試依郭引《前編》卷一第十七頁二片「己丑卜貞王賓四祖丁奭妣己□日亡尤」考之，此帝乙卜辭，四祖丁當爲中丁。知者，殷王以丁爲號者自康丁以上有武丁、祖丁，此三丁於帝乙並得稱祖，而其配更無妣己，王、郭之誤，即此可見。惟更上一丁則中丁。其配乃有妣己，是卜辭所云「四祖丁」者，實謂自下而上之第四祖丁耳，王説適得其反也。今云幾世祖猶自本身上推，殷人言祖，亦如是矣。郭氏《戊辰彝考釋》（見《殷周青銅器銘文研究》）曾引此片，而不能規王之失，亦可謂失之交臂矣。

陳夢家《殷虚卜辭綜述·廟號上》「四且丁」：

「甲戌卜貞王賓且辛奭匕甲砉，亡尤

庚辰卜貞王賓小乙奭匕庚砉，亡尤

庚子卜貞王賓四且丁奭匕庚砉，亡尤　《續》1·17·7」(p. 425)

「四且丁奭匕己」《上》3・10-12；《前》1・17・2」

「都是乙辛卜辭。由《續》1・17・7周祭卜辭可知『四且丁』必須是小乙之父且丁。他在周祭中一直稱爲『四且丁』。」(p. 426)

季海按：陳氏知是乙辛卜辭，而不知孰爲乙，孰爲辛；又不知「四且丁」如何起算，而猥云有三種計法(見p. 423)，所以，始終不悟「四且丁」之初非定稱也。如陳所舉《續》1・17・7，又《簠室殷契徵文・帝系》八十二片「庚辰卜貞王穷四且丁奭砳匕庚」(末三字印本不清，從王襄《考釋》)，即必須是帝辛卜辭。知者，帝辛以文丁爲且丁，康丁爲二且丁，武丁爲三且丁，祖丁爲四且丁，祖丁之配四人，其一即匕庚也。若《上》3・10-12；《前》1・17・2，即帝乙卜辭。知者，文丁於帝乙爲父丁，必須以康丁爲且丁，武丁爲二且丁，祖丁爲三且丁，即四且丁當爲中丁，故以匕己爲配也。

又陳氏《綜述・親屬》「妻」武丁卜辭有「子雍其御王於丁妻二妣己」(《續》1・39・3)；

『御於二妣己、妣丁、子丁』《庫》1988武丁子組卜辭

又云：「『丁妻二妣己』可參看下述二辭：

『其又於丁、匕己』《甲》2647廩辛卜辭。」(p. 487)

季海按：陳氏雖爲此言，初不知二妣己爲何王之配，其實自武丁而上，祖乙配爲妣己，

中丁配爲二妣己，丁妻謂中丁妻也。丁、匕己，即指中丁、二妣己。（1973 9 27）

胡厚宣《商史論叢初集》第一册《殷代婚姻家族宗法生育制度考》：（p. 6）

「己丑卜，貞王賓四祖丁奭妣己彡日亡尤。（前一・一七二）

己酉卜，貞王賓四祖丁奭妣己劦日亡尤。（後上三・一〇）

己巳卜，貞王賓四祖丁奭妣己彡日亡尤。（後上三・一一）

己亥卜，貞王賓四祖丁奭妣己劦亡尤。（明義士藏）

此帝乙、帝辛時所卜。四祖丁即祖丁，蓋殷先祖以丁名者，□丁第一，大丁第二，中丁第三，祖丁第四，故名祖丁爲四祖丁也。」

季海按：胡君於四祖丁每誤信王説，故不得其解，亦不能確知此卜果屬帝乙抑帝辛。今謂此正帝乙時卜，故文丁乃父丁，不在祖列，其祖丁所係自康丁上推，武丁當爲二祖丁，祖丁爲三祖丁，中丁爲四祖丁，其奭妣己，與卜辭合。胡氏以四祖丁即祖丁，其實祖丁妣有甲、乙、庚、癸，初無妣己。若爲帝辛卜辭，則四祖丁當爲祖丁，祖丁更爲妣己，其誤可知。

又云：

「庚辰卜，貞王賓四祖丁奭妣庚劦（續一・一七・七）

此帝乙、帝辛時所卜。」

季海按：此確是帝辛時卜，四祖丁即祖丁，故有妣庚。胡氏未得四祖丁確解，故未能分別己辛誰屬也。

二　涂朱

《殷契遺珠》一六九片「受年　不其受年　癸未　癸丑」，金氏《發凡》云：「『癸未』二字特大，並涂朱。涂朱之義，羅振玉以爲義不可曉（《月商貞卜文字考》），聞野鶴謂以顏料填實，習見於澳大利亞之刻紋，蓋寓榮寵意，異於尋常者。」

季海按：此片河井荃廬藏。癸未作[illegible]，筆畫粗大，便於填朱耳，字形並不大於癸丑也。然本片背有「固曰虫[illegible]」，知其所以涂朱，正以占得是旬有祟，故爲此厭勝之術也。尋《遺珠》七三九片（中島蠔叟藏）「癸未　癸巳卜永貞旬亡囚　癸卯　癸丑旬亡囚二告」，癸卯作[illegible]，《發凡》：「『癸卯』二字涂朱。有背文曰『王固曰虫希於卜』。本片見《通纂・別録二》，無背文・因係攝景故。」試與一六九片互勘，其義自見。又《遺珠》一三三〇片（三井源右衛門藏）「癸酉　癸未」，其癸未筆畫亦粗大於癸酉，作[illegible]，其背云「王固曰虫[illegible]」，以二片之例勘之，亦本涂朱可知。《發凡》不記，若非金氏之疏，則是遭水漫滅也，羅氏無知，聞氏臆説，並不足取。

卜旬有祟涂朱例，已如前釋。其卜骨涂朱，見於《殷契卜辭》者，有二片：

「己亥卜永貞翌庚於酌缺

王固曰兹隹庚雨卜之夕缺

雨庚子酌三嗇亐[illegible]其缺

既祇𢻮左」，《釋文》：「此骨字涂朱。」

又二片背云：「王固曰兹隹庚雨卜。」

季海按：此武丁時卜，夕原釋月，誤。此卜當以方嗇（同穡）遇雨而欲禳之，故涂朱以資厭勝也。又一七一片：

甲：「癸卯卜㱿貞缺」

乙：「缺酉卜賓貞缺」

《釋文》：「庚按甲行字涂墨，乙行字涂朱。」

季海按：此卜文殘，義無可說。朱涂字畫粗於墨涂，與前例同。以意測之，朱涂乙辭，當緣賓貞有祟耳。又一八四片「王固曰其缺帚妌缺左」，《釋文》：「庚按此骨，字涂朱。」

季海按：以上並牛骨，其涂朱者，必皆不吉若有祟之占矣。其龜甲則有五七九片：

甲：「缺貞‖缺好不‖缺㞢毋‖缺固曰㞢‖缺祟百日‖缺辰缺。」（左）

乙：「缺貞‖缺‖二[illegible]‖缺‖出‖缺‖从缺‖若缺。」（右）

《釋文》：「庚按：此甲面字涂朱，而背字則否。」

季海按：崇原釋求，誤。五七九背「[illegible]曰」，又五八〇片甲、乙，《釋文》：「庚按此甲字涂朱，下五八一、五八二、五八三、五八五、五八六，五甲皆然。」五八五片「缺□方‖缺□」（右），五八六片「㱿」，五八七片「㱿貞」，《釋文》：「庚按㱿字涂朱，貞字涂墨。」

季海按：此於人名涂朱者，爲其人禳除也。（1973 2 27/10 30）

三 㞢工

陳氏《綜述·百官》：「武丁卜辭有『喪工』之語（《乙》7927，7955），又有『㞢工』之語，其義待考：

「戉其㞢工 《續》5·14·8，《佚》7

[illegible]亾其工 《續》5·10·4

自亾其工 《粹》1216

我吏有工——我吏亾其工 《乙》1125＋2044」（p. 519）

季海按：胡厚宣《甲骨學商史論叢·初集·殷代封建制度考》：

「(二四五)貞雀戋戉䍃。

(二四六)貞戉隻。

(二四七)辛丑卜,㱿,貞戉不其隻。(盧)

他辭言『貞戉隻羌,不其隻羌。 貞戉不其隻羌。 貞戉不其隻』(三七)、『戉隻羌』(三八)、『己巳卜,㱿,貞𢀛方弗允戋戉』(三九)、『甲寅卜,㱿,貞戉其隻正土方』(四〇)」(第一册,p. 16)[附注:(三七)鐵二四四・一(三八)戩四一・四(三九)前七・八・一(四〇)戩一二・一四]。 又《殷代𢀛方考》:「(三〇八)戉弗伐𢀛方囚《録》五六八。」[第二册,p. 24]又仝《考》:「(二九五)貞王勿令□氏衆伐𢀛方。」《後上》(一六・一〇)又(二九七):「丁未卜,穷,貞勿令□伐𢀛方弗其受㞢又。」(《佚》一七))[第二册,p. 23]《制度考》:「(二六八)壬戌卜㱿,貞三令我吏步伐𢀛方受㞢又。(二六九)貞勿令我步吏(二七〇)三令我吏。」《圖録》一二・一三)(第一册,pp. 17-18)又「(二七三)貞方其戋我吏,(二七三)貞方弗戋我吏。(二七四)貞我吏其戋方。(二七五)我吏弗其戋方。(二七五)我吏弗其戋方(甲)」。(第一册,p. 18)《殷契粹編》一一五二片:「囚來告大方出伐我自,叀馬小臣。」又五九七片「丁酉貞王乍三自右□左」,郭《考釋》:「言作左中右之三營以屯聚三軍也。 狩獵亦有采取三行之例,如云『丙申卜貞□兕左右中人三百六月』(《前》三・三一・

二；《通》第二五片）是也。」如上所引卜辭，足證戉[illegible]並武丁將帥，自吏則其師旅也。㞢工、亡其工並問師之有功與不，工讀與功同，尋《春官·肆師》「凡師不功，則助牽王車」，鄭注「故書功爲工。鄭司農讀爲功，古者工與功同字，謂師無功」；又《夏官·大司馬》「若師有功，則左執律，右秉鉞，以先愷樂，獻於社」，鄭注「功，勝也」；「若師不功，則厭而奉主車」，卜辭有工即有功，亡其工即不功。又《庫方二氏藏甲骨卜辭》1090片：「今日乙王從省[illegible]又工其雨」，此卜獮獵有功；《殷虚書契後編卷下》三七葉三片「己巳卜㱿貞犬𢓊其工」，其工之間，或有㞢字，今摩滅耳，此亦武丁時卜，謂犬人𢓊有功耳。犬人有功，蓋亦卜田獵之有獲矣。（1973 4 16）

《論叢初集》第一册《殷代婚姻家族宗法生育制度考》謂：庫亭康丁時卜稱「或言曰四祖丁宗：

囚在四祖丁宗。（甲二四〇一）

囚在四祖丁宗。（佚四一九鄴下三〇·八）

四祖丁即祖丁，謂祖丁之廟也。」（pp. 13-14）

今按，此四祖丁謂大丁（不數旁系之沃丁），祖丁是二祖丁，胡説誤。

凡言宗並直系先王。

讀蘄春遺書漫筆*

蘄春黄君，餘杭高第，當年獨步，後來難加。黄君平生，與汪君旭初友善，旭初嘗戲謂黄君威震華夏，斯言余聞之章先生。雖一時戲談，猶足令異代想見風流也。遺書近出，稍事研尋，如升采石之山，惟見瓊瑰玗琪，俯拾即是耳。偶有異同，聊記一二，名曰漫。比於不賢識小矣。誼托同門，敢讓他山之石；學如理玉，時資磨瑩之勤爾。一九八五年十二月二十日自記。

一、黄君《爾雅略説》論《爾雅》注家，于劉歆云：《隋志》「梁有漢劉歆《爾雅》三卷，亡」。《釋文》云：「劉歆注三卷，與李巡注正同，疑非歆注。」今可見者，僅《説文·蟲部》「蝝」下引劉歆説，「復陶也，蚍蜉子」。陸璣《詩義疏》引「萑，臭穢」。又徐景安《樂書》引「宫謂之重」一節注五條。《釋文》引注五條，餘無可見。從陸氏之説，則李注即劉注，古人于師説，不嫌襲取。觀于鄭氏注經，多同馬説，而不明言。然則李之同劉，無足怪也。李説「蝝」爲

* 本文原刊於《蘇州科技學院學報》（社會科學報）二〇〇五年第四期。

「蝗子」，與劉不同。然則所謂正同者，亦言其大略耳。

季海按：陸氏《爾雅音義》出：「蝝，以全反。《字林》尹絹反。《説文》云：『劉歆説蚍蜉子也。董仲舒説蝗子也。』何休注《公羊》云：『即螽也。始生曰蝝，長大曰螽。』杜預亦云：『螽子。』郭依董説。」陸氏不引歆《爾雅注》，而引《説文》者，明歆注正同李巡，巡注以爲蝗子，即與董説無異。陸既疑非歆注，本條又與許引歆説乖違，愈見其僞，宜元朗無取焉。若叔重所引，自歆説《五行傳》義，班固所謂「至向子歆」，「言《五行傳》，又頗不同」者是也（見《漢書・五行志上》）。尋《五行志中之下》云：「宣公十五年冬蝝生，劉歆以爲蝝，蚍蠹之有翼者（孟康曰：蚍蠹，音蚍蜉）食穀爲災，黑眚也。董仲舒、劉向以爲蝝，螟始生也。一曰螟始生……屬蠃蟲之孽。」此其驗也。僞劉歆注遠出巡後，許君安能引此晚出之僞書乎？

一、《經籍舊音辨證箋識》：《穆天子傳》卷三「天子飮于漷水之上」，郭璞注：「漷，音淑。」《辨證》云：「《西山經》『陰山北二百里曰鳥山，辱水出焉』。《水經・河水注》辱水謂之秀延水，按辱、淑、秀三字部近相轉，聲音時有變遷，則文字從之。」《箋識》云：「辱、淑同爲舌音，一疑一定，相通自易。」

季海按：《御覽・周穆王》引注作「音汙漷也」，蓋故書如此，尚存郭注之真。此以「汙漷」之「漷」音漷水字，正顔之推所謂「譬況假借，以證音字」（見《顔氏家訓・音辭篇》）之一例，今作直言，後人所改。二君所見，不出明本，故不覺此音晚耳。

古文弌弍弎从弋說*

——附釋必、說櫼弋

章先生嘗舉「一二三古文作弌弍弎，從弋何取」，以問黃侃。侃曰：「弋者椓弋，古用籌算，凡陳數必以弋計。張良爲漢王陳十事，借前箸籌之，故弌弍弎從弋也。」先生爲《與劉光漢黃侃問答記》具載其說，編在《文録》，私意未安。年少侍師吴下新居，嘗以燕閒質之先生曰：《說文》「筭長六寸，計歷（曆）數者。从竹从弄，言常弄乃不誤也」，又「算，數也。从竹从具，讀若筭」，是古算具以竹，故筭从之，算復从竹从具也。若弋者，《說文》云「橜也，象折木衺鋭著形，从厂象物挂之也」，「橜，弋也。从木厥聲」，橜弋並以木，故弋象折木，橜亦从木矣。侃云「弋者椓弋」，諦矣。乃云「古用籌算，凡陳數必以弋計」，斯不然矣。不思古用籌算，何關椓弋邪？張良借箸，事出造次，不可爲訓；況依張晏說良自求借所食之箸用指畫耳，初非以箸代籌也。苟如所言，豈得竟謂古者持箸而算之邪（侃云良陳十

---

* 本文據作者手稿録入，原作又刊於《鐵道師院學報》一九九六年第二期。

事，實發八難，或舉盈數與）？今謂季剛敏悟，直未達一間耳。先生曰：何謂也？對曰：説在《尚書大傳》，《傳》稱《書》曰「乃女其悉自學功」（僞孔本「女」爲「汝」，「學功」作「教功」），以爲學效也，於「當其效功也」以下，歷陳宗廟宫室之事，則云「椓杙者有數」，鄭注「杙者，繫牲者也」（見陳壽祺輯《尚書大傳・洛浩》），是其義。椓弋者有數（段玉裁云：弋，今字作「杙」，見《説文》「必」字注），此其明文。其數一二三，故古文並从弋矣。近世蒙古諸部，或問財産，猶占牲畜以對，斯亦數生於椓弋之一驗與？先生聞之喜甚，爲稱善者再。哲人長往，越五十年，談藝之樂，眇不可追。惟蘄春亦有言「儒先故訓有蓋闕者，待後生補苴甚衆」，善哉言乎，焉知來者之不如今也？

釋必

先生云：「必者古文八字，《説文》：八，别也，必，分極也，分别同義，从弋猶弌式弎矣。」是也。分極从弋，初民分財，牲畜爲大也。段注説「分極」云：「凡高處謂之極，立表爲分判之準，故云分極。」又説「从八弋」爲「樹臬而分」，皆未諦。尋《考工記・玉人》「天子圭中必」，鄭注「必讀如鹿車縪之縪，謂以組約其中央，爲執之以備失隊」，今謂於中約之，正用本義，「極，中也」，詩書常訓，不煩破字。頃偶籀繹《記》文，逾見許義之精。必爲中分，猶辨爲半分。

《釋器》「革中絶謂之辨」，陸氏《音義》引孫炎釋云「辨，半分也」，是其義。《少牢饋食禮》「司馬升羊右胖」，古文「胖」皆作「辯」，徐養原《儀禮古今文異同》云「辨之通胖，見《士虞記》，辯與辨古亦通用」，然則「必」之於半、胖、辨、辯，以雙聲爲轉語，亦同意相受矣。《説文》「半，物中分也。从八从牛。牛爲物大，可以分也」，弋者所以繫牛，半之从牛，猶必之从弋與？

説樴弋

《釋宫》「樴謂之弋」，郭注「橜也」。尋《説文》「樴，弋也」，與橜同訓，郭注是也。然樴字晚出，《周官》古文但作職。《地官・牛人》「凡祭祀，共其享牛、求牛，以授職人而芻之」，鄭玄注「職讀爲樴，樴謂之杙，可以繫牛。樴人者，謂牧人、充人與」，是其義。「職人」《音義》云「戚音特，或餘式反。劉之式反。注樴同」，又「杙」下云「餘式反，劉餘則反」。如是則樴有三音：戚衮音特，則定紐德韻。《釋宫音義》「樴，音特」，亦從戚音。敦煌唐人寫加字本《切韻》殘卷（《瀛涯敦煌韻輯・巴黎未列號之甲》）：《卌德》「黑，乎德反三」上存「甙，食米蟲……」、「樴，杙」。「甙」上惟存夾行小注「貸」一字。以王仁煦韻《卌德》校之，則「特，徒德反五」，此有其四。「特」、「貣」可以推得，「甙」、「樴」原文具存，惟「甙」注有所增益耳。甙樴及貣注末都不云「陸欠」，則知諸字並是《切韻》舊文。王韻「樴」下更有「蟙，蠊蟒」者，則德温所補耳。然則陸生定於燭下，蕭顔多所決定者，此字亦同戚音也。下逮《廣韻·二十五德》「特，徒得切九」下有「樴，杙也」，猶因此讀矣。公文梁陳名家，兼通三禮，故此音不惟行於江左，抑亦見重隋唐矣。或餘式反，則在喻紐職韻，與杙同音。劉之式反者，是在照紐職韻。《釋宫音義》「樴，又之力反」，即從劉讀矣。王仁煦不收此音，孫愐《唐韻》「樴，之弋切」，則依劉讀。《廣韻·二十四職》「之翼切九」下有「樴，樴杙」，是既收劉音，《二十五德》「特」下又有「樴，杙也」，仍不廢陸韻也。劉昌宗徧爲三禮作音，而其書盡亡，唯賴元朗所引存其梗概耳。弋（杙同）有二音：餘式反則在喻紐職韻，《釋宫音義》「羊式反」，與此同音。王韻「与職」、《廣韻》「與職」，並與此同音。劉餘則反，乃在喻紐德韻；《釋宫音義》杙有二反，其一羊特，即同劉讀矣。今考諸家音義，足證「樴謂之杙」，語實同源。樴作特音，即讀若杙，杙字古音，當屬定紐，江南舌頭音猶存古濁音，故能爲此讀耳。戚此音下又出「或餘式反」，則純作杙字今音矣。其劉讀入照者，古音屬端，與定清濁小殊，並在舌頭爾。樴弋古韻同部，咸屬《之部》入聲，是《釋宫》所銓，二名一實，其初共氐也。方音小異，斯呼有清濁，清音入端，《牛人》作職，《釋宫》、《説文》作樴者是也。濁音入定，古文作弋，今字作杙者是也。然濁音在前，清音在後。故古文本字作弋，更無清音；職樴孳乳，猶从戚讀也。自今音離析，清音由舌頭入正齒，濁音復全失舌頭發聲轉入喉音，檝弋始判若異名，叵復見遠流矣。

一九八六年六月九日

許君述賈侍中説迹字疑義舉例*

大徐本《説文・辵部》：「迹，前頓也。從辵市聲，賈侍中説。一讀若拾，又若郅。」《唐韻》：「北末切。」此字篆文作⿺辵𣎵，段玉裁云「𣎵，普活切，隸變作市」（段《説文》「⿺辵𣎵，行貌」字注，此篆有誤，段不能正；然以市爲𣎵之隸變則是也。⿰水𣎵，《孔宙》、《張遷碑》並作沛，是其例）得之。大徐引《唐韻》，《四部叢刊》影日本岩崎氏藏宋刻本、藤花榭本並誤作「此末切」，孫氏平津館刻本「前頓」字雖誤作「頡」，然《唐韻》音獨作「北末切」，與《集韻・十三末》、《類篇・辵部》引《説文》「前頓」字音合，最爲審諦。吾友馬宗霍《説文引通人説考》轉以「北末」爲「此末」之誤，蓋失之矣。

或曰：無徵不信，賈侍中以「前頓」説此「從辵市聲」，今音「北末切」之字，義何所出？段若膺注《説文》又援《玉篇》改二徐本篆作「⿺辶枼」，云「前頓也，從辵枼聲」，尋《萬象名義・辵部》有「⿺辶枼」，云「前頓」，是原本《玉篇》實有明文，段所改定，亦可信否？ 應曰：賈説迹

* 本文原刊於《鐵道師院學報》一九九七年第二期。

字，當讀與《詩》「狼跋」字同。《豳風·狼跋》「狼跋其胡，載疐其尾」，毛《傳》：「跋，躐；疐，跲也。老狼有胡，進則躐其胡，退則其尾。」毛義並見《爾雅·釋言》，郭注即引此詩，是也。孔穎達《毛詩正義》：「李巡曰：跋前行曰躐，卻頓曰疐也。《説文》云：跋，蹎，丁千反；跲，躓，竹二反。躓即疐也。然則跋與疐，皆是顛倒之類。以跋爲躐者，謂跋其胡而倒躓耳。老狼有胡謂頷垂胡，進則躐其胡，謂躐胡而前倒也。退則其尾，謂卻頓而倒於尾上也。」今謂孔説頗得詩意，然則前頓曰跋，卻頓曰疐也。「跋」大徐本《説文》引《唐韻》「北末切」，與平津館刻大徐本「迹」字反切正同，知唐人猶多識古字，孫愐于辨析音義至確也。古韻同部，癶、犮並爲泰之入，同音異字，前頓、蹎跋，義本相通，許不以爲或體者，于文各有所受，故分別出之耳。《後漢書·賈逵傳》稱「父徽從劉歆受《左氏春秋》，兼習《國語》、《周官》，又受《古文尚書》于塗惲，學《毛詩》于謝曼卿」，又云「逵悉傳父業」，「詔令撰歐陽，大、小夏侯《尚書》古文同異，逵集爲三卷，帝善之，復令撰齊、魯、韓《詩》與毛氏異同」，又云「八年，乃詔諸儒各選高才生，受左氏、穀梁《春秋》、《古文尚書》、《毛詩》，由是四經遂行於世」，是漢東京自章帝建初八年以後，《毛詩》之傳而行世，侍中實與有力焉。逵即謝曼卿之再傳，許實親受賈氏，獨於「迹」下明引師説，以扶微學，頗謂此即毛詩賈氏讀也。但未知謝本作「迹」，抑賈讀「跋」爲「迹」，余病寡聞，以俟達者。

陳喬樅《詩經四家異文考二》「載躓其尾」云「案《易林・震之恒》云：老狼白獹，長尾大胡。前顛後躓，無有利得，岐人悦喜。正用此詩語，字亦作躓」，是也。前顛猶前頓矣。馬瑞辰《毛詩傳箋通釋十六》「狼跋又通作狼䟴，《説文》：䟴，步行獵跋也」，馬説是也。然音義雖通，賈、許並不以説詩，無其本也。

然則《玉篇》所云「遱，以黠反，前頓」(《萬象名義》引原本《玉篇》者)，曷謂？曰：「遱」讀與「躐」同，古韻同在盍部。《禮》經「面葉」字，古文作「擸」；《記》「膺擸」字，《管子・雜篇》作「擛」，是其例。尋《士冠禮》「加柶，覆之，面葉」，《士昏禮》「加角柶，面葉」，鄭《注》並云「古文葉爲擖」，胡承珙《儀禮古今文疏義》云：「案《少儀》：執箕膺擖。《注》：擖，舌也。《曲禮》：必加帚於箕上。《注》引《弟子職》曰：執箕膺擖，厥中有帚。《釋文》所見鄭注本擖作葉。山井鼎《七經孟子考文》引古本作葉，是鄭以葉、擖爲一字矣。段氏玉裁云：凡柶之盛物，箕之底皆謂之葉，或作楪，訛作擛。葉亦謂之㯿，《少儀》作擖，乃㯿之誤。古音巤聲、葛聲相近，故從巤字或多作葛也。《聘禮》：降筵，北面，以柶兼諸觶，尚㯿，《校勘記》云：擸，聶氏從木，《説文》無㯿字，《手部》：擸，理持也，又擖，刮也。《士冠禮》『面葉』注云：古文葉爲擖，然則今文作葉，古文作擖，或作擸。擸、擖雖皆《説文》所有，宜以擸爲正。凡字之從巤者俗皆從葛，如臈、𨆪、獦之類，故又爲擖。《少儀》：執箕膺擖，字亦當作擸，

《弟子職》作擖，擖即葉耳，其字亦從手。」王氏念孫《疏證》云：「擖，折也，擖當作攝。擖音公八反，《説文》：刮也。一曰撻也，皆非摧折之義。曹憲不知擖爲攝之訛，遂誤書公八反；又擖訓爲搔，當讀公八、口八二反，曹憲讀與臘同，失之。」今謂鄭《注》本云「古文葉爲攝」，隸俗相承攝爲擖耳。漢隸葛、巤字形相近，《石經·魯詩》殘碑葛屨字作「葛」，《張遷碑》臈正字作「腊」，所從之旹，與葛易混，流俗書字，偏旁不别，類有之矣。《聘禮校勘記》所舉諸字皆是也。陸德明《少儀音義》出「擖，以涉反，舌也。徐音葉」，是徐邈讀擖如葉也。王仁昫《刊謬補缺切韻·廿四葉》「葉，與涉反八」下有「攝，栶大端，又力葉反」，又「獵，良涉反十六」下有「攝，栶首，又餘涉反，亦作擖」，《廣韻·二十九葉》「與涉切十」、「良涉切二十二」下兩收栶端字作欇，與阮引聶合，字既兩讀，蓋沿《唐韻》，知者，陸氏《釋文》，初無二音也。今書鄭《注》以擖爲攝，猶《廣雅》之以擖爲攝折字矣。胡氏又云「擖攝二字雖别，古音蓋皆與葉相近」，「鄭於《士冠禮》、《昏禮》從今文作葉，疊古文攝字不用，而於《少儀》之擖，不破從葉。且《聘禮》注云：不面攝，不訝授也，即又隨彼經作攝，蓋以擖攝皆可讀若葉也」，一若音近通用者然，是未見段玉裁《儀禮漢讀考》也。鄭於《聘禮》從古文，《冠》、《昏禮》從今文，所從不一者，段云：「葉是本字，謂平面如木葉然。攝是假借字，皆可從也。《聘禮注》不云今文攝爲葉者，可互見也。必知攝是擖非者，攝與葉同部，葛聲不同部也。」

其言音義，誦于胡氏矣。若胡又以括爲矢末，髂爲骨耑，遂援鄭注《儀禮》「葉，栖大端也」之文，謂「擖之訓括，亦未嘗不與箕舌栖端之義相近，似不必改擖爲攕」，不悟擖有端義，已失迂曲，以爲大端，是攕所專耳。蓋古今誤書，形近、聲近，不容相混，善校書者，務得其情，方可下筆，胡氏通人，獨有此蔽，學者不當多聞闕疑，而慎言其餘乎？

段注《説文》改作「⿺辶枼」，乃云：「各本篆作[illegible]，汲古改本作[illegible]，解説作市聲，皆非也。今依《玉篇》正。《廣韻》入《三十帖》，先頰切，云：⿺辶耳⿺辶枼，走也。」又云「《玉篇》口黠、竹季二切，則十五部」，朱駿聲《説文通訓定聲》駁之，云：「段氏經韻樓《説文注》據《廣韻》改從枼聲，先頰切。按《玉篇》：⿺辶枼，前頓也，口黠、竹季二切，字果從葉，則不應切口黠、竹季，而《廣韻》⿺辶耳⿺辶枼，走也，與前頓之訓亦異，不宜妄改。」朱説駁段是也，然云字果從枼，則不應切口黠、竹季，是知有今本《玉篇》，而不知原本尚有舊音可考也。按《萬象名義·辵部》出前頓字作「⿺辶枼，以黠反」，此是《玉篇》舊讀，與葉、攕（擖）同紐（守温字母同屬喻，近人所擬《切韻》聲母或作以、羊也），枼、巤古韻又同隸盍部也。《廣韻·十四黠》「𠠗，恪八切十二」下有「擖」，今本《玉篇》口黠一切，正是此音，當緣以字草書脱略，誤認作口，居然與擖同讀耳。又《六至》「致，陟利切十五」下有「疐」，引《詩》「載疐其尾」，云「疐，跲也」，又有「躓」，云「頓也，跲也」，竹季一切，實傍此音。原二切所由，以訛傳訛，同出附會，初不覺其音義之乖也。

小學札記*

一、讀餘杭章公評校段氏説文解字注

駱鴻凱録，見《制言》第二十七期

第一篇上　丨部

「中」下：《周官》「登中于天府」，《楚語》「左執鬼中」，及《記》之「升中」，堯言「允執其中」，「史」字從「中」，漢州屬有治中：「中」皆謂録籍也。而《説文》訓「内」者，作表之法，方格書之，字在其内，從「口」者，象表一縱一橫成格也。或作「𠁧」者，直象表之經緯。

浩按：顔師古《漢書叙例》曰：「諸表列位，雖有科條，文字繁多，遂致舛雜，前後失次，上下乖方，今則澄蕩愆違，審定阡陌，就其區域，更爲局界，非止尋讀易曉，庶令轉寫無

* 本文原刊於《中國經學》第三輯，廣西師範大學出版社，二〇〇八年。

疑。」是《漢書》諸表舊無局界，《漢書》猶爾，《史記》可知。今云「方格書之」，於義小躓，可更云「前後上下，各有列位，字在其内，不越阡陌也」。若從「口」者，自可象其區域，不必言成格耳。

第十四篇上　金部

「鎬」下：案《士昏禮》「笄縚被纚裏，加于橋」，注：「橋，所以庪笄。今文『橋』，爲『鎬』。」庪笄之鎬，恐「鎬」字本義。《説文》以爲温器，無所見。

浩按：《説文》「虍」部有「𧆮」，土鍪也。从虍，号聲，讀若鎬。」先民製作，繼陶冶相用。範金之初，大抵規模陶器，後世亦多陶冶並用。古陶有號，而温器有鎬，其損益可知也。

三十四年二月六日

二、釋栽植

《地官·大司徒》：「以土會之灋，辨五地之物生。一曰山林，其植物宜皁物；二曰川澤，其植物宜膏物；三曰丘陵，其植物宜覈物；四曰墳衍，其植物宜莢物；五曰原隰，其植物宜叢物。」鄭注：「會，計也，以土計貢稅之法，因別此五者也。核物，李梅之屬。莢物，薺莢王棘之屬。叢物，萑葦之屬。杜子春讀生爲性。鄭司農云：『植物，根生之屬。皁物，柞栗之屬。今世間謂柞實爲皁斗。膏物，謂楊柳之屬，理致且白如膏。』玄謂『膏』當爲『櫜』，字之誤也。蓮芡之實有櫜韜。」

尋《説文》「植，户植也。從木直聲。[illegible]，或從置」，常職切。然根生之屬謂之植物，借户植字爲之，其本字當云何？《天官·獸人》：「及弊田，令禽注于虞中。」鄭司農云：「虞中，謂虞人釐所田之野，及弊田，植虞旗於其中，致禽而珥焉。」《音義》：「植虞，直吏反，又時力反，徐音栽。」然則「植」之爲言「栽」也。今謂種樹曰栽樹，猶植樹。然《説文》「栽，築牆長版也。從木，𢦏聲。《春秋傳》曰：楚圍蔡里而栽」，昨代切。則今以栽植未種，並假借字。其本字正當爲「才」。《説文》「才，艸木之初也。從丨上貫一，將生枝葉。一，地也。凡才之屬皆从才」，昨哉切。杜詩「奉乞桃栽一百根」，即謂幼株，正許所云艸木之初也，亦借「栽」字爲之。若許書「材，木梃也。从木，才聲」，昨哉切。「材」即「才」之孳乳。築牆長版即木梃之引申，其音義得相同轉矣。

一九七五年二月，陝西岐山南麓古周原上，西北距京當公社一公里之董家村發現西周銅器。其《衛盉銘》云：「矩白（伯）庶人取堇（瑾）章（璋）于裘衛，才八十朋。」又云：「矩或

(又)取赤虎兩，䴡(韍)兩，𠦪(賁)韐一，才廿朋。」「才」說者或讀爲「財」、爲「裁」、爲「在」(以上略見徐喜辰《井田制度研究》，236-239頁)，咸失其讀。今謂「才」讀與「植」同。植謂之才，猶存西周舊讀。《周官》以裁物爲植物，猶《衛盉》以才爲植，徐音植虞，足以通古今之郵。栽、才古音同在之部，植、值則其入也。一聲之轉，不離其宗。名言孳乳，故有條而不紊也。

思柔室涉書小記*

予自去春以來，病如轉波，倚移不絶；往往諸疾雖盡，而不臻健伉，亦可怪也！閉户息紛，人事幾絶，殆不復見東吴諸子，起煒來要余爲文章，期五千言，則吾道其龍乎！方將西出散關，不謂令尹又以此病我也。子病焉而無以辭，撰小記與之，不知其計名之幾千也。懶入人間世，時看應帝王，是吾近事也（學浩自道也）。永懷江左逸，多謝鄴中奇，是吾遐想也（杜子美句）。今述此篇，固是從志所之，亦有消摇之意，既無關大道，復不爲後先，豈有符采之足觀哉？物之小者，如宛箵之珠，傅珥之璣，猶足爲珍；予書何足珍矣。定曰《小記》，防誑豫爾，予暇日爲字，披覽時多，記注時少，則體不任勞，性好閒適之故也。是以日思誤書，如堆落葉，聽其往來，不爲撇除；消息猶散，付諸自然，苟非客至，未曾開徑矣。聊因起煒之好，掇之盈匊；既累我蓬户，故不自珍惜。不知世之君子，亦有愛此紛紛者乎！

---

* 本文原刊於《東吴學報》一九三五年第三期。

校佛故四事

江左以還，桑門傳佛故，事多不經；往往弟靡傳會，尟不解覼失實，欲似自表，而未得其道，亦可笑也。學者弟弗措思，或爲所誤，姑記數事於此，不具出也。近人已詳，兹所不論，治僧史者，可以觀其同異也。

唐世傳《漢顯宗開佛化法本内傳》，《廣宏明集》存其數事，《集》之言曰：「《傳》有五卷。略不備載；有人疑此傳近出，本無角力之事（學浩案：其書記佛道角力事也）。案《吴書》明費叔才憾死，故傳爲實録矣。」《吴書》今不可知，檢《集》載吴主叙佛道三宗，題出《吴書》，其叙佛道角力事，即《内傳》所具，而道宣取以爲證者也。然其記佛法初來在漢永平十年，《内傳》所記，在十三年，與此不合，則亦何足微〔徵〕矣。《翻譯名義集》記道家尹文操斥《法本内傳》是羅什門僧妄造，慧辯亦援《吴書》爲説，其失與道宣同。

漢明感夢求經，事本訛妄，今考群書所載，紀年又各不相應。《老子化胡經》記明帝夢神，在永平七年，因傅毅之對，遣張騫至舍衛寫經，以永平十八年歸。《高僧傳·攝摩騰傳》云：「逮漢永平中，明皇帝夜夢金人，飛空而至，乃大集群臣，以占所夢；通人傅毅奉答云云。」檢《法本内傳》所記，則永平十三年也。袁彦伯《後漢紀》於永平十三季，稱「初，帝夢見金人」,「初」者追記之辭,則與《内傳》之言不應。慧辯援《漢紀》證《内傳》非妄,亦失之矣。《譯經圖記》最後出,記夢神在三季,遣使在七年,以十季歸也。其於傅毅,則以爲太史,今考范蔚宗書,《明帝紀》不書其事,語見《西域傳》也。以爲世傳,因是傳疑之辭,亦不言傅毅矣。永平中傳武仲方於平陵習章句耳,豈有廷對之事?是時作《迪志詩》稱「在茲弱冠,靡所庶立」,《高僧傳》目以通人,《譯經記》寵以太史,良可笑也。《西域傳》言「帝於是遣使天竺,問佛道法,遂於中國圖畫形像焉,楚王英始信其術」,則當時所傳,楚王英事浮屠在漢明求法後也。檢《楚王英傳》,永平八年有奉縑自贖事。據詔以爲奉黄老,祀浮屠,果爾,即蔡愔以十季歸,亦相矛盾,漢明求法,事出無稽,此其驗已。范書雖不及刊落其辭,然銓叙有法,美於彦伯矣。此其整理,所以無愧古人焉。

《廣弘明集》載《後漢·郊祀志》,注「出范曄《漢書》」。今案曄在獄中與諸甥姪書,稱欲徧作諸志,《前漢》所有者,悉令備。意復未果。又云:「吾書雖小小有意,然筆勢不快,餘竟不成就。」是范《志》未成,《後漢·皇后紀》注引沈約《謝儼傳》曰:「范曄所撰十《志》,一皆託儼,搜撰隨畢,遇曄敗,悉蠟以覆車。宋文帝令丹陽尹徐湛之就儼尋求,已不復得,一代以爲恨。」傳言十《志》,是《前漢》有者已悉備,與曄自序異也。尋《隋書·經籍志》,撰《宋書》者三家,宋中散大夫徐爰,齊冠軍録事孫嚴,各有書六十五卷,今沈書無《謝儼傳》

語，疑出二家所記，章懷偶誤也。沈書《范曄傳》具載曄書，以爲自序並實，故存之。然則它家或不存也？謝《傳》云云，或當時訛言如此。沈校《范書》不合，故刊去其語，是范書本無有《志》，何來《郊祀》之篇乎？既從謝《傳》，亦已蠟車；此獨孑遺，又當何説？且觀其言，由「懅然自失」以上，盡竊哀〔袁〕書，多謷佛之辭，非蔚宗肯録也。西域傳論具在，可以觀其不侔矣。況蔚宗素持無佛，今具記佛身，剌謬如此，何道以通？又妄引《魏書》，亦非蔚宗所能預覩矣。

《廣弘明集》載《吴主叙佛道三宗》，注「出《吴書》」，其書記赤烏四年，因闞澤之對，吴主大悦，遂以澤爲太子太傅。今案闞澤以赤烏五季拜太子太傅，《吴書》信爲實録，何以紀季舛錯？又記康僧會初達建業在赤烏四季，梁慧皎撰《康僧會傳》，徧考諸家傳記，稱會以赤烏十季初達建業，不云四季（《太平御覽》卷六百五十二引《建康實録》所記亦同也），知其時《吴書》未出也。闞澤卒於赤烏六季冬，《吴書》妄撰闞澤叙佛道三宗事，故僧會之來，不得在赤烏十季，作僞如此。可謂欲掩反彰，求高得卑已。

釋《墨辯》三事

去夏撰《墨子撿扇義》，略可成帙，阻於疾病，未遑寫次，今記三事於此，亦一時滯理也。其有制言近俗者，雜志之文，故有此矣。

攖，尺與尺俱不盡，端與端俱盡，尺與或盡或不盡，堅白之攖相盡，體攖不相盡端。

《經上》云：「攖，相得也。」「尺與尺俱不盡」者，以一共有之端爲界，彼此相俱，不可偏繫，則不盡矣。端無廣輪之數，故莫不盡也。〔後〕「尺與」下當從孫説移後「端」字於此，「尺與端或盡」者，端與尺相得，即該點爲此直綫所有也。故相盡，或不盡者，兩直綫相交，以一端爲界，通於彼此，故不相盡也。「堅白之攖相盡」者。堅白不相外也。「體攖不相盡」者，必無厚而後可也。説此者，支離雜出，多失其本恉，因隨文解之如此。

仳，兩有端而後可。

仳必兩有端而後可者，不然，則是一直綫也。經言有以相攖，有不相攖者，即「尺與尺俱不盡」之理。

次，無厚而後可。

次必無厚而後可者，兩體之間，以面爲界也。迫令相次，原不與焉。體不相盡，此其故也。近人或以中無空虛解之，是無間也，何有於厚？《莊子》「以無厚入有間」，厚間悲〔非一〕矣。

説《論語》一事

夫字者，言孳乳而寖多也。往往各名異響，始也不殊，枝出瓜分。乃非其本，所謂古今字也。杜生傳異説，許君述旁義，蓋不離於是，今説《論語》，用其例也，猶願學者廣之，然尋繹不慎，殆將同人於狗，此界言之不可不察也。

《里仁》篇曰「不患無位，患所以立」。章先生《廣論語駢枝》曰「案古文《春秋》經位作立，此不患無位，古文蓋亦作立，不患無立，患所以立，不患莫己知，求爲可知，辭例一也」。學浩謹案古文「位」止作「立」，今經傳所記書作「位」者，後師改讀，變其舊也。今謂《論語》古文，當从章先生説，字並作「立」，「不患無立」，讀爲位，後師所改是也。「患所以立」，讀爲隸，古文簡質，虚實共名，不嫌兩讀也。《易·需》《彖》，「位乎天位」，古文舊應作「立乎天立」，「位乎」鄭音涖，古「位」、「涖」同字，俱作「立」也。《僖三年》「公子季友如齊莅盟」，《穀梁傳》云「莅者位也」，古不别爾，《周官》故書《鄉師》「以涖匠師」，《司市》「市師涖焉」（段玉裁曰：「古者立位同字。」則讀「立」爲「涖」即讀「位」爲「涖」也，是知古者「立」、「位」同字，而不知「位」、「涖」亦一也）。《大宗伯》「涖玉鬯」，竝作立也。位者所事，隸謂臨視其事爾。今《周官》書紀百官所守，或頗以涖爲辭（《世婦》：「及祭之日，涖陳女宫之具。」《小宗伯》：「及執事，涖大斂、小斂。」《肆師》：「涖卜來歲之芟。」並借涖爲隸，古亦當止作立）。《論語》所云，蓋其此也。

訂《宋書》一事

《宋書·范曄傳》曰：「曄常謂死者神滅，欲著《無鬼論》。至是與徐湛之書云『當相從地下』，其謬亂如此。又語人『寄語何僕射，天下決無佛，鬼若有靈，自當相報』。」今謂衡量是非，構之虚言，不如校以實事，蔚宗寄語何生，尚稱無佛，可謂不背繁旨，其稱鬼若有靈，自當相報，徒欲其審真際，未爲信鬼之徵。休文於前事糾其繆亂，於此殆亦欲顯其違錯乎！與徐湛之書，今不可見。沈書孤文廑存，固難臆論，然曄在獄爲詩曰：「寄言生存子，此路行復即。」觀其文意，殆指徐童，與徐書云「當相從地下」，亦謂湛之當死耳，安在即爲有鬼之辭？休文佞於佛，又撰《神不滅論》，蔚宗謂死者神滅，復不信有佛，故休文曲書二事，祇爲謬亂，用其私也。

校三國志注二事*

《國志》二《魏書·文帝紀》注:「《魏略》載詔曰:昔軒轅建四面之號。周武稱予有亂臣十人。」案《文館詞林》卷六百六十二詔卅二《征伐》上載魏文帝論伐吴詔一首有此。云「予有亂十人」,無「臣」字。今謂許敬宗所録是也。陸德明《論語音義》云:「予有亂十人。本或作亂臣十人,非。」《左·昭襄》傳及僞《泰誓》亦有有「亂」之言。陸氏《音義》不云或作亂臣。知陳季遭世俗謾譖者,徒《論語》爾,東晉人獻僞孔《書》猶未有是。惠定宇疑《論語》「臣」字後世因晉出《泰誓》沾益。劉楚楨據唐石經規之,蓋與《經典釋文》相應。魏文詔書,安得反爾?劉原父《論語傳》謂古文無「臣」字,則不成文。蓋北宋人已不能通《釋文》。今《三國志》舊本可見者,自紹興本已有「臣」字。苟不覩唐人所録之舊,將疑事無質矣。予謂唐以前書,宋本即叵信,兹亦一證。

《國志》六十三《吴書·趙達傳》注:「《晉陽秋》曰:吴有葛衜,字思真,明達天官,能爲

---

* 本文原刊於《考文學會雜報》第一本(一九三七年),原題下有「依金陵書局仿汲古閣本」小注。

機巧，作渾天。」案古人名字相應，名衡字思真即不比傅。宋紹熙本作「葛衝」，亦迂遠不切，非聞字知名之誼。尋《太平御覽・天部二》，偁「《晉陽秋》曰：吴有葛衜，字思真，改作渾天」。注「衜古道字」。葛衜之名，獨與字妃匹，因知「衝」、「衡」皆譌。庸人不識衜字，漫易之爾。《御覽》文注符同，斯無疑矣。

訂十駕齋養新餘録二事*

一、毛寶傳誤

《餘録》:「《毛寶傳》:庾亮西鎮,請爲輔國將軍,又進南中郎。隨亮討郭默。默平。案討郭默者陶侃。非庾亮也。」今檢《晉書·庾亮傳》,倆「後將軍郭默據湓口以叛,郭表求親征,於是以本官加征討都督。率將軍路永、毛寶、趙胤、匡衛、劉仕等步騎二萬,會太尉陶侃,俱討破之」。亮既會太尉陶侃,俱討破默,則不得謂討郭默者陶侃,非庾亮也。且明言「率將軍毛寶」,知《寶傳》不誤。《成帝紀》偏以討默事係侃,自是史家疎略,頗疑錢君但視《本紀》之文,不尋《亮傳》,故有斯惑。

* 本文原刊於《考文學會雜報》第一本(一九三七年)。

二、隋書經籍志遺漏

《餘録》：「晉灼《漢書集解》十四卷。」浩按顔師古《漢書叙例》，灼書凡十四卷，號曰「集注」，不名「集解」。《隋書·經籍志》有《漢書集注》十三卷（晉灼撰）即其書，但少一卷。或並去叙例之屬，不可以爲遺漏。

竹汀先生卒於嘉慶九年，年七十七。《養新録自序》作於嘉慶四年十月，時年七十二矣。據錢東塾餘録識語稱《養新録》開雕以後，「續有所得，别記一編，名曰《養新餘録》」，是則餘録之作，大抵在七十三歲以後。耄荒之期，猶不輟學，以視丁計自畫者何如也？先生之學，淹通優慎，苟非衰耄成書，豈吾所能議其得失者？吴士鑑、劉承幹注《毛寶傳》，直采《餘録》之文，無所匡正，是可憾耳。

學浩附識

莊子解故點後記*

《莊子解故》，今據浙江圖書館刊《章氏叢書》本點校。《國粹學報》第五年（宣統元年己酉，公元一九〇九年）自第五十一訖六十一期曾連載，自叙及條目與浙本悉同，浙本略有删正而已。其出既早，不足以校浙本。若先生説《莊子》義可見者，最早有《膏蘭室札記》。今所印行，已佚一卷。卷一凡三條，《外篇・駢拇》、《雜篇・則陽》與《讓王》各一條，此光緒十七年辛卯，實公元一八九一年記。卷二凡七條，《内篇》則《養生主》、《大宗師》，《外篇》則《至樂》，《雜篇》則《徐無鬼》、《讓王》、《天下》也。《天下》凡二條，「麻物」支條十一，「辯者」支條三，餘各一條，則光緒十八年壬辰，公元一八九二年之作也。迄《學報》刊布《解故》時，其卷一之《則陽》，卷二之《至樂》、《徐無鬼》、《讓王》，《天下》之「辯者」條已全删，《天下》之「歷物」條存其二支條而已。若《讓王》之「腫噲」條，則於先出二説，取其後説。是於舊説已泰半不留，其存者亦多有删潤矣。即此足見先生治學之精進，而亦不足

* 本文係作者爲章太炎《莊子解故》所作的後記，依《章太炎全集》（上海人民出版社，一九八五年）册六所載迻録。

以校浙本也。

今於《解故》，既未見後定手稿，又無別本可資，以意屬讀而已，有疑則以書證質之。一九八三年十二月二十九日點讀粗畢，始悟先生爲此，肇端講習，一時乘興，多憑記憶，退而疏録，不更檢書，先後參差，非無出入，偶得三事，謂當刊正，《學報》失檢，浙本因循，亦校刊者之責歟？

一曰《大宗師》。「彼方且與造物者爲人」條引《詩·匪風》箋「人偶能烹魚者」，按《箋》云「人偶能割亨者」，先生誤記，今從《箋》。二曰《在宥》。「頌論形軀合乎大同」條引《周語》「象物天地，比類物則」，按天聖明道本《國語》作「此類百則」，「物」字誤，今從《國語》。三曰《天地》。「無落吾事」條引《逸周書·皇門解》，按「解」當爲「篇」，解字孔晁所加，以自名其注。尋王肅僞《孔子家語》每以「解」題篇，以貌似《管子解》，不知五解各自有書，亦猶依經起傳，不馮虚作。肅殊不悟，徒欲以僞亂真，正劉知幾所謂貌同而心異者。自序又云「故特爲解」，若猶恐人不注目，無由附驥，而反覆鄭重言之矣。晁本王學之徒，輒效肅爲之耳。實不引孔注，而漫云解，甚無謂也。《馬蹏》説「鷙曼」引《逸周書·器服篇》不稱解，得之，今從此例改題。

又存疑二事：一曰《天地》。「辯者有言」條引《墨子·經説》「偏宇不可偏舉字也」，《四部叢刊》影印明嘉靖唐堯臣本《墨子・經説下》「徧」作「偏」。孫氏《閒詁》謂「偏」、「徧」聲同字通，先生意或同，今仍而不改。二曰《天下》。「語心之容」條引《荀子・正論篇》「而皆以己之情欲爲多」，《國粹學報》本引作「而皆以己之情爲欲多」。依王念孫《讀書雜志・荀子補遺》出宋本異同，則浙本同錢本，《學報》本同呂本及錢校引監本，王氏是呂而非錢。《學報》本先出，文從呂，與王合；浙本後出，文從錢，與王相左。未知浙局臆改，抑先生自定，今仍而不改。若《外物》「以每成功」條云「《小雅》：每懷靡及，《魯語》説之曰：懷和爲每懷，鄭君讀和爲私」，天聖明道本但云「和爲每懷」，先生依《皇皇者華・箋》引《春秋外傳》語耳。附志於此，以見先生雖引常見書，亦每左右采獲，即其甄微索隱可知已。

一九八四年一月二十六日弟子朱季海識

唐大詔令集點校本及補編序*

《唐大詔令集》，宋綬公垂之所裒集。詔令者，於六藝則《尚書》，《史通》云：「《書》之所主，本於號令，所以宣王道之正義，發話言於臣下，故其所載，皆典謨訓誥誓命之文。」是矣。若集前詔以成書，《舊唐書·經籍志》、《新唐書·藝文志》並在乙部起居注類，晉八部：或曰「雜詔書」、「詔書黄素制」、「定品制」（《新書》作「定品雜制」）、「副詔」矣。宋惟有永初、元嘉各一部爾。集唐詔則《新書》著録温彦博、李義府並有《古今詔集》，曰令則唐詔存焉。其專集則薛克構《聖朝詔集》以下並是也。其爲《文苑英華·翰林制誥》所采掇，則有《太平内制》、《王言會最》之屬，若《玉堂遺範》，又新書所無矣。或單題《内制》，未知是《太平内制》否？有題《編制》者，又未知即費氏集《唐舊制編録》否？凡此豈非公垂之所因乎？

綬書雖未及次第，亦無標識，而唐之德音號令非常所出者，可概見矣。身後子敏求始

* 本文原刊於《江蘇文史研究》二〇〇六年第一期。

爲緒正題目云爾。然大者以命非常，原不云備也。《宋史·職官志》翰林學士院所掌有云大詔命則具本取旨者，知題曰「大詔令」，亦因當時語，猶云「大詔命」矣。公垂當真宗、仁宗兩朝，再入翰林，親陪宰政，朝廷典則，多以屬之。此集所存，正其臨文斟酌損益之資也。凡《集》中所出制誥詔令，赦敕批答，德音之屬，大都承唐之舊，於宋並翰林所掌，史有明文，斯足徵矣。若楊炯《王勃集序》稱文中子討論漢魏，迄於近代，删其詔命爲百篇以續《書》，則志在裁成大典，以贊孔門，與公垂之將潤色王言，施於有政者，朝野異撰矣。

《四庫全書總目提要》嘗疑令狐楚草裴度制，《舊唐書》明言憲宗從度奏議，而玆集不依改本，則或取諸令狐《集》（《宋文總目·别集》有陸贄、元稹《制集》各二卷，楚但有《章表集》二十卷、《梁苑文類》三卷而已，未知此制亦在其中否？史稱公垂家藏書萬餘卷，或者更有楚《制集》，未可知也），亦可意在存其原草，要無足怪。至《提要》據《敬宗紀》謂《集》載赦書無左降官量移之文，疑有脱逸，亦不必然。公垂意在致用，與史家去取未必盡同也。

《集》於李唐創業，即收武德二年八月《太常樂人益蠲一同民例詔》，此於海内用兵之際，未爲急務，故新、舊《唐書》《高祖紀》並不載，況於易代，而公垂存之，無他，以生民爲念者，不欲令斯民失職而已。又收武德五年十二月《命蕭瑀等修六代史詔》，是年方與竇建德鏖戰不已，小定即大集群才，以修前史。詔曰「前秘書丞魏徵可修齊史」者，據舊書《徵傳》，李密敗，徵隨密來降，久不見知，自請安輯山東，乃授秘書丞，驅傳至黎陽。竇建德攻陷黎陽，獲徵，署爲起居舍人。及建德就擒，與裴矩西入關，此秘書丞即安輯山東時所授，稱「前」者，以嘗陷建德，入關之初，尚未有所授也。武德之世，其急於得英才而善用之如是，初不問其所從來爲李密、爲竇建德，貞觀之治，已兆之矣。其於《刑法》，收武德七年《頒新律令詔》云：「加以微文曲致，覽者惑其淺深。異例同科，用者殊其輕重。遂使奸吏巧詆，任情與奪。愚民妄觸，動陷羅網。」又收龍朔二年《恤刑詔》曰：「今之所任，或勿詳欽恤之旨，輒苟徇苛刻之則。」又云：「巧詆深文，生將安望，是知微文滋惑，奸吏任情，苟徇苛刻，民命安繫？」又録開元二十五年正月《詳死刑敕》云：「然而哀矜之情，大小必慎。自臨寰宇，子育黎蒸。未嘗行極刑，起大獄。」惟刑之恤，於是有開元之治爾。《集》於《養老》録貞觀三年四月《賜孝義高年粟帛詔》云：「不許横役一人，惟冀遐邇休息，得相存養。長幼有序，敬讓與行。」政令如是，此貞觀之治所以有稱於後世也。夫治亦多端，擅刑者惟務於刻深，急功者或遺於老幼，比觀公垂之所鳩集，知其討論及之，二者非仁政之端歟？綬之判三司憑由司，比歲下赦令釋逋負，後期未報者六十八州，建言「請於諸路選官考核，期半月以聞」，於是脱械繫三千二百人，蠲積負數百萬，其效可見矣。綬既有尚德緩刑之心，實抱良相濟時之器，惜乎不久其位，未遑大展經綸耳。

《郘亭知見傳本書目》「詔令奏議類」有《宋大詔令》二百四十卷，云：「昭文張氏有鈔本，缺四十四卷，不載編人，始建隆，迄宣和，尋陳氏《直齋書録解題》「詔令類」有《本朝大詔令》二百四十卷，即此書。陳云：「寶謨閣直學士豫章李大異伯珍刻於建寧，云紹興間宋宣獻家子孫所編纂也，而不著其名。始自國初，迄於宣政，分門別類，凡目至爲詳也。」子偲第弗深考耳。然君子之澤，見於著述者，故累世而未已也。

今書點校本及《補編》若干卷，騰沖李希泌季鄴與共事諸子合力成之，而季鄴總其成。書來屬爲之序，吾始知季鄴諸子自一九八三迄一九八九，凡竭六年之力始有成書。《補編》所收不見宋《集》者，凡取《舊唐書》六〇四首，《册府元龜》一五九五首，《文苑英華》一二七九首，《全唐文》一四七五首，共四九五三首，去複重四一七首，實收四五三六首，視原書所收一六八八首不啻倍之，何其富也。乾隆四十四年四庫館臣撰宋《集》提要已云：「可稱典故之淵海。」豈知更閲二百十年，復有後來居上如《補編》之作邪？書大不便付鄴，吾未見稿草，見其《點校體例》。例五之丙曰：「底本與校本文字雖有出入，但字義近似，仍依底本，在校勘記中注明校本之異文。」善哉例乎，其校讎不苟如是。

試即《修六代史詔》言之，《適園叢書》本作「經典存言，史官紀事」，上句《册府元龜·

國史部・選任》作「司典序言」，下字彌工，然《集》本質樸，似近其真，《册府》所録，詞臣潤色耳。又「兩漢繼緒」，《册府》「繼緒」作「相傳」，亦其比類。若此之屬，不改爲是。若《適園》本「侍中陳叔達、秘書丞令狐德棻、太史令唐儉可修周史」，則「唐儉」當爲「庾儉」。唐未嘗爲太史令，據《舊唐書・天文志》，武德中薛頤、庾儉等相次爲太史令，知當時太史令正是庾儉。《册府》「選任」，世官作「庾儉」，宋諸臣校上《周書》序稱「詔德棻與陳叔達、庾儉成之」，並不誤，當據改。《四庫全書總目》與《周書提要》亦云與唐儉同修，則館臣之疏也。若《册府》以前秘書丞魏徵爲「前秘書監」，則明人校刻此書時妄改，不可以追咎當時諸臣也。尋《適園》本卷第五「帝王改元下」收《貞元元年正月改元並招討河中李懷光淮西李希烈赦》止於「自正月一日昧爽以前……罪無輕重，咸赦除之」，《文苑英華・翰林制詔》「改元赦書」收此下有「應在河中脅從將士，多是奉天赴難功臣，本居朔陲，夙尚忠節……其餘雖臨戰（《詔令》作「陣」）擒獲，亦並（《詔令》作「便」）釋放……其賜物七萬疋」云云，是宋人所見《詔令》之文，實有多於今本者，此《適園》本校刻明抄闕奪之確然可信者已。《文苑》題此作《興元二年改爲貞元元年正月一日大赦天下制》，校注異文，亦以《詔令》爲質，蓋當時用語如此，《文苑》不無潤色矣。其「往遭大難」句，與《詔令》同。校注「大」《集》作「多」，詔出陸贄，是《詔令》、《文苑》與陸集亦有出入也。凡此歧互，非校記何以詳之？讀例知《校補》討論精當，是且爲治唐史學者不可無之書，又何疑焉？

季鄴幼承庭訓，夙耽乙部，晚節彌劭，卒與同好密勿成此巨製，其於宣獻後人之勉成先志，世濟其美者，抑何相似也！比聞上海古籍出版社力任印行，以嘉惠學林，洵修文之盛事，予雖佚在陋巷，文史道荒，猶不能不聞其風而悦之。新書問世，幸受一編而讀之，則不惟有得亡之喜，即劉宋異同，歐陽新意，將有所折中，而李唐一代君臣之憂勤頑暴，政令之辛癸勛華，如劉子玄《載文》所云假手亂真之跡，並可得而説也。

一九九一年一月十五日序於初照樓

士禮冠義小記*

嘗觀劉向所校讎中孫卿書録，稱「孫卿善爲《詩》、《禮》、《易》、《春秋》，至齊襄王之時，孫卿最爲老師」。又曰：「觀孫卿之書，其陳王道甚易行，疾世莫能用，其言悽愴，甚可痛也。嗚呼！使斯人卒終於閭巷，而功業不得見於世，哀哉！可爲霣涕。」余既喜子政之知言，而不能毋哀其志也。感懷前哲，而至於霣涕，其能無情於當世哉？人之爲言，不揣其本，而齊其末者，有之；不知其人，妄論其世者，有之矣；苛訾不已，自矜一割者，有之矣，無乃其出彌遠，其知彌少歟？荀卿之爲《禮論》也，有云：「故至備，情文俱盡，其次，情文代勝，其下復情，以歸大一也。」予深有取於斯言，萬感荀劉舊事，輒爲小記，以應徵文。《讀書》之所述《作篇》云：「斯亦所謂貫穿中外，騁驟古近，而微言見於私牒之表者也。」知微之選，不當如是邪？蘭陵論禮，餘杭尊史，並以高朗文姿，爲徵實之學，其揆一也。粗發其凡，比於掃除之役，潤色鴻業，是所望於同好云爾。

* 本文上篇原刊於杭州章大炎紀念館、張蒼水先生祠、蘇東坡紀念館合編之《三館論壇》第二期，一九九四年，後全稿刊於《中國經學》第一輯，廣西師範大學出版社，二〇〇五年。

《士冠禮·記》出「冠義」，全見《郊特牲》，惟易「公侯」爲「諸侯」，則後師所改，「始冠」下多一「之」字，故無關宏旨矣。然此記「冠而字之，敬其名也」，鄭注「今文無之」，而《郊特牲》卻有，「章甫」字亦不同今文作「斧」（見鄭注），則彼記亦原出古文，即此可見小戴所傳，不純今文也。《白虎通·姓名》引《禮·士冠經》又曰「冠而字之，敬其名也」，是章帝建初白虎觀講議五經同異，亦兼有古文師説矣。又此《記》曰「周弁，殷冔，夏收」，字作弁，注雖無説，亦從古文矣。知者，《論語·子罕》「冕衣裳者」，古文冕作弁。鄭注：「魯讀弁爲絻，今從古。」《記》作弁，正與《論語》古文相應。尋《大雅·文王》「常服黼冔」。《傳》「冔，殷冠也。夏后氏曰收。周曰冕」，毛公不云「弁」，明其亦同魯讀也。昔之言毛詩傳授者，一云孫卿子傳魯人大毛公，果爾，斯其師讀然矣。

聶崇義《三禮圖》云：「按《郊特牲》曰：委貌，周道也。章甫，殷道也。毋追，夏后氏之道也。孔《疏》云：三代恒服行道之冠，俱用緇布，其形自别。既言俱用緇布爲之，則緇布冠是委貌等矣。」按聶用孔《疏》而誤，是未考賈《疏》也。賈公彦《士冠禮·記》「委貌」至「道也」，《疏》云「此委貌即解《經》易服服玄冠」是也。石渠論禮，小戴明以「委貌」爲「玄冠」（見《後漢書·輿服志下》劉昭注引），則漢師舊義，當如賈《疏》爾。

《記》云「章甫，殷道也」者，《説文》：「甫，男子美稱也，從用父，父亦聲。」冠而字之，曰伯某甫。仲、叔、季惟其所當，宋大夫有孔甫，是殷道是徵也。冠於阼以著代，醮於客位加有成，甫始用父之道矣。《石渠禮論》云：「冠者，人道之始也，嘉事之重也，是以聖王重之，必行於廟。」（洪頤煊輯《經典集林》引《政和五禮新儀》十一）呈〔是〕其義。《經》、《記》「甫」或作「父」，明其音義並通，得相轉注矣。許君以會意兼形聲説甫字，實已造微。然「甫」今文爲「斧」者，豈今文諸師，不知有甫，而强書作「斧」邪？且《經》「曰伯某甫」，今文初不作「斧」，而獨書「章斧」者，是必有説。

右《上篇》一九九三年十一月三十日初稿

《漢書·儒林傳》稱漢興，言禮則高堂生；又曰「漢興，高堂生傳《士禮》十七篇」，是漢今文《士禮》之傳，明白可考，其去秦亦未遠也。「章甫」字獨作「章斧」者，此必受之先秦經師十口相傳之故，以視後來所得古文經記，無論孔壁、淹中，同是魯學，而異文多有，其間得失，非無可參。鄭君宏通，折衷今古，禮經鄭注，幾成定論，偶有遺逸，學者或不復措意，「章斧」即其一例。今謂作「斧」語質，近得其情，尤叶殷道爾。古文諸師，承周文勝之餘，病其質野，變「斧」作「甫」，荀卿《禮論》所謂「情文代勝」者，非邪？

試以《豳風》徵之，此周初討〔詩〕人之言也。其《破斧》之美周公也，有云：「既破我斧，又闕我斨。」《毛傳》：「斧斨，民之用也。」《七月》之陳王業也，則曰「蠶月條桑，取彼斧斨」。其《伐柯》之美周公也，又曰：「伐柯如何？匪斧不克。取妻如何？匪媒不得。」惟《齊風·南山》亦云「析薪如之何？匪斧不克。取妻如之何？匪媒不得」也。誦此詩也，先民於斧，動輒相關，造次言之，不離口實，至與因媒得妻相提並論，則其切於民用可知矣。《釋名·釋用器》曰：「斧，甫也。甫，始也。凡將制器，始用斧伐木，已乃制之也。」是斧之用，實制器之先。以是言之，古者民生日用之資，故莫尚於斧也。於《易·旅》九四「得其資斧」，《巽》上九「喪其資斧」，王弼《注》一則曰「斧所以斫除荆棘，以安其舍」，再則曰「斧所以斷」，是知斧乃遠古生民休咎之所係，故無問行止，卜問及之也。

《毛詩·小雅·甫田》「倬彼甫田」，鄭《箋》：「甫之言丈夫也。」《釋名·釋首飾》：「章甫，殷冠名也。甫，丈夫也，服之所以表章丈夫也。」成國正用鄭義。禮家文之，字作甫者，意在茲乎？高堂所傳，從殷之質，字仍作斧者，上古之世，工具難得，既冠之夫，乃能用文之道，尊斧之利爾。正以既冠始爲丈夫，得專用斧，故冠以章之，謂之章斧，殷道尚存其俗，考其舊名而可知也。

近世人類學家，頗能留意文化變遷(culture change)，美國之克萊德·M·伍茲嘗引勞里斯通·夏普所記澳洲土著於鋼斧傳入後之社會變遷，其言明白可信。近覽澳俗，反觀殷道，思過半矣。夏普書言彼洲土著有居海濱無所取石以爲斧材者，必依賴一種複雜系統，與相距四百英里之南鄰進行交換，以獲得石料。此種土著惟丈夫始能製作且擁有石斧，故每一天至少有一固定牙人，以某種魚類爲之換取石斧頭，此種交換常於大規模集會行之，同時舉行極重要之入社儀式及圖騰慶典。在彼社會中，凡土著從事之日常工作，如采集食物，刈柴造屋，製作工具武器，並以石斧爲之。石斧既惟成年男子所專有，婦孺如須借用，必乞諸其夫或父兄，極少假諸疏屬。此種借用恒按固定親屬模式進行，即可藉以表明並維持一種地位、性别、角色不平等之根深蒂固之制度。婦孺依賴、從屬於男子，少壯從屬於長老，弟從屬於兄。石斧之借用成爲男性優越與男性統治體係之象徵，滲透及於文化、社會各重要方面。然自一九一五年鋼斧傳入，迅速取代石斧，此一社會，乃爲之解體（手邊無原書，此節從何瑞福譯《文化變遷》四十至四十二頁删取其要，潤色成之。如有誤會何譯，致失原意，應由本人負責），觀此則知殷道以章斧名冠之所自，實有其獨特之社會基礎。去古既遠，文化變遷，名實漸離，禮家從而文之，殷道于是乎不明。然則高堂生之傳，自有一字千金者在，未可概以今文少之也。

右《下篇》一九九三年十二月二十日初稿

讀楊升庵遺書小札*

一九八八年九月下旬新都召開楊升庵學術討論會，先期以書柬來邀，余既以九月十一日跌損右臂，不果西行。論文屬草未竟，爰抽其數篇，以見微意，題曰《小札》，就正大雅。

一曰《滇載記》，升庵自識謂：「西南夷滇最大，及張氏受姓，後世迭君長者凡七姓，惟蒙段最大，故著稱焉。嬰罪投裔，求蒙段之故於圖經而不得也，問其籍於舊家，有《白古通》、《玄峰年運志》，其書用僰文，稍爲删正，其可載者，蓋盡此矣。」是升庵書原出於滇僰自記也。然其載六詔曰：「其一曰蒙舍詔（今蒙化府），其二曰浪施詔（今浪穹縣），其三曰鄧賧詔（今鄧川州），其四曰施浪詔（今浪穹縣蒙次和之地），其五曰摩些詔（今麗江府），其六曰蒙巂詔（今建昌）。」尋《資治通鑒》云「先有六詔：曰蒙舍，曰蒙越，曰越折，曰浪穹，曰樣備，曰越澹」（見開元二十六年），除蒙舍外，其浪穹當即楊記之浪施，或僰人從後名之，

* 本文原載於《楊升庵誕辰五百周年學術論文集》，四川大學出版社，一九九四年。

其餘四詔乃無一名相應。其曰樣備者，當以水名，今日漾濞江矣。《通鑑考異》曰：「《新書》六詔曰蒙嶲、越析、浪穹、邆賧、施浪、蒙舍，今從竇滂《雲南別録》。」新書之六詔，合於楊記者有五，惟彼有越析，蓋即竇滂之越析，折、析未知孰是。然二家並無摩些，楊記有此詔，又無越折（析），斯其傳聞異辭與？予按劉煦《唐書·南詔蠻傳》「（貞元）七年又遣間使持書喻之，道出摩些蠻，其魁主潛告吐蕃」，是時去歸義既並五詔（六詔合爲一詔，劉書在開元二十六年，實公元七三八年）之後已五十二年，而摩些另有魁主，知不在六詔之數，亦未嘗稱王也。然則尚有一詔，舍竇録之越折（新書作析），故無足以當之也。僰書或出摩些人手，或摩些潤色之，越折又微無考，故自名一詔與？張大先人，以無爲有，譜諜之常，理或然矣。此一事也。

《載記》又曰「龍祐那之十六世孫曰張樂進求，遜位於蒙氏，考其時，蓋唐世也」，「蒙氏始興曰細奴羅」，「代張氏立國」，「蒙氏僞稱南詔，實唐貞觀三年也」，「及高宗時，遣子入侍」。按劉煦《南詔蠻傳》「國初有蒙舍龍，生迦獨龐，迦獨生細奴邏，高宗時來朝」，是細奴邏之先，尚有蒙舍龍、迦獨龐二世，不見於僰書，則《白》、《玄》二書之傳差晚，已莫能稽其遠祖矣。然蒙氏父子，以名相屬，今可考者，實始於細奴邏，劉出二世父子名初不相屬也。僰書缺此二世，又似頗謹嚴，此二事也。

《載記》又曰:「細奴邏及高宗時遣子入侍,朝命授細奴邏以巍州刺史」。劉傳衹云「迦獨生細奴邏,高宗時來朝,細奴邏生邏盛,武后時來朝」而已,既不云細奴邏遣子入侍,亦無授巍州刺史之文。其云遣子入侍,殆即以武后時邏盛來朝而有此異辭爾。其曰巍州之授,或出後世僞傳,以爲先人壯觀云爾。此三事也。

《資治通鑒》:「天寶十載夏四月壬午,劍南節度使鮮于仲通討南詔蠻,大敗於瀘南。」又云「進軍至西洱河與閣羅鳳戰,軍大敗」,不書日。尋《載記》曰:「天寶十年夏四月庚寅,劍南節度使鮮于仲通將命致討,鳳伽異及段儉魏逆戰於西洱河,唐兵死者六萬人,仲通僅以身免。」其書庚寅,則唐軍大敗之日,實壬午戰後之第九日。二家各諱其敗,而記其勝日,適可互補,合二家之記,乃具得其情,是亦讀史者之一快歟? 此四事也。

《通鑒》於「仲通僅以身免」下又書「楊國忠掩其敗狀,仍叙其戰功。閣羅鳳斂戰屍,築爲京觀,遂北臣於吐蕃。蠻語謂弟爲鐘,吐蕃命閣羅鳳爲贊普鐘,號曰東帝,給以金印。閣羅鳳刻碑於國門,言不得已而叛唐,且曰我世世事唐,受其封爵,後世容復歸唐,當指碑以示唐使者,知吾之叛非本心也」。事其亦見《載記》,文曰:「遂臣於吐蕃,吐蕃封之爲東帝,刻碑國門之外,明叛唐非得已也,僭國號曰大蒙,始建年號曰贊普鐘」,亦書於天寶十年下。然元郭松年《大理行記》曰:「後閣羅鳳以張虔陀讒構,乃殺之,陷唐鮮于仲通兵,因自結之吐蕃，受鐘王，刻石記功，明不得已而改號蒙國大詔，立德化碑，使蜀人鄭回制文，其碑今在，即唐代宗大曆元年也」，代宗大曆元年（公元七六六年），去玄宗天寶十載（公元七五一年），已十五年矣。二家之書終言自結吐蕃之故，遂略立碑之年，於文爲疏。松年據其所見書之，故得其實，此碑今存，足證《行記》之確（原碑現狀具詳泰國素察·蒲媚波里叻《實地考察南詔的歷史》。至其考察，則在一九八一年，文見《中外關係史料譯叢》一輯二四六頁），此五事也。

《載記》文（又）曰「蒙氏自細奴邏至舜化貞十有三世，立三百十年而爲鄭氏」，素察文乃云「蒙氏家族從細奴邏當上南詔的首領算起，至舜化貞止，前後共十三代，歷時二百五十三年」（見《譯叢》第一輯二四三頁）。然楊記以蒙氏稱南詔在貞觀三年，則是公元六二九年。舜化貞立於昭宗乾寧四年，即公元八九七年，立四年其臣鄭買嗣奪之，則昭宗光化三年，公元九百年也。如此前後止二百七十一年，其云三百十年者，非數字有誤，則當上溯蒙舍龍二世而計之。其云二百五十三年者，則細奴邏之立，當在太宗貞觀二十一年，實公元六四七年，劉書稱「國初有蒙舍龍生迦獨龐，迦獨生細奴邏，高宗時來朝」，校以年世，素察所云，似於情事較合，疑得其真耳。此六事也。

若記異牟尋請復號南詔，有曰：「宴使者，出玄宗所賜器物，指老笛工歌女曰：皇帝所賜龜兹，惟二人在耳。」是證唐貞元間南詔樂器有龍首琵琶，如龜兹制者（見《新唐書·南蠻傳》），有自來矣。《新唐書》云「項長二尺六寸餘，腹廣六寸，二龍相向爲首，有軫柱各三，絃隨其數」。近人常任俠謂與印尼之波羅浮屠古刻所見琵琶形狀、絃數相同，當是西南海上傳來之物，又稱大小忽雷正是此制，但皆龍首雙絃耳（見常氏《東方藝術叢談》頁二六）。其實南詔之龍首琵琶正來自龜兹，而受之於唐耳。波羅浮屠約建於公元八百年頃（見《簡明不列顛百科全書》頁五一一）。婆羅浮屠，差在其後，或二者更有其共同之來源耳。至常氏之發現，自極有價值，且饒趣味，不失爲今後進一步研究之重要綫索也。此七事也。

《載記》記段功事，並録夫人高氏樂府，記阿蓋公主事，並録公主愁憤作詩，平章從官粉壁題詩，段寶答梁王書及附詩，平章女僧奴出手綉旗與寶並詩，皆虎虎有生氣，可以流芳百世，並賴此書以傳，則未知此皆本作僰文，而升庵譯之如此，抑原附漢文，而升庵録之也。然《載記》不作，則此諸文不顯於世矣。推其闡幽表微之志，則其識語所謂「祖《春秋》而述二司馬氏者」，以爲作者自道可也。若諸詩樂府並出手譯，則越人之歌，不能專美於前已。升庵自署逸史氏，其爲《滇程記》，又自擬諸「史氏之足迹」，實有良史之才，而逸在草野，不克成一代之史，是誰之過歟？此八事也，讀此記一過，略出八事，以質知者。

二曰《石鼓文》，石鼓爲秦刻石，近人馬叔平考論甚詳，要其所主，則鞏豐説也（見馬衡《凡將齋金石叢稿·石鼓爲秦刻石考》）。叔平與予並未見原書，知有鞏説亦賴升庵言之耳。叔平自注説見楊慎《丹鉛録》中，予家舊有明刻《丹鉛總録》，弱冠前得諸上海博古齋，抗戰時貧無以自存，取以易米久矣。頃乃得之《升庵全集》卷六十二，文曰：「鞏豐云：岐本周地，平王東遷以賜秦襄公矣，自此岐地屬秦。秦人好田獵，是詩之作，其在獻公之前，襄公之後乎？地，秦地也；字，秦字也；其爲秦物可知。此説有理，予切信之，書之以俟知者。」升庵之言如此，叔平信之，而考之尤詳，則升庵之所以待後者不虚矣。顧云「持此説者，僅據器物遺文以立言，不能旁徵博引，出入傳記，宜此不爲世所重」（見馬氏《叢稿》頁一六八），則升庵既以爲有理而切信之矣，可謂不重耶？鞏説驗之器物而文字是徵，考之地理而史實不爽，叔平雖旁徵博引，竟未能出其範圍，惟岐雍之辨，後出爲精。然唐自武德元年改隋扶風郡爲岐州，領雍、陳倉等六縣，天寶元年始復爲扶風郡（見劉昫《唐書·地理志》），故竇臮注《述書賦》，亦云岐州雍城南有獵碣十枚也。以秦受周地爲言，言岐可以該雍，鞏説亦未爲失也。叔平非苟掠美者，或言各有當，不免語有輕重耳。然則升庵之學，雖出入百家，而其要實在於多見守之以卓也。若宋克書《七姬帖》，藝苑所珍，升庵以爲明代真行宋克第一，不虚也。其跋是帖則云：「然其事則可疑，七姬之死，蓋出於潘之逼云，謂不幸則可，非徇節也。平居則優雜子女而漁絅之；一旦有變，恐樂他人之少年，而雉經之，潘之惡甚矣。」又謂「余舊料其情若此，近觀高季迪吊七姬《多麗》詞云：忍教受項纏素帛，渾忘記臂結紅羅。其事情信無疑矣，楊説是也。季迪此詞見《扣舷集》，可謂詩史。升庵才識超邁，宅心仁厚，乃料得其情如是，則其能多見而守之以卓，不亦宜乎？

三曰《安寧温泉詩序》，《序》稱「温泉之在域中，最顯名者，新豐之驪山，而泉實不佳，水沸如蒸，難以驟入，硫磺之穢，逆於人鼻，稍不渫治，則窮谷之污，生以青苔，如蛙玭衣」，噫，升庵之貶驪泉亦甚矣！然非目驗身受者不能道，則其言當不誣。曰此特明之驪湯耳，方唐盛時，華清池水必不如是，姑不具論。一九八三年余有事西安，嘗過臨潼，登驪山，試湯山下。則單人專室，白瓷甃池，池水明淨，水温適度，絶無硫磺之逆，雖匆匆一浴，而爽適健人，信温泉之美者也。此則升庵所不及知，不可以責古人。夫地質變遷，水温容有高下，至其清濁穢潔，雖由地利，尤關人事矣。滄浪之水，一清一濁，誰昔然矣。偶因升庵之品温泉，有感人文之盛衰，遂備論之。升庵主「代代有詩」（見《李前渠詩引》）是已。然係乎時代，豈獨詩兮？雖名山川，亦未嘗不興廢隨時也，故曰「人能弘道」，又曰「觀乎人文以化成天下」也。

四曰《升庵著述序跋》，搜羅之富，體例之精，已爲著録之甲觀，楊學之司南，然《前言》

猶曰「采輯疏漏，請俟拾補」，具見虚懷。今按所收升庵《全蜀藝文志序》「十有八年，辛丑之春編録全志，以藝文委慎」，又云「爲卷尚盈七十」也。又收譚言藹《重校全蜀藝文志跋》有云「顧所修志，今佚不傳」，譚跋作於嘉慶十二年，已爲此言，是不知天一閣藏書尚在人間也。余讀王弘撰《十七帖述》稱「楊用修《四川志》祇載八帖，是與周，則謂此帖皆是與周者，亦不然也」（見《硯山齋雜記》），是楊志三百年前已爲學人考古之資如此。因檢天一閣藏明志，其散出者即有《四川總志》八十卷，明嘉靖二十年（一五四一）王元正等纂修，嘉靖刻本，有楊慎序，今在北京圖書館。又有萬曆四十七年杜應芳纂修《四川總志》二十七卷，《凡例》稱是書自成化間創修。自嘉靖間聘楊升庵、王玉壘、楊方洲三太史續修之，今在臺灣（並見駱兆平《天一閣藏明代地方志考録》），則升庵修志具在，既有自序，例當補録矣。嘉靖志卷十七至八十《藝文志》，山史所云，當在其中，視升庵自序之卷盈七十已少六卷，或《總志》定稿時又有删訂，二志并存，不難覆按也。蜀自相如以來，代有逸才，史不絶書，升庵晚出新都，以著述冠於一代，豈徒以卷帙之富爲壯觀哉。世之不善讀升庵書者，曾未得其糠秕，乃掎摭一二小小疏失，以妄議其後，以爲升庵之學如是而已，是何異鷦明已翔乎寥廓，而弋者猶俯視乎藪澤也。

補記：《滇載記》一事論摩些不在六詔之數。尋《新唐書·南蠻·南詔傳》：「越析詔，或謂磨些詔，居故越析州，西距曩葱山一日行。貞元中有豪酋張尋求烝其王波衝妻，因殺波衝。劍南節度使召尋求至姚州，殺之，部落無長，以地歸南詔。」子京此文記述多誤。其云「越析詔或謂磨些詔」，則晚唐人已有此僞（譌）傳。樊綽《蠻書·六詔第三》：「越析，一詔也，亦謂之磨些詔，部落在賓居，舊越析州也。」按五詔之併，在開元二十六年（公元七三八年），《滇載記》皮羅閣滅併五詔事甚詳，貞元時安得復有越析詔乎？波衝或是摩些鬼主（劉昫《唐書·南詔蠻傳》記貞元七年事有摩些蠻魁主，當即蠻中之鬼主。於此等蠻俗，新《書》能因舊文，直書「鬼主」得之。舊《書》此文，未知劉煦輩從而文亡，抑後之校書者妄有竄易也）之類耳。《蠻書·名類第四》又云：「磨些蠻在施蠻外，與南詔爲婚姻家，又與越析詔姻婭。」然則磨些之與越析詔姻婭耳。何嘗別有磨些詔，且又豈得逕謂越析爲磨些詔也？樊綽晚唐人，去越析詔之滅已逾百年，故其所言，時有出入矣。子京記波衝事當有所據，然以爲「越析詔」，則失之不考也。二事論僰書闕蒙舍龍、迦獨龐二世。劉煦《南詔蠻傳》云：「國初有蒙舍龍，生迦獨龐，迦獨生細奴邏。」尋《新唐書·南蠻·南詔傳》：「王蒙氏，父子以名相屬。自舍龍以來，有譜次可考。舍龍生獨邏，亦曰細奴邏。」其曰「舍龍」，即劉書之「蒙舍龍」。《蠻書·六詔第三》云「蒙舍一詔也，居蒙舍川，在諸部落之南，故稱南詔也，姓蒙」，又云「南詔八代祖舍龍，生龍獨羅，亦名細奴邏」，是蒙舍龍生龍獨羅，實父子以名相屬。宋傳謂「舍龍生獨邏」，與《蠻書》合，唯「獨邏」上省「龍」字，遂使父子之名不屬矣。宋謂「龍獨邏」即細奴邏，亦同《蠻書》，然與劉書不合。劉之「迦獨龐」或即「龍獨邏」之誤，然如樊、宋所記，則較劉已失一世。朱傳云「自舍龍以來，有譜次可考」，然其譜亦晚唐所傳之譜，如劉譜則細奴邏、蒙舍龍之間當有一世也。七事論貞元間南詔樂有龍首琵琶，爲來自龜茲，而受之於唐：尋《新唐書·南蠻、南詔傳》云「明年（貞元十年）夏六月册異牟尋爲南詔王，以禮部郎中袁滋持節領使……授册。……享使者……有笛工、歌女皆垂白，示滋曰：此先君歸國時皇帝賜胡部、龜茲音聲二列，今喪亡略盡，唯二人故在。」與《載記》合，足以爲證。若其琵琶之二龍相向爲首者，正唐代風靡一時之西域俗尚，不獨樂器然矣。檢日本平凡社一九五〇年版《世界美術全集》第八卷寫真版一一八出唐三彩龍耳瓶，公元八百至九百年，國立博物館藏。其瓶之兩耳，正作雙龍相向，雙銜瓶口。林屋晴三《解説》以爲此種意匠源於波斯金工，又舉正倉院之龍首天馬文水瓶以爲比類，是也。然謂此等風尚之器物裝飾，其始或取諸波斯金工意匠，及其用於陶木工藝，則知盛唐之名工巧匠，潤色已多，於此正可窺見盛唐與伊朗、龜茲、南詔文化之互相影響，不斷交流也。若印尼婆羅浮屠之雙龍樂器，同爲此種風尚之反映，究竟來自中國，抑直接受波斯之影響，則尚有待進一步之研究耳。

《石鼓文》論「石鼓」爲秦刻石説本鞏豐，《小札》屬稿時臂傷未復，不能檢書，其引鞏説，全鈔楊集，此大過也。頃尋張宗祥校刊涵芬樓本《説郛》卷第十二宋鞏豐《鞏氏後耳目志》一卷，其論「石鼓」曰：「温陵休齋陳弱翁疑《石鼓歌》爲非退之作，唐人僞爲之，云：岐，周地也。平王東徙，以賜秦襄，自是岐地屬秦。今其字是小篆與隸體，意者秦人好田獵，是詩之作，其在獻公之前，襄公之後乎？而不列於秦風，蓋史失之。以聲求之，當作秦聲，恨不得其全，與知者攻之。」然則地秦地，字秦字，聲秦聲，爲秦詩何疑？程泰之《雍録》論石鼓甚詳，而掊擊不及此，豈或未見《休齋詩話》耶？是此説實出陳弱翁《休齋詩話》，豐乃表而出之，以贊成厥美者也。陳以爲秦詩不誣，而逕以小篆與隸體目之則過。至云「以聲求之，當作秦聲」，則陳氏之聰，有敏於時彦者矣。叔平未睹志文，故所論不盡。升庵亟稱鞏説，而不及休齋，何邪？疑其所言，亦本陶書，《説郛》明抄已多删削，故未見全文耳。不然，以升庵之高才敏悟，何至竟委而忘源邪？是則張本之善，功不可没，孰謂校書無益邪？獨念陳、鞏二家之書，其可傳者如此，而世無其本，僅賴陶、楊之力，而其梗概猶能有益於學林，故曰「人能弘道」，豈不信乎？愧予廢學，偶因蜀中嘉招，得再温故及此。勉成補記，少蓋前愆，兼爲升庵補闕云爾。

小蓬萊漫筆*

曲園先生自四齡去臨平，於湖州府、德清縣早已無家。平生行止，多在蘇杭。尋其足跡，並吾舊遊；雖哲人長往，故其則不遠也。小蓬萊者，西湖上昔有之名，或曰在孤山，徐花農以名俞樓後地。俞先生《自述詩》云「曾向西泠橋下坐，安知他日有俞樓」，注稱曾於西泠橋下小憩，其地蓋即今之俞樓云。五十年間，蘇杭去來，不知凡幾。孤山上下，西泠前後，雲物縹緲，無異家園；然則湖上真有此境，誰爲主客，焉用刻舟？大氐主持風月，與主持風氣一同。能者得之，不能者雖躬逢其盛，何預風流？因以題篇，且貽解人。

《自述詩》「裏外西湖處處遊，今年溪澗始探幽。嚴陵瀨與桃花嶺，兩勝都歸一處收」，注云「九溪十八澗之遊，則自癸酉春始。余頻年如閩，取道浙東，舟行以嚴灘爲最，陸行以桃花嶺為最」。今觀九溪十八澗，實兼有其勝。癸酉乃同治十二年，公元一八七三年，曲園年五十三矣。余初攬溪澗之勝，甫逾立年，視曲園殆早二十年，自是屢游不一遊。嚴灘

---

* 本文原刊於《蘇州文博》一九九六年第三期。

之行，雖遥在其後，而富春江上，頻駐遊蹤。釣臺或臨其前，或撫其背。西臺孔邇，亦造其顛。嘗以芳辰夜宿嚴瀨，江魚入饌，園蔬薦盤，至鮮美矣。昏曉景色，遠謝塵寰。山鳥時呼，迥殊人境。兩地清遊，夙所銘心，故能深領曲園此評之妙。桃花嶺雖未嘗經過，以九溪十八澗澗道迂回層疊，殆可想像一二乎？惜乎年時當局異想天開，規小利而忘大害，竟不惜堵溪澗之水以謀發電，收效至微，而景觀全毁。山明水秀之鄉，頓成藏垢納污之地。荒穢多有，水樂無聞。西子蒙不潔，過客見之，猶爲之痛心，不知杭人何以堪此？

右方所述溪澗敗壞狀，並年時所見，歲月已積，未悉近況何如耳。深信杭州英彦，定能力挽頽波，寶愛溪山，庶令千秋絶豔，焕若神明，頓還舊觀耳。

《春在堂隨筆》二：「余居西湖寓樓，樓多鼠，每夕跳踉几案，若行康莊。燭有餘燼，無不見跋，始甚惡之（本缺「之」字，以意補）。繼而念鼠亦饑耳，且於余衣服書籍，一無所損，又何惡焉？適有餽餅餌者，夜則置一枚於案頭以飼之，鼠得餅不復嚙蠟矣。一夕余自食餅，覺不佳復吐出之，遂並以飼鼠。次日視之，餅盡而余所吐棄者故在。乃笑曰：鼠子亦狷介乃爾。是夕置二餅以謝之，次日止食其一。余歎曰：不惟狷介，乃亦有禮。」季海曰：才人之筆，一往自佳。絶妙好辭，可傳可誦乃爾。世俗動云鼠竊狗偷，詈人則曰鼠輩，試拈曲園小筆勘之，正恐鼠子羞與若曹伍耳。

《湖樓筆談》六：「《文選·封禪書》：率邇者踵武，逖聽者風聲。與《史記》所載同。然徐廣曰：循省近世之遺跡，聽察遠古之風聲。則下句當從《漢書》作：聽逖者風聲。於義方明，而與上句：率邇者踵武，文亦一律。傳寫倒之，所宜訂正。」尋黄侃《文選平點》云「疑此文當本作率邇者踵武，逖者聽聲」，「率，大率也。風聲因注而誤；或云：風，諷也，亦通」（黄焯編次）。今謂相如故書，當同《史記》、《文選》，雖《漢書》舊本，亦初無異讀也。知者，《文選》李善注明引《漢書音義》曰：「率，循也。邇，近也。踵，蹈也。武，跡也。逖，遠也。近者蹈其跡，遠者聽其風聲」，既不出異文，知所見《漢書》尚未誤作「聽逖」，所引《漢書音義》弟云「遠者聽其風聲」，知《音義》所據舊本，亦不云「聽逖」也。俞、黄校讀古書，文理密察，條例精嚴，思適之餘，往往破的。其或求之太過，未免千慮一失。二君之言，豈持之無故哉？但不可以繩相如之文耳。俞先生從徐廣讀，乃似晉宋間人語。黄君精研文心，居然彦和好句也。相如逸才，不難爲非常之文．當其奇氣横生，汋潏曼羨，斯斟酌萬殊，物無一量矣。必若所言，「五三六經載籍之傳」，亦將爲「五帝三王之世，六經載籍之傳」乎？維齊非齊，此相如之文也。

遠游略説*

——兼評廖胡二家中失

近人胡光煒以廖平嘗有《遠游》篇與司馬《大人賦》如出一手大同小異之説(見所作《楚詞講義》),因掇拾篇中文句,自謂仿孫氏疏證《孔子家語》之例作《遠游疏證》,以明其僞托當出漢武之世(見《胡小石論文集》,上海古籍出版社一九八二年第一版)。如廖平者真可謂既不善讀《遠游》,又未嘗能窺見司馬之用心者矣。桓譚云「謂狐爲狸,非徒不知狐,乃不知狸」,廖説近之。如《遠游》之與《大人賦》,辭句或時相襲,而裁製不同,用心亦異,所以能各自名家,並行不替也。胡氏爲廖所誤,又摭莊忌、東方朔之文以實之,遂謂當出漢武之世,幾與尤而效之。是何異焦明已翔乎寥廓,而弋者猶俯視乎藪澤也。故《疏證》之作,用力未嘗不勤,用心未嘗不善,乃稱引雖繁,而不得要領,豈非先有成見,故弗暇深考歟? 今爲分疏於下,以釋二家之惑。

---

* 本文原刊於《鐵道師院學報》一九九七年第五期。

一明《遠游》作者：曰《遠游》在《屈原賦》二十五篇中，劉向、王逸並以爲原作，信否？曰此傳者之過，不然，則劉向誤收也。知者，《離騷》云「雷師告余以未具」，《九辯》云「屬雷師之闐闐兮」，是屈宋並云「雷師」，《遠游》則云「右雷公以爲衛」，《遠游》晚出，在屈宋後，故有此矣。《離騷》云「吾令帝閽開關兮，倚閶闔而望予」，《遠游》云「命天閽其開關兮，排閶闔而望予」（胡氏直引此文而無説），變「帝」言「天」，易「倚」作「排」，不盡靈均遺則矣。洪氏《補注》引《大人賦》曰「排閶闔而入帝宫」，是長卿曾用其語，猶《遠游》之用《離騷》，辭句小同而文心各異也。蓋《遠游》用靈均之句，而變其詞，相如采《遠游》之詞而略其句，卒之言各有當，初非意在作僞，亦豈一味雷同也。《離騷》云「斑陸離其上下」，王注「斑，亂貌。陸離，分散也」，《遠游》云「斑漫衍而方行」，王注「繽紛容裔，以並升也」，又云「叛陸離其上下」，王注「繚隸叛散，以别分也」，胡氏《疏證》於此二句並引《離騷》，前句無説，後句云「斑、叛音近」。然一篇之中，斑、叛字異，《離騷》用「斑」，此又作「叛」，其于屈賦字例之條，亦不無參差矣。大抵胡氏《疏證》，意主求同，頗疏考異，故有求而不得，失之目前者矣。又《遠游》所稱「正陽」、「朝霞」（漱正陽而含朝霞）與「沆瀣」（餐六氣而飲沆瀣兮），據王逸注引《陵陽子明經》言：「春食朝霞，朝霞者，日始欲出赤黄氣也。秋食淪陰，淪陰者，日没以後赤黄氣也。冬飲沆瀣，沆瀣者，北方夜半氣也。夏食正陽，正陽者，南方日中氣也。並天地玄黄之氣，是爲六氣也。」洪氏《補注》引《莊子》「御六氣之辨」，李注云：「平旦爲朝霞，日中爲正陽，日入爲飛泉，夜半爲沆瀣，天玄地黄爲六也。」然《廣雅·釋天》「常氣」於赤霄、濛澒之下，列缺、倒景之上但有朝霞、正陽、淪陰、沆瀣，其序於春夏秋冬正合，是張説四時之氣，與王引《陵陽子明經》同（《大人賦》「貫列缺之倒景兮」，顔注引張揖曰：「貫，穿也。《陵陽子明經》曰：列缺氣去地二千四百里。倒景氣去地四千里，其景皆倒在下也。」列缺、倒景，並在常氣中，張引此經爲説，知其説四時之氣，亦出於是，與王同矣。「陵陽」亦見《大人賦》，彼云「反大壹而從陵陽」，顔注引張揖曰「陵陽，仙人陵陽子明也」，是也），此漢魏舊説。李引「飛泉」，《遠游》云「吸飛泉之微液兮」，王注「含吮玄澤之肥潤也」，洪氏《補注》引張揖云「飛泉，飛谷也，在昆侖西南」，是王、張並不以爲在六氣之列，李説未確。《補注》「六氣，日入爲飛泉」，不免爲李注所誤。然正陽、朝霞、淪陰、沆瀣及餐六氣之説，並不見於二十四篇之賦。曰精氣入粗穢除，曰壹氣孔神，於中夜存，皆道家納新吐故養生之術，與餐六氣之言殊途同歸。其言真人、羽人、韓衆、王喬又雜方士神仙之談，皆不見於餘制，蓋靈均所賦，除古神話所有，無非楚巫所祠，未嘗與方士神仙之説相亂，則楚俗貴巫，方士之出蓋晚，其始故未能與巫爭先也。桓譚《新論》云：「昔楚靈王驕逸輕下，簡賢務鬼，信巫祝之道，齋戒潔鮮，以祀上帝，禮群神，躬執羽紱，起舞壇前。吴人來攻，其國人告急，而靈王鼓舞自若，顧應之曰：寡人方祭上帝，樂明神，當蒙福焉，不敢赴救，而吴兵遂至，俘獲其太子及后，甚可傷。」（《太平御覽·禮儀部》，又《方術部》引，見孫馮翼輯本）今讀《九歌》之曲，幾如親見楚靈王之躬執羽紱，起舞壇前矣。所祀上帝，其東皇太一之比；禮群神，則云中君以下是也。若《國殤》所歌，吴兵來攻，死於行陣者，亦必在其中矣。觀此則楚俗之務鬼信巫，自靈王以來未改也。《遠游》之作，當在方士神仙之談浸淫曼衍之後，以是言之，非屈原所賦，亦以明矣。

二明遠游之作，近出淮楚。《遠游》云「奇傅説之托辰星兮」，王注「辰星，房星，東方之宿，蒼龍之體也。傅説死後，其精著于房星也」。洪氏《補注》云：「大火謂之大辰。大辰，房心尾也。《莊子》曰：傅説得之，以相武丁，奄有天下，乘東維，騎箕尾，而比於列星。《音義》云：傅説死，其精神乘東維，托龍尾，今尾上有傅説星。」又云「《淮南》云：傅説之所以騎辰尾」，是《莊子》但言東維、箕尾，不云辰星。獨《淮南》云「騎辰尾」，與《遠游》之言最近。《遠游》云「忽神奔而鬼怪」，王注「往來奄忽，出杳冥也」，洪氏《補注》「《淮南》云：鬼出電入，又曰電奔而鬼騰，皆神速之意」（胡氏失引，是其疏也），洪引《淮南》言速，並以鬼電成文，當因淮楚舊俗，略與謡諺同風矣。神、電古音同聲，頗謂《遠游》故書本作「忽電奔而鬼怪」，後師不諳楚故，習見「鬼神」，遂失其讀耳。猶幸《淮南》之文，尚存其真，足徵《遠游》

用語，近諧淮楚也。《遠游》云「聞赤松之清塵兮，願承風乎遺則」，王《注》以爲「想聽真人之徽美」，「思奉長生之法式」，是也。又云「吾將從王喬而娛戲」，王《注》「上從真人，與戲娛也」（娛一作游），然於二十四篇之賦，殊不及真人，亦不稱松喬矣。洪氏《補注》引《淮南》云：「王喬、赤松去塵埃之間，離群慝之紛，吸陰陽之和，食天地之精，呼而出故，吸而求新，蹀虚輕舉，乘雲游霧，可爲養性矣。」是《遠游》之稱松喬，與《淮南》養性之説，正淵源相通也。胡氏拘泥成句，故於《補注》所已拈出者，猶時或失采，疏證缺如也。《九歌》言「涷雨灑塵」，《天問》曰「蓱號起雨」，餘賦實未見雨師明文。于《遠游》既曰「風伯爲余先驅兮」，王注「飛廉奔馳而在前也」（先一作前），《補注》「《淮南》曰：令雨師灑道，風伯掃塵」；又曰「左雨師使徑侍兮」，王注「告使屏翳，備下虞也」（胡于風伯句引《大人賦》「誅風伯」，雨師句從《補注》出《淮南》「雨師灑道」之文，所見支離，轉不如洪），是《遠游》之興，楚俗又有雨師，以配風伯，與《淮南》之言，正相應矣（《大人賦》曰「召屏翳，誅風伯，而刑雨師」，《史記正義》「應云：屏翳，天神使也。韋云：雷師也」，《漢書》無「而」字，顔注「張揖曰：風伯字飛廉」。相如賦既云「召屏翳」，又云「刑雨師」，明屏翳不得爲雨師，王注云爾，非長卿意，故應劭以爲天神使，韋又以爲雷師也。《大人賦》又云「涉豐隆之滂沛」，《史記正義》「張云：豐隆［原避唐諱作崇，今改，下放此］，雲師也。《淮南子》云：季春三月，豐隆乃出以將雨，案豐隆將雲雨，故雲滂沛」。《漢書》顏注「應劭曰：豐隆，雲師也。《楚辭》曰：吾令豐隆乘雲兮，《淮南子》曰：季春三月豐隆乃出以將雨」，依此則豐隆不惟乘雲，亦且將雨。韋以屏翳爲雷師，未詳何據）。《遠游》云「舒並節以馳騖兮」，王注「縱捨轡銜，而長驅也」，《補注》「《淮南》云：縱志舒節，以馳大區」；又云「絶垠乎寒門」，注云「寒門，北極之門也」，《補注》「《淮南》曰：出於無垠鄂之門，注云：垠鄂（原誤鍔，今正），端崖也。……《淮南》曰：北方北極之山曰寒門」，是《遠游》以馳騖爲舒節，以端崖爲垠，以北垠爲寒門，並與《淮南》之文冥合。胡氏一切摭拾《大人賦》文句未免皮傅，不悟其與《淮南》之言尤爲密比，故所發明，遠不如洪氏之桃李不言，自成蹊徑矣。又《遠游》云「其小無内兮，其大無垠」，其言垠同矣。言小大則《補注》引《淮南》云「深閎廣大，不可爲外，析豪剖芒，不可爲内」，胡氏又引《精神訓》「無外之外，至大也；無内之内，至貴也」，則于文尤切，足補洪注。以是言之，明《遠游》之作，實淮楚之遺篇，非郢中之舊制，故其稱説，多與《淮南》合符爾。

三明《遠游》之出，必在漢武前，蓋先于淮南王、莊忌、司馬相如、東方朔諸人，知者，《遠游》之文，多爲諸家所稱引，凡近人以爲《遠游》掩取諸家者咸是，惜乎徒知貌取，未能洞察，故所見適得其反爾。何以言之？曰使《遠游》作者當武帝時及見諸家之書而遍引之，則其人殆在文學侍從之列，不然則梁國賓客之流，其人者果何人歟？何其姓氏不彰，竟同子虚烏有歟？縱如所言，恐諸家之書，未必一時盡出，即出亦未遽能一時盡見也。若相如《大人賦》則當時烜赫之作，自漢武激賞，宜爲朝野所習聞，作僞者不務求諸僻書秘記，而大鈔特鈔此照灼一世之名篇，其愚誠不可及歟？尤足異者，當西京文學極盛之時，作僞者既遍鈔諸名家名篇，以造此賦，乃謂當時竟無一人能如廖、胡之洞見其隱，而發其覆，何哉？下逮元、成，不遠耳，而高才博學如劉向，校書中秘，盡見公私之藏，亦竟不能辨其爲漢武時人之作，更不覺其爲剽竊《大人賦》之作，何歟？豈向、歆父子，真不曉事，故雖公然攘取當時在人耳目之書，亦憒憒如此乎？吾知其必不然矣。

是當有説，無他，《遠游》出諸家前，故其文藻時見於諸家之賦矣。《漢書・藝文志》自《屈原賦》二十五篇以下，凡賦二十家，三百六十一篇。《莊夫子賦》二十四篇（原注：名忌，吴人），次唐勒、宋玉、趙幽王賦之後。其次則賈誼、枚乘，又其次則《司馬相如賦》二十九篇，而繼之以《淮南王賦》八十二篇，《淮南王群臣賦》四十四篇，班固删取《别録》、《七略》之文如此。是向歆父子所定，未嘗憒憒，流别名數，居然可知也。凡此諸篇，並宗《楚辭》，而法屈宋，故以隸《屈原賦》二十家，《遠游》既在二十五篇之數，雖今知非屈宋之文，其先于《莊夫子賦》、《司馬相如賦》故灼然可知也。漢武時賦，淮南王及其群臣之作共得一百二十六篇，可謂盛矣。然即此可知《遠游》雖淮楚之制，要非淮南王及其群臣之賦，故不在此一百二十六篇中，而遥出其前。正唯《遠游》早出，已爲淮楚辭賦導夫先路，又得淮南王倡之，其群臣繼之，然後漢賦楚辭之屬，大盛於淮南耳。

然則廖平謂《遠游》與《大人賦》如出一手大同小異者，非歟？應之曰：小同大異，安見其如出一手乎？《遠游》但云真人，相如賦稱大人，真人、大人，豈得同哉？《史記·司馬相如列傳》曰：「相如見上好仙，因曰：上林之事，未足美也，尚有靡者。臣嘗爲《大人賦》，未就，請具而奏之。相如以爲列仙之傳居山澤間，形容甚臞，此非帝王之仙意也，乃遂就《大人賦》。」然所謂大人者，即謂帝王，《索隱》引張揖云「喻天子」，是也。其賦所以頌帝王之仙意，與《遠游》不侔矣。其取《遠游》，體可用也，故《索隱》引張華云「相如作《遠游》之體，以大人賦之也」，此可謂善説文章流别矣，何廖、胡二家之見不及此也。《遠游》篇首云「願輕舉而遠游」，下與「焉托乘而上浮」爲韻，胡於此句下引《大人賦》「乘云氣而上游」，《史》、《漢》所録《大人賦》實作「載云氣而上浮」，胡引不知何據，然此必相如取《遠游》，非《遠游》襲《大人賦》也。知者，游謂之浮，自是楚語，《廣雅·釋訓》「翱翔，浮游也」，《離騷》云「欲遠集而無所止兮，聊浮游以逍遥」，注謂「欲遠集它方，又無所之，故且游戲觀望以忘憂，用以自適也」；《哀郢》云「淩陽侯之氾濫兮，忽翱翔之焉薄」，注「言己遂復乘大波而游，忽然無所止薄也」，是浮游、翱翔，于楚爲代語，稚讓之訓精矣。《初學記·鳥部·

雁》引《荆州圖記》曰：「沮縣西北平里有雁浮山，是《山海經》所謂景山，沮水之所出也，高三十餘里，修岩遐亘，擢幹干霄，雁南翔北歸，遍經其上，土人由兹，山名改焉。」荆州土人以雁翔其上，改名雁浮，知浮、游義通，猶翱、翔義近。浮游之於翱翔，又得互訓，楚俗然矣。《遠游》言「上浮」，猶言「軒翥」（「鸞鳥軒翥而翔飛」，《補注》「《方言》：翥，舉也。楚謂之翥」，是也），並用楚語矣。相如取之，以爲己用，語雖益工，而楚言未變，故知之耳。若「餐六氣而飲沆瀣兮，漱正陽而含朝霞」二句，胡引《大人賦》「呼吸沆瀣兮餐朝霞」（《史記》此句，「兮」字在句末），此自相如不取六氣、正陽之文，故删成一句耳。然在《遠游》於道家養性之談、吐納之説，反覆言之，渾成一體，初非有假於相如之作，掇拾以成此賦也。於「吾將過乎句芒。歷太皓以右轉兮」，胡引《大人賦》「使句芒其將行兮，吾欲往乎南，歷唐堯於崇山兮」云云。此亦相如取《遠游》，非《遠游》襲《大人賦》知者，王注於上句云「就少陽神於東方也」，於下句云「東方甲乙，其帝太皓，其神勾芒」，故知《遠游》之文，既就東方之神，因過其帝也，上下相生，行文自然，不同獺祭。若《大人賦》之言，則勾芒何事于南，何有于唐堯，但騁華辭，何關文旨乎？以是言之，豈非小同而大異，何以云如出一手也？《遠游》「歷玄冥以邪徑兮」，《補注》「《左傳》：水正爲玄冥」，洪又於上句「從顓頊乎增冰」下云「北方壬癸，其帝顓頊，其神玄冥」，並是也。《遠游》於此下又云：「召黔嬴（《四部叢刊》

影明覆宋洪興祖《補注》本誤作嬴，今據明芙蓉館覆宋本正）而見之兮。」王注「問造化之神以得失」，是也。胡氏于「玄冥」、「黔嬴」（胡氏不覺明本之誤，亦其疏也）句下引《大人賦》「左玄冥而右黔雷」，尋洪氏《補注》於「黔羸」句下引《大人賦》此句，又稱「《注》云：黔羸也，天上造化神名，或曰水神。《史記》作含」，黔含、羸雷，其讀同爾。其在《遠游》則勾芒、蓐收、祝融、玄冥，實具東西南北四方之神，黔羸無由爲水神，王云造化之神，近是。相如之賦則云「左玄冥而右黔雷」，雜取諸神，以配左右，非有部署如《遠游》之文，亦可見其出於文士之好奇，非道家之眇論也。注者不得其説，遂依玄冥水正之文，漫以黔雷爲水神耳。洪氏兼收或説，而無所折衷，偶不省耳。胡氏誤信廖説，故但見其貌似，不顧其文義之離合，失之遠矣。或曰：相如此賦，何以多取《遠游》之文？曰：漢人爲《楚辭》見於王逸《章句》者具在，其用屈原賦語豈少邪？斯又章學誠所謂「言公」之理，其「點竄之公」曰：「譬之古方今效，神加減於刀圭；趙壁漢師，變旌旗於節度。藝林自有雅裁，條舉難窮其數者也。」（見《文史通義·內篇·言公下》）是也。實齋頗有創見，而學力不足，故未能旁通曲暢，多所發明，雖昭然如《遠游》、《大人賦》之比，近在目前，猶未能取以證成其説也。

毛詩評議序*

余年未冠，嘗謁章先生於曲石之廬，飯後露坐草坪閑話，縱論典墳，旁逮古文奇字，偶及《毛詩》，先生曰：《大雅·文王》稱「文王陟降，在帝左右」，毛《傳》云：「言文王升接天，下接人也。」不爲神秘怪妄之談，是毛公之學，能破除迷信，遠離誣罔也。余惟康成以「在，察也。文王能觀知天意，順其所爲」箋毛，深得此意。毛公説《詩》微旨，得先生一言，殆昭若發蒙耳。及先生移居吴下，余每以暇日造門，燕閑侍坐，流連竟夕，經史玄文，無所不談，各出新知，以爲笑樂，未嘗檢書也。一日及《詩》，先生曰：張香濤嘗謂《尚書》難説，於今觀之，《書》尚可説，《詩》殆尤難，以其本事多無可考也。因舉《周南·兔罝》云：「肅肅兔罝，椓之丁丁。赳赳武夫，公侯干城。」墨子云：「文王舉閎夭、泰顛於罝罔之中，授之政，西土服。」（見《尚賢》上），微墨子之言，孰知罝兔之人乃謂閎夭、泰顛，所謂「公侯干城」，乃實有其人邪？先生主六經皆史，不欲逞空言説《詩》乃爾。余惟何楷《詩經世本古義》已引《墨

* 本文原刊於《鐵道師院學報》一九九八年第五期。

子》此言以説《兔罝》，然三百篇本事可徵實者蓋亦無多。嘗推先生宗《序》之故，豈真謂一一皆得其本事哉，諒亦以爲去古未遠，大義猶存耳。然即《兔罝》言之，《序》惟曰：「后妃之化也。《關雎》之化行，則莫不好德，賢人衆多也。」是序《詩》者已不能徵閎夭、泰顛之事，如墨子之多聞矣。余共先生言此，逾月而承諱。嗚呼！以余所及聞，先生之於經，説《尚書》畢，最後殆欲説《詩》，成一家言，以詒來學。然而崦嵫既迫，宏願莫酬，良足慨已。十餘年前重尋《毛詩》，時有創獲，頗病康成之不純，亦不慊碩甫之拘滯，意在申毛，猶庶幾餘杭未竟之志也。先生於鄭《箋》不無微辭，獨篤信毛《傳》，稱道弗衰。余惟毛公之學，不惟長於詁訓，尤能標舉大義，囊括微言，古文舊書，采援略編，持之有故，言之成理，庶幾荀卿所謂知敬而論者已。觀其起傳，多依《詩序》，大抵《序》由師授，《傳》則毛公所爲耳。《大序》余别有説，亦可是毛公之作矣。《漢書·儒林傳》云：「毛公，趙人也，治《詩》，爲河間獻王博士，授同國貫長卿。長卿授解延年。延年爲阿武令，授徐敖。敖授九江陳俠，爲王莽講學大夫。由是言《毛詩》者，本之徐敖。」《藝文志》凡《詩》六家，《毛詩》二十九卷，《毛詩故訓傳》三十卷。《志》云：「又有毛公之學，自謂子夏所傳，而河間獻王好之，未得立。」《河間獻王傳》云：「其學舉六藝，立《毛氏詩》、《左氏春秋》博士。」《劉歆傳》云：「及歆親近，欲建立《左氏春秋》及《毛詩》、《逸禮》、《古文尚書》，皆列於學官。」凡班固之叙《毛詩》，如是而已。《經典釋文·序録》:「徐整云:子夏授高行子。高行子授薛倉子。薛倉子授帛妙子。帛妙子授河間人大毛公。毛公爲《詩故訓傳》於家,以授趙人小毛公。小毛公爲河間獻王博士,以不在漢朝,故不列於學。」一云:「子夏傳曾申。申傳魏人李克。克傳魯人孟仲子。孟仲子傳根年子。根年子傳趙人孫卿子。孫卿子傳魯人大毛公。」二説自子夏以下叙《毛詩》傳人,無一相合,而「一云」多攀名人,以爲孫卿所傳者,即出於此矣。二説並稱大毛公,而徐云河間人,一云魯人。孔穎達《毛詩國風正義》引鄭玄《詩譜》云:「魯人大毛公爲《詁訓傳》於其家,河間獻王得而獻之,以小毛公爲博士。」康成以大毛公爲《故訓傳》於其家,與徐整説合。整字文操,豫章人,吴太常卿(見《釋文·序録》),是季漢人並以《故訓傳》乃大毛公作。其以大毛公爲魯人,與一説合。康成北海人,見聞較近,或得其實歟?

初唐傳奇文鈎沉序*

上海陳珏畢業外國語學院英語專業，曾任外國語出版社編輯，一九八七年來蘇共我茗話，旋又邂逅海上，見邀遇其中山公園寓所，縱談比較文學，不知其有意國故也。去年自新西蘭來書云：「曩在美國普林斯頓校園之葛思德東方圖書館曾讀《蘇州鐵道師範學院院刊》所收拙著小文，遥念昔游，竟能於恍若隔世之餘，頓生親切之感，亟欲再來吴下，面聆教益。」語重情實，字字感人，予安能不旦慕以望其來乎？俄而翩然莅止，手挈巨編，與名酒雙，徑來雙塔茶座，共我瀹茗而談。上下千載，縱横萬里，商略古今，含英咀華。快晤之餘，探其所挈，則《初唐傳奇文鈎沉》打印稿也。既聞吾言，益堅其請，願得吾序，以章其學，時甲申大寒爾。予既有屋無家，作息無地，一彈指間，已入乙酉初伏；無已，請論其三事，以就正圜海通人何如？

一曰釋名，先人名，次篇名。《古鏡記》之王勣，確是無功。當時所行，正作此字，非苟

---

* 本文據作者手稿録入，文末自記「乙酉」年作，是二〇〇五年。

爲異體也。尋劉昫《唐書列傳卷第十七》云：「李勣，本姓徐氏，名世勣，永徽中以犯太宗諱單名勣焉。」《新唐書·二李列傳第十八》：「李勣，字懋功，本姓徐氏。」是初唐二勣，雖出處異撰，而名勣一因。王字無功，徐字懋功，並以功勣爲義。唐寫本《刊謬補缺切韻卷第五入聲十六錫》云：「績，則歷反，緝績，三。勣，功。」是自隋開皇仁壽以來陸法言與蕭、顔諸子所定文字音義正以績爲緝績，勣爲功勣也。緝績字从糸，功勣字从力；形聲相應，字義昭然。雖《鉅宋廣韻入聲卷第五錫第二十三》於「績，緝也」下增「功業也」；然「勣，功也」猶承法言之舊。至《集韻入聲下二十三錫》：「則歷切。《説文》：緝也。一曰：業也。勣，功也，通作績。」是於《切韻》舊文「績」，增出一曰義「勣，功也」，增入通作績，並始於丁度也。若今傳宋本《唐書》遂令無功之名頓失舊觀者，不知傳寫之誤，抑擅改故書，其熒惑視聽乃爾。篇名《補江總白猿傳》者，蓋亦選學之回響云爾。《文選·詩甲》《補亡詩》六首，束皙以補《南陔》、《白華》諸詩之有義無辭而作，其自序云：「於是遥想既往，存思在昔，補著其文，以綴舊制。」補傳作者，以此題篇，將毋託廣微之遺風，儼然存思在昔，補著其文者然。

二曰辨體。初唐文筆，雅尚徐庾。計有功《唐詩紀事卷第八》「陳子昂」云：「唐興文章，承徐庾餘風，子昂始變雅正」，此後人之言，其實陳詩即有《上元夜效小庾體》，同作者六人長孫正隱爲之《序》所謂「仍爲庾體，四韻成章，同以春爲韻」者是已。宋吴處厚《青箱雜記卷八》云：「皮日休曰：予嘗慕宋璟之爲相，疑其鐵腸與石心，不解吐婉媚辭。及觀其文，而有《梅花賦》，清便富艷，得南朝徐庾體。」孫光憲《北夢瑣言卷十九》云：「宰相馮道形神庸陋，一旦爲丞相，士人多竊笑之。劉岳與任贊偶語，見道行而復顧。贊曰：新相回顧，何也？岳曰：定是忘持《兔園冊》來。」又云：「北中村墅多以《兔園冊》教童蒙，以是譏之。然《兔園冊》乃徐庾文體，非鄙樸之談。但家藏一本，人多賤之也。」是知唐人小説之行文清便，吐辭婉媚者，猶承徐庾餘風；至於五代，而《兔園冊》猶家藏一本也。

三曰論世，博古所以通今，能鑒往知來，而後能澄清天下。然則初唐之世，何如？曰：在陳子昂《感遇》，其五曰：「市人矜巧智，於道若童蒙。傾奪相誇侈，不知身所終。」著墨無多，兩韻盡之矣。世變日亟，來軫方遒，命世之英，大極横流，起予孤陋，有厚望焉。

乙酉中伏第一日書於初照樓

元稹集編年箋注散文卷序*

《元稹集編年箋注(散文卷)》，藍田楊君研究元稹之新作，與前所問世之詩歌卷相璧合，則《元氏長慶集》無注之記載從而改寫，厥功甚偉，可喜可賀。有唐一代，作家林立，元白挺生，並爲第一流人物。《舊唐書》史臣論唐代文章，曰：「國初開文館，高宗禮茂才，虞、許擅價於前，蘇、李馳聲於後。或位升臺鼎，學際天人，潤色之文，咸布編集。然而向古者傷於太僻，徇華者或至不經，齷齪者局於宫商，放縱者流於鄭衛。若品調律度，揚権古今，賢不肖皆賞其文，未如元、白之盛也。昔建安才子，始定霸於曹、劉；永明辭宗，先讓功於沈、謝。元和主盟，微之、樂天而已。臣觀元之制策，白之奏議，極文章之壼奥，盡治亂之根荄。非徒謡頌之片言，盤盂之小説。」樂天詩云「制從長慶辭高古，詩到元和體變新」，蓋當時之定論如是，不可移易。每見討論唐代散文，侈談韓柳而忽略元白，誠偏頗之甚也。史臣又曰：「就文觀行，居易爲優，放心於自得之場，置器於必安之地，優游卒歲，不亦賢

* 本文原刊於《蘇州科技學院學報》(社會科學版)二〇〇九年第一期。

乎！」樂天晚年，明哲保身，故得善終。微之積極用世，所到處皆欲有所建樹，讀樂天所撰《元公墓志銘》，可見微之爲官一任即澤惠一方，政成課高，深得民心。其作風與樂天判然二途，亦足謂之賢也。信而見疑，忠而被謗，屈原、賈生而下，史不絕書。元和、長慶之際，微之、中立遭李逢吉輩構陷，雙雙落敗，亦邪曲害公之顯例。微之本傳所謂交接宦官、貪求貨賄等語，乃其遭受傷害之印記。就此些些微詞作文章，甚或巧立名目，從而中傷之，豈足道哉！曩者余受聘爲蘇州鐵道師院學科帶頭人導師，即識楊君。爾來十數年間，楊君來定慧塔院訪晤最勤。其爲人誠信有口碑，潛心鑽研元稹詩文，成果累累可觀。詢其爲學之道，則日以信守規範追求卓越銘座右。心志如此，宜其有所樹立也。《元稹集編年箋注（詩歌卷）》既已獲得各級政府嘉獎，今之散文卷是否後出轉精，更多創獲，讀者目驗可也。

釋祈雩*

《爾雅·釋言》：「祈，叫也。」郭注：「祈祭者叫呼而請事。」《春官·大祝》云：「掌六祈以同鬼神示。」鄭注：「祈，嘄也，謂爲有灾變，號呼告神以求福。天神、人鬼、地祇不和，則六癘作見，故以祈禮同之。」然則祈本謂有灾變，號呼以請，故曰叫也。又《釋訓》：「舞號，雩也。」《釋文》引孫炎云：「雩之祭，有舞有號。」郭注：「雩之祭，舞者吁嗟而請雨。」尋《釋言》「號，呼也」，郭注「今江東皆言呼」。然則叫、號、呼，一也。郭注「祈」曰叫呼，猶叫號，正用江東語。其注雩曰吁嗟者，若曰雩之爲言吁也。《禮記·月令》仲夏之月：「命有司爲民祈祀山川百源，大雩帝用盛樂，乃命百縣雩祀百辟卿士有益於民者，以祈谷實。」鄭注：「陽氣盛而常旱，山川百源，能興雲雨者也。衆水始所出爲百源，必先祭其本乃雩。雩，吁嗟求雨之祭也。」郭義實本鄭注。旱魃爲虐，如惔如焚，若《大雅·雲漢》之詩，其爲吁嗟號

---

* 一九八一年五月，作者參加中國訓詁學研究會第一次討論會，本文即據作者在會上提交的論文手稿録入。本文刊於《活頁文史叢刊》一九八四年第九期。

呼，亦至矣。嘗觀日本電影《箱根風雲録》渲彼土大旱祈雨故事，萬民吁嗟呼號以請之狀，而益有以見古雩之情矣，彌嘆《爾雅》一釋之信確且精也。

釋虚厲*

《莊子·人間世》：「昔者禹攻叢枝胥敖，禹攻有扈，國爲虚厲，身爲刑戮。」陸氏《音義》：「虚厲，如字，又音墟。李云：居宅無人曰虚，死而無名爲厲。」此云「國爲虚厲」，國與身爲對文，明虚厲並就國言，非身死無後之謂。其釋虚徒以居宅無人爲言，亦未悟所以爲虚之故。李頤説並非是。尋《説文》：「虚，大丘也。崑崙丘謂之崑崙虚。古者九夫爲井，四井爲邑，四邑爲丘，丘謂之虚，從丘，虍聲。」丘謂之虚，故其字從丘。然其所以爲丘，許君以三事明之。大丘，一也，此通名。崑崙丘，二也，段注所謂丘至大者也，此專名。四邑爲丘，凡丘本謂非人所爲（見《説文》「丘」字解），此則迤被人爲矣，三也。請分疏之。一事，《左·昭五年傳》云「南遺使國人助豎牛以攻諸大庫之庭」，杜注：「魯城内有大庭氏之虚，於其上作庫」，孔氏《正義》：「《十八年傳》：梓慎登大庭氏之庫，此言大庫，明是彼也。」又《昭十八年傳》：「宋衛陳鄭皆火，梓慎登大庭氏之庫以望之。」杜注：「大庭氏，古國名，在

* 本文出處同《釋祈雩》。

魯城内。魯於其處作庫，高顯，故登以望氣。」孔氏《正義》：「古之大庭，當都於魯，其虚在魯城内。魯於其處庫，而其地高顯，故梓慎登之以望氣。」大庭氏之虚，其地高顯，可登以望氣，明是丘矣。《鄘風·定之方中》：「升彼虚矣。」傳：「虚，漕虚也。」箋云：「登第之虚。」是可登而望遠，與大庭同，明皆高顯之地，丘之屬也，《左·僖三十一年經》：「狄圍衛，十有二月，衛遷於帝丘。」杜注：「今東郡濮陽縣，故帝顓頊之虚，故曰帝丘。」又《昭十七年傳》梓慎曰：「居顓頊之虚也，故爲帝丘。」杜注：「衛今濮陽縣，昔帝顓頊居之。」是虚之爲丘，《春秋》經傳有明文。《漢書·地理志》：「周興以少昊之虚曲阜，封周公子伯禽爲魯侯。」又《左·昭元年傳》：「周有徐奄。」《春秋分記》：「奄：傳曰：成王因商奄之人，命以伯禽，而封於少皞之虚。《史記》曰：出魯奄中。張華曰：即魯奄里，今襲慶府仙源縣，古曲阜也。」《釋地》：「高平曰陸，大陸曰阜。」少皞之虚，在古曲阜，明亦大丘之屬矣。齊都營丘，而鄭玄《詩譜》曰：「齊者，古少皞之世，爽鳩氏之墟。」大抵上古帝都若有國者所居，恒因高土，高辛氏之火正，居鄭。」皆是物也。段氏《説文注》：「如記少皞之虚，衛顓頊之虚，陳大皞之《左·昭十七年傳》梓慎曰：「陳，大皞之虚也。鄭，祝融之虚也。」杜注：「大皞居陳。祝融，虚，鄭祝融之虚，皆本帝都，故謂之虚。」是也。或建之都，或作之庫，或爲之觀。《左·哀十七年傳》：「衛侯夢於北宫見人登昆吾之觀。」杜注：「衛有觀在古昆吾氏之虚，今濮陽城中。」其爲大丘明矣。二事，《釋地》：「西北之美者，有崑崙虛之璆琳琅玕焉。」郭注：「《山海經》曰：崑崙有琅玕樹。」《釋水》：「河出崑崙虛，色白。」郭注：「《山海經》曰：河出崑崙西北隅。虛，山下基也。」《釋丘》「三成为昆侖丘」，郭注：「昆侖山三重，故以名云。」其實昆侖以三成名，昆侖虛即昆侖山，山與大丘不嫌同號爾。段氏《説文注》既引《釋水》，又云：「《海内西經》曰：海内昆侖虛在西北，帝之下都，即《西山經》昆侖丘，實惟帝之下都也。」亦是也。郭注乃云「虛，山下基者」，是未免得之於《釋丘》，而失之於《釋水》也。三事，許引《小司徒》職「四邑爲丘」者，明古者丘之屬有邑，邑小於丘也。《易·升》「九三，升虛邑」，馬云「虛，丘也」，明邑亦虛之屬，故小於虛。又《鄘風·定之方中》「望楚與堂」傳「楚丘有堂邑者」，是堂亦楚之屬邑也。即此足證丘謂之虛，虛屬有邑矣。上古樂居高地，因成都邑，故謂之虛，本與亡國無關。昆侖之虛，帝之下都，是也。推之大皞、少皞、祝融、顓頊，其初當亦如是，世湮代遠，丘虛在而都邑亡，虛名漸爲亡國所邑，下此爲毁滅無後之地矣。《禮記·檀弓下》記周豐之對魯哀公曰「虛墓之間，未施哀於民而民哀」，鄭注「虛，毁滅無後之地」（虛本或作墟，古今字。兹從陸氏《釋文》及惠棟校宋本《禮記正義》，詳阮元《禮記注疏校勘記》），是春秋時人已以虛墓相提並論矣。其曰「厲」者，讀如《春官·冢人》「帥其屬而巡墓厲」，鄭注「厲，塋限遮列處」，是其義。「厲」古音在泰部，「列」乃泰之入，鄭讀「厲」如

「列」，故云爾矣。《禮記・祭法》「厲山氏之有天下也」，《國語》作「列山」（《左傳》作「烈山」），是其比。《地官・山虞》「物爲之厲，而爲之守禁」，鄭注「物爲之厲，每物有蕃界也」，「鄭司農云：厲，遮列守之」。《春官・典祀》「及祭，帥其屬而守其厲禁而蹕之」，鄭注「鄭司農云：遮列禁人，不得令入」。《秋官・司隸》「守王宮與野舍之厲禁」，注「野舍，王行所止舍也。厲，遮例也」，《音義》「例音烈」。諸「厲」音義並同，二鄭之言，互相備爾。云「遮列」者，《説文》「遮，遏也」，「迾，遮也」，「列」讀與「迾」同。《續漢書・輿服志》亦云「張弓帶鞬，遮迾出入」矣，蓋漢語有之。虚墓相類，故得並稱，語曰「虚厲」，猶「墓厲」矣。尋《地官・媒氏》「凡男女之陰訟，聽之於勝國之社」，鄭注「勝國亡國也。亡國之社，奄其上而棧其下，使無所通」，奄棧上下，使無所通，亦遮列之謂矣。鄭君之言，見《公羊・哀四年》傳「六月辛丑蒲社災（《左傳》作「亳社」）。蒲社者何？亡國之社。社者封也，其言災何？亡國之社蓋掩之，其掩上而柴其下」，何氏《解詁》「掩柴之者，絶不得使通天地四方，以爲有國者戒」，是也。其在《谷梁・哀四年》傳「六月辛丑亳社災。亳社者，亳之社也。亳，亡國之社，以爲廟屏，戒也。其屋，亡國之社，不得達上也」，言其屋者，《禮記・郊特牲》曰「是故喪國之社屋之，不受天陽也。薄社北牖，使陰明也」，鄭注：「薄社，殷之社，殷始都薄。」説與《公羊》雖互有詳略，其爲遮列則同。《趙策》曰「社稷爲虚厲」，此其一斑已。

鄭注「棧其下」，《公羊傳》作「柴其下」者，漢讀「棧」或轉入支部，何本直作「柴」字耳，其義一也。《春官·巾車》「士乘棧車，庶人乘役車」，注「棧車不以革輓而漆之。役車，方箱，可載任器以供役」。又《考工記·輿人》「棧車欲弇，飾車欲侈」，鄭於棧車云「爲其無革輓，不堅，易坼壞，士乘棧車」，於飾車云：「飾車，謂革輓輿也，大夫以上革輓輿。」此棧車者即漢之柴車。《後漢書·文苑·趙壹傳》：「時諸計吏多盛飾車馬帷幕，而壹獨柴車草屏。」注：「《韓詩外傳》曰：周子高對齊景公：臣賴君之賜，疏食惡肉，可得而食；駑馬柴車，可得而乘。柴車，弊惡之車也。」又《方術·謝夷吾傳》：「後以行春乘柴車，從兩吏，冀州刺史上其儀序失中，有損國典，左轉下邳令。」注：「柴車，賤車也。」無革輓，不堅，易坼壞也，正所謂弊惡之車矣。《釋名·釋車》：「役車，給役之車也，棧車，棧，靖也，麻靖物之車也：皆庶人所乘也。」有棧車，無柴車。畢沅《疏證》：「《周禮·巾車》：士乘棧車，庶人乘役車，茲曰：皆庶人所乘者，《説文》：竹木之車曰棧，竹木之車微賤，庶人亦得乘之也」，是也。成國不云士乘棧車，而曰庶人所乘，明其所釋，正是漢之柴車耳。據韓嬰《詩外傳》則棧謂之柴，漢初人已爾。

高亨《莊子新箋》：「厲疑當讀爲瀨。《説文》：瀨，水流沙上也。蓋淺水處爲瀨。《楚辭·九歌·湘君篇》：石瀨兮淺淺，是也，國爲虛瀨猶言國爲丘澤耳。」此説非也。王逸《九歌章句》「瀨，湍也。淺淺，流疾貌」，然瀨爲湍流，非尋常淺水處。於《尚書大傳》曰「遂踐奄，踐之云者，謂殺其身，執其家，瀦其宮」（《詩·豳風·破斧》正義、《尚書音義·成王政序》下，見陳壽祺輯本），是今文《書》説實謂古之亡國，有瀦其宮者。瀦是水聚之名，第欲證成淺水，引此猶勝《九歌》，如不得竟謂之瀨何？國爲虚瀨，已失其讀，國爲丘澤，義將焉傳？《大傳》云云，亦未見明證，疑齊學傳聞爲此，後之説《書》者，取以爲傳耳。《檀弓下》記鄒婁定公之言，以爲臣弑君、子弑父，則殺其人，壞其室，洿其宮而猪焉，鄭注：「猪，都也，南方謂都爲猪。」孔氏《正義》：「謂掘洿其宮使水之積聚焉，故云猪都也。」瀦宮之談，或因於此。然鄒公所説，恐本東土舊俗，未必即用周禮。

高氏《新箋》又云：「《墨子·非命中篇》：是故（原引無二字，今補）國爲虚厲，身在刑僇之中。義同。或作虚戾。《墨子·魯問篇》：『是以國爲戾，身爲刑戮也。』《戰國策·趙策》：『社稷爲虚戾。』又：『國家爲虚戾。』義亦同。厲戾古亦通用字也。」高謂厲戾古通，虚厲即虚戾，是也。《墨子》一再稱虚厲（戾同）、刑戮（僇同），亦以國與身爲對文，與《莊子》合，或是宋諺有之，故其語相襲邪？若《趙策》又有「社稷爲虚戾」，社稷豈能死而無後哉，然則李説之非，亦已明矣。於《戰國策》，《趙策三》曰：「今爲天下之工或非也，社稷爲虚戾，先王不血食。」《趙策四》又曰：「今治天下，舉錯非也，國家爲虚戾，而社稷不血食。」並以「爲虚戾」、「不血食」成文，蓋因晉諺，與宋俗所傳，又小有異同爾。

一九八一年三月二十一日初稿

釋谿阬*

《爾雅·釋詁》：「壑阬阬滕徵隍漮，虚也。」郭《注》：「壑，谿壑也。阬阬，謂阬壍也。隍，城池無水者。《方言》云『漮之言空也』：皆謂丘墟耳。滕徵未詳。」邵晉涵《正義》：「壑者，《大雅·韓奕》云『實墉實壑』，《左氏襄三十年傳》『吾公在壑谷』，《郊特牲》云『水歸其壑』，鄭《注》『壑猶坑也』」，郝懿行《義疏》：「《釋言》云『隍，壑也』，郭《注》『城池空者爲壑』。《詩》『實墉實壑』，《釋文》『壑，城池也』。《郊特牲》云：『水歸其壑』，鄭《注》『壑猶阬也』。是壑有二訓：《郊特牲》之壑，謂阬谷也；《詩·韓奕》之壑，謂隍池也，然二義皆謂空虚。郭云『壑，谿壑』者，《晉語》云『谿壑可盈』，谿壑即溝矣。……《後漢書·馬融傳注》引《蒼頡篇》曰『阬，壑也，俗作坑』。」季海按：依《蒼頡篇》及《郊特牲》鄭《注》壑阬互訓，義與《釋詁》相應，然都不云阬阬。《莊子·天運》「在坑滿坑」，亦單言坑。郝氏《義疏》云：「阬阬重文，經典所無。鄭樵謂衍一字，恐是也。」郝云經典所無，是也。其從漁仲，非也。陳玉澍《爾

---

* 一九八二年六月，作者参加了中國訓詁學研究會第二次討論會，本文即據作者在會上提交的論文手稿録入。本文又刊於《鐵道師院學報》一九九五年第三期。

雅釋例》云：「各本皆作阬阬，本之《唐石經》，而《唐石經》本之《釋文》本。」是已，乃又據《莊子釋文》引《爾雅》「阬，虛也」爲説，自許『以《釋文》證《釋文》』，遂謂衍文宜删，不悟《莊子》不重阬，注家隨文作釋耳。景純稱會萃舊説，博閲群言，元朗亦多見故書，備載同異，竟不云有未衍之本，知其初非衍字。前人於學，雖或有所未詳，終不輕改故書，斯可尚已。今謂《爾雅》此文，當於壑阬句絶；阬滕以下，别爲一條，景純誤讀耳。故書本以阬釋壑，又以虛釋阬，滕徵隍漮，並以義類相傳矣。朱駿聲《説文通訓定聲》據《詩·桑柔正義》云「荒虛《釋詁》文」又引某氏《注》引《周禮》「野荒民散」，謂惟某氏本有荒字，輒云是郭本荒字誤阬，失之。某氏《注》即樊光《注》，沈旋疑非光《注》，故或改題某氏耳。景純自謂「錯綜樊孫」，知於此《注》鑽研已久，尋《釋文》「漮」下稱「郭云：本或作荒，荒亦丘墟之空無」，本或作荒，惟有某氏，足證郭於此本，確曾親校異同，並爲之説，明荒寔漮之異文，不得如豐芑所云也。《釋山》云：「山瀆無所通谿。」郭《注》：「所謂窮瀆者，雖無所通，與水注川同名。」此一事也，依許書，此爲本義（見《説文·谷部》「谿」字下）。又《釋水》「水注川曰谿」，此二事也。郭《注》謂與山瀆無所通同名，是又一義。然《説文·水部》：「瀆，溝也，從水賣聲；一曰邑中溝。」又《自部》：「隫，通溝也，從自賣聲，讀若瀆。䜿，古文隫從谷。」是許意瀆隫（古文䜿）音同，而非一字。依《釋水》則「注谷曰溝，注溝曰澮，注澮曰瀆」，是溝瀆有别，所謂散文則通耳。瀆有二義，「山⿰谷賣無所通」，既非通溝，字當爲瀆，《谷部》「谿」字下引作瀆，是也；又云：「注澮曰瀆，則是通溝，依許書當爲隫，《釋水》徑以瀆字爲之，亦猶是矣。然瀆隫音義並通，古文簡質，或但以⿰谷賣爲之，小篆有窮通之別，故《説文》云爾。《莊子·天運》：「在谷滿谷，在阬滿阬。」《釋文》：「阬，苦庚反，《爾雅》云：虚也。」《莊子》以阬谷爲文，依《釋詁》阬猶壑也，郭《注》壑猶谿壑，《釋水》云「注谿曰谷」，《莊子》之言以注阬曰谷，用其俗耳。《管子·輕重丁》：「管子對曰：孟春且至，溝瀆阬（原誤阬，從王引之説改）而不遂，谿谷報（王引之云當爲鄣）上之水，不安於藏。」是《釋水·水泉》谿谷溝瀆之名，並與齊言相應。

《釋水》：「水注川曰谿，注谿曰谷，注谷曰溝，注溝曰澮，注澮曰瀆。」邵氏《正義》：「《左傳疏》引李巡云：『水出於山入於川曰谿』，《公羊疏》引李巡云『水相屬曰谷』。谿澗出於山，故《孟子》云『固國不以山谿之險』，谿水能自達於大川，故曰注川。《管子·度地篇》：『山之溝一有水一毋水者命曰谷水。』是谷水又小於谿，故《公羊傳》云『無障谷』，欲其能注谿也。」邵云谷小於谿，是也。其引《左傳疏》，見《隱公三年正義》。《莊子》谿謂之阬，則谷小於阬，《天運》之文，先小後大也。郝氏《義疏》云「郭注《上林賦》云『自谿及瀆，皆水相通注也』。」，又云：「谷者，《説文》云『泉出通川爲谷，从水半見，出於口』。《公羊·僖三年傳》

『無障谷』，蓋谷口出水無障斷之，使通於谿，故《疏》引李巡云『水相屬曰谷』。」今謂《說文》云泉出通川，於文略也。谷水注谿，谿水注川，泉出通川，不言而喻，亦可散文義通，不復別谿於谷矣。

尋《後漢書·光武帝紀》「大司徒鄧禹及馮異與赤眉戰於回溪」，《注》：「溪名也，俗名回坑，在今洛州永寧縣東。」溪當爲谿，光武璽書可證（見後），然唐洛川俗猶謂谿壑爲阬（坑同），足徵《爾雅》、《莊子》之文矣（本條見拙著《三史義記》一九七五·一·十二記）。《元和郡縣圖志·河南道·河南府·洛州》永寧縣下云：「回谿俗名回坑，在縣東北三十六里，馮異與赤眉戰敗於此。」璽書勞曰：始垂翅於回谿，終奮翼於澠池，可謂失之東隅，收之桑榆。」《後漢書·馮異傳》載璽書前二句作「始雖垂翅回谿，終能奮翼黽池」，疑蔚宗有所潤色也。四庫本《東觀漢記·馮異傳》載璽書勞異止此四句，都無始於終於可謂字，則書作四言矣。若非後來刊落，則東觀諸臣，當時已加翦裁也。然《記》書「爲赤眉所乘，反走上回谿阪」及璽書「垂翅回谿」，字並作谿，足證范書馮傳之確，今《光武帝紀》字又作溪，是其駁文。頗謂回阬是此地舊名，漢俗已然，非唐人新語也。光武尚文，始被以雅言，觀彼璽書，寥寥數語，無句不駢，則所好可知已。草尚之風必偃，故東觀諸臣，援璽書以爲實録矣。《馮異傳》章懷《注》曰：「回谿，今俗所謂回阬，在今洛州永寧縣東北。」與元和《志》文密合。又云：「其谿長四里，闊二丈，深二丈五尺也。」視《紀》注尤詳，蓋章懷此書，本不出一手也。清乾隆續修本《河南通志·山川上·河南府》：「回溪在永寧縣北六十里，俗名回坑，即馮異與赤眉戰處。」李兆洛《歷代地理志韻編今釋》謂唐永寧縣在清永寧縣東北，今地當在澠池縣西北。古地之以坑名，見於酈道元《水經注》者，無慮八九處：《河水注》有曹陽坑、馬常坑、落里坑，《濟水注》有深坑，《汳水注》有神坑塢，《淄水注》有皮丘坑，《膠水注》有鹽坑，《浪水注》有水坑，凡八處。又《濟水經》「又東北過臨濟縣南」，《注》：「濟水又北，迤爲縱渚，謂之平州坑。」凡九處。宋本坑字作坈，後出諸本紛然殽亂，前人或滋異説，今以殘宋本校之。知此實當時所行俗坑字。光緒《山東通志·疆域志》博興縣於酈《注》「平州坈」下云：「坈當作坑，《太平御覽·地部四十》引《述征記》曰『齊人謂湖曰坑』。」《志》説並是也（九坑以下止此采近人陳橋驛説，義具陳氏《論水經注的版本》，見一九七九年《中華文史論叢》第三輯）。武英殿聚珍本酈《注》平州下實少一字，陳校：「《大典》本作『平州沉』，微波榭本及《注疏》本均作『平州坈』。」當是東原不得其讀，以爲衍文而删之。二本从土，則與八坑一律。《大典》本從水，則是沆字，於文亦通，説詳後。凡此並與谿壑爲代語，出入諸水，斯其風土可知已。

《濟水注》「又北迤爲縱渚，謂之平州坑」，《大典》本字從水，不從土，則當讀曰沆。沆有二義：一有水，一無水。《説文》：「沆，莽沆，大水也，从水亢聲。一曰：大澤皃。」《唐韻》：「胡朗切。」許云莽沆大水，明沆義正斥有水，《濟水注》之「平州沆」，《述征記》曰「齊人謂湖曰坑」（讀與沆同），並是已。應劭《風俗通義·山澤》：「沆（《四部叢刊》影元大德本亦作沆，下放此，當沿宋嘉定十三年（公元一二二〇年丁黼刻本之舊，與《大典》本因襲宋本《水經注》字體正合，足爲坑即坑字，添一佳證），謹按《傳》曰『沆者莽也』（今按沆莽疊韻，足明此非沈字），言其平望莽莽無涯際也。沆，澤之無水，斥鹵之類也，今俗語亦曰沆。」叔重所謂「一曰大澤皃」者，正仲遠所謂「平望莽莽無涯際」者，是亦得兼無水之澤，「斥鹵之類」是已。於言阬沆同出，阬或有水，或無水，亦猶谷之一有水，一無水。無水謂之阬沆，音義並與漮通，《釋詁》「漮，虚也」，《説文》「漮，水虚也，从水康聲」，《唐韻》「苦岡切」。亢康古音同部，斯義相轉注矣。又《説文》「阬，閬也，从自亢聲」，臣鉉等曰：「今俗作坑，非是。」《唐韻》「客庚切」。許云閬者，段氏思而不得，劣以高大深大説之，自惟迂遠，終覺未安，輒欲改閬作限，則與鄉壁虚造何異？然輕易故書，而無左驗，則雖智如金沙，猶不能無注書書亡之恨耳。後之説者數家，迂遠若一，故可得而略矣。尋《管子·度地篇》：「城外爲之郭，郭外爲之土閬。」閬即阬爾。《韓奕》云「實墉實壑」，《大雅》之壑，即《管子》之閬，尹《注》云「閬爲隍」，不誤。《釋詁》「壑阬阬滕徵隍漮，虚也」，壑阬與隍，於義固同條共貫矣。郭《注》：「隍，城池無水者。」按《説文》：「隍，城池也。有水曰池，無水曰隍，从自皇聲。《易》曰：城復于隍。」《唐韻》「乎光切」，郭義本此。依孫愐音，沆隍雙聲，同屬匣紐，古音皆陽部字，其爲轉語可知矣。光緒本（書名葉題光緒二十八年刊，而有三十一、二年序）《富陽縣志·人物志》於元黄公望云：「愛富春山水之勝，因潑墨畫《大嶺山圖》，遂結廬於赤亭山之筲箕泉以終老焉，卒年八十餘。子孫乃世居富陽。」（原引舊修。赤亭山即雞籠山。《卷九地理志·山川》云：「赤松山，錢令《舊志》在縣東北九里。《舊志》無北字，今增），高一百五十丈，周圍四十里一百步，相傳赤松子駕鶴時憩於此（見《晏公類要》）。山形孤圓，望之如華蓋，故亦名華蓋山。《一統志》云「又名雞籠山」。《隋書·地理志》：富陽有雞籠山，沿俗名也，又名赤亭山。《太平寰宇記》云：「嚴光釣於赤亭，緣海四縣有臺基存，《記》曰：赤亭在定山東十餘里，即此處。」今但名雞籠山，形亦似之。孤圓聳秀，林木滴翠，故晉人或云「此間當復出一孫伯符」矣。今夏余再訪釣臺，回舟桐廬，驅車入富陽，過雞籠而問筲箕泉，土人不知也。山麓低窪處若淺阬然，或如通溝，底多卵石，闊逾數尋，自山足直抵行道。時方初夏，或有水，或無水，有水處亦甚淺。問其名，則曰：「此谿阬也。」老嫗姹女咸知之。偶值一丁男，問以筲箕泉，則曰無有，惟有筲箕阬耳。問所在，則曰：「即此是也。」其人不文，不知有黄子久，無論筲箕泉舊隱。其言如是，足徵舊名。謂之筲箕，亦得形似。然婦女恒言，但呼曰谿阬，則其通名歟？夫今語以有水爲谿，無水爲阬，此間乃合谿阬爲一物，是可驗古今語遞變之跡。鄭康成答趙商問嘗云「既知今，亦當知古」也（見《鄭志》）。

釋洞過水*

《釋洞過水》曷爲作也？爲《記洞過水》而作也，《記》兩收戴、段二家之集，今先明作者，以理誤編之惑；次釋水名，以訂俗説之誣。

段玉裁《經韻樓集》（道光元年刊）卷七有《記洞過水》（代壽陽令龔導江），《戴東原集》卷六亦有《記洞過水》（己丑代），不云代誰；惟「從者應曰昨雨盛」，段玉裁乾隆壬子《覆校札記》出校語「本作雨甚」，段集正作「雨甚」，以此爲異，餘文悉同。劉盼遂《段玉裁先生年譜》於「乾隆三十四年己丑」（公元一七六九年）下云：「是年作《記洞過水》一文，自注代壽陽令龔導江。」又謂《戴東原文集》亦有之，「一字不異，未知段作或戴作。」尋光緒壬辰張煦監修本《山西通志・山川考》「入汾四水・洞過水」末録龔導江《記洞過水》，注云：「案此記乃戴氏震作，見東原本集。」不云段作，亦無疑辭。段玉裁《戴東原先生年譜》於乾隆「三十四年己丑」下不云作記，乃於「三十五年庚寅」下云：「是年有代壽陽令龔君（導江）《記洞過

* 一九八三年十月，作者於揚州參加紀念段玉裁、王念孫、王引之學術研討會。本文即據作者在會上提交的論文油印稿録入。本文又刊於《鐵道師院學報》（社會科學版）一九九五年第二期。

水》一篇。」與戴集注「己丑代」者有一年之差，今謂此文實出戴手，《東原集》注宜得其真。段譜出于追記，故後一年耳。段集亦有此文，當緣編者見段逐録戴氏初稿，誤認是若膺所作，遂并收之。知是初稿者，段本無「己丑代」注，又雨甚不作雨盛，兼無異文也。東原爲文，結語喜用「也夫」字，同卷《應州續志序》題注「己丑代」，則同年作也，結云「兹二事度亦君之樂聞也夫」，卷十一《董愚亭詩序》題注「代」，結云：「庶幾善讀先生之詩也夫。」并云爾矣。若段集卷八《經義雜記序》結云「庶可心契康成氏之奥恉，而孔子微言，七十子大義可由以不絶不乖也夫」，此乾隆五十八年作也；同卷《博陵尹師所賜朱子小學恭跋》結云「此則小子之微意也夫」，則嘉慶己巳作也，同用斯言，蓋不數數也。且其文峻拔處亦於東原爲近。劉盼遂既據段集援記文入《年譜》，又依戴集題注繫年己丑，是未細檢段所撰戴氏年譜，遂兩失之矣。

《記洞過水》略云：「戊子秋余以公事往樂平，得觀洞過水之清駛。宿常村，肩輿早行山中，見流水渾濁，問諸從者，曰『此洞過水也』；『何不類乃爾』，從者應曰『昨雨盛，水從四山驟至，洞過清流，潛於渾水下』。余疑之，復行十數里，則清澈鏘鳴者，曲赴山石間。問『渾水安在』，從者曰『渾水行遲，少待當至矣』，既而果至。余始信從者前言不我欺。歎水性之清濁遲速不侔而不相入也有如是。復行三十里許經壽陽之羊頭崖，洞過水折而西南流，又十餘里至趙家莊、盧家莊之間與壽水會。流七八里，皆迆邐行石上，汪洋澹泊，激石有聲淙淙然，下落於建公潭。潭方畝許，深莫能測。四面山皆土戴石，蹇産刻秀，建公村隱其間。居人涉水者或以砯，或以略彴……壽水控引壽陽全境之水，南會於洞過，洞過於是始濁。《魏書·地形志》云：『同過水出木瓜嶺、一出沾嶺，一出大廉山，一出原過祠下，五水合道，故曰同過。』然則同之爲洞，因水名加偏旁耳。《志》言五水而廑臚四源，失舉者捨壽水無足以當之。自建公潭而西，逕西落鎮，至榆次縣東界，游波西逝，左則涂水南來會之，《水經注》所謂出大嵰山涂谷者也。大嵰山即《地形志》之大廉山。又西五里，原過水自古會之，統納衆川，勢亦始平。居人用以灌溉……顧物情隱顯有時，是以《水經》、《魏志》咸表洞過，而壽陽命以壽水，酈道元乃稱之黑水，宜魏收作志失之也夫。」其記洞過水與諸水清濁遲速不侔而不相入者，具見原委，既貌山川之奇，亦窮水地之理，信已度越前人，豈但足補酈魏所遺而已。然於是水得名，一仍魏書，則於山川能説，有涉於訓詁者，義猶未盡也。尋《水經》於汾水下云：「又南洞過水從東來注之。」又云：「洞過水出沾縣北山，西過榆次縣南，又西到晉陽縣南。西入於汾，出晉水下口者也。」酈道元《注》於諸水注於洞過水者，言之綦詳，殊無五水合道之文。其曰「三源合舍，同歸一川」者，又承黑水而言，與原過水、涂水無涉，於洞過水得名，初不相干。《地形志》所云「五水合道」者，其文脱略，戴氏雖之説，終於義未安。依《水經注》則洞過水西流與南溪水合，又西北、黑水來會；又西，蒲水注之；又西，與原過水合；又西，涂水注之。其流注洞過者凡五水耳。若戴氏依今水作釋，游波西逝，則涂水會之，又西五里，則原過水會之，與《水經注》之文，左右相反，而無一言，亦其疏也。乾隆八年修成之《大清一統志》於「涂水」下云：「按《水經注》涂水入洞渦，在原過水之下，今此水反在原過水上流，蓋《水經注》所謂涂水，即今金水河，而此實蒲水也。」又「金水河」下云「即古涂水」（見《太原府・山川》，《四部叢刊續編》影印進呈寫本《嘉慶重修一統志》同），是與修此志者已覺其不合，而爲之彌縫也。雖擬議是非，尚須深考，然東原作記，實在志成之後二十六年，於此不容不省。徒以偶未見及，遂令所論，轉未及前賢矣。《魏書》於天寶五年（公元五五四年）三月奏上，十一月復奏十志，道元已前卒二十七年。是魏志云云，實酈氏所不道，不知收何從得之。伯起文士，率爾操觚（手定十志，首尾八月爾），因尋故訓，徒憑臆説，乃有此失矣。尋《説文》「洞，疾流也」，洞過本謂疾流而過。《記》述戊子秋（乾隆三十三年，公元一七六八年）龔導江「以公事往樂平，得觀洞過水之清駛」。駛，疾也（見大徐本《説文》新附），此正水名確詁，戴失弗思耳。下云「洞過清流，潛于渾水下」，「行十數里，則清流鏘鳴者，曲赴山石間；又「問渾水安在，從者曰『渾水行遲，少待當至矣』，既而果至」，則水名由來，已昭然在目，循名責實，彌見許學之信而有徵耳。《記》又云:「壽水控引壽陽全境之水,南會於洞過,洞過於是始濁。」則壽水來會以前,洞過清駛自若也。上云「流七八里,皆迆邐行石上,汪洋澹泊,激石有聲淙淙然」者,其爲疾流,抑可知矣。余足跡未嘗及晉,徒於戴段二氏之集,得讀斯記,乃能具知洞過得名之由者,良以斯水逕流,二百一十五年前龔氏見聞所及,於命名之故,尚可推尋;而東原文筆之美,又能曲盡其狀也。山川名物,布在域中,動與訓詁相會。地理學者,有日用而不知;訓詁學者,或習焉而弗察,是於中國閎碩壯美之學,《爾雅》博物不惑之旨,始有遺義矣。即洞過而言,微許君無雙之學,著在《説文》;酈生孱守之精,猶存故注,鮮不爲流俗無稽之談、文士附會之筆如魏志者所惑矣。夫以戴段高才,曾不能援許書以説斯水,非學之不至,既爲臆説所誤,不免視朱成碧矣。若今所謂地名學,於古蓋亦訓詁之一端。舊國舊名,義藴宏深,闡幽表微,是所望於同好。

略談吴越文化研究中的兩個問題*

在本文中，我想就二個問題發表一點淺見，一是吴越語言風俗異同的問題。二是上方山石結構問題，現提出向同志們求教。

首先要説的是有關吴越語言風俗異同的問題。《荀子·勸學篇》：「干越夷貉之子，生而同聲，長而異俗，教使之然也。」楊倞注：「干越猶言吴越，《吕氏春秋》：荆有次非得寶劍於干越，高誘曰：吴邑也。」貉，東北夷。同聲，謂啼聲同(《大戴禮記·勸學》作：「于越戎貉之子」，「于」是「干」的形誤)。荀子的意思是説吴越夷貉之子，生下來啼聲相同，長大後説話就不同了，這裏的「俗」，包括語言。只看上文説「教使之然也」，道理就十分明白了。荀子既明説異俗，那末吴越語言風俗都可能有所不同。會上有好幾位一再引用「生而同聲」之文證明吴越語言相同，又因斷發文身一事以爲吴越風俗全都相同，這樣立論，看來恰與荀子所説相反。

---

* 本文原刊於《文博通訊》一九八二年第二期。

《方言》記録了若干吴越共同的語詞，象「胥由，輔也，吴越曰胥」之類，還有「吴越之間」共有語詞，象「脱衣相被謂之緍綿」之類。二者應有分别，這説明後者只限於吴越接境的地區。揚雄是卓越的方言學家，對方言地理的描寫是相當細緻的，他還記録了一些吴揚共同的語詞。但僅僅根據這幾個共有的方言語詞就説「吴越語言相同」或「吴越是一個方言」，這怎麽行呢？若再引上《爾雅》的「揚，越也」，《吕氏春秋·有始覽》的東南爲「揚州，越也」，來證明「揚即越」，因之，「吴揚」也就是吴越，索性一個「吴揚」之方言，也就是吴越之方言，這是不是揚雄的原意呢？我看不是。《方言》卷六就説「鋡龕，受也。齊楚曰鋡，揚越曰龕。受，盛也，猶秦晉言容盛也」。要是我們也用「揚，越也」這一公式代入，結果不是「揚揚曰龕」，便是「越越曰龕」，真有這樣的記録，誰還能接受呢？就算把揚雄記的詞都弄清楚了，也還是西漢晚期的吴越語，到底和吴王有國時的吴越語，是不是一樣，眼前誰説得清楚呢？

還有《吴越春秋·夫差内傳第五》所記「大夫種書矢射之」有這樣的話：「且吴與越同音共律」，有的同志認爲「音」也就是「語」，如「吴音」就是「吴語」，「吴與越同音共律」也就是説吴越的語言相同，其實音指五音，《史記·律書》説「音始於宮，窮於角」，也是這個意思。律指十二律，或以陽六爲律，就叫做六律。《六韜·龍韜》：「武王問太公曰：律音之聲可以知三軍之消息，勝負之决乎？太公曰：深哉王之問也。夫律管十二，其要有五音宫商角徵羽，此其正聲也，萬代不易。五行之神，道之常也，可以知敵，金木水火土，各以其勝攻之。」（《五音》）《史記・律書》也説「六律爲萬事根本焉，其於兵械尤所重」，《正義》引劉伯莊云「師曠審歌，知晉楚之彊弱，故云兵家尤所重」，可見古代兵家很重視音律，所以文種的話也有所反映。「音」、「律」對文，不能拆開，認爲「音」就是「語」，純屬誤會。

總之，關於吴越言語風俗的研究，還有大量工作要做，現在僅僅是個開端。看法不一致不要緊，只是論證要可靠，方法要對頭，推理要合乎科學。

其次想談一談上方山石結構的問題。登上方山頂，眺望附近諸山，只見沿山脊分佈着一系列的土墩，迤邐相屬，到處都是，樣子和這裏的石結構没有去掉封土以前一般，估計裏邊也是類似的石結構。從諸山頂下瞰太湖，卻有高屋建瓴之勢。這裏正是吴越用兵必争之地，自然使人想到這些首尾呼應、成列成行、地居要害的石結構是一種軍事設施了。顧嘉譽《横山志略》卷一「山之嶺九，九嶺各有墩，中空爲藏軍處」；又卷二「藏兵洞在横山頂，俗名七子墩，相傳吴王藏兵防越所鑿洞，有石門，深不可測」。李標輯《穹窿山志》茅峰景附圖中，峰頂也有「藏軍洞」，李標《大茅峰記》説：「山上有藏兵洞，相傳爲伍相國視師處」。這些記載都表明幾百年來故老傳聞一直以這類石結構爲吴王防越的軍事設施。

聽説無錫、常熟也有，有的已經發掘，其形勢、結構和這裏差不多。既然各地的這類遺存，都分佈有法，結構成章，無不居高臨下，掌握吴越之間戰略地帶的制高點，暫時把它們看作軍事設施，以待進一步科學考古發掘加以驗證，應無不可。有人説，這都是墓葬，本來也可以作爲一種假説來加以研究，無奈到目前爲止，既没有發現葬具，又没有發現屍體或骨架，那麽把墓主放到那裏去了呢？因爲没有相當的遺物、遺迹可以提供綫索，更没有充分掌握這種文化的標志組合（Complex）或文化標志（Culture Complex）來加以比對。有的同志雖也觸及若干陶器特徵，但還遠不足以説明這樣一種葬俗，只好暫不討論。

現在我想先從軍事設施着眼，提出一些古文獻來加以説明，以供田野工作者參考，好讓他們在嚴格的科學發掘中拿出當時的歷史遺存來加以檢驗，無論肯定或否定，都會在一定程度上提高現有的水平。

我看了上方山頂發掘現場後，即景生情，就想起《史記·越王勾踐世家》所記吴王「悉發精兵擊越，敗之夫椒」的事，《史記》説「越王乃以餘兵五千人，保栖於會稽」，這和《左傳·哀公元年》説「越子以甲楯五千保於會稽」是符合的。《史記》只在「保」字下加了一個「栖」字，惜墨如金的司馬遷爲什麽忽然加上這麽一個字呢？原來這是個軍用術語，一字之增，既加强了軍事氣氛和真實感，也精確地反映了當時的軍事活動，真是加得好。關於這段史實，杜預説「上會稽山也」（見杜注），司馬貞説「鄒誕云：保山曰棲，猶鳥棲於木以避害也，故《六韜》曰：軍處山之高者則曰棲」（見《史記索隱》，引鄒誕的話出於南齊輕車録事鄒誕生《音義》三卷中，見《索隱序》。儘管小司馬説他「義乃更略」，又説「義則罕説」，這裏引的卻正説義。語氣聯屬，看來《六韜》也是他引的，以説《史記》，可謂密合。以古兵法證古軍事，深得其解，難怪小司馬對鄒縱有成見，也無從抹煞了）。越王保棲於會稽，正是上會稽山。爲什麽要上會稽山呢？因爲有險可守，《吕氏春秋》就説「會稽之險」（見《上德》），可以印證。蘇州地區的石結構，都在山脊，正符合「軍處山之高者則曰棲」的話，看來都是配合古兵法所謂「保棲」的軍事設施。

古漢語詞性比較靈活，名動可以轉化。保守的「保」，就是城保的「保」。《説文》「稽，保也」，段玉裁注：「保，《集韻》、《類篇》作堡，俗字也。《檀弓》：公叔禺人遇負杖入保者息，《月令》：四鄙入保，注皆云：都邑小城曰保。」，段説極是。保於會稽，保棲於會稽，同指在會稽山上築了工事以資堅守。《東觀漢記》説馬成「善治障塞，自西河至渭橋，河上至安邑，太原至井陘，中山至鄴，皆築保壁，起烽燧，十里一候」（見影宋本《太平御覽．兵部．烽燧》引，《後漢書．馬成傳》同。「太」誤「于」，依《後漢書》校改，「保壁」就是堡壘，《説文》「壘，軍壁也」，可證。馬成築保壁是建武時事，還在東漢初年，可見城堡和堡壘古代都叫做「保」，古字都寫作「保」。石結構不同城堡，卻近保壁。越王的保栖於會稽也會有保壁一類的工事，可惜見於《嘉泰會稽志》的就只有「會稽山上城」了，《志》引《越絶》云「句踐與吳戰，大敗，栖其中」，又引《舊經》「越王城在縣東南一十裏，句踐爲夫差所敗，以甲楯五千保於此城也」，都只提城。上方山附近，既有越城，又有石結構，可見當時軍事設施，除了土城，也還有石構的保壁之屬。

以上兩點意見，供大家參考，急就成章，定多疏誤，尚祈讀者不吝指正。

談吴越之間的土墩石室*

這裏的土墩石室，指從五十年代發掘過的吴縣五峰山三個土墩，到八十年代浙考古工作者在兩省境内清理了的有土墩覆被的石結構，包括分佈在連雲港市境諸山的土封石室建築。其基本結構和物質遺存情況，相去不遠，所以我把它們作爲同類的物質文化遺存看待。加上「吴越之間」，是因爲到目前爲止，這種石室的大量發現，正集中在這一地區，其分佈範圍主要在太湖平原。這種遺存分佈範圍很廣，向南可達浙江的杭嘉湖地區以至寧紹平原。既然這些建築在空間上有面積的分佈，在時間上又從西周延續至戰國時期，那麽這是哪些人留下來的呢？這些石室是作什麽用的呢？人的問題至今没有被明確地提出，更談不到作出科學的回答。它們的用途倒是有了不少答案，可是各執一辭，遠没有取得一致。本文範圍限於石室，至於土墩中間没有石室建築的土墩墓，不在討論之列。有時提及，只作爲一種比較、對照的資料。

---

* 本文原載於《吴文化所究論集》，中山大學出版社，一九八八年。文中注釋係原文所有。

至於這類遺存的性質，有些同志認爲「應根據各土墩石室具體情況來定，不能一概而論」〔一〕，可是就列舉的五點區别來看，這些時地、大小、分佈、器物的差異，還只是外延的不同，没有觸及内涵，所以與性質無關。就蘇州上方山六號墩而言，除了墓葬被認爲「似可排除」外，「至於其具體作什麼用途，如上述藏軍洞、烽燧墩、居住地，還可能作爲祭祀遺址等，還待進一步探討和研究」，可見如果不能透過表面現象，看到事物的本質，即使發現了那麼多具體情況，它的性質也還是茫無頭緒，無從確定。我認爲這類建築，雖有這樣那樣的所謂區别，由於建造目的相同，用途一樣，可以認爲是一類建築。我所説的性質，正是由建造目的和所起作用決定的，這才是本質。

對這類石室的性質、目的、用途的各種答案，可以先用二分法篩選。我提出的二分法也是一種經濟原則，外國學者有時把它説成奥卡姆剃刀（Ockham's razor）。設A爲活人而造，給活人用的；B爲死者而造，給死者用的。已有五説是：一、軍事設施。二、居住遺跡。三、祭天遺址。四、石[礻宗]（？）三世以前遠祖廟。五、墓葬。前四説主A，只有後説主B。我認爲A不可能，因爲不但整個石室由土墩覆蓋，石室入口有封門牆砌斷，有通道的，通道也由填土、沙石澆漿堵塞密封。這種結構，不利於隨時啟閉，一切跡象，都表明這是一種永久性的建築。土墩其外，還要石室其内，不惜花費更多的人力、物力在這上面，這已經大大不同於土墩墓。目的之一，就是加固、耐久，不破壞原有結構，人們無從出入，無法利用，所以這類建築不是爲活人而造，給活人用的。如果我的想法不錯，A說可排除，現有五説，已去其四。第五説主B説，但也有漏洞。

類似的建築歐洲也有。「在西班牙、葡萄牙和地中海沿岸，最古老的大型石墓是石室墓葬，可能是從近東的石墓演變而來。石室墓葬由數塊堅石支撑一塊作頂用的扁平大石築成，上覆土墩，土墩現多已風化。在北歐和西歐，石室墓發展成爲兩種主要形式：一種是通道墓葬，築有石頂長道，直通石室；另一種是長棺形石箱墓葬，或稱冢内通道墓葬，由一長方形墓室組成，無特設的通道」〔二〕。我們的土墩石室和歐洲發展了的石室墓葬的前一種較近，不過我們築有石頂的是整個長方形的石室，蘇州上方山六號墩石室外的通道就只用石塊堆築兩壁，通道内用石塊填滿，再灌沙石泥混合澆漿，不築石頂，這就和歐洲的造法不盡相同。不過同樣有土墩石室，也可以都有通道，那麽，會不會也是一種墓葬呢？不是的，因爲所有這類建築，不但至今没有發現骨架或葬具，甚至連這樣的痕跡也没有找到一點。因此對六號墩排除墓葬可能我認爲是完全正確的。可是由於石室留有若干人類活動的痕跡，就認爲基本上可以肯定爲人類活動場所，這就不對了。這只能表明此地曾有人類活動過，卻不能定爲人類活動場所。此説也屬A，同樣可用二分法排除。

我主B說，又否定墓葬，那該是什麼性質呢？ 我以爲這是爲死者造的，給鬼魂住的。原始信仰認爲鬼魂是可以離開肉體的，活人的靈魂，在人死後便變爲鬼魂〔三〕。 東北赫哲族相信人有三種靈魂。 一種是哈尼，是可以離開肉體的靈魂，人死它也存在，與人們有密切的關係。 雲南阿昌族又相信人有三種鬼魂，死後必須分別送到不同的地方〔四〕。 既然鬼魂是脱離了肉體的靈魂，完全可以不依賴肉體，更無論肉體依賴以支撑的骨架。 這就是吴越之間具有原始信仰的土著爲遣送死者的鬼魂而造的土墩石室可以没有骨架的民俗學的説明——我認爲石室就是這些人造的，與代表周文化的姬姓吴人無關。 由於鬼魂象哈尼般的與人們有密切的關係，能保護或危及人們的現實生活，所以對它有一系列崇拜儀式〔五〕，土墩石室的人類活動遺跡，都是這種崇拜儀式的物質遺存。

爲什麼吴越之間會給死人造這麼多石室呢？ 據《淮南傳》説「吴人鬼，越人機」，許慎説「機，鬼俗也」〔六〕，這類遺存不正是鬼俗的一個組成部分麼？ 我既主B説，這裏再提兩點，作爲旁證：一、浙江長興便山石室封門牆内發現當時故意打破分散在地上的陶碗破片。 句容浮山果園Ⅱ號墩三號墓所出的一件幾何印紋硬陶罐，其破片十餘片散佈於整個墓的堆土之中，似爲有意識地將陶罐打碎後用一部分碎片散佈在墓的堆土裏面，各墓的葬具和人骨均未發現〔七〕。 那麼，會不會埋藏時就没有人骨呢？ 土墩石室不正是這樣嗎？會不會是同一種信仰的不同形式呢？反正我認爲這些有意打碎後再分散了的碎片顯然與喪俗有關。這是遺送亡者的一種儀式。蘇州人至今把死者送出門時還砸碎一隻碗，正是這種古風的遺存。二、蘇州上方山六號墩出土簋一件，簋腹内附有四隻小盂，底部都黏連簋上，不能移動。盂形特小，没有實用價值。還有幾件類似的小陶器，和小盂差不多，都是一些象徵性的食器。還有一個印文陶罐，是燒塌了的變形陶器。《禮記・檀弓下》説：「孔子謂爲明器者知喪道矣，備物而不可用也。」這些不正是「備物而不可用」的明器麽？這些東西能提供活人作爲生活用具使用麽？所有這些都足以説明這類石室分明是爲死者而造，不是提供活人作爲活動場所用的。所以我主B，是有實物遺存作爲依據的。造這些石室的人如何處理死者的屍體，還不清楚。對照土墩墓看，當時的吴越土著，根本就没有葬具，我認爲這是由他們的信仰所決定的。如果需要，他們也會有的。原來他們重視鬼魂，遠勝於遺體，所以不需要保存屍骸。象土墩墓如果真曾埋有屍體，那也是十分草草，任其速朽而已。至於石室，就連一點埋葬的跡象都没有，所以目前還不能把它作爲墓葬。

注釋

〔一〕《江蘇蘇州上方山六號墩的發掘》，《考古》一九八七年六期。

〔二〕《簡明不列顛百科全書》V. 7「史前巨石 Megalith」條。

〔三〕林耀華主編：《原始社會史》，中華書局，一九八四年。

〔四〕〔五〕宋兆麟等：《中國原始社會史》，文物出版社，一九八三年。

〔六〕《淮南傳》文及許説見《説文・鬼部》字下。段注以今本《淮南子・人間篇》吴作荆，疑荆字是。其實吴本荆蠻之地，追論民俗，今本異同，就没有什麽影響。

〔七〕《江蘇句容縣浮山果園西周墓》，《考古》一九七七年五期。

話説古琴絃綫*

中國器樂，極其豐富。金石絲竹，匏土革木，謂之八音，指的正是器樂。曠代追才，以《廣陵散》獨擅千古的嵇康在《琴賦序》裏曾説：「家器之中，琴德最優。」這不是一人之私言，東漢之初的桓譚，在《新論》裏就説過：「八音之中，唯絃爲最，而琴爲之首。」只要想想我國音樂史上這兩大音樂家兼理論家的話，自然不難明白我們要振興中國器樂，就不能不首先關心琴道，要發揚琴德，就不能捨絃不問啊！

我國琴絃製作，源遠流長。抗日戰爭前，杭州就有回回堂的太古琴絃，爲音樂界所稱道。抗戰初期約一九三七年後，回回堂琴絃，人亡藝絶，可算是近世中國琴絃的第一次危機。當時流寓上海的古琴家吴景略及時地使人轉告方裕庭，要他仿製古絃綫。方原來只生産普通絃綫，去古琴絃要求尚遠。方既不懂規格，又無經驗，連古琴也没有見過，僅僅由於古琴家的敦促，和自己的酷愛，在拖延了一年之後，居然試製起琴絃來了。五六年間

* 本文據作者手稿録入，又刊於《吴門琴韻》，一九九六年。

搞了不下數百次的試驗，失敗，再試驗，歷盡艱辛還不算，更嚴重的是眼看别人生產自己早就熟練的一般絃綫都發了財，自己偏爲要摸索古琴絃綫生產的奥秘，而終於靠典賣度日。甚至連幼子也因無力扶養而抱給人家去收養了。熬到成品出來，還不大頂用。好在古琴家十分懂得這套絃綫的如何來之不易，這樣的藝人應如何受到珍視，不但對方氏成果，倍加鼓勵，就連不太合格的出品，也一併愉快地收下了。他們就是這樣地精誠合作，才終於爲中國器樂完成了這一存亡繼絶的光輝業績。誰知繼之而來的還有一次十年浩劫史無前例的大破壞呢？

及至消沉了多年的古琴界開始蘇醒過來重理舊業的時候，市場上已經無絃供應了。又是吴景略，可能認爲恢復絲絃已無希望，於是搞起鋼絲絃來。從此大陸八音，少了一音，絲絃絶響，鋼索轟鳴了。吴門琴社也未能免俗，多年以來，反覆擺弄的也無非是一片鋼絲聲而已。老一輩古琴家雖明知琴在絃亡，還心中有底，指下有數，中青以下，從來就没有聽過絲絃，叫他們從那兒尋覓琴趣呢？儘管大陸上早已響徹鋼絃，遠在香港的蔡德允，卻能始終堅持琴必絲絃，對其門下也同樣嚴格要求，八音之全，於此獨完。中流砥柱，未嘗無人。琴道彌尊，其人也就愈覺可貴了。

那麽大陸琴道的多歧亡羊，就無可奈何了麽？非也。遠且不論，眼前便不乏高手。

古琴配上好絃，風韻自油然而生。絃在那裏？正在蘇州。别小看了那麽個不太起眼的民族樂器廠，海外所需，日本香港人士所用的古琴絃綫，就一批一批地經那廠房一角幾間相當簡陋的車間裏製造出來了。製絃工正是方裕庭的小徒弟潘國輝；方的女兒維英，小兒子榮林，都是製絃能手。維英雖已退休，一談起製作琴絃，便精神焕發，自述心得，也語多入微。她曾説起小潘還是她帶出來的呢，又説潘細心，所以能成材。其實國輝不但細心，其於琴道，也可算是一往情深。唯其篤好，才能始終其事，别人轉業，他不改行，到底把這項冷淡差使擔當下來了。榮林還在廠裏工作，當我把琴社同人試用了小潘慨贈手製琴絃後所提的一些不無苛求的意見告訴了他的時候，他一邊笑着，一邊高興地説，等秋涼了我自己做一副試試看。維英還提到了何正祺，她説父親的本領都教給他了。何的確學得不錯，也很能鑽研，可惜後來離開了這一崗位。我們見了面，提到這一專業的十分可貴時，何也談得很仔細，也有不少自己的體會；只是抛荒了一段不短的時間，言下不免還有點失落感吧！我們的人才浪費得太多了，我正在想，何幾時歸隊呢？

歌德曾説最大的秘密，是公開秘密，這倒有點像個悖論。可是眼前就有這樣的例子：同在蘇州，一些人在忙着生産古琴絃綫，另一些人在眼睁睁地大彈鋼絲琴，竟像桃花源裏人家，各搞各的，就是不相往來。這麽説來，訊息的價值，也就不言而喻了。

我爲尋回幾乎失蹤了的琴絃，竟有意無意地發現了那麼多可愛的人，爲了如期發稿，這裏無從再寫下去了。這篇稿子是爲《中國器樂訊息》寫的，那裏又有一大批熱心於振興中國器樂的人。推而廣之，中國音樂、戲劇，尤其是昆劇的同仁在，真是群星燦爛，禿筆難詳啊！話扯遠了，姑止於此，讓我們爲振興中國器樂，發揚中國琴道，一同攜手前進吧。

三槐堂研究創刊號序言*

《堯典》曰：「克明俊德，以親九族。九族既睦，平章百姓。百姓昭明，黎民於變時雍。」衛將軍文子問于子贛曰：「吾聞夫子之施教也，先以詩、世。」（見《大戴禮記》）世即《世本》之流。孟子亦貴知人論世矣。於《禮三本》實云「先祖者類之本也」，「無先祖，焉出？」《詩》云：「孝子不匱，永錫爾類。」正謂是矣。春秋時善論姓氏者，魯有衆仲，晉有胥臣，鄭有行人子羽，皆能探討本源，自炎黃而下，如指諸掌（見殘宋本鄧名世《古今姓氏書辨證·序論三》）。今雖發軔於太原、琅邪諸王，推而至於他族，庶幾贊平章之大業，極昭明之弘致。海内外仁人志士不忘所出，洞察禮本者，亦將有樂乎是爾。

* 本文原刊於蘇州民間刊物《三槐堂研究》創刊號。

三槐堂研究第三期序言*

王鏊《明史》有傳，其人、其學、其文，嘉靖十五年南京禮部尚書霍韜序其文集論之已詳。去今雖四百六十年矣，讀者猶不能不有味乎其言，撫事興懷，猶旦暮也。門人文徵明跋鏊集有曰：「初李廣得幸于上，朝士或附麗取寵，廣敗，贓賄狼藉，大臣多被點污，惟公絶無一跡。」大臣不被點污，止是本分，然當朝士貪污成風之世，而能絶無一跡者，古今竟有幾人？余讀鏊《送都水員外郎傅君序》云：「《易》云：理財正辭，禁民爲非曰義。義非儒者事乎？而諉之不事也，顧有輕重焉耳。然則曷爲重？重國乎？則傷民；重民乎？則國用不足。二者宜之難，非儒者其孰知之？」然後知朱國楨序文恪集謂「先生生際其時，文章推爲明朝第一」，「躋榮大拜，與楊、李諸公同心宣亮，天下莫不延頸舉趾，想望太平。而揆席未暖，飄然遠引，相位之高，亦爲明朝第一」，蓋有由矣。予惟《大學》亦有言：「生財有大道，生之者衆，食之者寡，爲之者疾，用之者舒，則財恒足矣。」仁者以財發身，不仁者

---

* 本文原刊於蘇州民間刊物《三槐堂研究》第三期。

以身發財。」又云：「與其有聚斂之臣，寧有盜臣。此謂國不以利爲利，以義爲利也。長國家而務財用者，必自小人矣。」鄭康成曰：「發，起也。言仁人有財，則務於施與以起身，成其令名。不仁之人有身，貪與聚斂以起財，務成富。」反觀文恪之送傅君，知其於《大學》講之熟矣。夫閱人成世，而其道日新，學者觀古以知今，不亦可乎？

一九九六年十一月一、二日初稿，四日晚九時十八分寫成清稿，朱季海記於初照樓

吴越春秋游記*

陳去非夜登小閣，憶洛中舊游，作長短句云：「昨夜午橋橋上飲，座中多是豪英。長溝流月去無聲，杏花疏影裏，吹笛到天明。」聲情遒上，意氣非常，直志士之悲歌，不啻倚聲之雅弄也。午橋在洛中，裴度晚年，創別墅於此。花木萬株，中起涼臺暑館，引甘水映帶左右。視事之隙，與白居易、劉禹錫酣宴終日，高歌放言，以詩酒琴書爲樂。一時名士，多從之游，勝概可想。晉公（裴度）生平，出入中外，以身繫國之安危者二十年。或謂雖江左王導謝安坐鎮雅俗，而訏謨方略，度又過之者，則知當時之仰晉公，猶江左之於王謝，是以温嶠有江左夷吾之談，劉昫援仲尼微管之論也。此皆寄憂勤於游樂，謝公在東山，簡文料其必出，乃曰：「既與人同樂，亦不得不與人同憂。」前賢之於憂樂，其用心如此（義具拙著《初照樓隨筆》）。

予頃過石湖，緣越來溪，上行春橋，蓄眼湖光，朗若寶鏡。湖中三墩，天鏡閣在焉。湖

---

* 本文據作者提供的複印件録入。「吴越春秋」游樂園，位於蘇州南郊石湖風景區。文末自記「戊寅」年作，是一九九八年。

上諸巒起伏，遥望治平、楞枷諸寺，塔院玲瓏，有出塵之想。近則茶磨嶼渾圓如磨，其下有隙地，傍山面水，可一公頃。制宅期間，規別業者三。篤好林藪者，將有樂乎是歟？吾佚處陋巷，閭閻憂樂；夙已飽更，偶因清游，輒馳遐想。謂如有人，聿來胥宇：晉謝、唐裴，邈不可追；苟得遠若陳簡齋、范石湖，近如劉定菴、沈石田、文徵仲、唐六如、陳白陽、王雅宜輩居焉游焉，西山朝來，致有爽氣；南湖夜泛，不斷吴歌；去來今際，三絶流傳，無非能事已。果爾，則午橋之韻勝，未嘗不近在行春也（《易》曰：「唯君子爲能通天下之志。」王弼注：「君子以文明爲德。」）。大哉言乎！以天下爲意者，山川之美，亦將效靈於斯人也。

戊寅仲秋丙子書於初照樓

海粟黄山談藝録序*

黄山勝地，藝術勝事，據勝地，談勝事，不出勝語，談何容易？海粟老人方侃侃而談，苟無濟勝之具，何以辨此？黄山於余，於詩文見之，於圖畫見之，於攝影見之，於銀幕見之，雖皆有以得其一隅而未盡哉！吾方駕想象之六龍，撫心光於一瞬，翱翔始信，雲煙在下，其下摩光明頂而尚蓮花峰，速於飛隼遠矣。是則吾游黄山，先以神遇，謂之神交，不亦可乎？余惟嵇康《琴賦》有云：「邈隆崇以極壯，崛巍巍而特秀。蒸靈液以播雲，據神淵而吐溜。」信斯言也。黄山真形，何遠之有？以此爲畫，不亦氣韻生動矣乎？雖然，海粟年方八六，八上黄山，爲之「登飛梁，越幽壑，援瓊枝，陟峻崿」（並嵇句，瓊枝目黄山松。劉畫黄山，於雲煙、松、石三，故大畫特畫也）。以游乎其間，則必有耽樂乎是者，宜其畫境日辟，畫理日新，萬力千氣，千變萬化，層出不窮，而未始有極也。乃時欲近嵇賦所云，豈非有得於黄山者深乎？此《黄山談藝録》之所由作歟？老人之談或以筆，或以口，口説則

* 本文原載於《海粟黄山談藝録》，福建人民出版社，一九八四年。

皖人柯文輝以筆受，承老人意時復敷衍成文，筆談縱有成篇，抄撮綴緝，亦出柯手裒然成帙，可謂勤矣。顧不敢自信所學，乞爲點定，並請作序，丹鉛瑣屑，我則不暇。爲之去泰去甚而已。余觀斯録，名言絡繹，精義甚多，雖有蕪雜，不掩其美。陸機不云乎，「彼榛楛之勿剪，亦蒙榮於集翠」也。其間謦策，終當於大滌子相後先耳。或曰用西洋紅不始於缶翁，海粟於是乎疏矣；曰「志乎大者或遺乎細」，況老人固嘗自謙非美術史家乎？因考任吴用色異同，存之以備藝林掌故，爲益不已多乎？並書簡端，覽者可以隅反。

朗潤園讀畫記*

輓近畫流多向往八大、石濤及揚州諸家；四王吴惲已經門庭冷落，元畫就更少問津了。至於以畢生之好聚於元畫，講求之精，收藏之富，就我平生所見，當推鄧叔存爲最。

鄧叔存是鄧完白的後人，北京大學的美學教授。他的《西班牙遊記》早在三十年代我就拜讀過了，但神交彌久，從未見面。他藏有元畫，是我在六五年到北京時才聽説的。通過向覺明教授爲我約期面晤，我們在叔存先生的住處——朗潤園聚會了兩次。當時我只知道他藏有曹雲西的畫，我提出的要求也僅限於這張元畫。誰知主人聽了，卻笑着説所藏元畫很多，可以慢慢地看。説着，他就一件件拿出來：有立軸，有手卷，除了曹知白，大癡、山樵、仲圭、雲林全有，還有一些其他畫家和無款作品，也很精妙。從三時半左右直看到六、七點鐘，已經暮色蒼茫，主人執意留飯。飯畢繼續看畫，直到九點半，還是餘興未已。最後他又拿出兩幅立軸。一幅是九龍山人王孟端的山水，保存完好，光潔如新，筆精

* 本文原刊於《朶雲》第七集，一九八四年。

墨妙，輕靈秀潤，觀其用心，出入王蒙、倪瓚之間，而又不主一家，自辟蹊徑，其造微乃爾。另一個小幅是米筆山水，他自己也並不認爲真是米筆，要我幫他看一下。這是一幅細筆少皴的山水，並非尋常的水墨淋漓的米法。筆墨輕淡，細筆乾皴，畫法似宗營丘，雖不知到底出於何人，卻是畫得很好。

十五年過去了。斯人長往，墓木拱矣。叔存教授生平爲介紹西方美術和美學，做了許多有益的工作。爲中國美術，特別是中國繪畫投入了畢生的精力，爲元畫研究搜集了大量有參考價值的珍貴資料，又那麼慷慨地、無保留地、不厭其煩、不辭其勞地任人縱觀，唯恐不盡，這是何等博大的胸襟，何等高明的見識呵！他當時跟我說，他早就向有關部門提過，希望把自己這些收藏，無償地捐贈給國家，只要能出一部他的藏畫專集，作爲平生采集的總結，就心滿意足了。可是叔存教授逝世已經多年，元畫研究在國內似乎還没有得到應有的重視，怎能教人不懷念他和他的藏畫呢？

近來看到卡希爾（James Cahill）的《溪上群山》（Hills Beyond a River）是一本論述元畫的專書。書中有八幅彩色圖版，九十四幅黑白圖版，其中除了附八幅唐宋畫參考圖版外，其餘都是元畫（徐賁一幅題壬子，即公元一三七三年，已是洪武五年，然尚在明初，以殿元畫，亦無不可）。這是他的五卷本《後期中國繪畫》的第一卷，全書準備在以後的五年裏完成，餘下的四卷將論述明清以及二十世紀的前半世紀的繪畫。他是伯克利的加利福尼亞大學美術史教授，曾不止一次來過中國。作者的前言説，遠東以外的國家對元畫的研究，在三十年前才開始，並且對其價值多少還有些争議。人們常常把十三世紀後期的畫看做一個偉大傳統衰竭以後的西風殘照，至少也認爲隨着宋王朝的崩潰而江河日下了。西朗（Osvald Sirén）在他的《後期中國繪畫史》中提供了有關主要畫家和畫派的基本知識和一批代表作的圖版，但他很少考慮到十三世紀以後的畫怎樣在其風格和美學背景上不同於以前的畫這個基本問題。另外有些人象斯派澤（Werner Speiser）和勒爾（Max Loehr）雖然承認在元代畫家的傑出成就後面有一個大幅度的藝術價值的轉移，但是要揭示那些價值是什麽，並對這一廣大而迷人的新領域作出較充分的瞭解和研究，卻因爲除了一些質量不高的複製品以外，不能看到足够的好畫而無從着手。五十年代以來，由於美國和歐洲的博物館及私人收藏家收藏了他們已可和遠東相匹敵的藏品，同時也由於中國美術家越來越把注意力從早期繪畫轉向靠後的幾個世紀，才使西方的中國美術史專家們把自己的目光從宋畫轉向元畫。由於藏品的不斷充實，眼力的不斷提高，認識也不斷深入。卡希爾此書，正好作爲這一時期的一項標識。

元代是文人畫作爲一種時代潮流正式確立的時代，從這時開始，中國繪畫開始自覺地走上了對藝術規律本身進行全面探討和追求的道路，文學趣味的强調，筆墨形式的錘煉，詩、書、畫的結合，藝術個性的重視，都以嶄新的姿態出現而不同於以往的時代，爲明清直至現代繪畫的發展起了不可低估的作用。研究元畫應該是一項很有意義的工作，特别是探討中國畫傳統問題，更有着豐富的寶貴資料以待問津。我們希望有更多的鄧叔存用自己的畢生精力研究、整理、闡發元畫之微，也希望有更多的人介紹國外的研究成果，以爲當前中國畫的創新作一鋪路石！

新安四家新議*

舊以弘仁、查士標、汪之瑞、孫逸爲海陽四家，或曰新安四家，山川生色，藝林流美，尚已，又何新議之有？ 應曰：今之所議，別是一家之言。 夫三百年前海陽月旦之評，與三百年後，商量畫學，品藻源流，論世知人，因人得畫，就其影響宏隘，流澤遠近，尋其條理，觀其會通，自有銓衡，初非一概，與舊題故不妨並行，猶之海陽四家之外，無害其更有「孫蕭」之目也。 若並世以爲可，後世以爲是，則公言也。 如實無當，以爲引玉之資，不亦可乎？「舊學商量加邃密，新知培養轉深沉」，非新安舊學大有益新知者乎？ 然則《新議》之作，亦將爲新安學人所樂聞歟。

今於海陽四家取其二，曰弘仁、查士標，益以程邃、戴本孝，爲新安四家，舊題汪孫四家，即專海陽之名，各有所謂，不相亂也。 以年則程（公元一六〇五年生）、江（一六一〇）、查（一六一五）、戴（一六二一）其序也。 其生遞後，相差以五，唯戴後查六年，略可雁行。

---

* 本文原載於《論黃山諸畫派文集》，安徽省文學藝術研究所編，上海人民美術出版社，一九八七年。

戴休寧人，三家皆歙人，謂之新安四家，名實不爽矣。

新安處萬山之中，黄山奇偉，跨於宣、歙二州，然則黄山於四家者，其實家山也。四家之出，時地大同，其兼詩書畫之長又同。其擅十七世紀中葉山水畫絶詣，爲中國山水畫别開生面，亦無不同。其身經亡國之痛，則程年四十、江三十五、查二十、戴最少二十四，俱當盛壯之年，此後以筆墨寫山川，神遊故國，心懷惻愴，著於丹青，有甚於新亭之泪者已。然則四家者，其得於江山之助者，根柢略同。其遭逢世變之大者，亦大較不殊，宜其畫境之時相往來，有無相通也。

其於畫學，皆上探唐宋，中取元人，於荆關董巨、米高倪黄所得尤多。若王叔明之沉鬱頓挫，方方壺之逸筆草草，亦時露端倪，其枯毫焦墨，秃筆渴鋒，時亦消息於二家矣。四家者津逮略同，而各有所得，其出處遊息之參差，稟賦好尚之偏異，加之師友淵源之離合，見聞廣狹之不齊，斯其所造，亦咸自成面目，則其所以爲新安四家而非一家者，正以其人其畫，自有真境，所以爲真人真畫，將與新安萬山終古爭光藝苑者也。以爲新安四家，誰曰不宜？

曰：汪、孫如何？曰：影響之大，流澤之遠，創業之富有，非四家匹也。曰：梅清何如？其時地則相接，其三長亦差相望，影響、流澤，業績之於畫苑，亦頗近之。然意氣出處，非四家等倫，發而爲畫，斯風骨奇峻，筆墨沉摯，氣象雄深之作，尚未能與四家爭先爾。至於一丘一壑，一吟一咏，流連光景之作，則朝煙暮靄，山容水態，俯拾即是，副在筆端，此故瞿山之能事。以詩爲喻，殆近漁洋之神韻，求其如顧寧人、屈翁山之蒼涼悲壯、豪蕩感激，必非新城所能矣。非文字之不工，無其情也。即此觀瞿山之畫，自可於四家之外，別樹一幟，然後各得其所，譬如中泠之水，庶幾毋惑回舟爾。

一九八四年三月二十七日

吴湖帆畫集序*

五百年來吴中畫學，以沈、文、唐爲極盛。文故石田弟子，文門後學，其傳浸廣。諸家並挹注宋元，然時有利行之評，初無南北之論。莫是龍、董其昌出，始張南北宗之目，於是畫學爲之一變。流風所披，自雲間而婁東，而虞山，清三百年畫苑，終以四王、吴、惲爲大宗，而吴無一人焉與於其儔，又無一人焉能於别峰相見，如石濤、八大、石溪、漸江之流，其於繪事，雖薪傳未絶，而規模日隘，道窮則變，存乎其人。湖帆晚出，生於光緒甲午，實公元一八九四年。吴人，自名翼燕，字遹駿。更名萬，字東莊，號丑簃。改字倩庵，名倩。書畫署湖帆，齋題梅景書屋。卒以此名世者三：藝事則書畫，一也；賞鑒，二也；收藏，三也。蓋此三者並爲世所推，則其確然有以自立可知矣。

吴湖帆年十三始學畫，初學戴熙，津逮四王、吴、惲，弱冠乃專力爲之，二十五而鬻畫。三十六得董其昌《畫禪室自怡册》，題識再三，其寶重矜秘之者，情見乎辭。其要謂董在元

* 本文原載於《吴湖帆畫集》，上海人民美術出版社，一九八七年。又刊於香港《收藏天地》一九九二年第四期，改題《精於鑒賞、博採衆長的書畫家吴湖帆》。

明以後爲畫家關鍵，一洗積習，實開文人畫千古法門；但無天分功力者，不可學之。其四十時跋又云「董香光一洗宋以來刻畫之迹，變爲豪放」，皆有得之言，至以爲「畫中之聖」，則少壯一切快意之談耳。或謂湖帆作畫於乾濕互用、黑白對比處多得力於董，此就技法言之，良不虚矣。然有進於是者，若其中年以後，力去刻畫之迹，以追豪放之境，濫觴所自，未始非《自怡册》之寥寥四葉有以啟之也。癸酉一跋，以爲夫子自道也可。惟其家藏既富，涉獵尤多，其所從事，自小李將軍，以逮李唐，無不兼收並蓄，初非莫、董南北之論所能限；其研精衡山，尤喜六如，亦非四王末學曾不敢一窺文、唐藩籬者所能擬議。

蓋湖帆於畫，自三十一歲寓滬，所交遊觀摩者日廣，三十七歲乃改學宋元。四十一歲爲故宫博物院審查委員，所見宋元名迹愈多，即專主宋元，畫格乃益遒上。時又與攝影家郎静山相往還，郎氏所攝風景故多畫意，湖帆因之别有會心。自是拈毫作畫，每轉光影爲筆墨，是亦吴畫風格新穎善變之一端。後任中國參加倫敦藝術展覽會檢選委員，日與名迹相質，所以自課其作者，日以遠矣。四十三歲《雲表奇峰》出，時論翕然從之，吴畫始獨樹一幟矣。

五十一歲獲觀《海野圖》，畫《海野雲岡》，自題「宋釋巨然《海野圖》開卷作雲岡之景，大氣磅礴，足奪董元，啟米高南宗畫派」，余惟南田之跋巨然《長江萬里圖》曰：「今世所存北苑横卷有三：一爲《瀟湘圖》，一爲《夏口待渡》，一爲《夏山卷》，皆丈餘景，塞實無空靈之趣。若此長綃，觀其布置，足稱智過其師。」吴學南田有得，宜此二跋之論董巨，幾於異曲同工，豈所謂「唯其有之，是以似之」耶？ 余觀其題因其所取捨，庶幾嗣響南田耳。

其於摹寫，則三十八歲臨梅村畫中九友册，四十臨戴熙爲其外祖父沈樹鏞畫册二十幀，形神俱似。若六十一臨大癡《富春山居圖》，六十二臨仲圭《漁父圖卷》，則筆益精煉，神明焕然矣。至六十一寫《秋山圖》，六十三寫《浮巒暖翠》，六十五寫《江山勝覽》，則直以意爲之，涉筆成趣，居然大癡，呼之欲出矣。 如及見煙客、廉州，亦必有南田、石谷之契歟？ 湖帆最善設色，其用青緑，自湘碧入，中更衡山，以上窺三趙，尤於鷗波三折肱焉。時效董摹楊昇《峒關蒲雪圖》爲没骨山水，亦能自出新意，開前人未有之境。自謂「不能寫生」，丙子畫荷，以八大之放筆，爲南田之没骨，風華健舉，遂成創格，是曰《霧障青羅》。其後十年，作《梅蘭雙清》以贈梅蘭芳，則清韻欲流，芳蘭竟體，是又宋元之逸韻，鷗波、停雲而後不絶如縷者，寫贈伊人，信有徇知之合。

縱觀五十以後之作，則五十三有《瀟湘雨過》、《林塘晚歸》，五十五有《秋嶺横雲》，六十一有《寒林雲壑》、《稼軒詞意》、《黄茅小景》、《溪山蕭寺》，六十五有《廬山五老峰》、《廬山小景》、《大龍湫》、《九芝呈瑞》，此皆晚筆，幾如庖丁之投刃皆虚，目無全牛，雅思不盡，無非合作。觀其六十七歲之作，則有《謝朓青山》、《松溪仙隱》，石梁餘勁，猶堪没羽。其未到廬山，而屢畫廬山，又嘗與大千絶筆，並爲藝林佳話耳。孰料晚失護持，頻遭非意，遂致病風，一中再中，未盡天年，人間吴畫，遂止於斯。

其書早年學董，中復時取趙筆，又喜薛曜《游石淙詩序》，遂作瘦金體，爲時所重。及得米書《多景樓詩》，復效米意，乃爾神駿。晚節頽然自放，喜作狂草，直以董筆作懷素書耳。大抵吴書真行篆隸俱工，草入能品者，則病後精力衰減，不耐真行也。

湖帆善鑒，壯歲審閲故宫舊藏，嘗謂真僞參半。或問鑒别當據筆墨、絹素、題識、印章否？曰：是則然矣，然作僞能手於此等處最爲留意，於輪廓布局，運筆設色，皆能摹仿維肖，易售其欺。惟細小處，如點苔布草，分條綴葉，及坡斜水曲之屬，勢難面面俱到。吾每於此著眼，故易得其情耳。余觀湖帆丙戌題所畫《瀟湘雨過》云：「董北苑《瀟湘》、《夏山》二圖卷皆董思翁畫禪室所藏。《夏山》今在龐氏，《瀟湘》在張氏，余皆見之，尺寸悉同，蓋一時筆也。」戊子春作《秋嶺横雲》，自題：《瀟湘》、《夏山》二卷，以平澹取勝，蓋晚筆也。《洞天》一圖，恐出房山手摹，而景局更深密。」戊子初冬作《北苑夏山横幅》，自題：「董北苑《夏山》、《瀟湘》二圖，皆宣和秘府之物，宋末爲秋壑所藏，越今九百餘載，尚在人世，余並寓目。」是於北苑二卷源流、尺寸、風格，洞鑒無遺。其戊子二作：春筆兼取《洞天》景局，爲北苑晚筆平澹之境，少添深密，故詭云爲董爲高也。初冬之作，近景略取《夏山》，遠景迷茫，宛然《瀟湘》，意主平澹，頗得二卷神理。湖帆鑒賞之精如此，故能據騎縫印及火燒痕拔黄子久《富春山居圖》首段於宋元集册中，今藏浙江省博物館者是也，即此亦足證其留心細處之言爲不妄矣。又嘗於破畫堆中檢出大癡道人八衷有一畫於雲間客舍之山水軸，既無著録，又乏藏章，非具真賞，誰敢相認，今藏南京博物院者是也。搶救文物，可以華國，豈非善鑒之功耶。

鑒賞又必資於收藏，湖帆之祖即吴大澂，外祖父沈樹鏞，妻潘樹春伯父祖蔭，三家金石書畫之藏，知名海内。三家者尤物，彙爲湖帆夫婦之藏，其積之已厚，加之精識敏求，當抗戰風雲之際，所得最多，宜其蔚為大觀耳。至其劇迹，世所豔稱，今故可得而略也。

綜論平生，湖帆於畫，可謂好學不厭，誨人不倦，故其所作之多且精如是，其門牆桃李遍海内外又如彼，是足傳矣。

一九八四年七月五日

歲寒畫語*

己巳姑月讀王鑒《虞山十景册》、惲壽平《山水花卉册》一再過，並出龐氏，今藏蘇州博物館。王册十幀，見《虚齋名畫録》卷十四，惲册十四幀，見《續録》卷三，著録甚詳。王册著人勝地，如入寶山；惲册一洗時習，獨開生面。冬日苦短，披尋忘夕，應接不暇，多所忽遺。聊作短評，以王爲主。王册同時徇知之作，故首尾完整，無一懈筆，運思精密，異代如面也。惲册後人所集，取材既雜，不無駁異，且畫較多，未遑細論，偶及一二，以發甌香微意而已。名曰《歲寒畫語》，或於畫學不無小補乎？

王册自題壬子春，實康熙十一年，玄炤年七十五矣。陸愚卿跋是册以江上外史稱石谷爲畫中龍，而晚年多荒率氣象，乃以廉州當之。愚意煙客稱玄炤精能而兼神逸，初非溢美，石谷精能有餘，廉州神逸，石谷所不能望，學養固殊，又不能毋以貨利汩之也。當時趙執信雖呧苛太過，然爭利市門，率爾徇財之作，不免累其畫品，況晚年衰筆乎？若南田之

* 本文據作者提供的複印件録入。文中記「己巳」讀畫事，即作於一九八九年或稍後。

爲荒率，在境不在筆，以靈奇之筆，寄難名之境，自是元人高致，與陸評石谷晚筆者區以別矣。楊沂孫跋王册云：「王圓照畫吾虞勝景凡十幅，斯圖也，自國初以迄歲咸豐之末二百餘年，未有改焉者也。」楊爲斯言者，跋云「余年始壯，由鄉徙城，隨父老，偕友朋，涉水登山，游歷於城西北内外者，今視此圖，十有八九在也」，觀此則知虞山風土之美，人文之勝，二百年間，無改其舊；而玄炤此册，寫景如生，按圖可考，丹青水墨，出奇無窮，又不待論。近人但及四王，動輒以復古摹古抹殺一切，豈有所蔽乎？抑如裴旻射彪，未見真虎也？

余讀周霞賓《常熟十詠》，其《龍母祠》云：「鱗族標龍貴，陰靈識母尊。雷移過嶺墓，雲擁到祠門。」王册《雲護龍祠》，義出於此。龍祠已屬神怪，寫生家如何下筆？玄炤但以水墨取之。祠前老樹攫拏，勢如天龍拱衛。蹊徑蜿蜒，依稀龍跡。亂石攢聚，居然驚雷出蟄，鱗甲呈露。檐際冉冉升雲，蒸騰而上，如有神物探爪矣。祠宇清嚴，初不畫龍，而龍無不在。物色皆實境所恒有，一經點染，乃有如許靈怪，但覺龍氣逼人，不煩「玉佩鳴初夕，朱旗閃半昏」，而「陰靈識母尊」並見周詠，已在意中矣。

霞賓《十詠》又有《昭明書臺》，叙致亦美，足與王畫合參矣。此幀以折帶皴作盤石，置屋其上，以爲書臺，雖不見其人，而託地得所，取境高明，千載而下，猶覺清風穆如也。虞山片石，可與論文，翰林流別，原不係選樓崇構也。惲册設色一幀，題曰「老松危崖，淙淙瀑泉，人間有此境否」，然右側作屋二間，瀑泉界道，危橋可通，未知遂堪車馬否？ 左側懸崖蒼松，自然秀發，空山無對，令人有白駒之思，著意清迴，與王略同，然王畫書臺，未離人境，惲遁空谷，接武《離騷》，斯又同中之異也。

《吾谷丹楓》，陽坡霞蔚，衡門之下，可以棲遲。《桃源春澗》，春溜如響。記吾游武林，徜徉龍井，履石渡水，同茲清興，然後知廉州能畫活桃源也。《拂水層巒》，有「藍水遠從千澗落」之概，水源高遠，佈局奇勝也。《維摩寶樹》，左著寺門，門外古木四株，右三左一，並有奇姿。前門幽徑，一老支笻，童子抱琴從之。吾游匡廬，禮三寶樹，喬木參天，淩雲拂日，然軼在穹谷，無棟宇可依，不如維摩，可以挾琴而游也。據梧寶樹間，不待撫絃命操，而已琴趣洋溢，如聆龍吟矣。

《大海迴瀾》寫海，《湖橋夜月》狀月，《藤溪積雪》貌雪，並借紙色。同此紙也，情隨境遷，神游其中，使人不疑。前人所謂點筆破墨，使紙素間別創一世界者，信有之矣。天際三山，見海之大。湖橋夜色，體月之明。藤溪積雪，清光照人，凝沍知寒，不同月色。非染香畫學，直造精微，焉能辨此？ 惲册《煙林夜月》，意主寫煙，故斜月半掩，樹影迷茫，隱現不一，與湖橋之夜色皎然，一望是月者，又各有境界也。《西城樓閣》止女牆一角，已點出山城，複屋重檐，森如寶蓋，運豪如風，毋庸界畫，大匠指揮，維圖可觀也。王册十幀，美不勝收，輒條其大意如此。至煙客所云精能而兼神逸者，故無幅不然也。

惲册山水，意在元人，間摹董米李唐，亦機趣冷逸如元筆，説者漫擬董巨，未爲知言。枸杞秋菊，正是甌香館籬落間物，故下筆有情，直以造物爲粉本，滕昌祐後一人。其設色落花游魚，自題「琳池魚藻，臨劉寀卷，青蓑釣徒。南田畫魚，散在人間，不知幾本」？此題臨劉，措意與惲乙卯《獲港游魚圖》軸相近（見文物出版社印上海博物館建館紀念册《惲壽平書畫集》圖四，彩色版），彼軸自題「略得宋人劉寀遺法，青蓑釣隱惲壽平，落花一蒂，游鯈斜逐，情事略同，取勢則異。」乙卯康熙十四年，南田四十三歲，其署青蓑，與龐册類，或先後之作歟？又有自題「己酉新秋在白雪深柳書堂畫」，署名惲壽平者，畫落花水藻，游魚八尾，原本未見，馮超然有臨本，甚佳，尚可想見南田韻致。馮云其友黄子林所藏，不知今在何所？己酉惲年三十七耳，大抵南田四十前後畫魚藻格局不甚相遠。龐册雖題臨劉，佈局殊近范安仁，知者，惲有自題「臨范安仁落花游魚圖，惲壽平」一幀（見上博《惲壽平書畫集》圖一四一，黑白版），游鯈直逐落花，不作斜勢，乃益直捷有力，宜藻荇之激動也，是龐册用意處得之范圖。惟此畫落花着蒂，彼但見花瓣而已。然則劉邪，范邪？要之，古意今情，奔湊腕下，此所以爲南田歟？劉寀，北宋朝奉郎，范安仁，寶祐畫院待詔，則理宗時人，已在十三世紀後半矣。此幀或兼采劉范，佈局取范，則有所創新耳。上方萍水，餘波漸平，而微瀾尚在，故水不明澈，示魚所從來，且經過未久也。花次荇藻掀舞，見游鯈方踴躍趨花矣。美國納爾遜美術館藏南宋《藻魚圖》，寫魚藻落花亦殊有味，近處作一大魚，水藻翻動，亦入能品。惟上方畫小魚攢花奪藻，上下兩截，都不呼應，章法恨散，未爲高格。南田裁製雅潔，尺幅之中，寫水流動向，爲游魚傳神，注目瞬間，而去來今際無隱焉爾，此南田之所以超也。

惲册陸時化《吴越所見書畫録》已著録，云王幼芬物，則乾隆時已有此册。龐藏但有吴潘二家題，吴伯榮題在辛丑，則道光二十一年，吴年六十九。荷屋享年七十一，去卒裁二年耳。潘正煒題在道光己酉、庚戌，己酉荷屋卒已七年，若吴題可信，是吴卒後始爲潘有也。王後吴前竟無題識可考；又按陸氏《書畫録》第六幅《玉樓春》，龐但以設色牡丹著録，豈舊有此題而龐册不具，抑陸自爲之爾耶？吴跋謂南田長石谷一歲，不知何以顛倒？再題引「墨花飛處起雲煙」一絶，又以爲石谷懷南田詩，竟不悟實南田寄石谷也。「墨花飛處」亦指石谷，「乃書此見石谷亦隱以花卉讓」耶？荷屋號稱精鑒，而寥寥二跋，已一誤再誤如此。然則是邪，非邪？姑妄記之以俟知者。

桂徵畫集序*

花鳥畫家張桂徵，遼西人，就讀蘇州絲綢工學院美術系，初學絲綢，所好乃在美術，欲轉系則爲員數所限。入學鼓篋，未必量才，一藝權輿，其難如此。會有改業者，即以桂徵足額。事出不意，非盡人力。成績優異，半屬天然。旋去南藝進修，尤專工筆花鳥。宋元名迹，罔弗研精，活色生香，多資採擷矣。

偶爾歸吴，相尋林下，惠而好我，樂共清言。六法微茫，均之談笑；拈花指月，並契玄機。俄而域中多事，久不相聞。風塵小定，則已卜居燕京，經營畫廊矣。列肆冗雜，病於夏畦，素衣爲緇，丹青可想，於畫道何有哉？驟獲書問，文采斐然，意氣彌親，志業不墜。仁者安仁，信可懷也。其畫在吴時偶一示予，亦不多見。花卉外，人物風景尤希。於書故喜老子，近乎深藏若虚也。回首往迹，迷其所志。惟靜好之筆，清麗之思，猶若隱約毫素間爾。

* 本文原載於《桂徵畫集》，臺灣今古坊藝術中心印製，一九九二年。

去歲臺灣來客有願出其畫集者，桂徵問序於余，諾之而未見所作。今月下旬方抱畫而來，發筒把示，則工寫雜出，絹紙略備，皆花鳥也。清麗靜好如故，而詩在畫中，具見情質。逸筆飛動，離披有致。花疑解語，鳥輒含情。如聆心聲，動於顔色。自謙有畫面時或近灰者，必濛朧晻曖，含芬吐芳；又或自説畫筆有若没精打采者，則花品有懶梳妝，人事有亂頭粗服，不掩國色也。以是言之，愛好天然可想已。及叩其風景人物，則曰未遑措意；質以曩時所見，復曰都不成畫。日損如是，進乎道矣。

詩主性情，騷憐芳草，斯集殆欲兼之。夫人寄情於花鳥，將以遺兮遠者，非志潔行芳者不能。自牧歸荑，詩人猶且珍之，況兹丹青之妙，畫苑之英，又出滿族閨媛之手乎？於是欣然序之，以質同好云爾。

一九九一年十一月三十一日於初照樓

南田畫學叙録*

二十餘年前論次《南田畫學》，凡四篇：一神趣，二畫理，三家法，四古迹，皆南田語。《甌香館集》、《南田畫跋》、《甌香館法書》外，頗雜取叢帖及題畫諸作，去僞存真，删𠛬複重，有削無筆，片言隻字，著所從來，考其異同，咸有出處，以《記秋山圖始末》、《惲氏説畫小記》終焉。雖未敢謂盡得精英，庶幾粗就條理，維風可觀也。余謂南田殆一代完人，譬如圭璧性有質，其見於詩書畫者，其英華自外可知者歟？《易》云：「美在其中，發於事業。」南田身經世變，遭遇非常，猶以三絶自見，其流傳海外，照灼寰中者，益人神智，所在見珍，孰云身與運閉，無可知之情哉？或曰：南田舍山水而取草木，以讓石谷，無乃避重就輕，捐大圖細歟？曰：何謂其然也？今所有南田山水合作，無不神鋒秀異，靈氣往來，意匠天然，都無行迹，其自得於天人之際者，石谷所不能到。觀其自題或云：「人間有此境，不問之造化且不能知，何論先匠？所造如是，又誰與讓？」老子云：「夫唯不争，故天

---

* 本文原載於《南田畫學》，古吴軒出版社，一九九二年。

下莫能與之争。」予於南田山水亦云。其爲花卉，與王忘庵同時，忘庵亦一時好手，雖許惲能畫，猶以爲薄，則知之未盡矣。夫五銖之衣，云乎不薄？流風回雪，何以爲厚？造化有此奇，南田有此筆，觀其運毫，時入化境，心手兩忘，何論厚薄。必若所云，是梁楷之空煙無際，曾不如公超之五里霧矣。論畫如此，復何取乎？

且南田嘗病當時寫生家多宗其没骨花圖，實爲穠麗俗習，以悦世目，故亟稱宋人澹雅一種，欲使脂粉華靡之態，復還本色，皆良工苦心。忘庵解人，亦偶失弗察歟？蓋一時率爾之言，以應倉卒之間，設能異日舉似，雖忘庵亦將爽然自失耳。或曰：南田少日嘗受教於其從父向，其畫於香山何如？曰：香山翁蓋於北苑三折肱矣，但用筆全爲雄勁，未免昔人筆過傷韻之譏，猶是仲由高冠長劍初見夫子氣象，此南田自道，亦可謂智過其師矣。《清史稿》筆墨猥雜，乖謬時有，未爲良史，然於《惲格傳》云：「格人品絶高，寫生爲一代之冠。私淑者衆，然不能得其機趣神韻，惟乾隆中華岩號爲繼迹。」斯爲善鑒，是知十步之内，必有芳草，雖清史卑卑，猶不乏史才也。昌黎之文，或以爲能起八代之衰，及爲《畫記》，記事而已，非能記畫也。《記》云：「明年出京師，至河陽，與二三客論畫品格，因出而觀之。」趙侍御外，未知其二三客爲何等，要其論畫品格者妙處不傳，安見其能記畫哉？南田不以文名，世徒稱其三絶而已。余觀其《記秋山圖始末》，畫奇，遇奇，人奇，事奇，使無南田靈異之筆記之，又安能三百年後，猶彪炳人間，光彩奪目乃爾邪？

文本緣畫而作，初無意與文士争名，直知之深，好之篤，故言之如此其真切動人也。藝有獨詣，情有獨至，遂成此古今記畫未有之奇，昌黎可作，猶當以此事推袁耳。《惲氏説畫小記》，見《硯山齋雜記》，商略唐宋元明四代，離合南北二宗，辭約義精，知微而論，雖非惲筆，要屬親聞，因全取二記附焉，以備一家之學。清初畫苑，婁東虞山，人才輩出。其始未嘗不津逮雲間，其盛乃後來居上。惟於畫學，實未能越華亭範圍。南田繼起，近取香山，則無其膚郭，旁求思白，則汰彼華辭。澄懷觀道，妙造自然。研精名迹，心知其意。尋微之功，獨立自悟。於是常州畫學，非復雲間所能範圍矣。毗陵故多君子，代有逸才，畫手海粟猶存，丹鉛既畢，予將從而問矣。

宋季丁書風序*

宋季丁，原名崇祖，一九二〇年生於杭州之宋莊。乃祖富收藏，所蓄漢甓五百方，抗日戰爭起，敵騎犯杭，一夕摧爲瓦礫堆。弱齡好弄，入學亦不守成規。性獨喜書法篆刻，家近西泠印社，朝夕往觀，注目八家絶詣，篤好丁敬，遂以丁名，季丁其字也，卒以字行。一九五一年與王靜結婚。王本湖州望族，晚季陵夷，無力入高校以竟其學，其嫁也方任報社記者，宋則銀行職員也。旋經整編，夫婦同時失業。靜適病肺住院，驟逢此劫，幾無全理。孔子稱顔回簞食瓢飲，人不堪其憂，回也不改其樂。韓愈與李翺書乃曰：「彼人者有聖者爲之依歸，而又有簞食瓢飲足以不死，其不憂而樂也，豈不易哉？若僕無所依歸，無簞食，無瓢飲，無所取資，則餓而死，其不亦難乎？」愈之爲文，横絶一代，聲光暐然，猶謂及之而後知，履之而後難耳。予初識宋丁，年甚少，意氣揚揚，殊自喜也；始與靜遇，猶女郎，《詩·靜女》曰：「靜女其姝。」其姝好近之。二子者既涉世未深，遽蒙無所取資之困，加之以病痛，其意氣摧折爲何如耶？於是丁既聚徒以課書法篆刻，亦時市鬻骨董以濟其

* 本文原載於《宋季丁書風》，重慶出版社，一九九九年。

乏。静竟去其靓妝甘心遁跡賣餅家以撫三子，其艱難爲何如哉？然猶禍不止此，一九六〇年丁病左目，醫曰癌也，遂摘去之。嘗自揭紗布，露其創孔以示静，循是下窺若洞見内臓，可駭也。而静悉心護理無難色，爲之换藥如平時，此豈常人所能，殆天生此姝以成丁之志歟？丁故不忘所好，猶念在校時其師某氏之言，雅尚伊秉綬、趙之謙；既而有悟，以爲有進於此者，改習蕭子雲《出師頌》，略得章草意趣。偶見孫過庭《書譜》，大好之。有所未諳，時來問故，獲予片言，每大喜過望。自是作草益勤。篆隸則就性之所近，遠取秦權量詔版，近習《石門頌》、《張遷碑》、《楊淮表紀》、《爨寶子碑》，旁及漢魏磚文。若其自喜尤在草隸，雖用意漢晉間，姿態變現，無非己法爾。時頗驚俗，而有新意，諸年少喜創新者尤好之，而莫能效也。自詡刻印逾萬者，家貧實無力聚佳石，每一石六面刻之，或又磨去再三刻，爲人作者脱手與人，是以治印雖夥，而留者無幾，然而勤亦至矣。所以奏刀砉然，時有自得之致也。一九八八年又以左眼竄病變自疑。醫無仁術，孰安其心？室無空虚，難爲恬養，而季丁已矣，時年六十有九。七十古稀，即今之世，如宋之能，猶或不及，何耶？若其去也忽焉，雖静之慧且敏，無從措手，尚何言哉？然宋丁平生所好，未嘗與之俱盡；王静拔俗之操，人之所難，予故樂爲之序，以並彰其美也。

一九九五年一月二十五日書於初照樓

瘞鶴銘新語*

《瘞鶴銘》原在焦山陰崖石上(《京口三山志》云：「焦山西南曰瘞鶴岩，今淪於山麓亂石中。」《明鎮江志》云：「銘之所餘斷石，今在山之西南觀音菴下濱江崩崖亂石間，春夏水漲石没，秋冬水落，始可摹拓。」並見明正德十三年顧元慶撰《瘞鶴銘考》，所引國朝《鎮江志》，蓋正德戊寅前舊志)，銘曰「山陰爽塏」，又曰「瘞爾作銘」(闕文依王昶《金石萃編》補字，規以識之)，知瘞鶴之所，近在崖側矣。

宋董逌云「余於崖上又得唐人詩，詩在貞觀中已列銘後(見《廣川書跋》)，黄伯思以爲唐王瓚詩字畫亦類此銘，但筆勢差弱，當是效其書，故題於石側(見《東觀餘論》)。尋二子之言，足徵銘出唐前矣。

《潤州圖經》始以爲王羲之書，歐陽修《集古録》嘗引其説，而不著撰人。翁方綱與修四庫書，獨能考王象之《輿地碑記目》(此蓋明人從《輿地紀勝》抄出别行之本，王氏全書凡

---

* 本文原刊於《鐵道師院學報》(社會科學版)一九九五年第四期。

二百卷。文選樓影寫何夢華影宋鈔本，核以碑目，較彼時所見，又少二十四卷）。而知爲唐孫處元書（見《復初齋文集·跋汪退谷瘞鶴銘考手草》），館臣諱「玄」作「元」，翁亦仍之，而莫能正讀也。然四庫本王書但依熊克《鎮江志》以爲唐孫處元所作而已，故翁亦不審孫當何王之世。今考四庫所收宋陳思《寶刻叢編》，《潤州》有「唐荆王神廟碑，唐孫處玄撰。正書，無姓名。先天二年三月立（《復齋碑録》）」，玄不作元，但缺末筆而已。然據此可知孫不名處元，先天二年，則公元七一三年，是處玄實當睿宗時，八世紀初人也。覃溪弟失考陳書耳。處玄之時代既有確據，則宋以來臆測銘出唐人者，自可存而不論也。若趙明誠《金石録·目録》「第九百四」，別有「唐荆王神祠記，正書，無書撰人姓名，先天二年三月」，同時同神，石名小異，未知《碑》、《記》是一是二，而撰人一有一無。果屬同石，苟非趙氏著録偶疏，則必所得拓本，不如復齋之完也。

若孫書之漫云右軍，則宋人自永叔、君謨以下多不信之，雲林、廣川辨之尤精，遺文具在，不煩辭費矣。山谷於書，以視錢穆父、黄長睿，未免所見不廣。觀其作草匆窺藏真，爲穆父所譏；於唐經生書《遺教經》之誤傳右軍，亦先無定見，而旋發其覆可見矣。其乍睹此銘，字亦奇特（永叔語），遂深信不疑，要無足怪也。

尚論字體，君謨察其有楷隸筆，不失先覺；惟指爲隋代，故不如長睿之博聞明辨，直指蕭果也。今即不煩遠引，乾隆五十年孫淵如於句容城北訪得梁天監丙申（十五年）井床殘字，遺文尚存，銘記皇帝愍商旅渴乏，詔茅山道士作亭井事。徒論字體，亦其儔類，時地風尚，居然可知。丙申通明年六十五，實在茅山，殘字體勢如此，豈由隱居晚愛隸法，而道流化之邪？光緒十年江標於山左學署鈎橅武進莊秉文舊藏殘宋拓《瘞鶴銘》四十七字，越十二年鍥木於湖南學署，自記云「宋拓與今本迥殊，見此可證與北朝碑版相通」，孰意建霞片語，乃與君謨後先，良由打本略同，庶幾會心不遠爾。

明正德以來，爲《瘞鶴銘考》者相望，若其留意字體，辨析書勢，討論尤精者，蓋亦無多。汪退谷云：「今閱滄洲拓本，真若新發於硎，厥字兩點下用一反筆，尤顯然，洵實物也。」（見汪《考》），汪鑒不虛，然亦僅舉此一事耳。覃溪所考，於「化於朱方」曰「方字是篆勢也」，於「裹以玄黄之幣」曰「以字行書。之字作飛白勢，曳若行雲」，於「胎禽」曰「按胎字月旁右丨，末似微有外出反向之意」，於「浮丘」曰「浮字十畫皆用分隸法，此銘凡水旁皆如此」，於字體書勢，言之尤詳。既有得於心，乃言之有味耳。於「厥土惟寧」，厥字反筆引退谷説，蓋有契其言矣。惟「土」字則曰「愚諦玩土字下横畫反偃向上，與鐘鼎文惟王「王」字下畫相似。此銘凡横直畫皆寓向背之勢，所謂似欹反正者也」，其言向背欹正之勢是也；以爲此「土」字下横畫反偃向上，又以金文爲解，則實爲壞字所誤。今驗江標鈎橅宋拓殘字及朱銘盤雙鈎江寧唐氏從諸城相國（當是石菴）家鈎出本「土」字下横畫並不反偃向上可證。翁氏用力既深，所見亦廣，猶有此失，學者尚論金石，能不慎言其餘乎？

莊氏舊藏，今不可見，試即建霞鈎橅本言之。「勢」字流美，多用圓筆，正得篆勢，翁氏獨舉「方」字，未見此拓耳。「土」、「壬」、「紀」、「也」諸字又多出方筆，厚重如古分隸。「浮」字諸奇，除翁評外，試觀「子」之上「一」下「十」，乍接乍離，翩若驚鴻，參差其羽者，則山谷所評「勢若飛動」（見《豫章文集·題瘞鶴銘後》）者可見矣。然不睹此拓，於「浮」字亦驚其分背厚重之力，而無以深領其飛動之姿也。「蕩」字右下作「㔢」，其分佈之美，兼篆、分之勢，非此拓不全矣。二「事」竪筆之末左，腴美，與上元出土梁天監十七年（公元五一八年）《蕭秀碑》筆勢相通，足明黄董所鑒之精。略舉數端，習者可以隅反。然則江氏之珍異莊本，爲之鈎橅傳佈之有益書學，信乎功不可没也。

清人論此銘書品，則王夢樓嘗云：「黄涪翁稱大字無過《瘞鶴銘》，蓋謂其蕭散宕逸，有人外遠致，覺東坡所謂大字難結密而無間者，尚隔一塵也。」（見乙卯秋應六畬世好索書長卷）著語無多，頗得要領。光緒戊申張曾疇跋匋齋所藏又以爲筆法全出二王，引孫過庭右軍書評「思慮通達，志氣和平」、「風規自遠」、「思逸神超」諸語，自謂「展玩鶴銘，想見胸懷曠達，氣度從容，直接山陰神髓，又謂匋齋「此拓氣韻深厚，當於筆畫外窺神髓」，亦有見之言，鶴銘不出右軍，若論書品，則神光離合，未嘗不可同異相參也。

今考陶隱居《又上梁武帝論書啟》云：「比世皆尚子敬、敬元（正統本道藏《隱居集》「元」下衍「未」字，據《法書要録》删），繼以齊代名實脱略，海内非唯不復知有元常，於逸少亦然，非排棄所可黜。」蓋宋齊時尚，偏務小王、羊欣，蕭衍欲力矯時弊，遂追美元常、逸少，是以隱居作啟，又有「反古歸真」之言耳。流覽此銘，用筆出入篆隸，駕馭方圓，古意今情，奔湊腕下，長而逾制，時存鍾法，小大參差，脱略山陰，此正天監反古之風，華陽出塵之致，縱非陶筆，亦表裏之矣。

三朝畫即席談*

——和巴黎人談中國畫

唐朝詩中有畫的王維，爲了酬答兼能丹青草隸的故人張諲以詩見贈，曾寫下「隱囊紗帽坐彈棋」的名句，這裏的「隱囊」，移指沙發上的靠墊，也就是英語的 cushion，法語的 coussin，在這樣的氛圍讀畫，自然會輕鬆得多。這一即席談，無非英語的 table talk，法語的 propos de table，就像是餐桌上的談話。三朝名畫，不正是東方的瓊漿(nectar)和玉食(ambrosia)麽？

三朝畫呢，首先是元，其次是明，最後才是清朝的繪畫。元是蒙古入主中原以後建立的王朝稱號。太祖鐵木真(成吉思)公元一二〇六年(宋寧宗開禧二年)即位於斡難河之源(黑龍江上游)，一二二七年(宋理宗寶慶三年)滅西夏，兵力遠及歐洲。太宗一二三〇年(紹定三年)定都和林(今庫倫西南)，不久滅金。世祖忽必烈才在宋理宗景定元年建立

---

* 本文手稿原名《隱囊畫語——三朝畫即席談》，刊於《鐵道師院學報》(社會科學版)一九九五年第一期後，改爲今名，並刪去開頭至「輕鬆得多」一小段文字。今據手稿增補，唯以學報所刊流傳較廣，故文題一仍學報。

「中統」年號，以這年爲元年（公元一二六〇年）。一二六四年（景定五年），元至元元年，始都北京，八年（度宗咸淳七年，公元一二七一年），才定國號叫大元，十三年（端宗景炎元年，一二七六）滅宋。如果從宋亡後起算，自至元十四年（一二七七）到至正二十七年（一三六七），首尾不過九十一年，日本大村西崖的《中國美術史》就是這樣算的（未見原本，民國十七年商務版《歷史叢書》陳譯本似有訛譯，原本亦容有錯，所引已同改寫，譯本失誤，隨手訂正，不再説明），這是一種計算標準。這種演算法實質和清代學者畢沅諸人的《續資治通鑑》没有什麽出入。畢書《宋紀》止於德祐二年閏三月，公元一二七六年，元至元十三年。就在這年的夏四月别爲《元紀》。春夏分屬兩紀，計時比較精確，如求整數，就得出大村的演算法。若從元之爲元算起，還得加上六年，一共是九十七年。又如國内近時一般又多以一二七七年爲端宗景炎二年，一二七八、七九年分别爲帝昺祥興元、二年，元代就得從公元一二八〇年（至元十七年）算起。這些還僅僅是年代學上的問題，至於畫家生卒及其活動，就會更多出入，絶不可能刻定其上下限。

明從太祖洪武元年，公元一三六八年，到思宗崇禎十六年。公元一六四三年，計二百七十六年。清從世祖順治元年，公元一六四四年，到宣統三年，公元一九一一年，計二百六十八年。公元一九一二年，就是中華民國元年了。這兩朝加上元朝的九十一年，合計六百三十五年。三朝畫的範圍，大致在這上下六七百年之間。

元代畫家，從錢選到唐棣，都生於十三世紀，倪瓚較晚，生於一三〇一年，已入十四世紀初年。自李衎生年(一二四五，宋理宗淳祐五年)到王蒙卒年(一三八五，明洪武十八年)，就是一百四十年，已經跨越宋、元、明三朝了。元初畫家，時涉南宋院體；如華亭的沈月溪，畫山水人物學馬遠，往往亂真，人莫能辨。松江的張觀，畫山水學馬遠、夏圭，特長于模仿，華亭的張遠，善畫山水人物，學馬遠、夏圭，臨摹亦能亂真(並見夏文彦《圖繪寶鑒》)。時代變了，近在松江一帶，專畫南宋院體單是馬、夏高手就有這麽些人，此中消息，可見一斑。元季諸家，才雄筆健，遠非馬、夏所能範圍，風氣爲之一變，下開明畫，水到渠成，不一定要像倪、王之卒在明初，即如王、吴之終於元世，又何嘗不然呢?

我很欣賞法國加利埃娜·弗朗卡斯泰爾(Galienne Francastel)在爲她和皮埃爾·弗朗卡斯泰爾(Pierre Francastel)合著的《法國繪畫史》(Histoire De La Peinture Francaise Editions Gonthier，1955)中譯本(嘯聲譯，上海人美版，1987)寫的《序言》裏的話，她説一部繪畫史也像任何其他藝術史一樣，可以用許多方式去理解。這些理解方式，就其全體而言，卻有共同的弊病。弊病在於把藝術領域當作一個獨立的實體；而這個獨立實體，又是根據接續交替的特殊規律，被一些十分確定的日期框死在把每個時代都截然斷開的時間裏。我認爲從繪畫史看，把繪畫的歷程分割成不連續的時段來處理，無異通過截割表面來尋覓時間。我也重視她倆爲突破這個僵死的框框，鑒於作品及其作者的實際存在，又考慮到區分彼此的風格差異這一事實，力圖做到既看人又看作品，而且把他們的作品看成是藝術思想、藝術語言和表現手段的努力。《序言》指出藝術對社會的作用，也是有道理的。但提到那樣的强度，顯然是比較晚近的西方思潮的産物，用於元畫，對一些特殊的人物，像鄭思肖的畫蘭，龔開的畫馬，就比較合適。若以爲通例，一概而論，那就有時也會遇到麻煩。讓我們看看法國安德列·比利（Andre Billy，1882-1962）的《狄德羅傳》（Diderot，張本據巴黎法蘭西出版社一九三二版譯出，商務一九八四版）吧，他引聖貝夫的話：「常去各家畫室的狄德羅來到大衛的畫室；他看到畫家剛完成的一幅畫；他贊美它，闡述它，他從中看出偉大的思想以及宏偉的意圖。大衛凝聽著，向他實説他並不具有所有那些美好的思想。『什麽！』狄德羅叫了起來：『您是在不知不覺中，本能地如此行動的？這更妙哇！』於是，贊美之詞説得更起勁了。」（P261）狄德羅是多麽雄辯，大衛又是多麽謙遜啊！還算好，可憐的大衛，到底没對狄德羅這麽説：「您的這番贊美和闡述，在我聽來，倒也有點像是在不知不覺中，本能地如此行動、如此説話的，我們可真是一對妙人啊！」這還是十八世紀的佳話啊，説起元畫，還要上推四五百年，那遠在十三四世紀的畫家們，又是如何行動、如何思想的呢？

可是畫家畢竟是有思想的，尤其是文人畫家，其創作思想的深度、廣度，隨其天賦、學養的不同，也就因人而異。我想借趙孟頫爲送道士吴全節自京謁告歸省父母所作《古木竹石之圖》來説明這一看法。虞集《道園學古録》在《送吴真人序》裏記下了趙對吴説的話：「《詩》不云乎？『緑竹猗猗』，衛人所以美武之德也。『維石岩岩』，言民之所具瞻也。『南有樛木，葛藟纍之』，君子之所以綏福履也。」虞集説趙於是合絹兩大幅，畫了這幅畫送給吴道士，這是元朝畫家清楚地説明自己創作思想的一個特殊例子。虞集又説這幅畫「竹並立如鐵石，枝葉交錯深至不可測，而歷歷可數。老木參植其間，若寒蛟古虬，角虬距短，蒼然真有以共夫千載之冰雪者。石脈縝密，八面具備，蔚乎高深而堅潤，有以見所托之固且厚者焉。」這是虞在代趙解釋他的繪畫語言，蒼堅有節的竹子，雖多不亂的枝葉，這自然象徵君子的穆如清風、飽經風霜的老樹，不正突出了歲寒之姿嗎？即於其人所托之固且厚，就通過石脈的縝密、石勢的高深、石質的堅潤，而表現得無微不至了。虞集還説：「而變化之妙，乃不繫於形質，蓋其翰墨法度深穩，能極古人神巧之所至而兼之，固數百年之寥寥者矣，此尤其心許而神完者也。」他的這篇《序》，不但使我們如見此畫，並且有以得其用心。這樣的記畫，大概也算得上「固數百年之寥寥者矣」了。

至於鄭思肖的畫蘭，文嘉的《鈐山堂書畫記》裏就有他的《蘭花圖》，文氏附箋說：「鄭本宋之遺民，其所作蘭不寫土，人有問之者，答云：『被番人奪去了。』」《圖繪寶鑒》也說他「工畫墨蘭，嘗自畫一卷，長丈餘」，「題云：純是君子，絶無小人」，他的創作思想，不惜自己一語道破，竟使後之讀者，未見其畫，先見其人了。鄭元祐《遂昌雜録》說他「平日喜畫蘭，疏花間葉，不求甚工，其所自賦詩以題蘭，皆險異詭特，蓋所以輸寫憤懣云」，這話是對的。他所輸寫的不正是亡國之恨、切膚之痛和整個民族的空前浩劫嗎？錢選也是遺民，他的《題山水卷》絶句有「不管六朝興廢事，一樽且向畫圖開」；又「我亦閑中消日月，幽林深處聽潺湲」的句子（並見顧嗣立《元詩選》二集《習懶新稿》），其人可想。蘇天爵《國朝文類》卷八陳儼《錢選畫花》説：「雪翁夙號老詞客，亂後卻工花寫生。寓意豈求顔色似，錢塘風物記升平。」吴澄《題蹴鞠圖》並《序》引錢舜舉云：「此本舊藏御府，兵火流落人間，今摹仿以遺好事之君子。」（見吴氏《文集》卷四十五）畫的是宋太祖、太宗和佐命諸臣蹴鞠的形象，這正是宋遺民在異族統治之下以寄其故國之思的表現。淩雲翰《柘軒集》卷二《錢舜舉桃源圖》「眼看宋業將移晉，惆悵先生避世心」，深得錢旨。戴表元《剡源文集・題畫》云：「吴興錢選能畫嗜酒，酒不醉不能畫，然絶醉不可畫矣。惟將醉醺醺然，心手調和時，是其畫趣。畫成，亦不暇計數，往往爲好事者持去。今人有圖記精明又旁附謬詩猥劄者，蓋贋本，非親作；設親作，亦非得意畫也。」表元數言，道盡雪翁畫趣。如用這個標準，衡量人間錢畫，到底有幾幅是親作，非贋本，都很難説，何況得意畫呢？

元畫的關鍵人物是趙孟頫，既鋭意唐五代宋東都的氣象、骨力、風采、神韻，因而能一掃南宋以來的靡弱、纖細、局促、破碎、繁瑣、甜俗的畫風，也開闢了面目一新的自己的繪畫境界。子昂津津樂道的所謂古意，其真諦在此。力挽頽波，熔鑄一代，終元之世，非趙而誰？如果以爲趙氏於畫，一味復古，只是骸骨的迷戀，那就大錯特錯了。這樣一來，自唐代王維、鄭虔，北宋李成、文同、蘇軾、李公麟、王詵、二米的文人畫，直到元初的錢選、趙孟堅，得趙孟頫而集其大成。不但元季四家，直接間接或多或少地受到他的啟發和影響，就是明代的吴門、雲間，清代的婁東、虞山畫派，也無不與他所開拓的業績有關。董其昌説「文人之畫，自王右丞始」，把董巨、范寬，都算做嫡子，李、王、二米、元四家，皆其正傳。明則文、沈，也算遥接衣鉢（見《畫禪室隨筆·畫源》）；偏偏不提趙孟頫。這還不算，董又認爲元四家評畫，竟以高彦敬配趙文敏，恐非偶也（也見《畫源》）。這樣評畫，雖非無所見，可是對趙畫的堂堂之陣竟避而不談，爲了便於揚己一長，偏攻墨戲，卻抬出高彦敬來，翻四家之案，這已不免有點晚明學究門户之習了。

明人看重元畫，爲時不算早，王世貞在隆慶二年，公元一五六八年題黄大癡的《江山勝覽圖》還説「近來吴子輩爭先覓勝國趙承旨、黄子久、王叔明、倪元鎮畫，幾令宋人無處生活，余甚爲扼腕」，可見當時爭覓元畫，還是吴門近事，算來已是十六世紀後半的事了。這年元美四十三歲，王雖盛贊此圖尋丈而有萬里之勢，且用筆極簡，而意恒有餘，真西施洗鉛粉立苧蘿時狀，卻又爲宋畫不平，把吴中人士説成吴子雖屬打趣，也不無貶意。王世貞的朋友何良俊就説：「元人之畫，遠出南宋諸人之上。文衡山評趙集賢之畫，以爲唐人品格。倪雲林亦以高尚書與石室先生、東坡居士並論，蓋二公神韻最高，能洗去南宋院體之習。其次則以黄子久、王叔明、倪雲林、吴仲圭爲四大家。」又説「此外如陳惟允、趙善長、馬文璧、陸天游、徐幼文諸人，其韻亦勝。蓋因此輩皆高人，恥事胡元，隱居求志。日徜徉於山水之間，故深得其情狀。且從荆、關、董、巨中來，其傳派又正，則安得不遠出前代之上耶？乃知昔人所言，一須人品高，二要師法古，蓋不虚也。」又説「四家之畫，其經營位置氣韻生動無不畢具，即所謂六法兼備者也。」（何良俊《四友齋叢説·畫二》）何氏自言於畫篤好，又得衡山先生相與評論，故亦頗能鑒别。他的力推元畫，可謂振振有辭。對照王、何所説，可見吴子爭覓元畫，既包括文門在内，吴中形成一種爭先的風氣，自然可以説也受了衡山鑒畫的影響，由此上推，理所當然要追數到沈周的開山之功了。沈周曾祖良琛，是王蒙的朋友，家有蒙畫，那是很自然的事情。沈周的父親沈恒，字恒吉，是良琛之子澄的次子。沈周字石田，是恒吉的長子。倪瓚的《水竹居圖》就有沈恒吉的收藏印。即此可見，王世貞所説吴中風氣和沈、文鑒賞是一脈相承的。

從宋畫到元畫，無論技法、畫趣、風格都隨時有所變化，有繼承也有揚棄，有改造也有發展，有些舊規的淡出和新意的淡入（借用電影術語），就像銀幕上顯現的鏡頭一樣。繪畫本是空間藝術，通過繪畫史看畫，就賦予了時間意義，因此也有運動，能覺察此種動感，才能理解無論繪畫的創作或欣賞在具備有利條件的前提下，都會有一個推陳出新的過程。真正重視元畫，無異發現元畫，在明代算是十六世紀後期的事，那末西方呢？也有這麽個過程。美國的高居翰（James Cahill），在他的一本論述元畫的專著前言裏就説過，遠東以外的國家對元畫的研究，在三十年前才開始，並且對其價值多少還有些爭議。人們常常把十三世紀後期的畫看作一個偉大傳統衰竭以後的西風殘照，至少也認爲隨著宋王朝的崩潰而江河日下了。喜龍仁（Osvald Sirén）在他的《後期中國繪畫史》中提供了有關主要畫家和畫派的基本知識和一批代表作的圖版，但他很少考慮到十三世紀以後的畫怎樣在其風格和美學背景上不同於以前的畫這個基本問題。另外有一些人象施派澤（Werner Speiser）和羅樾（Max Loehr）雖然承認在元代畫家傑出成就後面有一個大幅度的藝術價值的轉移，但是要揭示那些價值是什麽，並對這一廣大而迷人的新領域作出較充分的瞭解和研究，卻因爲除了一些品質不高的複製品以外，不能看到足够的好畫而無從著手。五十年代以來，由於美國和歐洲的博物館及私人收藏家收藏了他們已可和遠東相匹敵的藏品，同時也由於中國美術家越來越把注意力從早期繪畫轉向靠後的幾個世紀，才使西方的中國美術史專家們把自己的目光從宋畫轉向元畫。由於藏品的不斷充實，眼力的不斷提高，認識也不斷深入。高居翰的話對這一過程扼要地作了恰如其分的説明，我在《朗潤園讀畫記》裏已介紹過，這裏順便提一下，如果和王、何評論元畫的不同對照，就不難看出儘管地有中外，時有古今，對同樣兩宗藝術品，居然也存在著十分相像的認識、發現、欣賞過程，這不是非常有趣味的事情嗎？

現在可以談點鑒賞力的問題，法國R·G·塞斯蘭在《鑒賞力與文明》（見《美學譯文（1）》）裏提到「鑒賞力就是當時高雅社會的風尚」。他引夏爾·洛倫的話説「這種鑒賞力，在每一門學科和每一科場合，它們都在學習應該做什麼，應該怎樣做」。又説恰恰就是這種鑒賞力「與社會風尚和生活方式相聯繫」（洛倫《對鑒賞力的一般思考》，巴黎，一七五四）。他引杜博長老的話説「樣式和觀衆改變了，誰都無法評價作品，也無法具有鑒賞力」（《關於詩歌和繪畫的批判性的思考》，一七一九），這些話不管是古典的、現代的，或者换一個説法，片面的或全面的，多少道出了鑒賞力的存在、改變和消失，也在一定程度上指出了它的作用。他明白提出現代的批判，一種風格多元論的思想比起十八世紀思想家，眼界又有所開拓了。他説「有一部分鑒賞力來自文明，這種文明由比較的美所支持；有一部分來自體質，來自感覺。鑒賞家概括文明，文明在他身上活著，在他那兒理解他自己，成爲可以説是個人的文明。鑒賞家就是某種文明的産物。同樣地，通過他所具有的意識，他也從這種文明中解放了出來。他所進行的選擇是自由的」，這話是有道理的。我們把這三朝中國畫提供給法國朋友，不正好爲比較的美創造一個有利的條件麽？看看小泉八雲（Lafcadio Hearn，1850-1904）一八九〇年給伊莉莎白·比思蘭的信吧，他説「我以爲在北齋（葛飾北齋，日本浮世繪畫家，1760-1849）和他以後的畫家的一幅印刷複製品中比我們一幅一萬美元的畫中的藝術更多——不，比一幅價值十萬美元的畫中的藝術更多！」這是一百多年前小泉看到了日本的浮世繪畫家的作品通過比較的美獲得的鑒賞力，可惜他没能看到日本畫的本家（はんけ）——中國畫。這裏只提一下雪舟（小田等揚，1420-1506）就够了，他成化四年（公元一四六八）隨日本使臣來中國，游歷各地，接觸了許多畫家，五年回國後吸取南宋畫風，開闢了日本水墨畫新境界，代表作有《四季山水圖》、《慧可斷臂圖》、《山水長卷》等。他來中國時，正是杜瓊、沈周爲明畫力破餘地，自張一軍的時候，可是他帶回去的卻是馬夏餘風的南宋院體。可見他當時接觸到的，多半是宫廷院畫或民間畫師，還不是當代繪畫的主流；可是和日本民族特點一結合，就自然孕育了一種新型的美。明朝的皇帝象宣宗自己就能畫，畫的正是南宋院體。宮廷畫師如王諤，弘治間供事仁智殿，大被寵遇，當時孝宗偏愛馬遠，就大大稱贊他説：「王諤，今之馬遠也。」宮廷如此，民間可知。直到杜瓊、劉珏、沈周這班人前後相繼，明畫才自成面目。此後吴越之間，人才輩出，明畫終於脱穎而出，不再爲殘宋晚元餘習所牢籠了。

「巴黎的老百姓，根據伏爾泰（1694-1778）的看法，大概有六十萬，可能只有三千人具有一點鑒賞力。世界實際上是屬於野蠻人的，就象由哥特人所統治的時代一樣。」（見塞斯蘭文）伏爾泰説的是十八世紀的事，現代的巴黎人口，近來統計，僅市區已近二百三十萬，若算都市區就是一千零七萬了。伏爾泰的話，該早已失效了，世界難道還屬於野蠻人麽？我們相信巴黎人會有極好的眼力——鑒賞力。穿過巴黎城市的塞納河中就有兩座河心島，斯德島上還有十二世紀建造的巴黎聖母院教堂，聖路易島上竟有十七世紀建築的狹窄街道和房屋，巴黎人没有很好的鑒賞力，這些街道房屋，不也會和只知愛錢，不知愛美的野蠻部族一樣，給拆賣得一干二淨麽？就憑這一點，我深信巴黎人是能很好地欣賞趙孟頫的《洞庭東山圖》、《水村圖》和《鵲華秋色圖》的。

再看看狄德羅是怎麽談鑒賞力的，他説：「鑒賞力往往和天才是兩回事。天才是純粹的天賦，它産生的作品是片刻之間完成的；而鑒賞力則是學習和時間的産物，它立足于對大量確定或假定的法則的認識，它導致産生一種常規的美。按照鑒賞力的標準，一種美的東西必須是嫻雅的、完整的、經過精雕細琢而天衣無縫的；而一件天才的作品有時卻必須粗糙、隨便、貌似不規則、艱澀、原始。」（見《天才》，三聯版《懷疑論者的漫步——狄德羅文集》）他倒是有那麽點天賦的，不然，怎麽能把天才説得那麽栩栩如生、呼之欲出呢？可是，他説的鑒賞力，只是常規的鑒賞力；至於非常的鑒賞力，難道和天才無關麽？

清代畫家方薰《山靜居畫論》説：「張來儀、徐幼文、陳氏大小髯、王友石輩，筆墨不變元格。至沈臞樵、姚公綬、杜東原、劉完庵諸老，風骨超邁，開沈丈之先，一時吴下名作並起，毫素之妙，奄有唐宋。」沈臞樵就是沈遇，《明畫録》説他「工山水，雅精水墨。馬夏淺絳、李唐深色，種種能之。摹趙伯駒，至能亂真」，可見其出入諸家，能事甚多。風骨超邁，自在意中。我認爲方説對元明兩朝畫風轉移，能見其大，立論也相當精闢。這種見識，已經在一定程度上有點超越狄德羅説的那種常規鑒賞力了。他説張徐等五家不變元格，極是；沈杜等四家風骨超邁，開沈周之先也不會錯。沈遇長杜瓊十九歲，天順二年（公元一四五八年）已經八十二歲，還爲沈周的祖父澄（字孟淵）寫《西莊雅集圖》，而杜瓊爲之作記（並見張丑《真跡日録・三集》）。這樣的「名跡」（也是張説），這樣的淵源，説他開沈周之先，語當可信。我們不妨這樣看，明畫直要到沈杜劉姚諸人導夫先路，石田集其大成，吴下名作並起，才算奠定了自己的風格。於是有吴門諸子，包括文、唐和文門弟子，也就盛極一時了。

爲什麽要到沈杜劉姚沈周之世，也就是十五世紀前後，才會一時吴下名作並起呢？這裏還有個社會因素。原來這五人除了沈遇、杜瓊生於十四世紀晚期，其餘都生於十五世紀初；沈杜劉姚都卒於十五世紀後半，只有沈周卒於十六世紀初，不妨説他們的藝術活動主要在十五世紀。據和沈周同時只小三歲的吴人（長洲）王錡所著《寓圃雜記》説「吴中素號繁華，自張氏之據，天兵所臨，雖不被屠戮，人民遷徙實三都，戍遠方者相繼。……邑里蕭然，生計鮮薄，過者增感。正統、天順間……稍復其舊，然猶未盛也。迨成化間……則見其迥若異境，以至於今，愈益繁盛。閭簷輻輳，萬瓦甃鱗，城隅濠股，亭館布列，略無隙地。輿馬從蓋，壺觴罍盒，交馳於通衢。水巷中光彩耀目，游山之舫，載妓之舟，魚貫于緑波朱閣之間。絲竹謳舞，與市聲相雜。凡上供錦綺、文具、花果、珍饈，奇異之物，歲有所增。若刻絲累漆之屬，自浙宋以來，其藝久廢，今皆精妙。人性益巧，而物産益多。至於人材輩出，尤爲冠絶。作者專尚古文，書必篆隸，駸駸兩漢之域；下逮唐宋，未之或先」，吴下名作並起，就是在這樣的社會裏出現的。

方薰又説：「書畫自畫禪開堂説法以來，海内翕然從之。沈、唐、文、祝之流遂塞，至今無有過而問津者。近來又以虞山、婁江爲祖法，亦復不參香光。一二好古之徒，獨行孤詣，必皆非笑之。書畫之轉關，要非人力能回者。」他的話正好説明了從董説盛行，沈、唐、文簡直無人問津，這段時間大約從晚明到清初的康雍之際吧，這算是雲間派繼吴門派而興的時期。曹滔題趙孟頫《鵲華秋色圖》説「世人解重元末四家，不解推尊松雪，絶不足怪，不過胸中無書耳」，也在這時，正是董説風行的影響，沈、文、唐是從不貶薄趙畫的。方氏所謂近來，大約就是乾隆年間吧。虞山是指王翬，婁江就是王時敏及孫原祁和王鑒，正是我們常説的四王。祖法四王，香光竟也無人問津了。方説「獨行孤詣，必皆非笑之。書畫之轉關，要非人力能回者」，不正是杜博説的「樣式和觀衆改變了，誰都無法評價作品，也無法具有鑒賞力」麽？可是獨行孤詣之徒，還是有的，不過無力挽回一時風氣而已。曾經有過的鑒賞力，也不一定消失，只是彙入洪流，形成新浪吧。

現在談談書畫用筆之妙，天機所到，感而遂通的道理。方薰説「陸探微見大令聯綿書，悟其筆意，作一筆劃，宗少文亦善爲之。僕見黄鶴山人山水樹石房屋，一筆出之，氣勢貫串，有奇古疏落之致」，又説「曾見海昌陳氏陸探微《天王》，衣褶如草篆，一袖六七折，卻是一筆出之，氣勢不斷，後世無此手筆」（並見《山靜居畫論》，下同），這是説陸探微因見王獻之書，悟其筆意，用來作畫，就收到氣勢不斷的效果。元代王蒙畫山水樹石房屋，一筆出之，也有奇致。劉體仁説「黄子久《天台石壁圖》，大幅，樹石皆一筆寫成」（見《七頌堂識小録》），何良俊説「元人又有柯丹丘，台州人，槎芽竹石，全師東坡居士。其大樹枝幹，皆以一筆塗抹，不見有痕跡處。蓋逸而不逸，神而不神，盤旋於二者之間，不可得而名，然斷非俗工所能夢見者也」（見《四友齋叢説·畫二》），於此可見元朝的黄公望、王蒙、柯九思都善於用這種畫法，這也是元畫的所以能盤旋於神逸之間的一項奧秘吧。方薰又説「點簇花果，石田每用複筆，青藤一筆出之。石田多藴蓄之致，青藤擅跌盪之趣」，又説「陳道復煙林雲壑，墨氣濃淡，一筆出之，妙有天機，而不涉畫家蹊徑」，可見在明畫中徐渭用此法點簇花果，就擅跌盪之趣；陳道復用來畫煙林雲壑，也妙有天機。這些大致是屬於一筆劃、一筆出之的各種例子，算是問題的一面。我們不妨再看看另一面。王世貞《題文與可畫竹蘇子瞻詩後》説「東坡先生嘗贊石室先生畫竹曰：詩不能畫，溢而爲書，變而爲畫，……後石室復貽東坡書云：近語士大夫，吾墨竹一派，近在彭城，然則石室真能以書爲畫者耶？若東坡縱横八法中，寧無篔簹谷筆也？」（見《弇州四部稿·文部·畫跋》）弇州此問，就讓板橋來回答吧。清朝揚州八怪中的鄭燮（1693-1765）自題所畫《墨竹》圖軸説：「文與可、吴仲圭善畫竹，吾未嘗取爲竹譜。如東坡、魯直作書，非作竹也；而吾之畫竹徑學之。黄書飄灑而瘦，吾竹中瘦葉學之；東坡書短悍而肥，吾竹中肥葉學此。」（見《揚州八怪畫集》，江蘇美術出版社）書家消息，滲透入畫，只拈板橋此例，也够淋漓盡致了。我們還可以再看看另外一些例子，不妨算是問題的又一面。張丑《清河書畫舫·元趙孟頫》引《格古要論》説：「古人云：畫無筆跡，如書之藏鋒。嘗見趙魏公自題己畫云：石如飛白木如籀，寫竹應須八法通，正所謂書畫一法也。」湯垕《畫鑒》説：「趙孟堅子固，墨蘭最得其妙，其葉如鐵……作石，用筆輕拂如飛白書狀，前人無此作也。……子昂專師其蘭、石，覽者當自知其高下。」可見子昂的石如飛白，正從子固處來。張丑《真跡日録》收《董玄宰評畫》説：「子昂嘗詢錢舜舉曰：如何爲士夫畫？舜舉曰：隸法耳。隸者以異於描，所謂寫畫須令八法通也。」元人以米元章父子與高房山侍郎爲士夫畫，這條不見《畫禪室隨筆》，卻很重要。《隨筆》説「文人之畫，自王右丞始」。王蒙是趙孟頫的外孫，晚年爲坦齋在宋羅紋紙上作畫，自題「寫畫如同寫隸書」，正是他早年從外祖父那裏聽到的錢舜舉的畫論，卻終身服膺，到老不忘如此，所以能心到筆到，難怪倪瓚題王蒙的《岩居高士》要説他的畫「筆力能扛鼎」了（見《真跡日録三集·慎獨清賞》）。明朝的宋濂題趙子昂《山房清思圖》説「趙魏公以藝文名天下，及用篆籀法施於繪事，凡山水、士女、花竹、翎毛、木石、馬牛之屬，亦入妙品」（見《宋文憲公全集》卷八），趙自己只説木如籀，宋濂又把這話大大推廣了，或者是各有所見吧。中國畫，尤其是滥觴錢（選）、趙（孟堅）的自元以來的文人畫，和書法的關係竟是如此微妙，在世界繪畫中簡直獨一無二，不也是很有趣味，而又大可注意的事嗎？

水晶宮漫筆*

一

趙子昂，吴興人。吴興瀟灑郡，其爲書畫藪舊矣。子昂宋亡益自力於學。時從敖明善、錢舜舉輩講習經術，旁及藝事，故博覽多聞，書畫音律，無不精通。至元二十三年，以程鉅夫薦，入見元世祖，神采秀異，照耀殿庭，世祖稱之，以爲神仙中人，使坐於右丞葉李之上，耶律不平，竟遭斥逐。非具天人之表，如宋景濂所贊，何以致此？石勒於王夷甫亦云「吾行天下多矣，未嘗見如此人」，意欲全之，問其黨孔萇，萇之對何其似耶律之言。勒猶曰：「要不可加以鋒刃也。」然勒之於人，才如葉公好龍，智及之而器不足以受之，宜其終於無成也。以視忽必烈之雄才大略，不亦遠乎？王敦過江猶稱夷甫處衆中如珠玉在瓦石間，是必有過人之姿。史言舉軍爲石勒所敗，勒問衍以晉故，衍爲陳禍敗之由，勒甚悦之，與語移日，此豈可以

* 本文原刊於《朵雲》第四十五輯，一九九六年。

苟得邪？衍之失在祖尚浮虛，不戮力以匡天下，其臨終已自道之矣。若説「少不豫事」，與史云「希心玄遠」者不殊，亦非詭辭，徒以禍敗之餘，人終不諒耳。然則遭遇不同，張弛或異，其禍福亦不侔矣。子昂之出，要非得已，母丘督之於前，妻管望之於後，讀《罪出》云云，情見乎辭矣。「遠志」、「小草」之言，慟哭訴天之句，字字心聲，非同矯飾，君子哀其志而考其行，則其人可知矣。《元史》本傳於刑部議法則曰「法者人命所繫，議有重輕，則人不得其死矣」；其偶成懷人絶句則曰「乍可望塵迎使者，何堪據案棰疲民」，非仁人之言乎？又按至順三年文敏《謚文》，於政事則「遇事敢言，議法刑曹，一去深文之弊；條事政府，屢犯權臣之威；佐郡治則平反役卒之寃，與學校則奬勵勤苦之士」；於德行則「官登一品，名高四海，而處之恬然若寒素，未嘗有矜己驕人之色」，求之於今，若是者幾人？悠悠之口，任意點嗤，幾何不流於鄉訕，而無裨於論世邪？柯劭忞作《新元史》，謂「趙孟頫以宋宗室之後，委贄事元，躋於通顯。其在《大雅》之詩曰：殷士膚敏，祼將於京。劉向以爲憫微子之朝周，故君子不責孟頫，而爲趙氏憫也」。着墨不多，自然遒上，卓爾良史之才也，他能稱是，亦庶幾陳范儔矣。張丑《清河書畫舫》著録子昂書畫有「小楷《尚書·洪範》並圖」，嘉靖乙未文徵明書其後曰：「維公以宋之公族，仕於維新之朝，議者每以爲恨。然武王伐紂，箕子爲至親，既受其封，而復授之以道，於千載之下，不以爲非。」衡山此跋，所見略同，毋亦趙志歟？若叙致之美，柯尤後來居上爾。《元史》謂「世祖度量弘廣，知人善任使，信用儒術，用能以夏變夷」，推尋程趙舊事，知史家未嘗虛予，至於以夏變夷，裁成一代之宏規，子昂與有力焉。

一九九五年三月十五日夜九時書於初照樓

二

徐邦達《趙孟頫畫僞訛考辨》有《秋林曳杖圖軸》，絹本，大青緑設色，今藏青島市博物館。原畫未見。檢徐書《古書畫僞訛考辨》附圖（圖一五——二五），頗謂所鑒不虛。其人物意態，物色布置，已不類鷗波；至其筆墨滯重，添款薄劣，又可見作僞者之眼力不高，伎倆止此也。尋何良俊《四友齋叢説·畫二》：「余家所藏趙集賢畫……又有《秋林曳杖圖》。一人曳杖逍遥於茂樹之下，其人勝韻出塵，真是其興之所寄。」是子昂實有此圖，僞款從而附會耳。勝韻出塵，一人足矣，僞圖何可當也？左方一童抱琴，水濱舟子持篙，何事於逍遥？子昂筆墨精妙，勝處正自有在也。

三月二十三日夜記於上海西苑賓館

上海博物館展品有吴湖帆舊藏趙子昂畫《秋林遠岫圖》、《江岸喬柯圖》，灑金舊簽原題如此，紙本册葉二開。戊寅除夕湖帆跋稱趙鷗波畫《秋林》、《江岸》二圖，皆石田秘笈之物」，戊子春又識云：「近見王石谷六十六歲仿古册中有此二圖，云仿趙吴興，其一書作陳慎獨。一曰疏林平遠，一曰江浦樹石，殆當時松雪畫競相摹寫，慎獨亦徑此出焉。」今覽原迹，則二畫筆墨意趣，相似而有别。石谷所見，若即此本，賞鑒自精。慎獨一幀，未嘗不意在松雪（戊子吴跋已及之，是獲見石谷仿古册後，畫學又有所進也），而筆不逮意，貌若老蒼，而實鬆散，豈功夫未及，抑天然難到邪？

三月二十四午後參觀原作展，夜九時零五分記於西苑賓館

三

張丑《真迹日録》三集於趙榮禄《三山秋爽圖卷》云：「趙子昂水墨《三山秋爽圖卷》全師董巨遺法，詳觀筆趣，蓋晚歲傑作，大饒元人格律，不知者謂其或似梅華庵主，殆非也。大抵鑒家見精細山水樹石，便目爲子昂手筆，而未識此圖之絶倫，真食而不知味者矣。余今僭評子昂真迹，如《幼輿丘壑》，則精而未神；如《鵲華秋色》，則神而未化；必求神逸佳

品，惟此等足以當之。」今謂清河此評，蓋因山水而發，不無見地，而多所未盡。《幼輿丘壑》今在美國，昨得許湘苓女史自紐約郵寄彩照，則青緑設色，幼輿背丘面壑，臨流而坐，居然山澤之臞，使人動白駒空谷之思，與何藏《秋林曳杖圖》殆異曲同工。《詩》不云乎，「所謂伊人，於焉逍遥」，良工苦心，足以互證。子昂此圖，意在寫起人形，丘壑之美，正爲幼輿傳神爾。顧長康畫謝幼輿在岩石裏，人問其所以，顧曰：「謝云一丘一壑，自謂過之，此子宜置丘壑中。」（見《世説新語·巧藝》虎頭黠慧相半，好爲驚人之筆，遂畫幼輿在岩石裏，謝安石評長康畫有蒼生來所無，即此亦其一斑乎？子昂不襲顧迹，位置幼輿，未嘗不在丘壑，圖寫之妙，故已接武前良（檀道鸞《續晉陽秋》曰「愷之圖寫特妙」），子昂喜標舉古意，意在斯乎？《鵲華秋色》曩嘗一再寓目，今在臺北，譬如漁父，已出花源，未知問凄〔津〕何日爾。《三山秋爽》賴清河一言，猶存仿佛，鷗波真迹，猶冀旦暮遇之。

一九九五年六月十一日十時燈下記於初照樓。其明日寫成清稿，記之。

桃花庵漫筆*

《明史》稱唐寅「不事諸生業，祝允明規之，閉户浹歲」，便舉鄉試第一，真事同兒戲，然其目無俗學，具見於此。又云「寅詩文初尚才情，晚年頹然自放，謂：後人知我不在此。論者傷之」。作者力求史筆簡潔，而義不昭著，後之覽者，將疑於子畏之文。尋祝希哲志唐墓，實珍異其文，故云「其于應世文字詩歌，不甚措意，謂後世知不在是，見我一斑已矣。奇趣時發，或寄於畫。爲文不肯爲鍛練功。奇思常多而不盡用。其詩務達情性，而語終璀璨」。又矜惜其才，則曰「氣化英靈，大略數百歲一發，鍾於人，子畏得之。有過人之傑，人不歆而更毁；有高世之才，世不用而更擯」。祝氏之言如此。子畏自是一代奇才，奇趣時發，或寄於畫。其于詩文，雅思不盡。應世之作，又不甚措意，故云「後世知不在是，見一斑而已」。《明史》芟落過甚，不得要領，而子畏之文不著，甚矣。作史之不可徒執文簡，而或忽三長也。子畏《高山奇樹圖》自題：「高山奇樹似城南，兀坐聯詩興不猒。一自孟韓歸去後，誰人敢把兔毫拈。」今按子畏嘗與王濟之鏊有《陽山大石聯句》，無忝作者。子畏

---

* 本文原刊於《蘇州文博》一九九五年第四期。

首倡「峻極惟崧高，嘗聞吉甫誦」云云，詩凡四十一韻。弄、碚〔碚〕之間，今闕一珪。此實次吴匏庵《陽山大石聯句》韻，吴寬、楊循吉原唱並在，取校王、唐聯句，知奪「䶊」韻，凡二句，共十字。唐仲冕《六如居士外集》卷之二《詩話》收此詩，既多奪失，又不知有闕韻，如起句「崧高」即誤「崧嵩」，自「太湖隱見微」已下，「衆、縫、動、弄」四韻奪注「甃〔甃〕」，「棟、擁、空」三韻奪「寅」，中闕「䶊」韻，此下「碚、夢」奪「寅」，「閧」奪「鏊」，凡奪十韻注名，知其所據非善本矣。然上列諸條，三槐堂本《王文恪公集》已如是，《外集》底本，或即從此出歟？至若王句「〔壍〕足解塵鞚」，錢穀《吴都文粹續集·寺院》，王鏊《與唐子畏游陽山大石聯句》「足」作「爾」，唐句「分岐譬翁仲」，錢續「譬」作「儼」，又「黝堊聖鐵湅」，錢「黝堊」作「摧鋒」，並以錢本為長，蓋所據乃後來定本也。三槐堂本唐句雖同《外集》，王句自作「爾」，知仲冕所據，尚未可即認爲三槐本也。今謂此聯長篇險韻，奇思傑句，層出不窮，而聲情豪健，神完氣足，故不讓孟韓專美於前，然則子畏之才、之學之美富，彼有靦面目者雖百計毀之何益？希哲云：「文恪最慎予可，知之最深重。」五百年後，欣賞奇文，雖孤篇横絶，猶虎虎有生氣，則祝言可信，王鑒不虚，青蠅已微，荆玉自重（約取楊清《贈唐子畏解元詩》意），又何疑焉？《四庫全書》本王鏊《震澤集》卷九《陽山大石聯句》除「崧高」不誤「崧嵩」外，餘者悉同三槐堂本，《外集》「崧高」既誤「崧嵩」，「壍爾」又作「壍足」，知仲冕於此二本，並未親校也。

子畏應世文字詩歌不甚措意，若《西洲話舊圖》自題（見《唐寅畫集》九），起句「醉舞狂歌五十年」，集《言懷》二首之一，「醉」作「笑」，四句「誰信腰間没酒錢」，集「信」作「論」，「没」作「缺」，並以集本爲長，則後來所定。原唱乘興落筆，時或未安，異日覺之，即不憚改定，知其非視同泛泛，應世諸作，故未嘗不措意也。又如落句題畫原作「不損胸前一寸天」，胸前寸天，義不圓成，集作「不損心頭一寸天」，則文義明白，情見乎辭矣。五句題畫作「書本自慚稱學者」，語質而拙，集作「詩賦自慚稱作者」雖小變原意，就詩論之，則自然流麗矣。六句「衆人疑道是神仙」，集「疑」作「多」，「是」作「我」，出句老成，而詞氣調達矣。即此其文心緻密，已可見一斑，徐禎卿以爲「屬文務精思」，非漫與也。

錢穀《吴都文粹續集·寺院》有唐寅《靈岩》：「山鬼踉蹌佛殿荒，老僧指點説吴王。銀瓶物化餘石井，柿葉秋深滿屧廊。地下有魂悲藥劍，草間無處問梅梁。但圖零落何須問，越國如今也鹿埸。」原是七律，集作《登靈岩》去其後半，遂成七絶。「物化」作「化去」，「石井」作「宫井」，「秋深」作「飛來」，以對「化去」，小作變易，勢遂飛動，大事凝縮，風骨轉遒，稍一措意，壁壘俱新，有才如此，象圓社長縱能劇論詩律（見唐寅正德乙亥詩札，臺灣版《明代四大家書畫集》有影本），子畏不妨「今日匡床卧摩詰，白藤如意紫綸巾」以應之爾。

漫談用西洋紅作國畫*

劉海粟《黄山談藝録》在《關於傳移模寫》中提到吴昌碩，説「最早用西洋紅來作國畫的也是他」（P. 348）。潘天壽的《回憶吴昌碩先生》説得更詳細，原文是：「昌碩先生繪畫設色方面，也與佈局相同，能打開古人的舊套，最顯著的例子，是喜用西洋紅。西洋紅的顔色，原自海運開通後來中國的。吾國在任伯年以前，未曾有人用它來畫國畫，用西洋紅畫國畫可説開始自昌碩先生。因爲西洋紅的紅色，深紅而能古厚，可以補足胭脂淡薄的缺點。再則深紅古厚的西洋紅色彩，可以配合先生古厚朴茂的繪畫風格，因此極歡喜用它。」他們的話不謀而合，可見在近代吴氏大膽采用西洋紅作國畫所取得的效果留給人們的印象之深。

海粟老人自謙非美術史家，黄山談藝，原是興到之言，我在《黄山談藝録序》裏已約略談到。潘文旨在回憶，縱筆懷舊，充滿感情，所以雖嘗留意畫史，也不免「荷馬瞌睡」之嫌

---

* 本文原刊於《鐵道師院學報》一九九六年第三期。

了。其實《回憶》説「西洋紅的顔色，原自海運開通後來中國的」，很有道理，可惜没有明確到底所指是何年代。我不暇遠考，只就劫餘敝笈所存陳鱣仲魚的《簡莊文鈔》而言，卷一《風俗論》就説「夫居處之雕鏤，服御之文繡，器用之華美，古之所謂奢也，今則視爲平庸無奇，而以外洋之物是尚，……而什物器具，無不貴乎洋者，曰洋銅，曰洋磁，曰洋漆，曰洋藤，曰洋錦，曰洋布，曰洋青，曰洋紅」云云，可見乾嘉時代俗尚洋紅，已蔚然成風（《簡莊文鈔》卷端識語題「嘉慶十年」，知諸文年代必不晚於此時）。這裏尚是泛指，還不能據此就推及國畫也已采用西洋紅設色。可是海鹽李修易的《小蓬萊閣畫鑒》卷四《畫法》説：「洋紅出大西洋國，其色鮮而豔，近世寫生家無不用之。然余嘗見古畫中之生香活色者，皆以燕支染之，洋紅無此静也。或曰：古無此色，故不用耳。余曰：古者若有此色，則畫早已失神矣。蓋洋紅最忌風日，不久即退也。然人人好尚如此，用之亦無傷耳。」依乾齋所説，可見嘉道時已「人人好尚如此」，「近世寫生家無不用之」了。至於李氏所説西洋紅的短處在於：一、無燕支之静，二、不久即退，對當代喜用西洋紅的畫家，似乎也不無參考價值。自然吴畫潘論，各有厥美，所以要能推陳出新，值得歡迎。

畫禪新語*

董其昌玄宰蓄印曰「畫禪」，名其室曰「畫禪室」，小品有曰《畫禪室隨筆》者，乾隆中葉以後，書乃大行，此蓋學者所習知。大魁堂本《畫禪室隨筆》四卷，題梁改亭鑒定，前有方拱乾《序》云「隨筆者，董玄宰先生所著」，「楊子無補銓之而另爲一書」，梁穆康熙庚子（一七二〇）《序》云「予家向藏《畫禪室隨筆》一帙，係楊子無補所輯」，開卷題「華亭董其昌著，長洲楊補編次，吴趨陳王賓校訂」，陝西西北水土保持研究所有清初刻本《畫禪室隨筆》四卷，楊補輯，與梁序合；無王賓名，當是楊輯原刻。未見陳本，又不知其所校訂爲何如也。梁穆所藏兩帙，亦是楊輯，已題陳校，坊本多出於此。乾隆戊子戲鴻堂寫刻本董邦達《序》稱是編雖流播海内，而見者絶少，紹敏得諸坊間，亟謀剞劂，是乾隆中葉書猶難得，坊本外無復家傳也。銓次與大魁堂本正同，文字小異，出紹敏重校，都無方、梁諸序並楊補諸人名，豈紹敏所畫去以爲己功耶？然康熙所傳別本止題《畫禪》，不以室名，亦不曰「隨筆」，

* 本文原載於《董其昌研究文集》，上海書畫出版社，一九九八年。

天都汪汝禄得之，爲「編次成帙，壽之梨棗」（見汪康熙戊午《小引》），乃署曰《畫禪隨筆》者，學者希及之矣。余所有乃乾隆十八年重鐫本，書首及各卷前並題《畫禪隨筆》，書口已鐫《畫禪室隨筆》，當是乾隆補刻，非康熙之舊矣。紹敏本與大魁堂梁本多合，與汪本多不合，是乾隆重鐫汪本，十五年後已不易得，故紹敏竟無從對校也，此《新語》之一事矣。

《石渠寶笈續編·蘭亭八柱帖》，其七董臨柳公權書《蘭亭詩》，自題有「過余墨禪軒論書」云云，時萬曆戊午。《大觀録》卷九有董書《墨禪軒説》論學書須參活句，此崇禎戊辰書，收入吴楨所刻《清鑒堂帖》，今石猶存歙縣矣。是董於畫禪之外，又以書道爲墨禪矣。善夫汪汝禄之爲畫禪小引也，有曰「夫書畫品題，自蘇黄以下，片言隻字，出於玄而入於禪」，此香光品題淵源所自也。其曰「墨禪」，亦本宋人，而不言所出，直有所諱耳。王士禎《居易録》卷二十五云：「宋人如章惇最工書，其論書亦最精，自謂墨禪。黄長睿亦謂其筆勢超超，意出褚薛，然後人不屑道，蔡京亦然。」董方論書，既屏其書與人不言，徒襲其語以爲軒名者以此，其二事矣。

莫是龍《畫説》云：「禪家有南北二宗，唐時始分。畫之南北二宗，亦唐時分也，但其人非南北耳。北宗則李思訓父子着色山，流傳而爲宋之趙干、趙伯駒、伯驌，以至馬、夏輩。南宗則王摩詰始用渲淡，一變勾斫之法，其傳爲張璪、荆、關、郭忠恕、董、巨、米家父子，以至元之四大家，亦如六祖之後，馬駒、雲門、臨濟兒孫之盛，而北宗微矣。要之摩詰所謂雲峰石迹，迥出天機，筆意縱横，參乎造化者，東坡贊吴道子、王維畫壁亦云吾於維也無間然，知言哉。」此條亦見董其昌《容臺别集·畫旨》及《畫禪隨筆·畫源》，文字小異，如《畫禪室隨筆》「馬駒」上多「有」字，同《畫旨》，然《畫旨》「著色山」下有「水」字，「荆、關、郭忠恕、董、巨」作「荆、關、董、巨，郭忠恕」，與《畫禪室隨筆》不合，是《畫禪室隨筆》所録去莫原本尤近也。《畫説》稱「荆、關、郭忠恕、董、巨」者，雖略以時代爲次，亦重忠恕其人，謂當在董、巨前也。此必莫説在先，董集收《畫旨》，乃退忠恕於後，若同以尊「吾家北苑」（香光語）云爾。於時雲卿前卒，彌失本意矣。《畫禪室隨筆·題自畫》《跋仲方雲卿畫》有云「吾郡顧仲方、莫雲卿二君皆工山水。仲方專門名家，蓋已有歲年，雲卿一出，而南北頓漸，遂分二宗」云云，《畫眼》雖不爲學者所重，然其「吾鄉顧仲方、莫雲卿二君，皆工山水畫」之文，具見此條，以《畫禪室隨筆》爲驗，初非杜撰。或以不見《畫旨》而疑之，過矣（見徐復觀《中國藝術精神》第 393 頁至 394 頁）。又以《畫旨》别有「吾郡畫家顧仲方中舍最著」一條，不及雲卿，以議此條。然後專爲顧門能畫家風不替而發，故云「如王氏之有羲、獻」，何與莫氏而必及之邪？或又謂若僅指吾鄉而言，則顧仲方當爲北宗（同書第 394 頁），其實本條重在「二君意氣可薄古人」，南北分宗，與顧無涉，説者豈未細繹全文邪？《畫禪室隨筆·評舊畫》有《題顧仲方山水册》云「君畫初學馬文璧，後出入黄子久、王叔明、倪元鎮、吴仲圭，無不肖似，而世尤好其爲子久者」，仲方藏子久真迹甚夥，余五十北征嘗再過朗潤園訪鄧叔存，爲出顧仲方臨大癡坡石長卷，凡若干段，如畫稿然，落筆遒逸，氣息醇厚，墨筆内斂，位置妥貼，香光有不能到。如董題顧乃專攻元畫，於四家無所不習，而於大癡尤深。巧者不過習者之門，香光時薄習者，宜其口能言而筆不隨矣。然臺北故宫藏仲方《開春報喜圖》軸，畫人物屋宇，種種可喜，其布局用意，蓋取諸劉松年，此董所不習，而顧實兼能，宜董氏知顧不畫也。顧既不廢暗門，則南北頓分專屬雲卿，又何疑乎？《畫説》所收，多見董筆，説者疑出董手。莫氏早卒，不惟此書原稿眇不可得，其《石秀齋集》今亦罕見，宜訟者之紛如也。惟如無新證，異義雖多，猶未能改易前題也。淺見頗謂南北宗説實倡於莫氏，而成於香光。不獨《畫説》刻於《寶顔堂秘笈》，其時董、陳俱在，即《畫禪室隨筆》亦有明文。《跋仲方雲卿畫》於兩家之評，翔實可信，足證此書確爲莫説矣。尋《畫説》三「昔人評大年畫，謂得胸中千卷書更奇古」，董「得」作「其」，「中」下有「著」字，「千」作「萬」，此見著録，《容臺别集》作「千」則董庭編集，已知其誤。删「古」字，文有潤色，下語與莫自異。莫云「『昔人評』者，山谷語，本云『使胸中有數百卷書』（見《題宗室大年、永年畫》），莫取整數，故云『千』耳。《味水軒日記》萬曆乙卯有董《仿倪迂山水》，甲寅自題「昔人評趙令穰畫少胸中萬卷書」，時雲卿前卒已二十七年，董年六十矣，猶侈言萬卷，不悟其非，似魯直《題跋》，都未寓目，昔人爲誰，全憑耳學者，是不如莫之立言爲有本原，明矣。又六「枯樹最不可少，時於茂林中間見，乃奇古」，董「見」在「乃」下，「奇古」作「蒼秀」，是莫未出三條，已再用「奇古」，董皆不取也。《珊瑚網·法書題跋》卷十七有雲卿《與劉生手簡》「褚河南筆趣絶群離類，《枯樹賦》新絶奇古，便與二王抗行」，是莫氏向往，有此境界，「奇古」實其習用語，然亦來自米芾，見《畫史》。李日華謂「廷韓作散語有蘇黄之致，書法米顛，亦咄咄之逼人」（見同卷《莫雲卿筆塵跋》），宜其吐屬出入黄米，如話家常矣。其推董、巨而倡南宗，亦襄陽有以啓之耳。董於莫書，雖大事涂抹，而《秘笈》先行，《手簡》猶存，不啻空谷足音，宛然回響也。又云「古人以木炭畫圈，隨圈而點點入之」，董「木炭」作「墨」，「點點入之」作「點綴」，用意全殊，豈類一人先後之筆？「木炭」云者，或炙柳枝爲之，所謂「朽」也，畫師猶或用之。畫成拂去，不著痕迹，故可以畫圈取勢也。下云「隨圈而點點入之」謂點葉，理法具備，語言生動；董作「點綴」，故是常語耳。以墨畫圈，理法俱失，幾於不知而作矣。十一「北宗則李思訓父子著色山」，董作「著色山水」。今按此本《宣和畫譜》《山水一·唐》云「大李將軍、小李將軍者」，大謂思訓，小謂昭道也。今人所畫著色山，往往多宗之」，是也。又《山水二·宋》董元（一作源）有「著色山圖二」，是「著色山」故宣和舊語矣。

董記誦疏闊，殆未知莫語所出，故漫加「水」字耳。《畫説》都無此失，故吾寧信其爲是龍之書耳，其三事矣。

陳繼儒《妮古録》卷一云：「董玄宰持節楚藩歸，謂余曾晚泊祭風臺，即周郎赤壁，……因圖一册見贈。」《畫禪室隨筆·記事》有此條，「董玄宰」作「余」，删謂「余」及末六字，添小注「壬辰五月」，删改陳《録》，補書歲月而已。又《珊瑚網·名畫題跋》卷十九《唐宋元寶繪》第二版李成《晴巒蕭寺圖》有戊午夏玄宰題云「石角有臣李等字，余藏之二十年，……自余復易於程季白，季白力能守此，爲傳世珍，令營丘不朽」，跋後别有識語云「眉公《妮古録》『李成《晴巒蕭寺》，文三橋售之項子京，大青緑，全法王維，今歸董玄宰，余細視之，其名董羽也』，此録刻已久，豈玄宰未之見耶？……何又有此一番新話？」是識語已覺其詐，惟不欲明言之耳。《大觀録》卷十九有董《晴巒蕭寺圖》軸，玄宰庚戌（一六一〇）自題云「仿余家所藏北宋人《晴巒蕭寺》意」，不云李成，直云北宋人，是已知其非李筆，故游移其辭以掩之耳。矧戊午又在此後八年耶？《畫禪室隨筆·畫源》云「李成《晴巒蕭寺》，文三橋售之項子京，大青緑，全法王維，今歸余處，細視之，名董羽也」，此條亦取之眉公，强改陳書，以就董耳。《妮古録》云「余細視之」者，眉公自謂也；《畫禪室隨筆》以「玄宰」爲「余」，又删此「余」字，則「細視之」者，竟成董氏矣。又次《書畫史》云「董其昌云今皇帝天藻飛翔，雅好書法，每携獻之《鴨頭丸帖》、虞世南臨《樂毅論》，米芾《文賦》以自隨，中書舍人趙士禎爲言如此。儒又考右軍曾書《文賦》，褚河南亦有臨右軍《文賦》，趙子昂亦書《文賦》」，然則右軍以下三家《文賦》，乃眉公所考。《畫禪室隨筆·評法書》亦有此條，惟「今皇帝」作「明神宗帝」。陳書作於萬曆世，故稱「今皇帝」，書「神宗」則已在光、熹或崇禎之世矣。稱「明」自非董筆，入清所加耳。「中書舍人」句改作「予聞之」云云，已變董氏自記口氣，「儒又考」改作「因考」，則竟是董氏自考矣。若此皆香光所爲，亦可謂因人成事矣。董既侈於賓客，又耽好宴游，加之法書名畫，百計搜求，達官名宦，酬酢不絶，雖身在山林，其中暇日，蓋亦無多，故當時流傳翰墨，多出代筆矣。書畫雖其所好，實未能勤而多功，如米、趙、沈、文諸家也。然則助之考索，以成其品題者，非眉公其人，亦若是儔矣。舉此以概其餘，其不見陳書者，亦儻有之乎？以是觀之，正可《畫説》本出雲卿，玄宰有味乎其言，故一再書之，或取以題畫耳。其間容有雲卿平時講論之言，玄宰親爲筆受，不免上下其手耳。然下語不同，時如渭澠之可辨，則上文既具，其四事矣。

南北宗説近人雖多異議，然藝苑從風幾三百年，迤及東鄰，演爲南畫，無所扞格者，約定俗成，聞名喻實故。夫名者，實之賓也。莫、董立名新巧，又附會禪宗，亦時尚也。董居高位，擅文學，享大年，適逢其際，投時之好，遂以是爲文人畫主名矣。香光友人王宇泰

《鬱岡齋筆麈》曰：「前輩畫山水皆高人逸士，所謂泉石膏肓，烟霞痼癖，胸中丘壑，幽映回繚，鬱鬱勃勃，不可終遏，而流於縑素之間，意誠不在畫也。自六朝已來，一變而王維、張璪、畢宏、鄭虔，再變而荆、關，三變而董元、李成、范寬，極矣。至黄子久則脱卸幾盡，然不過淵源董元，今士大夫能畫者多師之。」王所謂高人逸士之畫，幾無一非莫、董所謂南宗，其云胸中丘壑，意不在畫諸端，尤南宗旨趣所在。觀香光艷稱小米墨戲、雲林逸氣可見矣。肯堂不分宗，所舉乃與南宗合轍，知風氣所趨，好尚斯在，所見略同耳。莫、董標新，雲卿首出，香光名高，遂居上游，其五事矣。

《明史》評其昌書「始以宋米芾爲宗，後自成一家」，其畫「集宋元諸家之長，行以己意，瀟灑生動」，雖剖析未精，大體不乖，惟又云其畫「非人力所及」，則當時溢美之辭，所謂「草上之風必偃」者矣。嘉慶《松江府志》之傳其昌，雖推本《明史》，亦自有增益。如云「少好書畫」，「中年悟入微際，遂自名家」，「行楷之妙，跨絶一代」，畫則「論者稱其氣韻秀潤」，並採前志，以補舊史矣。苟謂悟入微際，信亦有之，必論中年所造，恐尚未足名家耳。大抵秀潤有餘，真力不足，姿態横出，風骨未遒也。行楷之妙，時有可觀，跨絶一代，近諛辭乎？若以殿明書，差堪後勁。然摇曳取姿近媚，用筆不實近滑，雖香光之筆，時亦犯之，况其頹波乎？說者至以爲場屋祖師，非無由己，其六事矣。

明畫自玄宰變沈、文之風，而有松江畫，唐志契謂凡文人學畫山水，易入松江派者是也。唐氏又謂蘇州畫論理，松江畫論筆，以明理爲主，若理不明，縱使墨色煙潤，筆法遒勁，終不能傳法後世（並見《繪事微言》），此一説也。其尚筆墨情態，自喜多姿者，又謂「思翁所長，後人莫及」（沈芥舟《山水册自題》）矣。兩家各有所見，不妨互補耳。沈顥《畫塵》云「董北苑之精神在雲間，趙承旨之風韻在金閶，已而交相非，非非趙也、董也，非因襲之流弊」，畫至於因襲而交相非，則其弊見矣。周亮工《讀畫録》於楊龍友曰初「……從董文敏精畫理，然負質頗異，不規規雲間蹊徑也」，又云：「釋無可曰：同輩墨妙，惟龍友、超宗、子一，皆以蒼秀出入古法，非復雲間、毗陵，以儒弱爲文澹也。」無可者，方密之也。楊、方秉異才，故不屑華亭之儒弱，而軼出雲間蹊徑之外，或謂石濤、八大不能出香光範疇者，豈其然乎？其七事矣。

董氏書畫，生前即多黎丘之幻，鑒藏之家，時或失之。姚際恒舊藏董畫近百幀，續收《楚山清曉圖》卷。有萬曆丁酉自題云：「董北苑好作烟景，烟雲變滅，即米畫也。余於米芾《瀟湘白雲圖》悟三昧墨戲，故以寫楚山。」然《石渠寶笈續編》董《書畫合璧卷·仿米家山》丁卯自題「董北苑好作烟景」云云，與姚卷全同，惟「滅」爲「没」，「三昧墨戲」爲「墨戲三昧」耳。尋壬寅董跋米友仁《瀟湘奇觀》已明云「小米墨戲，余所見《瀟湘白雲圖》」矣，於姚卷尚可云五年前不但未見，並不知其爲小米也；若丁卯董年七十三矣，重抄30年前舊跋，而猶不覺其誤，何哉？　吾並疑姚卷亦非真虎；不然，董於畫學，年逾四十，聞見尚疏耳。《畫禪室隨筆·評舊題》題《群玉堂帖》云：「《荆門行》見《李群玉集》，非李栝州也，詩亦不類開元，及柳公權詩皆謬，豈集字爲之耶？　又道光己酉張祥河終南山館摹刻米、祝、莫、董四家書有董《荆門行》，自題「李北海《雲麾碑》一肥一瘦，此似《思訓碑》集李群玉詩者，余少時即學之」，然此臨多肥，與題不甚相應。　末行「辛未四月望其昌」並作小字，又不類大字，似另手書。　其以《荆門行》爲李群玉詩則同，惟末題「辛未」殊謬。　知者，《珊瑚網·書品》卷二十四下董玄宰《品書》：「李北海書《荆門行》刻於《群玉堂帖》，余疑李北海詩在太白集中者，皆沉鬱高古，無此流易。　及觀王建詩有《荆門行》，乃知宋人所集《雲麾碑》等石刻，蒙之北海也。」末題「辛酉十月朔」，實天啓元年，董年六十七矣。《荆門行》實見王建集中，李集初無此作，則辛酉跋得之。　辛未在此後十年，何至重蹈覆轍。　張帖書刻頗佳，或仿董臨而失之肥者。　如有真本，亦必書於辛酉前，《畫禪》所輯亦然。　董早年記誦不甚淵洽，考據或疏，亦可偶然誤記，不復檢書，故有此矣。《品書》語差審諦，蓋晚覺其非，所學益進耳，其八事矣。

一九八二年度日美文化交流，由美國兩大美術館提供館藏中國名畫展出於東京，有克利夫蘭美術館(The Cleveland Museum of Art)所藏《青弁圖》軸,紙本,自題「青弁圖仿北苑筆,丁巳夏五晦日寄張慎其世丈,董玄宰」(右上方),又「積鐵千尋亘紫虚」一絶,署「其昌題」(左上方),此詩又見狄平子藏《董香光山水畫册》,末署「其昌」,有董辛酉題,時天啓元年(一六二一),若丁巳《青弁圖》可信,是五年之内,重寫此絶也。東京國立博物館特展專刊日文解説於董題「仿北苑筆」頗不謂然,以爲殆與董源無關,是於香光所謂北苑,尚未能確認也。試據圖版之隱約可辨者言之,則遠山煙嵐、披麻皴、遠近樹法並屬北苑家風,山頂坡腳之礬頭,咸可與北苑《溪岸圖》、《龍宿郊民圖》互相印證矣。説明又謂董作立於具像與非具像之接點以構山水,又引《畫旨》評趙孟頫、王叔明《青弁圖》以證成其説。尋《畫旨》云:「趙文敏、黄鶴山樵皆有《青弁圖》。餘游弁山,維舟其下,知二公之畫,各能爲此山傳神寫照。然山川靈氣無盡,余於二公筆墨蹊徑外,别構一境。」此題不見美藏,是録自别一《青弁圖》跋也。然於趙王兩作原極推重,正以山川靈氣無盡,故雖有彼兩圖,仍不妨别構一境也。董意似與説明不無出入。友邦學者能徵《畫旨》,以證此作,又絶不盲從舊題,並見好學深思,實可欽佩。愚見未必有當,聊以引玉耳,其九事矣。語且止此,借答九峰爽翠何如? 於時秋也,文以友會。横雲赤壁,我有嘉賓,疏麻瑶華,將以貽遠云爾。

畫苑書叢小記*

——董其昌《畫禪室隨筆》

《畫禪室隨筆》四卷，大魁堂本題梁改亭鑒定，前有方拱乾序云：「隨筆者，董玄宰先生所著，皆小品也。楊子無補詮之而另爲一書，其旨終於禪悦，而發端於論書。」梁穆康熙庚子序云：「予家向藏《畫禪室隨筆》二帙，係楊子無補所輯。其中詳言書畫之旨，而歸其要曰用筆、運墨。」開卷題「華亭董其昌著，長洲楊補編次，吴趨陳王賓校訂」，康熙五十九年庚子，實公元一七二〇年，其所藏二帙，當即方拱乾所序楊無補銓次之書，然方序已云《隨筆》，楊氏不過銓次而已。坊間所傳，多屬此本。乾隆三十三年戊子其昌五世孫紹敏（若容）戲鴻堂寫刻本四卷，首有董邦達序稱「顧是編雖流播海内，而見者絶少，今五世孫若容得諸坊間，……亟謀剞劂」云云，是紹敏所刻，亦得諸坊間，非别有家藏本也。其銓次與大魁堂本正同，文字小異，出紹敏重校；東山序云「見者絶少」，知乾隆時此書已難得矣。紹

---

* 本文原刊於《鐵道師院學報》一九九八年第二期。

敏本不但盡去方粱諸序，並楊補諸人名亦皆無之，遂令源流茫昧，非校別本，不知其所從出耳。余爲上海人民美術出版社審稿，旋收得《董文敏公畫禪隨筆》四卷，題「天都汪汝禄耐公父編次」，其康熙戊午自序稱「客有以董文敏公《畫禪》一册見示，展閲之餘，語語入微，道心禪觀，超出塵表，因編次成帙，壽之梨棗，以公同好」，康熙十七年戊午，實公元一六七八年，在庚子前四十二年，初不及楊補之書。補生萬曆二十六年戊戌，公元一五九八年，卒永曆十一年丁酉，一六五七年，年六十，其卒距汪編次《畫禪》時裁二十一年，序無一語及之，殆由未見其本。或曰《畫禪》，或曰《隨筆》，是二家所據，亦非一本。陳繼儒《妮古録》云「董玄宰有印曰畫禪」，是汪所見本題《畫禪》，自有所出。余所收汪本乃乾隆十八年重鐫，書首即題董思白先生真稿《畫禪隨筆》，與目録及各卷首行書名正同，是其本原無室字，初非省略，書口題《畫禪室隨筆》者，疑刻工所爲或後來所加。二家條目文句，時有異同。銓次則一、二卷標目悉同，卷之三楊本先《評詩》、《評文》，汪本先《紀事》、《紀游》（游，楊作「遊」），卷之四楊本作「禪説」，汪作「禪悦」。以是推之，無論《隨筆》、《畫禪》，並原有標目，雖非一本，要同一源，故出入不大也。楊本卷之一《跋自書·書褚登善千文題後》，卷之二《畫源·趙集賢畫爲元人冠冕》條，卷之三《記事·書家以豪逸有氣》條，汪本無；《王者不治夷狄》條，已見《容臺别集·隨筆》，汪本無。若卷之二《題自畫·江山秋思圖》，汪有，楊本無。文云「余與平原程黄門以使事過江南，一日閣輿道上，陂陀回復，峰巒孤秀，下有平湖，碧澄萬頃。湖之外長江呑山，征帆點點，與鳥俱没。黄門曰：此何山也？余曰：其齊山乎？蓋以江涵秋影句測之，果然」。然卷三《紀事》又云「余與程黄門同行江南，一日閣輿道上，見陂陀回復，峰巒孤秀，外長江呑山，征帆點點，與鳥俱没」云云，則楊本有之。三者同説一事，互有詳略，而取舍不一，則非一手一時之筆可知已。汪本卷二有「平原」字，三無；二云「以使事過」，三云「同行」；三有「見」字，二無；三有「下有平湖，碧澄萬頃，湖之」十字，二無。觀此知汪本卷二、三所録，亦非一本也。若楊三云：「余與程黄門同行江南道上」，汪二、三「江南」、「道上」之間更有「一日閣輿」四字。楊三此下云「停驂散步」，汪本無，且有「驂」「輿」之異。他如「回復」曰「紆復」，「長江呑山」曰「江光呑天」，則文有潤色矣。「余曰齊山也」下楊本有「黄門曰：子何以知之？余曰：吾知杜樊川所謂江涵秋影者耳」，則與汪本出入尤多矣，此一例耳。他若卷之三《記事》汪本有《聖人不爲已甚》條，楊本無。卷之三《評文·作文要得解悟》條，汪本「時文不在學，只在悟。平日須體認一番，才有妙悟」，楊本作「時文不學，只以悮於平日，須體認一番，才有妙悟」，前半絶異。觀此知汪楊二本去取乖異也。余紹宋作《解題》殆未見汪本，故不知楊氏所據《隨筆》之外，更有《畫禪》一家也。至《畫禪室隨筆》卷二《畫訣·董北苑畫樹》條，全鈔莫是龍《畫説》（僅删「也」字）。《古人云有筆有墨》條，「人多不識」，《畫説》「識」作「曉」；「畫豈有無筆墨者」，無「有」字，「者」作「哉」；「不分輕重向背明晦」，「不分」作「無」。《枯樹最不可少》條，「時無茂林中間出，乃見蒼古」，「見」上無「出乃」二字，「見」上屬爲句，「蒼」作「乃奇」二字，讀云「乃奇古」；「樹雖檜柏楊柳椿槐，要得鬱森」，「樹雖」作「茂林惟」，無「得」字；「隨圈而點之」，「之」上有「點入」二字，凡此並鈔莫而有點竄。《畫源・禪家有南北二宗》條全鈔《畫説》（「馬駒」上多一「有」字），董《跋仲方雲卿畫》明謂「雲卿一出而南北頓漸，遂分二宗」（卷二《題自畫》），即此論發於雲卿可知矣。今治畫史者每不知莫倡於先，董和於後，遂以此説爲創於香光，由未細讀此跋也。如此者十餘條，余氏於《畫説解題》謂「頗疑文敏之書，非其自著，乃後人輯録而成，展轉傳鈔，遂將莫説誤入」，夫《隨筆》、《畫禪》流爲楊汪二本，其出輯録，又何待言？至如文有點竄，果出董手，即爲潤色莫説，自張一幟，不當遽以爲誤入莫説矣。余氏又自持兩端，謂「或雲卿《畫説》散失，後人取文敏之説，依託爲之」，則失之遠矣。蓋《寶顔堂秘笈》已收此書，見聞彌近，何至如余氏之言？又考《過雲樓書畫記》卷第五董香光《書畫袖珍册》云「香光手書論畫六則，其五見《畫禪室隨筆》，惟《朝起看雲氣變幻》一則，《畫訣》、《畫源》皆無之，然亦見於《容臺集・畫旨》中矣。附以山水六幅……當與論畫同時所作。據先生署款戊辰……蓋公晚年筆也」，顧説是也。戊辰崇禎元年，董年七十四，陳繼儒《容臺集叙》作於崇禎三年庚午，董年七十六矣。故家孫庭能收戊辰之作入《畫旨》也。其五並一時之作，竟不及收，則庭編集時仍未見此册，後有續輯得之者，乃收入《隨筆》也。汪氏所見題《畫禪》，與顧雲畫論六則，「附以山水六幅，當與論畫同時所作」，情事尤合，是亦學者所當知也。

二王書語*

一 二王年紀

《右軍集·題衛夫人筆陣圖後》、羊欣《筆陣圖》所記右軍年紀都不可信，僞託顯然，魯一同《年譜》糾其差繆，並是也。惟謂「至唐張懷瓘作《書斷》始謂羲之升平五年卒，則當生於太安二年癸亥。《東觀餘論》、《廣川書跋》皆用其説」，第弗深考，故迷其所自，以爲昉於唐人耳。尋正統本《道藏·太玄部》收華陽《陶隱居集》，其上梁武帝《論書啟》有云：「逸少……從失郡告靈不仕以後，略不復自書，皆使此一人。世中不能別，見其緩異，呼爲末年書。逸少亡後，子敬年十七八，全倣此人書，故遂成與之相似。」使右軍以穆帝升平五年辛酉（公元三六一年）卒，則子敬正十八歲爾。若陶集可信，是梁陳所傳右軍卒年正爾（陳武帝貞明二年敕令侍中尚書令江總始撰《文集》，今集江總《序》具存），不得謂始於唐人

---

* 本文據作者手稿録入。

也。今依通甫所譜，則右軍卒年，大令年二十二矣，豈貞白亦不免誤記邪？姑設此問，以俟知者。

《晉中興書》：「羲之自會稽王友改授臨川太守。」魯氏《年譜》於成帝咸和九年甲午二十八歲下云「按此當在爲秘書郎之後，征西參軍之前，史不具」，是也。然會稽王自是司馬昱。《晉書帝紀·簡文帝》云：「諱昱，字道萬，元帝之少子也。」又云：咸和元年所生鄭夫人薨……故徙封會稽王，拜散騎常侍，今按成帝咸和元年，公元三二六年，九年則三三四年，右軍爲會稽王友，必在咸和元年以後，其爲臨川，必不出此九年間耳。

魯氏《年譜》康帝建元二年甲辰下云：「三十八歲，獻之生。」自注：「劉孝標《世説新語注》『獻之以太元十三年卒，年四十五』，《書斷》及《東觀餘論》云：『獻之太元十一年卒，年四十三。』皆當生于此年。」今按魯説子敬生年，是也。卒年張、黄得之。《世説注》傳寫有誤，或先誤其一，校者覺其不合，遂并改其不誤者，以遷就年數耳。知者，《晉書·王珉傳》：「代王獻之爲晉兼中書令，二人素齊名，世謂獻之爲大令，珉爲小令，太元十三年卒，時年三十八。」若子敬亦以太元十三年卒，是一年之中，大小二令，相繼隕背矣。《晉書》著其齊名而已，初不云其同盡此年也。

二　右軍臨川時跡

梁中書侍郎虞龢《論書表》：「羲之所書紫紙，多是少年臨川時跡，既不足觀，亦無取焉。」（見《法書要録》卷之二）。今按魯氏《年譜》成帝咸和九年甲午二十八歲下云：「是年陶侃卒，庾亮督江荆豫益梁雍六州諸軍事，進號征西將軍，鎮武昌。本傳：起家秘書郎，庾亮請爲參軍，嘗以章草答庾亮，亮弟翼深加歎服，因與書曰：『吾昔有伯英章草十紙，過江顛狽，遂乃亡失，常歎妙跡永絶。忽見足下答家見書，煥若神明，頓還舊觀。』按逸少爲秘書郎，不知在何時。《晉中興書》『羲之自會稽王友改授臨川太守』，按此當在爲秘書郎之後，征西參軍之前，史不具。《世説》『王修齡問王長史，我家臨川，何如君家宛陵？』宛陵謂述也。按述傳『康帝爲驃騎將軍，召補功曹，出爲宛陵令』，再按《康帝紀》『咸和九年拜散騎常侍，加驃騎將軍』，正庾亮鎮武昌之歲，想逸少爲臨川，亦其時也。」通甫所考近是。咸和九年（公元三三四年），去梁天監元年（五〇二年），才一百六十八年爾。虞龢梁中書侍郎，乃云「少年臨川時跡，既不足觀，亦無取焉」，何邪？應之曰：使虞言可信，則稚恭所云「煥若神明，頓還舊觀」者，定是何物？且紫紙所書，既云「多是少年臨川時跡」，則不盡臨川時跡可知。其所同者，既不足觀，亦皆無取爾。虞獨目臨川時跡者，意其年少，容或有此；不悟右軍神筆，直逼草聖，正在此時，虞生失言，即此可知。然則紫紙所書，虞所目驗，既無足觀，何不直斥其僞，而必以爲右軍年少時跡邪？且彼紫紙皆何等書，信出右軍，抑皆贋作，以售其欺邪？曰：彼皆江左書流臨仿右軍之跡，既是學步，故無足觀，初非早晚之殊也。紫紙必當時所尚，蓋於臨仿用之，猶後來摹搨之用硬黄矣。英國博物館藏敦煌卷子有唐臨墨本右軍《瞻近帖》、《龍保帖》，紙本縱二五釐米、横三七點五釐米。未見原件，據《中國美術全集·書法篆刻編二·魏晉南北朝書法》著録云「粉紅色紙」。愚意虞龢所見紫紙，正其此類，其用於臨仿一也。紅紫色近，所謂粉紅，原可本是紫紙，年久色渝，遂與粉紅相亂爾。張丑《真蹟日録》三集收「米南宫九帖」。其一云：「書則二月丁君過泗，語與趙伯老云要與人，即是此物。紙紫赤黄色，所注真字褊，草字上有爲人模墨透印損痕。末有二字『來戲』，⿱王言⿱王言才（此二字原作小字並書）字也。」此丁君當即丁謂孫景，書即王右軍《來戲帖》也。知者，米氏《寶章待訪録》「目睹」云：王右軍《來戲帖》「右麻紙，六朝人所照寫，旁注小真字數枚，復以雌黄覆之，在蘇州故相丁謂孫景處，後以一萬質于鄆州梁子志處，故相梁適孫也。又有唐雙鈎撫帖，亦在丁景處」，是帖名來戲，正以末有「來戲」二字，米云「⿱王言才字」者，謂是辯才所臨矣。旁注小真字，與丁過泗云要與人者正合，但未能審知此即二本之前者抑後者（似是前者，六朝容出漫題），抑更有第三本；要其用紫紙臨右軍書無疑。果如米鑒，則初唐越中風氣，猶彷彿虞龢所見也。聊疏兩例，亦可以隅反矣。

三　右軍舉勢

《晉書・王羲之傳》：「尤善隸書，爲古今之冠。論者稱其筆勢，以爲飄若游雲，矯若驚龍。」尋《世説新語・容止》：「時人目王右軍飄如游雲，矯若驚龍。」是此語時人以目右軍容止，非論其筆勢。曹植《洛神賦》：「其形也，翩若驚鴻，婉若游龍。」李善《注》：「《神女賦》曰：婉若游龍乘雲翔。」是宋玉以狀神女者，子建有取焉以目宓妃容止也。江表重《洛神賦》，二王並書之，時人目王，亦襲其語勢耳。移以評書，以爲書如其人可也。唐修《晉書》，時出臨川所叙。劉知幾云：「皇家撰晉史，多取此書。」（見《史通外篇・雜説中・諸晉史》）是也。獨於此論，乃昧所從來，將數典而忽忘，抑諱之而不言？臨文容易，如史裁何？

四　大令諸帖偶箋

甲　《廿九日》帖

黄伯思稱帖云「昨遂不奉，恨深」，此近世人語，非子敬書（見《法帖刊誤》第九）。今謂此見王方慶《萬歲通天帖》九代三從伯祖晉中書令憲侯獻之書，帖云：「廿九日獻之白：昨遂不奉别，悵恨深，體中復何如？ 弟甚頓，匆匆不具。 獻之再拜。」王氏世守，流傳有緒，當可信。 閣帖以「别悵」二字不完，棄置勿摹，乃不似江左人語。 長睿致疑，不爲無因；若并以爲非子敬書則過。 《萬歲通天帖》具在，可以爲證。

乙 《薄冷》、《益部》二帖

黄氏《刊誤》云：「米以爲歐率更書，實然。」今按米《跋秘閣法帖》謂二帖「並歐書」，米黄所鑒不虚。 米誤認「部」作「郎」，黄氏已訂其失。 尋《宣和書譜·行書》於唐任疇云：「頗工行書，其步驟類歐陽詢，得險勁嫵媚之妙。」又云：「故昔之爲論者，謂歐陽真行，本出獻之。 及其成就，則别成一家。 於是風流則亞於釋智永，而潤色則寡於虞世南。」然則信本之跡雜入大令卷中，蓋率更嘗臨子敬耳。

丙 《一月廿九日》、《黄門隕背》二帖

《刊誤》謂：「亦王氏書，而非大令也。」得之。 後帖稱「黄門隕背，哀痛摧剥不自勝」，黄門若謂子猷，則子敬已先月餘卒，安能爲黄門致哀也？ 按《世説新語·傷逝》云「王子猷，子敬俱病篤，而子敬先亡」，又記子猷來奔喪，「取子敬琴彈，絃既不調，擲地云：『子敬、子敬，人琴俱亡！』因慟絶良久，月餘亦卒」。唐修《晉書》，徽之、獻之并附見《王羲之傳》，記子猷兄弟之亡，即取臨川《世説》，又出子敬命終，子猷樂代之説，則兼采《幽明録》，是亦臨川所撰矣（見劉孝標《世説新語注》）。舊記具在，尋文可知。

右語一、二曾於上海復旦大學國際交流學院爲今井淩雪教授率領日本書道學員講述旨要，事畢即乘復旦校車偕東來諸彦同車抵蘇。今井教授暨筑波大學藝術學系講師中村伸夫尤相親近，因得縱論古今，有談藝之樂。中村見告，英藏敦煌右軍二帖嘗在日本東京展出，渠所親見，實是紫色，並非粉紅，足證臆説，快何如之。兹事雖細，豈但於我有相長之喜；每念中日文化，遥相挹注，源遠流長。即事又添一段藝林佳話，遠惟西方之學人，亦將有聞其風而悦者歟？

一九九九年十月廿四日燈下記於初照樓

初照樓詩稿*

甲

一

心喪三年裏，彌天息仔肩。錦帆餘盜氣，素業盡狼煙。亂世人多賊，中行事最賢。禮堂誰教授，慚愧獲麟篇。

二

日暮秋風起，悠悠去國人。市亭迷舊楚，烽候急三秦。杖策看雲物，披圖謁帝閫。與君空

* 《初照樓詩稿》甲、乙、丙及《惜别》一首，係朱季海先生家人據手稿整理録入，後附其餘詩作，係編者整理輯録而得，其出處分列於各詩題注釋中。

玉壘，鼓枻下江津。

三

人閑〔間〕唯熱淚，涓滴值千金。風裏常難任，夢中不可尋。幾回分月色，一片是琴心。江海君能測，何如此意深。

四

少年輕性命，不屑慕神仙。秉燭追明月，揚鞭破曉煙。豈矜乘雁塞，自喜勒燕然。白羽如無用，還當獲兩髀。

五

歲律迎秋動，江濤自壯聲。毨毛過北雁，沫血下南荆。縱卻三苗險，何嘗九鼎輕。有人吹畫角，月達漢家營。

六

海月浪中昏，星河尚有痕。披衣先起舞，推户獨無言。雞唱遲侵曉，劍花淨可捫。中原方急難，未及俟劉琨。

七

運閉無昏晝，蜃樓且暫看。車遲知馬重，燈隱恨星殘。雁羽應全濕，槐花亦已寒。扶欄望澄霽，拂曙上征鞍。

八

輕陰塘上過，無雨便忘歸。落葉能驚帽，寒花不滿衣。偶懷漁父棹，因啟酒家扉。人事百年裏，勞生亦可揮。

九

人家漁浦曲，幾路入深山。蠟屐多乘興，颺舟亦忘還。艫聲天地外，藤影有無間。虎豹相尋久，悠悠擁白鷴。

十

今日欲無厚，當時亦已勤。沾巾生細浪，繞臂化春雲。玉折終何據，蘭摧尚有芬。清光留不住，遥出綺羅群。

十一

故鄉今作客，卧病重悽然。素食難持性，羈魂不易眠。越窗車絶影，負壁鼎生煙。吾道終窮否，徒歌莫問天。

十二

相看今幾載，避地重相親。愛問書中意，多憐病裏身。燕談恣謔浪，雅詠得清真。與爾忘機甚，群鷗漸可隣。

乙

一

白雲天半欲何依。擬入南山卧夕扉。炎德始知秋桂暖，涼風肯愛夏蟲飛。幽庭虛籟動筠竹，深谷無人空玉徽。拾翠時時亂清沼，中流明月下金暉。

二

誰煉黄金駐少年。羲和終古不停鞭。唯將逸氣看蒼狗，不禁秋風咽暮蟬。人世紛紜成底事，帝鄉杳渺總無邊。願空劍佩南山去，好謝群龍倚鹿眠。

三

湍浪鳴沙駭劫舟。太倉漕轉付浮漚。真知國士無長策，豈有求賢到射鉤。横浦已看來雁急，伏波曾對墮鳶愁。秖今誰向中原去，挾劍蕭蕭天地秋。

四

半日樓臺烘晚霞。無邊秋思到胡沙。尊前使我懷狂猲，鏡裏何人似歎嗟。映壁漢文空負氣，出囊綵筆夢生花。洛神已種芝田去，此地悠悠未是家。

五

芳塵瑶席冷秋光。胡雁迷天月繞床。病是未名捐百藥，我因無力愛輕裝。生機微弱香能續，噩夢依稀漏轉長。任育何須歌薤露，中宵鳳吹激飛霜。

六

誤盡佳期悵碧空。清光遥接水精宫。迴塘受月初開鑒，密柳藏煙半入籠。漸轉玉繩榆莢冷，十分露氣豆花濃。誰知此地徘徊久，便似迷魂楚澤中。

七

夏社茫茫百劫來。中原舊德未全摧。雙矑慣矚風雲氣，斗室能容天下才。策馬便行三峽外，祠兵當令九關開。鯨鯢築遍蚩尤骨，春雨橋陵上翠苔。

八

天馬當從西北來。修帆已近日邊開。曾因邛杖通縣度，待放樓船起劫灰。方士只供小遊戲，神仙何必誤雄才。陰山留得方城在，更有閑情譜落梅。

九

淩雲有閣詎神仙。五嶽迢迢亦遠天。不見空憐礮氏館，徵銘先動武安筵。八通鬼道無消息，九莖靈芝是偶然。晝策尚方竟何語，惟從小説案遺篇。

十

一遊太學獨深悲。董養當年去不疑。輟輀豈曾留郭泰，下車便欲問王尼。山川空有攘夷處，風教先同被髮時。未許南交訪耆舊，涼州何路愜心期。

十一

海中月色尚孤寒。殘夜高樓睡未安。輾轉非關秋思苦，鬱伊且怕壯心彈。倚床拔劍誰同被，勒馬揚鞭獨據鞍。雞未鳴時先起舞，祖劉並作後塵看。

十二

朝朝月下復花前。揮手黄金七寶鞭。綉幄自饒銀燭樹，玉階閑繫鐵連錢。提箏緩撥朱顔醉，解榻焚香白日眠。亦是清狂亦惆悵，春心劍氣共茫然。

十三

荒紅穢緑鋤堪束。黄葉枯枝亦暫留。節候幾回驚殺伐，天涯何處不悲秋。登臨耆舊皆安在，飄泊詩書半未收。叢菊依然兩行淚，茱萸真欲换吴鉤。

十四

蕭蕭落木不堪聞。已厭繁華愛夕纁。豈是詩中無氣韻，重勞天際有風雲。寒窗不轉非吴澤，市火遥看似楚氛。明日登臨誰健者，狂兵銷盡讀三墳。

十五

小隱浮遊未是歸。兒曹破賊意猶違。龍山幾日風吹帽，吴苑中宵露滴衣。夫子偶乘桴筏至，主人相問市朝非。提壺緑野科頭坐，暘谷羞看發倦晞。

十六

滿地黄塵皓首歸。壯心全與海潮違。新村高會人驚坐，故國荒砧雁拂衣。言語豈堪王氣墮，狂歌曾是少年非。中原無主應惆悵，欲負諸君露未晞。

十七

故人别我投荒徼，昨夜分明入夢中。道路雲煙愁瘴隔，天涯風俗與誰同。衾寒已覺征衣薄，柱破頻驚劫火紅。萬里一身應自惜，歸來攜手醉芳叢。

十八

世事如今百不成。吴鉤未厭厭秋聲。堆床繡軸空緗帙，繫肘香囊憶紫纓。塞上胡笳自瀏亮，夢中詩句忽清英。南朝王謝風流歇，誰惜蒼生問劫枰。

十九

圯上風流自可師。千秋任俠愛神椎。偏宜劍匣持爲枕，已厭書囊解作帷。談笑欲忘秦日月，圍棋直繫晉安危。麾兵江右摧胡帝，一代蒼生獨付誰。

二十

曾窺禹記識刑天。猛舞何來海市邊。望氣全知人道曲，因君始覺世途顛。僬僥豈許過三尺，戛擊猶能擅一縣。全德自關堪擁腫，支離未遽恨鳶肩。

二十三

血戰彌天動鬼神。百年積怒萬年新。豈堪兵甲銷狂戾，好任絃歌接比鄰。鹿苑漫教傳哭史，龍宫遥望是遺民。同君一遣修羅雨，未信中原付劫塵。

二十四

血染文章淚洗詩。生靈道盡更無疑。西來狂焰焚天網，東下長江絶地維。滿眼悲辛驚骨肉，百年怨毒入心脾。知君最有遺民恨，敵愾臨風繫我思。

二十五

積雪人間幾許深。曉珠無力破層陰。簷前飛白明於練，鏡裏清光靜照衾。凍咽鐘聲飄不定，瞑眩藥味劇相侵。未堪側帝同潘鴛，卻羡絜舟入剡尋。

二十六

信宿陽和送舊年。春風浩蕩海雲邊。定饒粉蝶連新陌，好放黄鶯覓故阡。驕虜繫來纓不慭，征塵拂盡甲猶鮮。詩人自有中興曲，莫寫鐃歌入錦箋。

二十七

風雅陵遲公自親。唐家縱遠望猶新。廿年幽恨憐朋友，絶世論交變鬼神。灑淚行間盡篇末，招魂笛裏費吟身。蜀州存没慵能記，始信詩人意最真。

二十八

除夕宜除天下賊，百年心事少年多。登樓未厭椎牛食，據市先爲擊筑歌。風雨明朝非舊曆，江山信宿已陽和。亦知運極今當復，一醆爭傾東海波。

二十九

抵掌旗亭夜語清。年芳已覺達句萌。玉瓷茗粥消狂渴，沙盞牛斟答壯情。借箸何勞空費蝶，揮巾相看有長城。旦朝廟獻君宜興，應許分鼇到怒鯨。

丙

一

竟有互鄉能學問，誰將斯道付群蠻。狗偷鼠竊勞傳語，黌舍如今要爾班。

二

秋風終古妒蘭芳。誰帥雲霓御夕陽。莫向當年話孫楚，如今零雨不成章。

三

從來憎愛不同簽。誰説浮漚有兩邊。拒我何須虞谷外，思之恐在玉山前。

四

一卷清詩林下風。謝郎貌雪未能工。苕溪自古英靈地，不愛寒山漁火紅。

五

盡日南奔事已傷。翻從正始憶王郎。文君未嫁相如死，可有遺文入建章。

六

愛才只有何平叔，慟我還須孫子荆。歸去荀王堪攜手，山林皋壤有前盟。

七

輔嗣無年卻有才。才非年是亦徒哀。當時獨共真人語，差勝何郎坐上來。

八

願問真人王子喬。可能丸藥上丹霄。已傷塵世無靈匹，復恐仙居轉寂寥。

九

不爲長生駕彩鸞。銀河聊復攝漁竿。昨宵記與靈妃語，回首人間雞犬欄。

十

歷劫荆榛遍九關。慰情止在翠微間。夢中喜見嫦娥舞,拾得仙家水玉環。

十一

慧業佗生倘許修。它生未卜此生休。好從夢裏尋檀度,莫向人間作勝流。

十二

何處能尋夢裏身。一回相見一回新。人間不久留朝露,總爲清光愛絶塵。

十三

癡紅頑緑不成秋。吊影還來逝水頭。自應帽簷施未穩,何曾行路識風流。

十四

尺水偏宜蓄錦鱗。角燈澹蕩映漣淪。依稀半見桃花色,恐是鮫人醉後春。

十五

翠羽芙蓉許翫經。凌波照眼媚春星。此間應有鮫宮在，但種桃花未勒銘。

十六

漫賦新詩寄楚狂。世情無味愛糠霜。不緣近竈焚神筆，也有天花拂素妝。

十七

禹乘四載真匪易，雀化黃流亦可哀。總爲世間無陸地，翻言有客上天來。

十八

渺渺車輪破浪來。褰裳濡足亦悠哉。衹今便是陸沉日，何意黃泉徹九垓。

十九

堯舜不關千載事，帝閽重疊總難開。傷心馬化衣冠日，竟遇何人作俑來。

二十

自把新詩比新月，欲懷長劍倚長天。劫來海物成妖異，獨向湘靈訪舊絃。

二十一

病越千山未覺難。冰糜半菽復加餐。黄河水挾天聲壯，古帝魂歸立馬看。

二十二

高樓遥值古墳斜。曾見芳時滿樹花。今日秋深成悵惘，馬纓何躋入天涯。

二十三

白日驚飈不可留。人生過眼即雲浮。欄杆倚遍空惆悵，何處還曾似舊遊。

二十四

春光容易又深秋。花欲辭枝水欲流。幾度花開人復好，勸君珍重少年遊。

二十五

雨聲破碎鳥聲悲。難忘危樓共倚時。風滿欄杆人去後，秋旻無語暮雲垂。

二十六

邂逅曾過紅雨樓。壚姬窈窕滿庭秋。清遊攜得王平子，絶倒何妨解榻留。

二十七

黑山白雪是何鄉。胡叟重裘盡負囊。風裏如聞爐畔語，新年已自近紅牆。

二十八

宋玉風流復少年。六街無意誤神仙。謂行多露宜歸去，可奈驚鴻欲曙天。

二十九

天人夜降六街頭。雲雨無情風露遒。唯有少年狂逸氣，報聊牢落勝淹留。

三十

妙年颯爽出風塵。氣自清狂態自真。拂袖應思飄泊意，恨君何計不相親。

三十一

少年何不狹邪遊。執手殷勤亦未留。祇爲胡塵遮月色，鳴箏怕上最高樓。

三十二

蘭膏全怯海風寒。笑語天涯只歷歡。若是河山終不改，便留青鬢與君看。

惜別

勝利後過滬寓小弟書齋，夜話極歡，幾不欲寢。明晨去之，小弟遠送，大家步隨於後，吾與小弟且行且語，又幾無以爲別。他時相見，大家面告當日親見吾二人並難捨難分友愛之情惻惻動人，即景生情得七言二句。余極賞其情景交融，語尤真切，詩中有畫，眼中無吾二人，此景亦歸虛設，後竟不能成章，余意甚惜之，每晤大家頻以爲言，然竟不能就也。一日轉顧我曰：「爲我足成之。」頃小弟久客不歸，大家已墓有宿草，漫吟前句，補完一絶，詩云：

小雁分襟别意深。蛾眉曼睩費沉吟，行人漸向疏林没，木葉難遮望遠心。

讀天都烈士歌感賦*

國士經神世已師。何須接席仰風期。微言默識真先賜，逸禮能傳更夢姬。魂魄曉飛遼海鶴，英靈夜燭漢軍旗。平生志業長城在，留取崑崙爲寫碑。

觀劇 演弘光時事

芄蘭血淚對誰揮。又見孤城一夕圍。三百年來同此恨，可能白下是天畿。

劫裹江山餘涕淚，眼中光景任俳優。崩奔未是前朝事，鐵騎如今駐石頭。

菫逃歌罷墮胡塵。一夕金陵茜草新。已是身經桑海痛，始知此劇總難真。

萬卒崩奔爭一門。死生誰許向天論。金陵戰血碧堪拾，不話南明亦愴魂。

* 《讀天都烈士歌感賦》一首，《觀劇（演弘光時事）》四首，原刊於《制言》第六十期。

三十四年雙十節志痛*

群盜喧呼獨閉門。中原大有未招魂。平生志切洗兵馬，黔首誰令在墊昏。爆竹易殘宜飲恨，紅旗半捲若含冤。因聲攘臂當車子，細認年時舊血痕。

哭母一首喻巴蜀

口頭勝利漫云云。失盡河山又策勳。歐血真同亡國恨，不堪留眼看諸君。

寄王仲犖**

故人未忘列仙臞。到眼鶯花興不孤。爲我山東招李白，挾君爛醉大明湖。一九七七年上巳日

落枕明珠字字圓。故人寄我薛濤箋。山東詩好吾能説，法乳來從趵突泉。一九七七年五月

---

* 本詩及《哭母一首喻巴蜀》原刊於《文章》一九四六年三月號，文章社編，永祥印書館印行，以「揮鋤」的筆名發表。

** 朱季海二十世紀七十年代寄王仲犖詩四首，收在王仲犖《㟙華山館叢稿續編》「詩詞録存」部分，中華書局，二〇〇七年。

二十一日

去年無餅賦新詩。今日詩成餅不知。火速飛箋催仲子，斗牛宮裏興支持。一九七七年寄

問道年來懶下樓。書城高築又埋頭。古城艇子渾忘卻，不及盧家有莫愁。一九七九年一月寄

曲石百年祭，五兄書來索詩云先子之所禮重也，爲賦絶句*

仙李蟠根大杜句，將軍樹出群。餘杭時在坐，年少許論文。

看黄梅戲有感**

官樣文章不值錢〔一〕。汴梁燈好已千年〔二〕。無端愛煞黄梅戲，兒女心聲仔細傳。

〔一〕謂像舊時官場例行公事的做法，用以指表面堂皇、内容空虚，不切實際的言論或措施（見《辭海》詞語部分一〇五九頁），宋代有位官僚説過「文章須官様」，這些人物和言論已成陳跡。

* 本詩原載於《李根源先生誕生百年紀念集》，一九八〇年。

** 本詩原刊於《黄梅戲藝術》（一九八三年二月），兩條注文爲原刊所有，今併附於此。

〔二〕指《夫妻觀燈》劇中唱詞提到汴梁，汴梁自趙匡胤於公元九六〇年建都，迄今已過千年，民間藝術永葆青春，與前名正好成爲對比。

贈費新我*

鐵門限破苦難應。大字行書萬口稱。豈但曉樓工寫照，從來墨妙在吴興。

贈吴霖（雨蒼）

天放樓空迷舊雨，石湖煙冷鎖南朝。擅場誰似吴生筆，送我詩囊過小橋。

---

* 本詩及下首承蘇州郭正中先生過録。